Rattay

•

Führung von Projektorganisationen

Führung
von Projektorganisationen

Ein Leitfaden für Projektleiter, Projektportfolio-Manager
und Führungskräfte projektorientierter Unternehmen

3., bearbeitete und wesentlich erweiterte Auflage

Dr. Günter Rattay
Primas CONSULTING
www.primas.at

mit Beiträgen von:
Alexander Chenet
Anton Lorenz
Monika Bauer-Weithaler
Mathias Metzger

Bibliografische Information der Deutschen Nationalbibliothek

Die Deutsche Nationalbibliothek verzeichnet diese Publikation in der Deutschen Nationalbibliografie; detaillierte bibliografische Daten sind im Internet über http://dnb.d-nb.de abrufbar.

ISBN 978-3-7143-0243-1

Es wird darauf verwiesen, dass alle Angaben in diesem Fachbuch trotz sorgfältiger Bearbeitung ohne Gewähr erfolgen und eine Haftung des Autors oder des Verlages ausgeschlossen ist.

© LINDE VERLAG Ges.m.b.H., Wien 2013

1210 Wien, Scheydgasse 24, Tel.: 01 / 24 630

www.lindeverlag.at
www.lindeverlag.de

Druck: Hans Jentzsch & Co. GmbH., 1210 Wien, Scheydgasse 31

Vorwort

Ausgangssituation – warum ist projektorientierte Führung so speziell?

Die Bedeutung von Projekten in Unternehmen ist sprunghaft gestiegen. Projekte sind vor allem dann ein wirksames Organisationsmittel, wenn sie wie Unternehmen auf Zeit geführt werden. Die Vielzahl an Projekten verstärkt den Bedarf an Führungs- und Managementansätzen, die für diese temporäre Organisationsform maßgeschneidert und daher wirkungsvoll sind. Dies bedeutet für Projektleiter, Kompetenz in der Führung von Projekt-Teams und Projekt-Organisationen zu entwickeln.

Projekte entstehen parallel zu den eingespielten Strukturen und Prozessen der Stammorganisation. Von Projektleitern wird Effizienz, Qualität, Kundenorientierung und Zielerreichung erwartet, obwohl sie selten formale, disziplinäre Macht eingeräumt bekommen. Daher ist die projektorientierte Führung nur zum Teil mit der Leitung einer Abteilung oder eines Bereiches zu vergleichen. Das etablierte, moderne Führungsrepertoire ist um einige wesentliche Aspekte zu ergänzen, wie zum Beispiel:

- Wie führe ich ein Team, ohne dessen formaler Vorgesetzter zu sein?
- Wer vereinbart Mitarbeiterziele?
- Wie kann der Widerspruch zwischen Kundenorientierung und Zieleinhaltung gehandhabt werden?
- Wie können die Interessen aller Beteiligten berücksichtigt und gleichzeitig ein herausforderndes Ziel erreicht werden?

Neben der Führung von einzelnen Projekten nimmt die Bedeutung der Steuerung und Koordination von Projektportfolios, Programmen und projektorientierten Unternehmen zu. Führung bedeutet dabei, Unternehmenskultur und -strukturen zu entwickeln, die das effiziente Funktionieren von Projekten und Routineaufgaben ermöglichen.

Zielsetzung – was ist mit diesem Buch möglich?

In diesem Buch werden aktuelle Führungsansätze maßgeschneidert für Projekte und projektorientierte Organisationen dargestellt. Die beschriebenen Methoden bauen auf Erkenntnissen aus unterschiedlichsten Projekten der Wirtschaft, der öffentlichen Verwaltung und des Non-Profit-Bereiches auf. Damit der Bezug zur eigenen beruflichen Praxis leichter fällt, werden typische Führungssituationen mit konkreten Lösungsmöglichkeiten angeboten.

Zielgruppe – für wen ist dieses Buch gedacht?

Dieses Buch spricht Managerinnen, die die Führung von Projektteams übernehmen, an. Darunter fallen neben Projektleitern auch Auftraggeberinnen von Projekten und Führungskräfte in der Linie, die entweder Teammitglieder in Projekte entsenden oder die Projektergebnisse in der eigenen Organisation implementieren und nutzen.

Führungskräften, die Projektportfolios oder Projektprogramme koordinieren oder die projektorientierte Unternehmen leiten, werden passende Modelle und Methoden vorgestellt.

Ebenso beschrieben wird die spezielle Situation des Projektmanagement Offices, das als Dienstleister für Projektmanagement Führungsaufgaben in einem zentralen Kompetenz-Zentrum wahrnimmt.

Überblick – was beinhaltet das Buch?

Der erste Teil des Buches (Kapitel 1-3) enthält **allgemeine Führungskonzepte**. Einflussfaktoren auf die Führungsarbeit, typische Führungsstile und die Unterscheidung der in Unternehmen vorkommenden Führungsrollen sind wesentliche Bestandteile.

Der zweite Teil des Buches (Kapitel 4) beschäftigt sich eingehend mit der **Führungsarbeit** in Bezug auf ein **einzelnes Projekt**. Anhand der Projektphasen Start, Planung, Ausführung, Koordination und Abschluss werden die jeweils relevanten Führungsansätze beschrieben. Die funktionierende Zusammenarbeit zwischen Projektleiter, Projektteam, Projektauftraggeberin und Führungskräften der Stammorganisation steht dabei im Mittelpunkt.

Der dritte Teil des Buches (Kapitel 5) ist den **zentralen Erfolgsfaktoren wirksamer Führung** gewidmet, quer über alle Projektphasen. Dazu gehören:

- Das Management von Widersprüchen
- Das Erkennen und die Gestaltung der Momente der Wahrheit
- Die Motivation von Mitarbeitern
- Die Integration agiler Projektmanagement-Ansätze
- Die Führung virtueller Teams

Der vierte Teil des Buches (Kapitel 6) widmet sich der Führungsarbeit im **Projektportfolio** und in **Programmen**, die über das Einzelprojekt **hinausgehend** die nächsthöhere Systemebene darstellen. Projektportfolios werden von anderen Personen als einzelne Projekte gesteuert. Auch die spezifischen Führungssituationen unterscheiden sich wesentlich.

Der fünfte Teil des Buches (Kapitel 7) beschreibt jene Führungsansätze, die auf das **projektorientierte Unternehmen** als Ganzes wirken. Es gilt, die grundlegenden Werte und Strukturen zu entwickeln und zu pflegen. Strategische Karriere-, Entwicklungs- und Organisationsmodelle sind zu überlegen, um auch langfristig die Vorteile der Projektorientierung nutzen zu können.

Danksagung – was ist ein Projektleiter ohne sein Team?

Ein Buch zu entwickeln, zu schreiben und zu veröffentlichen ist ein Projekt. Mein Wunsch als Autor ist es, meine Erfahrungen in allgemein nutzbaren Ansätzen aufzubereiten und sie so interessierten Menschen zur Verfügung zu stellen.

In unzähligen Gesprächen und Diskussionen mit Führungskräften, Projektleitern und Teammitgliedern konnte ich meine Hypothesen und Modelle auf ihre Verwendbarkeit prüfen. Stellvertretend für die wertvolle Zeit möchte ich mich bei Gerald Grohmann bedanken, der authentische Führung von Projektorganisationen seit vielen Jahren vorbildlich umsetzt.

Die nun vorliegende Qualität wurde allerdings erst durch das intensive Engagement der Berater und Trainer der Primas Consulting möglich. Für die vielen wertvollen Ideen, die fachlichen Beiträge und den intensiven Erfahrungsaustausch möchte ich mich vor allem bei Anton Lorenz, Monika Bauer-Weithaler, Alexander Chenet, Mathias Metzger, Thomas Lindauer und Gerold Patzak bedanken.

Das SMARTe Führungsmodell ist in intensiver Zusammenarbeit mit Alexander Chenet, Anton Lorenz und Monika Bauer-Weithaler entstanden. Überdies hat Anton Lorenz als zertifizierter Programme and Portfolio Management Consultant das Buch um den Persönlichkeitsschlüssel Key4you und die Führung virtueller Teams ergänzt. Die Beiträge zu Coaching und Führen ohne Macht wurden von Alexander Chenet gestaltet. Das Modell „Momente der Wahrheit in Projekten" hat Mathias Metzger mitentwickelt.

Christiane Eschberger war und ist die Marketingdrehscheibe, die all meine Publikationen in entsprechender Form weiter kommuniziert und die Abstimmung mit den Beteiligten vornimmt. Vanessa Mair hat mit viel Kreativität neuen Schwung in die grafische Umsetzung meiner Ideen gebracht.

Ein ganz besonderes Dankeschön möchte ich an dieser Stelle meiner Frau Manuela Rattay ausdrücken, die die Koordination aller Beteiligten und die rechtzeitige Fertigstellung des Buchprojekts organisatorisch gesichert hat. Darüber hinaus hat sie durch sprachliche Verfeinerungen die Lesbarkeit wesentlich verbessert und in unzähligen Stunden Grafiken, Layout und Texte zusammengestellt sowie in eine saubere Form gebracht.

Dr. Günter Rattay
Primas Consulting (www.primas.at)

Inhaltsverzeichnis

1 Grundlegende Begriffe und Hypothesen

1.1 Führung allgemein

Führung wird seit vielen Jahren als ein strategischer Erfolgsfaktor in allen Organisationen erkannt.

Die folgenden Zitate sind eine Auswahl aus den bisher publizierten Definitionen von Führung. Dabei sollen jene Aspekte hervorgehoben werden, die für das nachfolgende Führungsmodell sinngebend sind.

Führungsverständnis

Im Mittelpunkt steht das Bild eines mündigen und selbstverantwortlichen Mitarbeiters und einer Führungskraft, deren Verhalten weg von einer Weisungs- hin zu einer Selbstverantwortungskultur führt.

Karl Lang: „Personalführung"

Führung ist die natürliche, ungezwungene Fähigkeit, Mitarbeiter zu inspirieren.

Peter F. Drucker: „Management"

Führen bedeutet, einen Mitarbeiter bzw. ein Team unter Berücksichtigung der jeweiligen Situation auf gemeinsame Werte und Ziele der Organisation hin zu beeinflussen.

Rainer W. Stroebe: „Grundlagen der Führung"

Eine **Führungskraft** fördert die Identifikation mit dem übergeordneten (Projekt-)Ziel, die Leistungsbereitschaft der Mitarbeiter sowie ihr Zusammengehörigkeitsgefühl in der Gruppe. Auf dem Entwicklungsweg hin zur Führungskraft ist auch eine bestimmte Einstellung zu den Mitarbeitern erforderlich. Diese Einstellungen basieren auf den Werten der Führungskraft.

Führungskräfte können mit mehr gegenseitigem Vertrauen, mit mehr Achtung und besserer Kommunikation rechnen, wenn sie
- sich in ihre Mitarbeiter hineindenken
- sich für die Erwartungen ihrer Mitarbeiter interessieren
- ihre Mitarbeiter bei ihren Entscheidungen berücksichtigen
- unmittelbaren Kontakt schaffen
- sich für die Wechselbeziehungen zwischen den Teammitgliedern aufgeschlossen zeigen.

Haberleitner E., Deistler E., Ungvari R.: „Führen, Fördern, Coachen"

Führungsqualitäten

Eine Führungskraft muss von den Geführten anerkannt werden, will sie Erfolg haben. Wir neigen dazu, Führungsqualitäten als ein Set von Eigenschaften zu definieren, das bestimmte Menschen aufweisen, anstatt auf die Beziehungen zu blicken, die diese Menschen offenbar entwickeln können und im Gleichgewicht halten.

Reinhard K. Sprenger: „Aufstand des Individuums"

Führungsarbeit

Dabei ist zu berücksichtigen, dass es eines kontinuierlichen Prozesses des Förderns und Forderns aller Mitarbeiter bedarf, in den sich alle Beteiligten aktiv einbringen müssen, um die Ziele zu erreichen.

Karl Lang: „Personalführung"

Aus den dargestellten Definitionen lassen sich die Kernelemente des dargestellten Führungsverständnisses ableiten:

Führung umfasst alle Kommunikations- und Handlungsprozesse, die zwischen Führungskräften und Geführten gesetzt werden, um die gemeinsam vereinbarten Organisationsziele zu erreichen. Führung ist daher aktives Beziehungsmanagement.

Führungskräfte sind in ihrer Arbeit dann erfolgreich, wenn sie authentisch führen, indem ihr eigenes inneres Wertesystem mit der nach außen wahrnehmbaren Kommunikation und den Handlungen übereinstimmt.

Führungsinterventionen umfassen jede Kommunikation und Handlung einer Führungskraft, die die Geführten inspirieren und beeinflussen, nicht nur jene, die bewusst als Führungsimpuls gesetzt werden. Führungskräfte und Geführte sind selbständige Individuen, die Kommunikation und Führungsimpulse auf Basis ihres eigenen Weltbildes interpretieren und umsetzen.

Die **Führungsaufgaben** werden in neun Hauptaktivitäten eingeteilt. Diese Gliederung soll einen Überblick und Orientierung in der Führungsarbeit geben. Diese Struktur kann von jeder Führungskraft als ein Raster zur Reflexion für sich selbst oder mit den Mitarbeitern und Kolleginnen genutzt werden.

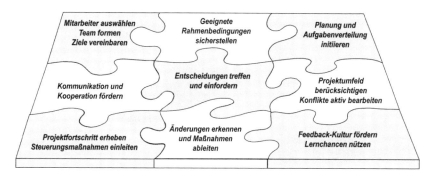

Abb. 1: Die neun Hauptaktivitäten einer Führungskraft – im Projekt

1.2 Spezifika der Führung in Projekten, Projektportfolios und projektorientierten Unternehmen

Führung in projektorientierten Organisationen baut auf modernen, allgemeinen Führungsgrundsätzen auf und unterscheidet sich gleichzeitig in vielen wesentlichen Teilaspekten. Im Projektkontext sind die meisten Führungssituationen durch ein hohes Maß an Komplexität gekennzeichnet, weil mit Projekten oftmals Neuland betreten wird, womit Unklarheiten, Unbestimmtheit und Unsicherheit in verstärktem Ausmaß verbunden sind. Dies erfordert einen differenzierten Umgang der Führungskräfte mit den Teammitgliedern.

Unklarheiten, Unbestimmtheit und Unsicherheit sind mit Führung von projektorientierten Organisationen verbunden

Projektmanagerinnen beschäftigen sich häufig mit mehreren Aufgaben parallel. Selten hat der Projektleiter genügend Zeit, sich auf die Fertigstellung eines Arbeitspaketes zu konzentrieren. Wünsche und Ansprüche aus dem Team und von relevanten Umfeldgruppen unterbrechen den natürlichen und geplanten Fluss der Arbeit. Der Anteil an Zeit, über den frei disponiert werden kann, ist gering.

Aufgrund der mehrfach überlappenden Organisations- und Umfeldsysteme existieren interdependente und komplexe Rahmenbedingungen, die spezifische Kommunikations- und Handlungsformen erfordern.

überlappende Umfeldsysteme erfordern spezielle Kommunikation

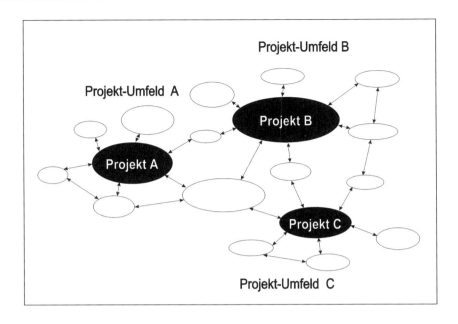

Abb. 2: Projekte und deren Umfelder

Führung im Kontext projektorientierter Organisationen erfordert zuallererst die Unterscheidung zwischen folgenden Systemen:

System Einzelprojekt

- **Führung in Bezug auf ein einzelnes Projekt:** Eine Auftraggeberin übernimmt Führungsaufgaben hinsichtlich des Projektleiters, eine Projektleiterin übernimmt Führungsaufgaben hinsichtlich ihres Projektteams.

System Projektportfolio, -programm

- **Führung im Kontext mehrerer zusammengehöriger Projekte und Aufgaben:** Führung eines Projektportfolios, Führung eines Programms – ein Projektportfolio- oder Programm-Manager übernimmt Führungsaufgaben hinsichtlich der zugeordneten Projektleiterin.

System Unternehmen

- **Führung im Kontext eines projektorientierten Unternehmens:** Führung eines projektorientierten Unternehmens – Vorstände, Geschäftsführer, Bereichs- und Abteilungsleiterinnen etc. übernehmen Führungsaufgaben hinsichtlich der nächsten Berichtsebene in der Stammorganisation, den Projektportfolio-Managerinnen und teilweise den Projektleitern.

Je nach betrachtetem System unterscheidet sich auch die Zielgruppe, die als Führungskraft Hauptansprechpartner des jeweiligen Kapitels dieses Buches ist, wie die folgende Auflistung zeigt:

System	Führungskraft	Geführte
Einzelprojekt	Auftraggeber des Projekts Projektleiter Teilprojektleiter	Projektleiterin Projektteam
Projektportfolio, Programm	Projektportfolio-Manager Programm-Manager	Projektleiterin Projektleiter
Projektorientiertes Unternehmen	Geschäftsführer, Vorstand, Leiter Projektmanagement- Competence Center, Projektmanagement-Office, Bereichsleiterin, Abteilungsleiter, …	Mitarbeiter, Projektleiterin, Mitarbeiter Competence Center

Abb. 3: Führungskräfte je Betrachtungssystem

Auch die Führungssituationen und damit verbunden die zentralen Anforderungen an die Führungsarbeit unterscheiden sich in den drei genannten Systemebenen.

System: Projekt

Der Schwerpunkt der Führungsarbeit konzentriert sich darauf,

- ein Team und eine projektspezifische Führungskultur aufzubauen (Projektstartphase),
- die Mitarbeiter in ihrer Aufgabenerledigung zu unterstützen (Projektarbeitsphasen),
- Projekt-Zwischenergebnisse, Teammitglieder und Umfeldgruppen zusammenzuführen und auf ein einheitliches Ziel auszurichten (Projektkoordinationsphasen) und
- das Projekt systematisch abzuschließen und mit dem Projektteam die vorhandenen Lernchancen zu nutzen (Projektabschlussphase).

System: Projektportfolio, Programm

Projektleiter werden im Hinblick auf die optimale Steuerung eines Projektportfolios oder eines Programms geführt. Der Schwerpunkt der Führungsarbeit liegt auf dem Interessenausgleich zwischen den einzelnen Teilsystemen (Projekte), um die Synergien der nächsthöheren Systemebene (Projektportfolio, Programm) zu nutzen.

System: projektorientiertes Unternehmen

Die Werte, die ein projektorientiertes Unternehmen charakterisieren, haben wesentlichen Einfluss auf die Führungskultur. Führung ist daher mit der Koordination unternehmerisch agierender Personen zu vergleichen. Der diesbezügliche Führungsstil ist gekennzeichnet durch intensive Identitäts- und Überzeugungsarbeit. Voneinander zu lernen, Synergien zu nutzen und die strategischen Vorteile des größeren Ganzen (des projektorientierten Unternehmens) zu erkennen, sind weitere Kulturelemente. In sehr flexiblen und selbständig agierenden Einheiten, die ein projektorientiertes Unternehmen auszeichnen, existiert eine natürliche Tendenz zur Aufsplitterung.

Darüber hinaus beinhaltet die Führungsarbeit in projektorientierten Unternehmen die Gestaltung von Veränderungsvorhaben. Rasche Anpassung an Markt- und Umfeldveränderungen sowie laufende Weiterentwicklung der eigenen Strukturen und der Kultur zeichnen eine derartige Organisation besonders aus. Diese Veränderungen professionell einzuleiten und auch zu Ende zu führen, ist eine wesentliche Führungsaufgabe.

Führungsansätze bauen auf systemischem Organisationsverständnis auf

Die in diesem Buch dargestellten Führungsansätze bauen auf einem systemischen Organisationsverständnis auf. Daraus lassen sich folgende Grundhypothesen ableiten, die den Denk- und Handlungsansätzen zugrunde liegen:

- **Projekte und projektorientierte Unternehmen sind eigenständige Systeme.**

Projekt ist ein eigenständiges System

  Projekte und projektorientierte Unternehmen sind als eigenständige Systeme zu verstehen, die ihre Identität aus der Abgrenzung zu benachbarten Systemen und zum jeweiligen Umfeld entwickeln.

- **Jeder Mensch nimmt Interaktionen und Kommunikations-Situationen anders wahr.**

Kommunikation als Brücke zwischen unterschiedlichen Wahrnehmungen

  Aufgrund der eigenen individuellen Erfahrungen und Prägungen deuten Menschen Interaktionen und Kommunikationssituationen unterschiedlich. Erst eine Berücksichtigung dieses Grundsatzes in Führungssituationen ermöglicht erfolgreiche Zusammenarbeit. Diese Erkenntnis zeigt einerseits die Grenzen der Objektivierung und Messbarkeit von Wirklichkeiten auf und betont andererseits die Bedeutung der Kommunikation, die es ermöglicht, die Unterschiede in den Wahrnehmungen sichtbar und nachvollziehbar zu machen. Nur eine wertschätzende und akzeptierende Behandlung dieser Unterschiede erlaubt es, Lösungen für Problemstellungen und Projektsituationen zu entwickeln, mit denen sich alle Beteiligten identifizieren können.

- **Projekte sind als Teil eines vernetzten Gesamtsystems zu betrachten.**

Änderungen in Projekten bewirken Veränderungen in anderen Systemen

  Projekte und projektorientierte Unternehmen sind komplexe Systeme, die in wechselseitigem Austausch mit ihrem Umfeld und anderen Systemen stehen. Änderungen im betrachteten System führen immer auch zu Änderungen der Umfeld-Systeme. Dieser Gesamtzusammenhang und das Wissen, dass Veränderungen nicht vorhersehbar sind, sind bei Entscheidungen zu berücksichtigen. Die Konzentration liegt daher auch auf den Beziehungen zwischen Personen, Interessenträgern und Systemen.

- **Organisatorische und kulturelle Muster sind als solche zu begreifen und zu gestalten.**

die „sinngeben-den" Muster einer Organisation verstehen und gestalten

Es gibt beobachtbare Organisationsdynamiken, die als immer wiederkehrende Muster eines Unternehmens oder Teilsystems wahrnehmbar sind. Sie sind als solche sinngebend. Aufgrund veränderter Umfeldbedingungen oder anderer Anforderungen scheinen manche Schleifen hemmend zu sein. Erst das Erkennen und Akzeptieren dieser Muster als strukturelle oder kulturelle Bestandteile der Organisation ermöglicht eine nachhaltige Veränderung. Änderungen, die ausschließlich oder vorrangig auf der personellen Ebene wahrgenommen werden, sind nicht oder oftmals nur sehr kurzfristig wirksam.

- **Organisationen sind nicht vollständig durchschaubar.**

Abweichungen, Konflikte und Widersprüche als Normalität akzeptieren

Aufgrund ihrer Eigen- und Umfeldkomplexität sind soziale Systeme nie vollständig durchschaubar, plan- oder berechenbar. Abweichungen, Konflikte und Widersprüche sind daher natürlicher Bestandteil von Projekten und projektorientierten Unternehmen. Nicht die Suche nach dem perfekten Plan und der allumgreifenden Harmonie, sondern die aktive und bewusste Gestaltung von Veränderungen und Widersprüchen ist die Herausforderung an moderne Führung.

- **Die Suche nach dem Schuldigen führt nicht zur Lösung des Problems.**

Im Falle von Abweichungen und Störungen ist die Suche nach Schuldigen weniger hilfreich als die Berücksichtigung der Beiträge aller Beteiligten zur aktuellen Situation. Erst das Erkennen des eigenen Beitrags zum Problem schafft eine hinreichende Basis für Veränderung.

2 Führungsmodelle

Führungsverhalten, Einstellungen und Wertesysteme unterscheiden sich von Mensch zu Mensch. Ziel des zweiten Kapitels ist es, Modelle darzustellen, die das Erkennen und den professionellen Umgang mit unterschiedlichen Persönlichkeiten ermöglichen und fördern.

Vorerst allerdings einige grundsätzliche Abgrenzungen:

2.1 Merkmale von Projekten und projektorientierten Unternehmen

Führung im Zusammenhang mit Projekten ist der zentrale Fokus dieses Buches. Welche speziellen Wirkmechanismen und Konsequenzen sind mit Führung von Projekten, Projektportfolios oder projektorientierten Unternehmen verbunden?

Projekte sind soziale Systeme, die für besondere Aufgabenstellungen, zeitlich begrenzt und mit einer eigenständigen Organisation gebildet werden. Sie sind Vorhaben, die im Wesentlichen durch die Einmaligkeit der Bedingungen in ihrer Gesamtheit gekennzeichnet sind. Die daraus resultierende mangelhafte Erfahrung schlägt sich als Unbestimmtheit bzw. Unsicherheit nieder.

Hinsichtlich des Bestimmtheitsgrades können Projekte in einer nach Komplexität aufsteigenden Hierarchie von Aufgaben eingeordnet werden:

Routineaufgaben	Häufig wiederholte Abläufe von Aktivitäten, wobei die Ausgangslage sowie das angestrebte Ergebnis definiert und die erforderlichen Maßnahmen spezifiziert sind. Es bestehen nur unbedeutende Unsicherheiten in der Zielerreichung. Beispiel: Beschaffung eines Zulieferteils, Betrieb der IT-Systeme, Produktion von Gütern, Abwicklung von Routineaufträgen etc.
Projekte	Parallel und sequentiell vernetzte Aufgaben, die zur Erfüllung eines übergeordneten Ziels (Projektziel) dienen, wobei die Ausgangslage definiert, das angestrebte Ergebnis (grob) spezifiziert und die erforderlichen Maßnahmen zum Teil noch völlig offen sind, so dass wesentliche Unsicherheiten in der Zielerreichung bestehen. Beispiel: Entwicklung neuer Produkte, Umbau von Produktionsanlagen, Entwicklung und Implementierung neuer IT-Systeme, Abwicklung komplexer, einmaliger Aufträge etc.

Programme	Parallele und sequentielle Vernetzung von Einzelprojekten und Aufgaben, wobei das angestrebte Ergebnis formuliert ist (Programmziel), die erforderlichen Maßnahmen (Einzelprojekte, Aufgaben) aber zum Teil noch unspezifiziert und unklar sind.
	Der hohe Unsicherheitsgrad ergibt sich aus der strategischen Bedeutung von Programmen für die durchführende Organisation und aus der Multiplikation der im Programm beinhalteten Einzelprojektrisiken.
	Beispiel: Einführung von Total-Quality-Management (TQM) als umfassende Unternehmenskultur, Aufbau eines völlig neuen Geschäftsfeldes, Expansion in neue Märkte, Zusammenführung von Unternehmen etc.

Abb. 4: Unterscheidung Routineaufgaben – Projekte – Programme

Projekte zeichnen sich durch folgende typische Merkmale aus:

Merkmal	Beschreibung
neuartig, riskant:	Sich nicht oder nur zum Teil wiederholende Aufgabenstellung, verbunden mit Unsicherheit und hohem Risiko.
zielorientiert:	Das zu erbringende inhaltliche Ergebnis (Sachziel) ist spezifiziert, der dafür erforderliche Zeit- und Mitteleinsatz (Formalziele) begrenzt.
zeitlich begrenzt:	Anfang und Ende eines Projekts sind definiert.
komplex, dynamisch:	Die Aufgabenstellung ist umfangreich und stark vernetzt, so dass viele Abhängigkeiten zwischen den Einzelaufgaben und zum Umfeld bestehen. Inhalte wie auch Abhängigkeiten können sich laufend ändern.
interdisziplinär, fachübergreifend:	Die Aufgabenstellung ist nur durch das Zusammenwirken vieler Organisationseinheiten bzw. Fachdisziplinen (auch Externer) möglich.
strategische Bedeutung:	Projekte haben für die beteiligten Organisationseinheiten, insbesondere für das durchführende Unternehmen, eine hohe und langfristige Relevanz bezüglich wirtschaftlichen Erfolgs, Ressourcenbindung, Akzeptanz und Ähnliches.

Abb. 5: Merkmale von Projekten

Projekte sind eigenständige soziale Systeme, eingebettet in ein projektspezifisches Umfeld. In Projekten existieren häufig Handlungsmuster, Arbeitsformen, Kommunikationsflüsse und Regeln, die sich von der Kultur des Unternehmens unterscheiden.

Unterschiede zwischen Unternehmens- und Projektkultur

> ## Beispiel:
>
> In einem großen Dienstleistungsunternehmen, das durch sehr langsame und vielstufige Entscheidungsabläufe gekennzeichnet ist, konnte in einem Projekt eine andersartige Kultur entstehen, weil der Projektleiter mit seinem Team sehr selbständig agierte und Entscheidungen persönlich und direkt beim Vorstandsvorsitzenden, der Projektauftraggeber war, einholte. Das Resultat waren rasche und konsistente Entscheidungen als wesentlicher Unterschied zur üblichen Unternehmenskultur.

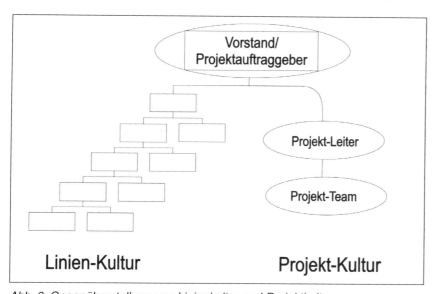

Abb. 6: Gegenüberstellung von Linienkultur und Projektkultur

So sind Projekte häufig ein Mittel, um als Vorbild neue Kulturelemente zu etablieren. Häufig werden beispielsweise Projekte als Organisationsmittel genutzt, um die abteilungsübergreifende Zusammenarbeit zu fördern. Dies kann jedoch bei den bewahrenden Kräften im Unternehmen auch zu Widerstand gegen die Abwicklung von Vorhaben in Projektform führen.

Projekte als Wegbereiter neuer Kulturelemente

Die Einbettung in ein projektspezifisches Umfeld bedeutet, dass Projekte nie losgelöst von Umfeldeinflüssen gesehen werden können. Erst durch die bewusste Berücksichtigung dieser Umfeldeinflüsse, die durch Personen, Personengruppen bzw. Interessenträger geprägt sind, entsteht eine Gesamtsicht des Projekts.

Die projektbezogenen Führungsaspekte ergeben sich unter anderem aus den speziellen Interessen, Erwartungen und Befürchtungen, die von den verschiedenen Umfeldgruppen an ein Projekt gerichtet werden. Spezifisch an der Führung von Projekten ist darüber hinaus ein Mehr an Freiraum im Sinne der oben genannten Loslösung von eingeschliffenen Denk- und Handlungsmustern, aber auch eine geringere formale Kompetenz des Projektleiters im Vergleich zu den übrigen Führungskräften im Unternehmen.

größerer Freiraum und weniger Rechte bei der Führung von Projekten

So sind den Projektleitern die Teammitglieder zwar meist fachlich, aber selten auch disziplinär unterstellt, so dass gewisse Vereinbarungen, wie Urlaube, Überstunden, Zielvereinbarungen, Beurteilungen, etc. immer im Dreiecksverhältnis zwischen Linienführungskraft, Projektleiterin und Projektmitarbeiter ausgehandelt werden müssen.

Führung ohne disziplinäre Unterstellung

Der Umstand, dass Projektteammitglieder häufig nur einen Teil ihrer Arbeitszeit für dieses Projekt und den anderen Teil für Linienaufgaben oder weitere Projekte einsetzen, ist ebenfalls ein Spezifikum, das bei der Führungsarbeit zu berücksichtigen ist.

Im Rahmen von Projekten werden, sofern sie optimal organisiert sind, direkte Kommunikationswege zu den Entscheidungsträgern sichergestellt. Dies bedeutet in vielen Fällen ein Überschreiten von Hierarchiestufen und Abteilungsgrenzen des Routinebetriebs im Unternehmen. Missverständnisse, Konflikte und Akzeptanzprobleme sind häufig daraus resultierende Konsequenzen.

direkte Kommunikations- und Entscheidungswege in Projekten

2.2 Einflussfaktoren auf projektorientierte Führung

2.2.1 Die Einflussfaktoren im Überblick

Das Einflussfaktoren-Modell geht von der praktischen Erfahrung aus, dass sich individuelle Persönlichkeitsmerkmale sowie unternehmensrelevante Größen wie Kultur, Umfeld und Strukturen auswirken auf die Art, wie ein spezifisches Projekt erfolgreich geführt werden kann.

Die folgenden Einflüsse leisten einen wesentlichen Beitrag zum beobachtbaren Führungsverhalten von Projektleitern:
- Persönlichkeit der Projektleiterin
- Unternehmenskultur
- Unternehmensstrukturen

- Erwartungen des internen/externen Projektumfelds an den Projektleiter
- Situativer Kontext

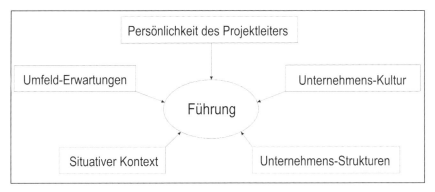

Abb. 7: Einflussfaktoren auf die Führung in Projekten

2.2.2 Persönlichkeit des Projektleiters

Die Persönlichkeit des Projektleiters ist jene Einflussgröße, mit der bisher häufig Führungsverhalten erklärt wurde. Dazu zählen die vererbten Anlagen einer Person, die zu Charakteren zusammengefasst werden können, die Werte einer Führungskraft, die daraus resultierenden Einstellungen zu konkreten Situationen und schließlich das wahrzunehmende Verhalten.

Werte, Einstellungen und Verhalten bilden Persönlichkeit heraus

Die drei genannten Ebenen einer Persönlichkeit (Werte, Einstellungen, Verhalten) bauen aufeinander auf.

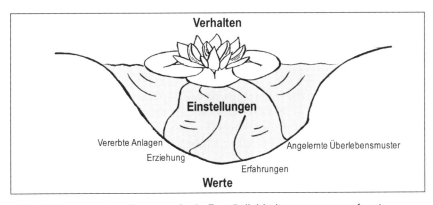

Abb. 8: Ebenen einer Person, oft als Persönlichkeit zusammengefasst

Dieser Zusammenhang lässt sich gut mit einer Seerose vergleichen. Die Wurzeln der Seerose sind fest am Grund des Teiches verankert und bleiben auch im Falle eines Sturmes an ihrem Platz. Sie repräsentieren die Werte eines Menschen.

vererbte Anlagen und Erfahrungen als stabile Basis

Die **vererbten Anlagen**, aus Erziehung und Erfahrung übernommene Haltungen und Überlebensmuster, bilden die Werte einer Führungskraft. Es handelt sich dabei um sehr grundsätzliche und daher auch sehr stabile Elemente, die ein Mensch bis zum Erwachsenenalter herangebildet hat, um sich selbst das Leben zu erklären, Erfolg und Anerkennung zu erreichen und das Überleben in schwierigen Situationen sicherzustellen. Die Werte bilden den Rahmen für Einstellungen und diese wieder für konkrete Handlungen und Verhaltensweisen einer Person.

Einstellungen als Verbindungsglied zwischen Werten und Verhalten

Eine Schicht höher befindet sich die Ebene der **Einstellungen**, entsprechend den Stängeln der Seerose, die durch aufkommende Wellen in Bewegung versetzt werden können. Die Einstellungen sind die Basis für Veränderungen und bilden das Bindeglied zwischen den sehr grundlegenden Werten und den wahrnehmbaren Handlungen. Die Einstellungen sind gleichsam Übersetzer für den Menschen, Leitschienen für die persönliche Orientierung in neuen und schwierigen Situationen. Sie sind stabiler als der sichtbare Teil der Seerose, der das Verhalten einer Person darstellt.

Handlungen als das sichtbare Verhalten

Handlungen sind erkennbar, beschreibbar und als solche auch relativ rasch veränderbar. Wenn dies allerdings nicht im Zusammenhang mit den tieferliegenden Schichten erfolgt, kann das zu einem Verhalten führen, das weder für die Person selbst, noch für das Umfeld als authentisch wahrgenommen wird.

Die folgenden Beispiele zeigen den Zusammenhang zwischen Werten, Einstellungen und Verhalten:

Beispiele:

Ein Kind, das sehr tolerant und offen in Bezug auf andere Menschen (Hautfarbe, Geschlecht, Alter, …) aufgewachsen ist, weil es die Chance hatte, unvoreingenommen andere Menschen kennenzulernen und eigene Erfahrungen zu sammeln, wird in späteren Führungsfunktionen meist mit einer Einstellung der Unvoreingenommenheit gegenüber anderen Nationalitäten an die Arbeit gehen. Als konkretes Verhalten zeigt sich dies, wenn ein Projektleiter Teammitglieder unabhängig von Hautfarbe, Alter und Geschlecht auswählt.

Ein Mensch, der in der eigenen Kindheit sehr häufig mit Kontrollen, misstrauischen Eltern und entsprechenden Sanktionen konfrontiert war, wird sehr häufig in seinem Wertesystem Misstrauen als wesentlichen Bestandteil etablieren. Daraus könnte etwa die Einstellung resultieren, dass „Kontrolle besser als Vertrauen" sei. Die dazu entsprechenden Handlungen wären, dass der Projektleiter jedes Schriftstück sehen will, dass jede Zahl von ihm nachgerechnet wird etc.

Veränderungen, die lediglich auf der Verhaltensebene greifen und nicht mit einer Neupositionierung der eigenen Werte und Einstellungen einhergehen, führen selten zu nachhaltigen, authentischen Wirkungen.

Veränderungen auf der Werte- und Einstellungsebene bedingen hingegen ein Hinterfragen der grundlegenden Muster und Erfahrungen. Kurzfristig führen derartige Wechsel zu Verwirrung und Unsicherheit, da die alten Werte scheinbar nicht mehr gelten und hinsichtlich der neuen noch kaum (positive) Erfahrungen existieren. Wer diesen Prozess jedoch bis zum Ende durchgeht, hat eine gute Chance auf eine langfristige und vor allem authentische Veränderung der eigenen Muster.

langfristige, authentische Änderung der eigenen Muster als Basis für Authentizität

Im Folgenden sind einige, für den beruflichen Kontext wesentliche Werte als Gegensatzpaare beschrieben:

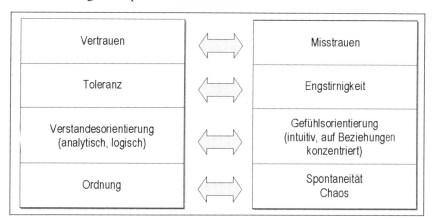

Wertepaare, die individuelle Persönlichkeit prägen

Abb. 9: Gegensätzliche Werte-Paare

Das oben beschriebene Modell ist für Führungskräfte von Projekten von Bedeutung, weil diejenigen Personen, die ihr eigenes Wertesystem kennen, sich selbst realistisch einschätzen und daher auch besser nachvollziehen können, woher die eigenen Handlungen und Prioritäten kommen. Darüber hinaus ist die Selbstkenntnis eine Voraussetzung für das bessere Verstehen anderer Personen, wie Auftraggeberinnen, Teilprojektleiter und Teammitglieder.

Möchte eine Projektleiterin einzelne Verhaltensweisen im Sinne der persönlichen Weiterentwicklung verändern, wird dies langfristig nur dann von Erfolg gekrönt sein, wenn sie sich mit ihrem eigenen Wertesystem auseinandersetzt.

Auseinandersetzung mit dem eigenen Wertesystem

Die bloße Veränderung von Verhaltensweisen beeinflusst zwar das augenscheinliche, offensichtliche Handeln, verändert jedoch damit nicht automatisch auch die tieferliegenden Einstellungen und Werte. Dies führt häufig dazu, dass dem „neu erlernten Verhalten" andere Signale, wie zum Beispiel Tonlage oder Körpersprache entgegenstehen und diesen Führungskräften daher eine widersprüchliche, unausgewogene Ausstrahlung verleihen.

Beispiel:

So ist eine Verbesserung der Kundenorientierung, die die Mitarbeiter vor allem dazu anregen soll, „freundlicher" zu sein, nur von beschränktem Erfolg, wenn die Menschen nicht bereit sind, ihre Werthaltungen zu analysieren und zu verändern. Die Ergebnisse einer oberflächlichen Verhaltensänderung zeigen sich häufig durch „auswendig gelernte Phrasen", das Unterbewusste schlägt aber in der Stimmlage, in der subtilen Gestik oder Mimik durch und lässt den Menschen widersprüchlich erscheinen.

Kunden fühlen sich dann trotz allem nicht gehört und nicht persönlich betreut.

2.2.3 Unternehmenskultur

Jedes Unternehmen verfügt über eine spezifische Geschichte, besondere Kommunikations- und Umgangsformen, Rituale sowie Entscheidungs- und Konfliktlösungsmechanismen. Diese unternehmenseigene Individualität ist ein wesentliches identitätsstiftendes Merkmal. Projekte bilden als eigenständige soziale Systeme häufig Kulturvarianten heraus.

Projekte sind häufig Kulturvarianten

Die Berücksichtigung sowohl der Unternehmens- als auch der Projektkultur ist ein wesentliches Element für eine erfolgreiche Führungsarbeit. Berücksichtigung bedeutet, die sinnstiftenden Kulturaspekte frühzeitig zu erkennen, ihre Bedeutung einzuschätzen und einen Zusammenhang zum eigenen Führungsstil herzustellen.

Integration von Kulturelementen und Führungsstil

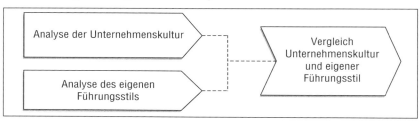

Abb. 10: Integration von Unternehmenskultur und individuellem Führungsstil in Bezug auf ein neues Projekt

Dies ist ein mehrstufiger Prozess, den der Projektleiter in Form folgender Fragestellungen durchwandert:

1. **„An welchen Merkmalen, Ritualen und Werthaltungen ist die Kultur meines Unternehmens zu erkennen?"**

   Diese Frage bringt die sinnstiftenden Werte ans Tageslicht. Erfolgreiche Projektleitung muss nicht unbedingt bedeuten, diese Werte vollständig und unreflektiert zu übernehmen. Die Kenntnis und das bewusste Etablieren von Werten in der Projektkultur oder im Führungsstil, weil diese Elemente im aktuellen Projekt erfolgversprechend sind, zeichnet eine professionelle Führungskraft aus.

2. „**Durch welche erfolgversprechenden Merkmale zeichnet sich mein eigener Führungsstil aus?**"

Mit dieser Frage wird die Führungskraft gefordert, das eigene Wertesystem, auf dem die bisherigen Denk- und Handlungsmuster aufbauen, explizit zu analysieren. Das Ergebnis ist Klarheit über das eigene Wertesystem und die dafür notwendigen Rahmenbedingungen.

3. „**Hinsichtlich welcher Muster passen die bestehende Unternehmenskultur und mein Führungsverhalten zusammen, wo gibt es signifikante Unterschiede?**"

Diese Frage führt nun zum wesentlichen Analyseobjekt, den Gemeinsamkeiten und Differenzen zwischen der aktuellen Unternehmenskultur und dem eigenen Führungsstil des Projektleiters. Die dabei eruierten Gemeinsamkeiten sind jene Anteile, die als solide Basis weiterhin Bestandteil der Führungskultur bleiben können. Hinsichtlich jener Führungselemente, die bisher noch nicht Teil der Unternehmenskultur waren, hat der Projektleiter nun zu klären, inwieweit sich diese in eine neu herauszubildende Projektkultur integrieren lassen.

Bezüglich jener Kulturaspekte, die die Führungskraft bisher nicht als zentrales Element inkorporiert hatte, die allerdings im Kontext des vorliegenden Projekts sinnvoll erscheinen, muss der Projektleiter entscheiden, inwieweit er in der Lage ist, dieses Kulturelement in den eigenen Führungsstil zu integrieren, ohne dadurch seine Authentizität zu verlieren und daher als Führungskraft unwirksam zu werden.

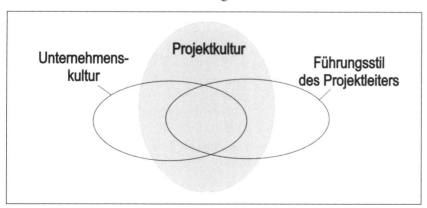

Abb. 11: Überlappung von Unternehmenskultur, Führungsstil des Projektleiters und Projektkultur

Von der Beantwortung dieser Fragen hängt in hohem Ausmaß die Art der Kommunikation, die zu vereinbarenden Entscheidungsprozesse und die Zusammenarbeit mit allen Beteiligten ab.

Beispiel:

In einem IT-Unternehmen war es üblich, einen neuen Kundenauftrag als Projekt mit einer einstündigen Startsitzung zu beginnen, die meist vom internen Auftraggeber einberufen wurde. Er lud die Abteilungsleiterinnen der betroffenen Bereiche ein und informierte über das Projekt. Vom Projektleiter, der ebenfalls anwesend war, wurde erwartet, dass er anschließend mit dem Team die inhaltliche Arbeit startete, da die Zeit knapp war und der Kunde auf Ergebnisse drängte.

Ein in dieser Organisation neuer Projektleiter hatte in früheren Unternehmen die Erfahrung gemacht, dass ein professioneller Projektstart die Teilnahme derjenigen Personen bedingt, die als Teammitglieder die Projektarbeit erledigen sollten und dass ein Kundenvertreter für die Entwicklung einer adäquaten Projektkommunikation und -spezifikation sehr wichtig ist. Aufbauend auf dieser Erfahrung sieht er sich nun vor einer schwierigen Situation, da die Notwendigkeit eines zumindest eintägigen Projektstart-Workshops scheinbar nicht zur aktuellen Unternehmenskultur zählt.

So nahm er zwar am „Projektbriefing" durch die interne Auftraggeberin teil, bestand allerdings gegen den Widerstand der Linienführungskräfte darauf, mit den Teammitgliedern und dem Kunden einen Projektstart-Workshop mit dem Ziel durchzuführen, ein Projekthandbuch zu erstellen und den Informationsfluss im Projekt abzustimmen.

Erst Monate später entstand im Unternehmen aufgrund des guten Gesprächsklimas mit dem Kunden und der unüblichen Einhaltung der Projekttermine das Verständnis, dass diese Kulturänderung im konkreten Fall erfolgversprechend war.

Die Komplexität wird in jenen Situationen noch erhöht, in denen es zwar eine klar erkennbare Unternehmenskultur gibt, diese jedoch mit Hilfe des aktuellen Projekts verändert werden soll. In diesem Fall wäre die Frage: „Wie passen Führungsstil und Unternehmenswerte zusammen?" folgendermaßen zu erweitern:

> „Welche Kulturelemente sind auch in diesem Projekt unbedingt beizubehalten, um einen Veränderungsimpuls umsetzen zu können?"

> „Welche Kulturelemente sind mit Hilfe des Projekts langfristig zu verändern, damit das Unternehmen auch in Zukunft noch überlebens- und wettbewerbsfähig bleibt?"

„Welche bewusst gesetzten Interventionen in Form von Ritualen sind im Projekt notwendig, um eine Sensibilisierung für die Veränderung im Unternehmen zu erzeugen?"

Das folgende Beispiel zeigt die Problematik der Nicht-Berücksichtigung der Unternehmenskultur in einem Projekt:

> **Beispiel:**
>
> Eine Führungskraft wird in einem sehr traditionellen, hierarchisch orientierten Unternehmen als Projektleiterin neu eingestellt. Die genannte Person wird aus einem internationalen, weithin auch als dynamisch bekannten Unternehmen geholt, um ein Veränderungsvorhaben, das weite Bereiche des Unternehmens betrifft, erfolgreich durchzuführen. Die Projektleiterin agiert in der Folge in der ihr selbstverständlichen partizipativen Rolle, indem sie ihre Teammitglieder um ihre Meinung fragt und sie viele operative Entscheidungen fällen lässt. Alle strategischen Entscheidungen trifft die Projektleiterin rasch, weil sie gewohnt ist, Verantwortung zu übernehmen und unternehmerisch zu denken.
>
> Diese „gewohnte" Partizipation, die die Projektleiterin im neuen Unternehmen praktiziert, und ihre unternehmerische Haltung führen zu einer massiven Verunsicherung sowohl der Mitarbeiter, für die es absolut neu ist, aktiv informiert zu werden oder mitentscheiden zu können, als auch der Führungskräfte, die es gewohnt sind, alle Entscheidungen in langen und sehr ritualisierten Abstimmungsrunden so vorzubereiten, dass der Vorstandsvorsitzende dann die Entscheidung treffen kann.
>
> Die Projektleiterin handelt im neuen Umfeld, wie sie es bisher tat, weil dies im letzten Projekt erfolgreich war, und berücksichtigt dabei nicht die Unternehmensgeschichte und die Kultur des Unternehmens. Sie ist nicht erfolgreich, weil die Verunsicherung der Mitarbeiter und das Übergehen der Vorgesetzten zu Widerständen, Schleifen und Verzögerungen führen.

2.2.4 Unternehmensstrukturen

Die Unternehmensstruktur beeinflusst die Führung von Projekten, indem das Ausmaß an Regeln, die Art der Kompetenzen- und Verantwortungsverteilung, die Entscheidungsstrukturen und die Unterschriftenregelungen einem Projektleiter mehr oder weniger Spielraum für eigenständiges Handeln lassen. Die vorherrschende Unternehmenskultur erleichtert oder verschärft die vorhandenen strukturellen Rahmenbedingungen in der Art, wie mit Einhaltungen und Überschreitungen von organisatorischen Anweisungen umgegangen wird.

Strukturen definieren den Freiraum in der Führungsarbeit

**Entscheidungs-
prozesse abhängig
von internen
Strukturen**

Wenn beispielsweise ein Unternehmen einer Projektleiterin formal wenige Kompetenzen zuweist, ist der Führungsstil der Projektleiterin vorgezeichnet. Sie kann Entscheidungen lediglich vorbereiten und steht den hierarchischen Strukturen und Prozessen der Entscheidungsfindung dann ohne wesentliche Mitgestaltung gegenüber. Die logische Konsequenz wäre ein Führungsstil, bei dem mit vielen Meinungsmachern geredet wird, viele Entscheidungsunterlagen vorbereitet werden und dann auf eine Entscheidung des Top-Managements oder der Linien-Organisation gewartet wird. Ein Projektleiter, der sehr unternehmerisch und dynamisch agiert, wird entweder die Organisationsstrukturen und Prozesse übergehen oder regelmäßig auf den Boden der Realität zurückgeholt werden. Wenn in dieser Organisation gleichzeitig eine sanktionslose Unternehmenskultur vorherrscht, wird dem Projektleiter ein breiter „informeller" Spielraum ermöglicht.

Dies zu erkennen und danach seinen Führungsstil auszurichten, bedeutet bewusst vorhandene Unternehmensstrukturen als Einflussgröße zu integrieren.

**strukturelle
Einflussgrößen
werden anfangs
unterschätzt**

Häufig wird allerdings aufgrund der Konzentration auf die fachliche Arbeit diesen Einflussgrößen am Beginn eines Projekts zu wenig Bedeutung geschenkt. Dies kann zu negativen Konsequenzen führen.

Beispiel:

In einem strategisch wichtigen Projekt, das die Einführung von Personalentwicklung als zentrale Management-Funktion zum Ziel hat, wurden bereits zwei Projektleiter ausgewechselt, weil sich nach einiger Zeit ihrer Tätigkeit herausgestellt hat, dass sie persönlich und fachlich nicht geeignet waren.

Dieses Projekt wird danach einer Person überantwortet, in die nun alle Hoffnungen und Erwartungen gesetzt werden. Für den Projektleiter ist das eine Ehre, die dazu führt, diese Herausforderung unreflektiert zu übernehmen und damit den Grundstein für ein weiteres Scheitern dieses Projekts zu legen.

Hinter den bisherigen Problemen stehen neben den offiziell angeführten Schwächen der vorangegangenen Projektleiter vor allem auch Rivalitäten zwischen den Bereichsleitern. Die Konsequenz dieses Machtkampfes sind ungeklärte Kompetenzen und Verantwortungen des Projektleiters. Diese Unschärfen ermöglichen es zu jedem Zeitpunkt des Projekts, den Projektleiter mit Hinweis auf ungenügende Information oder nicht eingeholte Entscheidungen samt seiner Führungsqualität zu hinterfragen.

Durch Übernahme des Projekts, ohne die strukturellen Rahmenbedingungen zu erheben, ohne die Vorgeschichte und die Ursachen für bisherige Ergebnisse zu klären, wird mit hoher Wahrscheinlichkeit das alte Muster fortgesetzt. Dies bedeutet, dass auch der dritte Projektleiter scheitern wird.

In diesem Zusammenhang ist es für eine erfolgreiche Projektleitung unabdingbar, den Kontext zu klären, der das bisherige Projekt begleitet hat.

Das bewusste Ändern mancher Rahmenbedingungen und die Integration von Kulturelementen in den eigenen Führungsstil schaffen die Basis für eine veränderte Projektleitung und damit die Chance für einen erfolgreichen Abschluss.

In diesem Fall konnte eine neu nominierte Projektleiterin, die die Vorgeschichte analysierte, bevor sie die Aufgabe übernahm, erkennen, welche strukturellen Wirkmechanismen hinter den bisherigen Misserfolgen stehen, und durch einen ausgeklügelten Übernahmeprozess wichtige Rahmenbedingungen verändern.

Die Projektleiterin erbat sich einige Tage Bedenkzeit, um sich in die bisherigen Unterlagen einlesen zu können und mit dem Team Gespräche zu führen. Danach vereinbarte sie mit den vier betroffenen Bereichsleitern ein Projektorganisationsmodell, das die grundlegenden Kompetenzen und Verantwortungsbereiche der Projektleiterin klar definierte. Für die zu diesem Zeitpunkt noch unklaren, zukünftigen Themenbereiche wurde eine klare Entscheidungs- und Informationsstruktur vereinbart. Diese beinhaltete, dass die Projektleiterin über die operativen Aufgaben hinaus nicht alleine entscheiden konnte, sondern nur gemeinsam mit dem Lenkungsausschuss, in dem die genannten Bereichsleiter vertreten waren. Darüber hinaus wurde vereinbart, dass nur Entscheidungen Gültigkeit haben, die von der Projektleiterin gefällt werden oder gemeinsam im Lenkungsausschuss. Weiters wurde vereinbart, dass jene Entscheidungen, die in diesem Kreis nicht innerhalb einer Woche getroffen werden konnten, an den Auftraggeber weitergegeben wurden.

Diese Vorgehensweise beinhaltete mehrere wesentliche Erfolgsfaktoren.

Gewisse operative Aufgaben, Verantwortungen und Kompetenzen wurden der Projektleiterin klar zugewiesen, allerdings nur soviel, wie in diesem Unternehmen akzeptabel war.

Für die darüber hinaus gehenden Kompetenzen und Entscheidungsfelder wurde ein Gremium (Lenkungsausschuss) definiert, das alle Konflikt- und Machtparteien inkludierte. Damit war der Konflikt offizialisiert und alle bisherigen Versuche „von hinten herum" zu intervenieren, ausgeschlossen. Wesentlich dabei ist auch, dass die Projektleiterin Teil dieses Gremiums war und ebenfalls eine Stimme hatte.

Dadurch wurde der Projektleiterin offiziell die Moderationsrolle für alle strategischen Komponenten zugeordnet. Sie hatte dadurch zumindest die Chance, die Konfliktpartner an einem Tisch zu einer „gemeinsam getragenen" Entscheidung zu führen.

Die Bedeutung dieses Lenkungsausschusses wurde durch die Vereinbarung untermauert, dass alle nicht entscheidbaren Themen an den Auftraggeber weitergeleitet werden mussten. Somit war sichergestellt, dass gekoppelt mit einem sehr knappen Zeitbudget (eine Woche) Entscheidungen rasch und effizient getroffen wurden.

Das hier beschriebene Projekt führte zunächst zu massiven Diskussionen im Lenkungsausschuss und – nach einer gewissen Eingewöhnungszeit – zu klaren und gemeinsamen Entscheidungen.

2.2.5 Umfelderwartungen

Das soziale Umfeld des Systems besteht aus Vertretern der relevanten Interessengruppen, die als solche Meinungen, Standpunkte, Erwartungen und Befürchtungen haben.

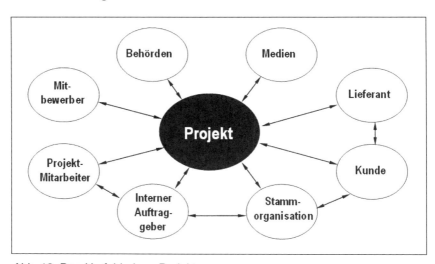

Abb. 12: Das Umfeld eines Projekts

Unterscheidung erfüllbarer von nicht erfüllbaren Erwartungen

Diese Umfelder zu berücksichtigen, indem der Projektleiter sie sich vor Augen führt und überlegt, welche Erwartungen durch das Projekt erfüllbar sind und wie mit den restlichen Wünschen umzugehen ist, zeichnet die Mehrzahl der erfolgreichen Führungskräfte aus.

Es geht dabei nicht um die Erfüllung aller Wünsche und Hoffnungen. Dies ist in den meisten Projekten aufgrund der enthaltenen Widersprüche und Gegensätze nicht möglich. Die erfüllbaren Vorstellungen sind bewusst auszuwählen. Die nicht erfüllbaren Vorstellungen müssen rechtzeitig als solche ausgewiesen werden. Der Projektleiter sollte für Alternativen oder zumindest für eine nachvollziehbare Erklärung sorgen.

Beispiel:

In einem Restrukturierungsprojekt werden die betroffenen Mitarbeiter aktiv eingebunden. Anfangs sind die Verunsicherung, was wohl passieren wird, und die damit verbundene Zurückhaltung und Skepsis groß.

Der Projektleiter verwendet am Beginn des Projekts viel Zeit darauf, die aktuelle Situation, die durch einen stark gewachsenen Mitbewerb gekennzeichnet ist und dadurch, dass viele der bisher händisch verwalteten Unternehmensabläufe mittels IT und dezentraler Stellen automatisierbar werden, zu analysieren. Danach werden die Betroffenen ermuntert, ihre Erwartungen und Befürchtungen zu äußern. Dies funktioniert erst nach geraumer Zeit, als die Teammitglieder Vertrauen gewonnen haben.

Eine förderliche Maßnahme ist, ihnen zu zeigen, dass noch lange keine Entscheidungen für aufbauorganisatorische Konsequenzen gesetzt werden, sondern dass es in den ersten Phasen des Projekts (Ist-Analyse und Soll-Konzept) darum geht, realistische Alternativen zu entwickeln.

Ein wesentlicher Meilenstein für die Offenheit im Miteinander ist dabei das Herausarbeiten der Extremszenarien für die Zukunft. Das eine Bild beinhaltet die Fortführung des Ist-Zustandes und das andere die völlige Schließung der Organisation, da es einen Mitbewerber gibt, der alle Dienstleistungen IT-gestützt und vollautomatisiert anbieten kann.

Damit wird ein klares und gemeinsames Problembewusstsein geschaffen. Die weitere Arbeit im Projekt ist konstruktiv und effizient, weil die Betroffenen aktiv an Lösungsalternativen mitwirken, die dem „worst case", nämlich der völligen Übernahme durch den Mitbewerber und damit verbunden dem Verlust aller Arbeitsplätze, Paroli bieten können. Die Lösungsideen sind innovativ und trotzdem realistisch. Und vor allem entsteht eine hohe Identifikation mit den Lösungsalternativen, obwohl sie Einsparungen und – verglichen mit dem aktuellen Zustand – schmerzhafte Veränderungen bedeuten.

Die folgende Grafik zeigt schematisch auf, dass die explizite Erarbeitung von Alternativen, die auch die möglichen Extreme („Fortführung des Istzustandes", „völlige Umkehrung ins Gegenteil") enthalten, neue Sichtweisen bei den Betroffenen eröffnet und diese dazu bewegt, dass sie aktiv an der – für sie zuerst negativ erscheinenden – Alternative mitwirken.

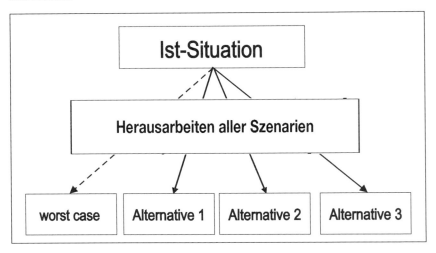

Abb. 13: Beeinflussung der Teamentscheidung durch ein Worst-Case-Szenario

2.2.6 Situativer Kontext

Nach Berücksichtigung der oben genannten Einflussgrößen wird ein projektspezifischer Führungsstil möglich. Zusätzlich existiert eine Situationskomponente, die anhand der folgenden typischen Management-Phasen eines Projekts dargestellt werden kann.

- Projektstartphase
- Projektarbeitsphasen
- Projektkoordinationsphasen
- Projektabschlussphase

Projektphasen erfordern unterschiedliche Führungsstile Die typischen Managementphasen eines Projekts erfordern unterschiedliche Verhaltensweisen, die auch als differente Ausprägungsformen eines Führungsstils zu erkennen sind.

... Fragen und Zuhören in der Startphase So sollte der Führungsstil in der Startphase vor allem durch Fragen gekennzeichnet sein. Das Verstehen der Sichtweisen der Teammitglieder, des Auftraggebers, der Kunden oder relevanter Umfeldgruppen steht im Mittelpunkt, weil der Schwerpunkt auf dem gegenseitigen Kennenlernen, dem Kontexterkennen und dem Entwickeln eines stimmigen

Bildes liegt. Mehr vom Projekt zu verstehen und ein Team zu werden, das während des Projekts professionell miteinander arbeiten kann, ist in dieser Phase wichtiger als überhastete inhaltliche Fortschritte oder Brillieren mit viel Fachwissen.

Gleichzeitig ist es für die Teammitglieder wesentlich, das Gefühl der Sicherheit vermittelt zu bekommen. Die Projektleiterin ist in diesem Fall gefordert, auf Sorgen einzugehen und sichere Rahmenbedingungen anzubieten.

In den Arbeitsphasen ist der Führungsstil durch Freiraum für den Einzelnen gekennzeichnet, damit jedes Teammitglied seine Arbeitspakete in der ihm eigenen Art und im Rahmen der getroffenen Vereinbarungen erledigen kann. Die Führungskraft lässt die Teammitglieder die von ihnen übernommenen Arbeitspakete erledigen, ohne sich aktiv einzumischen oder zu intervenieren. Zur Lösung auftauchender Probleme steht der Projektleiter in dieser Phase zur Verfügung.

... Freiraum in den Arbeitsphasen

In den Koordinationsphasen, die dazu dienen, die Zwischenergebnisse zu sammeln, die bisherige Arbeit mit dem Plan zu vergleichen und die weitere Vorgangsweise zu überlegen, sind konstruktive Kritik, Einfordern und Danksagen, Zuhören und Hinweisen in einem ausgewogenen Verhältnis angesagt. Diese Phasen, die meist um wichtige Meilensteine des Projekts positioniert sind, bedürfen viel Gespür, Moderations- und Konfliktlösungsgeschick des Projektleiters. In den Krisen eines Projekts ist der Projektleiter als „Feuerwehr" oder Coach gefragt und es zählen rasche und klare Entscheidungen, Mut zum Risiko und ein Vertrauen in das Team. Der Projektleiter muss sich bewusst sein, dass dieser sonst nicht übliche Führungsstil jetzt in Ordnung ist.

... Zusammenführen in den Koordinationsphasen

... klare und rasche Entscheidungen in Krisen

In der Abschlussphase von Projekten ist ein Führungsstil gefragt, der auf klares Beenden des Projekts ausgerichtet ist sowie Zeit und Raum für Reflexion lässt. Dies ermöglicht das Lernen für die Zukunft, Anerkennung für die getane Arbeit und konstruktive Bearbeitung der entstandenen Spannungen.

... Lernchancen nützen in der Abschlussphase

Das Einflussfaktoren-Modell für Führungskräfte bringt zusammenfassend folgenden Nutzen:

- sich selbst als Führungskraft einzuschätzen, um authentisch führen zu können,
- Projekt- und Unternehmenskultur zu kennen, um diese in den eigenen Führungsstil zu integrieren und
- Strukturen und Umfeldeinflüsse zu berücksichtigen, um dadurch als Führungskraft wirksamer zu werden.

Erfolgreiche Führung von Projekten basiert auf der Berücksichtigung der oben genannten Einflussfaktoren.

wirksame Führung durch Berücksichtigung der Einflussfaktoren

2.3 Persönlichkeitstypologien

2.3.1 Allgemeines

Jeder Mensch zeichnet sich unter anderem durch seine spezifischen charakterlichen Merkmale aus, die ergänzt um die bisherigen Lebenserfahrungen die so genannte Persönlichkeit ergeben.

Viele Beobachtungen zeigen, dass sich Menschen in analogen Situationen unterschiedlich verhalten, dass jede Person ihre spezifische Art hat, Dinge zu tun, aufbauend auf subjektiven Erfahrungen/Wissen, Fähigkeiten und Werthaltungen. Darüber hinaus wirken auch unterschiedliche Herkunftsregionen, Glaubenssysteme etc.

Die Komponenten der Persönlichkeitsstruktur sind biologisch, physiologisch und durch die soziale Umwelt, die Sozialisation, geprägt.

Viele der anscheinend zufälligen Verhaltensmuster sind konsistent und basieren auf elementaren Unterschieden der Individuen bezüglich ihrer Art, die Umwelt aufzufassen und zu beurteilen. Die Mischung aus Eigenschaften, die in den Erbanlagen mitgegeben werden, und den vielfältigen Erfahrungen, wie Lebenssituationen erfolgreich bewältigt werden, mit welchen Vorgehensweisen Schaden verhindert und der Erfolg sichergestellt wird, führen dazu, dass jeder Mensch ein einzigartiges Individuum ist.

Es gibt viele Modelle, Menschen entsprechend ihrer Persönlichkeit in Gruppen einzuteilen.

Ansätze, die sich in der Praxis bewährt haben, sind unter anderem:
- Herrmann-Dominanz-Indikator (HDI-Modell)[2]
- Riemann-Typologie[3]
- Key4you[4]
- Enneagramm[5]
- Myers-Briggs Type Indicator (MBTI)[6]
- DISG[7]

Modelle der Persönlichkeitskategorisierung können wertvolle Hilfe in verschiedenen Situationen bieten, wenn sie nicht dazu benutzt werden, Menschen sehr rasch und unreflektiert einer Gruppe zuzuordnen. Dies würde zu einer ungerechtfertigten Vereinfachung und Verallgemeinerung des menschlichen Individuums führen.

Auf Basis der Grundhypothese, dass jeder Mensch ein einzigartiges Individuum ist, bringt ein Persönlichkeitstypologiemodell folgende Vorteile:

- Die Erkenntnis, welche Ausprägungen in der eigenen Persönlichkeit betont sind, erlaubt es, sich selbst gut einzuschätzen, und legt damit einen Grundstein, um Gemeinsamkeiten und Unterschiede in der Denk- und Verhaltensweise zu Kolleginnen, Mitarbeitern und Vorgesetzten besser zu verstehen. Dadurch wird vor allem das Bewusstsein gefördert, die Unterschiede nicht als persönliche Aversionen, sondern als natürliche Anteile der anderen Persönlichkeit zu sehen.

Vorteile eines Persönlichkeitstypologiemodells

... adäquate Selbsteinschätzung

- Das Faktum, dass man mit manchen Menschen „auf einer Welle schwimmt", sie also gut versteht, und dass mit anderen Kollegen immer Reibungsflächen entstehen, entstammt häufig aus ähnlichen oder gegensätzlichen Ausprägungen der jeweiligen Persönlichkeiten.

... Gemeinsamkeiten und Unterschiede verstehen

- Das Wissen über die unterschiedlichen Ausprägungen von Persönlichkeiten, verbunden mit einem Verständnis, welche Kommunikation welchem Typus am besten entspricht, ermöglicht es, auf die Menschen so zuzugehen, dass diese sich verstanden fühlen und dadurch die Zusammenarbeit erleichtert wird.

... passende Kommunikationsformen

- Die Chance wird eröffnet, in der Startphase von Projekten den Projektleiter und das Team so zu besetzen, dass die dadurch vertretenen Persönlichkeiten die erfolgreiche Projektabwicklung fördern.

... erfolgversprechende Teamauswahl

Im Folgenden werden zwei sehr praxistaugliche Modelle, der Herrmann-Dominanz-Indikator und der Key4you-Persönlichkeitsschlüssel, detaillierter beschrieben.

2.3.2 Das Herrmann-Dominanz-Modell (HDI)

Ausgehend von der Gehirnforschung unterscheidet Ned Herrmann in seinem HDI-Modell Menschen insofern, als sie zu differenten Gruppen gehören, wenn sie von unterschiedlichen Gehirnbereichen dominiert werden. Wesentlich dabei sind einerseits die Trennung von linker und rechter Großhirnhälfte und andererseits die Unterteilung in den Stamm-, Zwischen- und Großhirnbereich.

- **Linke und rechte Großhirnhälfte**

  Die linke Gehirnhälfte ist vorrangig für die analytischen, kognitiven Fähigkeiten eines Menschen verantwortlich, wogegen die rechte Gehirnhälfte vor allem die künstlerischen, visuellen, ganzheitlichen Qualitäten hervorbringt. Untersuchungen haben gezeigt, dass bei den meisten Menschen ein Teil dominant ist, wodurch die individuelle Persönlichkeit sichtbar wird.

linke Gehirnhälfte betont analytische und kognitive Fähigkeiten

rechte Gehirn-
hälfte fördert
kreative und
visionäre Aspekte

Linkshirn-dominierte Menschen sind jene, die sehr logisch und zahlenorientiert in Entscheidungssituationen vorgehen. Rechtshirndominierte legen mehr Wert auf die kreative, visionäre Ausgestaltung.

Die folgende Darstellung gibt einen Überblick über die Schwerpunkte, die durch die linke bzw. rechte Gehirnhälfte betont werden:

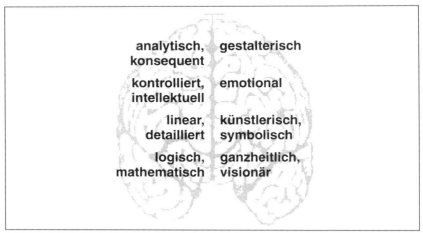

Abb. 14: Typische Attribute der linken und rechten Großhirnhälfte

- **Das dreigeteilte Gehirn**

  Ein Längsschnitt durch das Gehirn zeigt drei Hirnbereiche, geordnet nach ihrer Entstehung im Laufe der menschlichen Entwicklung:
  - das Reptilien-Gehirn (Stammhirn)
  - das limbische System (Zwischenhirn)
  - den Neocortex (Großhirn)

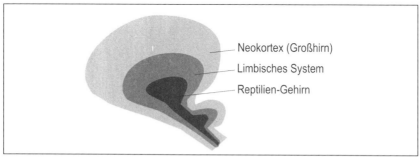

Abb. 15: Schematische Darstellung des dreigeteilten Hirns nach McLean[8]

Das Stammhirn, der älteste Teil in der Menschheitsgeschichte, steuert die für das Bewusstsein nicht wahrnehmbaren Vorgänge, wie etwa die biochemischen Abläufe.

Aus dem Limbischen System kommen Emotionen wie Angst und Aggression oder Liebe und Geborgenheit. Dieses System lernt nach dem Prinzip der Beibehaltung des erfolgreichen Verhaltens.

Das Großhirn ist das Zentrum des Bewusstseins und des Denkens, es kennt den Begriff des „Selbst" und unterscheidet zwischen Vergangenheit, Gegenwart und Zukunft.

Merkmale des HDI-Modells

Viele Menschen werden in ihren Handlungen von einem Gehirnteil priorität gesteuert. Dies wird im HDI-Modell als Dominanz bezeichnet und drückt aus, dass sich eine Gehirnhälfte oder ein Gehirnbereich häufig, vor allem in unreflektierten Situationen, durchsetzt.

Ned Herrmann unterscheidet vier Haupt-Denkbereiche oder Denkstile, die sich aufgrund der jeweiligen Dominanz eines Gehirnbereiches ergeben. Derartige Präferenzen haben großen Einfluss auf die „Persönlichkeit" eines Menschen.

Folgende Denkbereiche werden unterschieden:

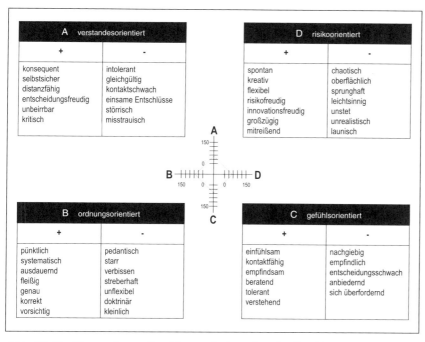

Abb. 16: Positive und negative Eigenschaften der vier Denkbereiche

Den vier Achsen werden je nach Ausprägungsintensität positive und negative Eigenschaften zugeordnet. Keine Achse ist an sich positiv oder negativ, es hängt immer vom Ausmaß ab. So ist ein B-dominierter Mensch in einer positiven Ausprägung zuverlässig, genau und pünktlich, bei zu hoher Ausprägung allerdings auch kleinlich, pedantisch, engstirnig und überpünktlich.

Jeder Mensch hat Ausprägungen auf allen vier Achsen. Bei manchen ist die Intensität bei mehreren oder allen Achsen gleich stark, andere wiederum haben eine sehr starke Dominanz einer Achse, wodurch sich rascher die damit verbundenen Eigenschaften als leicht identifizierbare Persönlichkeit erkennen lassen.

Im Folgenden werden die den vier Achsen zugeordneten Eigenschaften, daraus resultierende Verhaltenstendenzen sowie Ängste beschrieben:

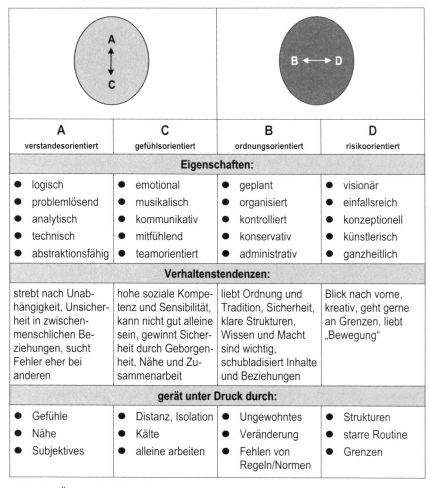

A verstandesorientiert	**C** gefühlsorientiert	**B** ordnungsorientiert	**D** risikoorientiert
Eigenschaften:			
● logisch ● problemlösend ● analytisch ● technisch ● abstraktionsfähig	● emotional ● musikalisch ● kommunikativ ● mitfühlend ● teamorientiert	● geplant ● organisiert ● kontrolliert ● konservativ ● administrativ	● visionär ● einfallsreich ● konzeptionell ● künstlerisch ● ganzheitlich
Verhaltenstendenzen:			
strebt nach Unabhängigkeit, Unsicherheit in zwischenmenschlichen Beziehungen, sucht Fehler eher bei anderen	hohe soziale Kompetenz und Sensibilität, kann nicht gut alleine sein, gewinnt Sicherheit durch Geborgenheit, Nähe und Zusammenarbeit	liebt Ordnung und Tradition, Sicherheit, klare Strukturen, Wissen und Macht sind wichtig, schubladisiert Inhalte und Beziehungen	Blick nach vorne, kreativ, geht gerne an Grenzen, liebt „Bewegung"
gerät unter Druck durch:			
● Gefühle ● Nähe ● Subjektives	● Distanz, Isolation ● Kälte ● alleine arbeiten	● Ungewohntes ● Veränderung ● Fehlen von Regeln/Normen	● Strukturen ● starre Routine ● Grenzen

Abb. 17: Übersicht über die vier Stilrichtungen des HDI-Modells

Jeder dieser vier Grunddenkstile ist ausgesprochen facettenreich. Dennoch fällt auf, dass Merkmale eines Stils charakteristisch für eine Art zu denken und zu fühlen sind.

Jeder Mensch ist je Denkrichtung unterschiedlich intensiv ausgeprägt. Es wird zwischen vier groben Abstufungen unterschieden. Die Palette reicht von 0 bis 150 Punkte, wobei eine geringe Ausprägung für „Vermeidung" des Stils und eine hohe Punktesumme für intensive, sehr dominante Nutzung der damit verbundenen Merkmale steht. Eine niedrige bedeutet somit, dass eine Person in diesem Quadranten überhaupt nicht beheimatet ist. Schon eher ist sie das bei einer mittleren Präferenz. Hohe und höchste Ausprägung sagen aus, dass sie die Charakter-Eigenschaften des jeweiligen Quadranten trägt. Die folgende Grafik nach Herrmann soll diese Abstufungen verdeutlichen:

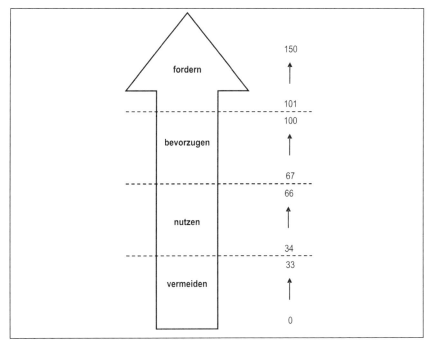

Abb. 18: Abstufungen einer Persönlichkeits-Stilrichtung nach Präferenzen und Punkten

Präferenz ist nicht mit Kompetenz gleichzusetzen. Kompetenzen, d.h. besondere Fähigkeiten in einem Bereich, entstehen nicht nur durch die Präferenz in einem gewissen Bereich, sondern aus einer Verknüpfung von Kenntnissen, Fertigkeiten und Fähigkeiten. Hohe Präferenzen deuten zum Beispiel an, in welchen Bereichen Personen hohe Potenziale haben.

Es existiert auch ein Zusammenhang zwischen der dominanten Ausprägung eines Menschen und einer dafür geeigneten Berufswahl.

	A verstandes- orientiert	B ordnungs- orientiert	C gefühls- orientiert	D risiko- orientiert
besonders ausgeprägt bei:	Experten	Verwaltern	Sozialberufen	Unternehmern
	Spezialisten	Buchhaltern	Pflegepersonal	Schauspielern
	Wissen- schaftlern	operativen Planern	Moderatoren	Künstlern
	Technikern			Freischaffenden

Abb. 19: Typische Berufe für verschiedene Denkbereiche

Als Fachexperten für ein bestimmtes technisches oder wissenschaftliches Thema eignen sich sehr häufig A-dominierte Typen. Als Teammitglieder in einem sozial-heiklen Projekt sind C-Typen sehr wertvoll, da sie in ihrer Orientierung stets auf die Akzeptanz von Entscheidungen achten würden.

Welcher Typ sollte nun eine Projektleiterin sein?

Persönlichkeitsorientierung eines Projektleiters Diese Frage lässt sich nur dann beantworten, wenn die Anforderungen des jeweiligen Projekts auf Basis einer Umfeldanalyse geklärt sind. Wenn beispielsweise die Hauptleistung des Projektleiters darin besteht, als Moderator unterschiedliche Interessen und Meinungen von Unternehmen, Abteilungen, Betroffenen etc. auszubalancieren, eignet sich ein ausgeprägter C-Typ als Projektleiter. Wenn der Schwerpunkt darin liegt, dass das Projektteam über die bekannten Prozesse und Methoden hinaus eine völlig neue Sichtweise einnehmen sollte, um das Projektziel zu erkennen, bedarf es eines visionären, kreativen D-Typs. Dies trifft auf die meisten Veränderungsprojekte in frühen, konzeptiven Phasen zu. Umsetzungsprojekte benötigen im Unterschied dazu ausgeprägte A- und B-Typen, die das vorab entwickelte Konzept systematisch und konsequent verwirklichen. Ein Projekt, das Kreation, Konzeption, Akzeptanz und erfolgreiche Umsetzung beinhaltet, wird von einer Projektleiterin, die ähnlich hohe Ausprägungen auf allen vier Achsen aufweist, profitieren, da sich derartige Personen an wechselnde Situationen sehr gut anpassen können.

Auch Kultur und Gesellschaft prägen Präferenzen. Die westliche Gesellschaft ist eher linkshirn-dominant, viel öfter beruft sie sich auf „Zahlen und Fakten", als dass sie sich auf „Intuitionen" verlässt. Dies zeigt sich vor allem auch an den Schwerpunkten, die im Schulwesen und in der Forschung gesetzt werden. Sehr wichtig für die ganzheitliche Entwicklung unserer Gesellschaft scheint daher zu sein, auch die rechte Gehirnhälfte und die ihr oft zugeordneten „weichen" Komponenten in alle Bereiche des Lebens miteinzubeziehen.

Weist eine Führungskraft ein Profil mit Präferenzen in jedem Quadranten auf, ist sie in der Lage, logisch-analytisch und planend-organisierend sowie ganzheitlich, integrativ und konzeptuell zu denken und zu handeln. Sie kann gut mit Gefühlen und anderen Menschen umgehen, fühlt sich in jedem Denkstil wohl und fungiert oft als „Übersetzer" zwischen den einzelnen Quadranten. 6% aller Männer und 5 % aller Frauen gehören zu diesem Typ.

Das HDI-Modell in der Projektarbeit

Vor diesem Hintergrund ist es nun spannend, die Gegebenheiten in einem Projekt zu betrachten. In Projekten arbeiten oft Personen mit unterschiedlichen Persönlichkeiten zusammen. Außerdem stellen Projekte im Laufe ihrer Abwicklung unterschiedliche Anforderungen an die Teammitglieder. Die Phasen eines Projekts benötigen unterschiedliche Dominanzstile des HDI-Modells.

unterschiedliche Persönlichkeiten in der Phase eines Projekts

Die Projektstartphase braucht den kreativen, strategisch denkenden und kombinierenden D-Typen. Um etwa funktionelle und technische Spezifikationen auszuarbeiten, bedarf es der logischen Fähigkeiten des verstandesorientierten A-Typs. Personen mit Präferenz im ordnungsorientierten B-Quadranten sind nützlich für das Qualitätsmanagement und das Projektcontrolling in der Steuerungsphase sowie die Umsetzung von Konzepten. Im Bereich des Projektmarketing und der Vermarktung eines im Projekt entstandenen Produktes kommt der gefühlsorientierte C-Typ mit seiner extrovertierten und gesprächigen Art und einer großen Portion an emotionaler Intelligenz zum Einsatz.

Innerhalb der verschiedenen Präferenzen besteht die Tendenz zur Gruppenbildung und zur Abgrenzung zu Andersdenkenden. Die Kommunikation zwischen Personen mit verschiedenen Ausprägungen ist oft schwierig. Die Personen schotten sich nicht nur gegeneinander ab, sie bedienen sich auch noch unterschiedlicher Kommunikationsformen.

Kommunikation zwischen unterschiedlichen Persönlichkeiten schwierig

Empfehlenswert in solchen Situationen ist es, den Typus des Moderators einzusetzen, der auf die Kommunikation innerhalb des Teams achtet. Gute Moderatoren weisen, ebenso wie Führungskräfte, oft eine mehrfache Dominanz auf, d.h. ihre Präferenzen verteilen sich relativ ausgeglichen auf alle Bereiche. Dadurch entsteht Flexibilität und die Fähigkeit, sich auf unterschiedliche Persönlichkeiten einzustellen und diese auch „erreichen" zu können.

Das Wissen um unterschiedliche Persönlichkeiten ermöglicht es, die Zusammenarbeit in Projekten und in Unternehmen zu verbessern.

Im Folgenden wird dies anhand von Beispielen dargestellt:

Beispiel:

Ein risikofreudiger Projektmitarbeiter unterbreitet seiner Projektleiterin Vorgehensweisen, die, verglichen mit dem Unternehmensstandard und den bisher gewohnten Abläufen, unkonventionell gestaltet sind. Die ordnungsorientierte Projektleiterin ist leicht verführt, dies als persönlichen Angriff gegen sich zu werten, da der Mitarbeiter ja wissen müsste, dass sie viel Wert auf Standards legt. Verstärkt wird dies noch durch das regelmäßige Zuspätkommen des Mitarbeiters zu Sitzungen, da die Projektleiterin schon am Beginn des Projekts die Parole ausgegeben hat, dass Pünktlichkeit eine zentrale Grundlage der Zusammenarbeit darstelle.

Sobald die Projektleiterin durch Kenntnis des HDI-Modells diese Konfliktpunkte als Unterschiede der verschieden ausgeprägten Persönlichkeiten identifiziert, verändert sich auch ihre Einstellung. Ab diesem Zeitpunkt sind es nicht mehr persönliche Angriffe, sondern Vorgehensweisen, die dem Mitarbeiter aufgrund seiner Persönlichkeit nahe liegen.

Voraussetzung ist jedoch, dass die Projektleiterin ihre eigene Persönlichkeit kennt, und ihr bewusst ist, dass sie Ordnung als Leitlinie zur Reduzierung von Unsicherheit, die mit der Zukunft verbunden ist, braucht.

Unterschiedliche Persönlichkeitstypen suchen im Sinne der eigenen Zufriedenheit verschiedene Kommunikationsformen. Dies zu wissen und das Projektinformationswesen danach auszurichten, ist eine wichtige Führungsaufgabe für Projektleiter.

Beispiel:

Ein *beziehungsorientierter* Projektleiter (C-dominierter Typ) wird einen ausführlichen Start-Workshop und regelmäßige Projektsitzungen als besonders wichtige Treffen ansehen, bei denen es möglich ist, unterschiedliche Sichtweisen und Erfahrungen einzubringen, Standpunkte und Meinungen auszutauschen, zu diskutieren, zu streiten, um schlussendlich mit einem wesentlich höheren Wissensstand über das Projekt, die dahinterliegenden Themen, die Teammitglieder, das Umfeld und die Ziele die Sitzung zu verlassen. Vor allem dienen derartige Sitzungen der Identifikation des gesamten Teams mit den getroffenen Entscheidungen, wodurch eine unternehmerische Haltung bei allen Beteiligten gefördert wird.

Teammitglieder, die sich durch ihre Verstandesorientierung (A-dominierter Typ) auszeichnen, werden dies als Sitzungsinflation wahr-

---

nehmen, in der vor allem viel wertvolle Zeit vertan wird. Sie empfinden derartige Prozesse keineswegs als Identifikationsschritte. Manche Verstandesorientierte werden mit innerem Widerstand reagieren, manche werden den Sitzungen fernbleiben.

Dieser persönlichkeitsbedingte Unterschied kann zu massiven Konflikten führen. Ein Sitzungsdesign, das vorsieht, dass die Verstandesorientierten ihre Expertenmeinungen durch schriftliche Empfehlungen abgeben, solange an der Entscheidungsaufbereitung oder dem Prozess gearbeitet wird, könnte den Konflikt verhindern. Gleichzeitig sollte eine Vereinbarung getroffen werden, an welchen Sitzungen alle Teammitglieder aus Gründen der gemeinsamen Entscheidungsfindung und der Identifikation teilnehmen sollen.

Diese differenzierte Vorgehensweise ermöglicht einem geschickten Projektleiter, die unterschiedlichen Persönlichkeiten zu berücksichtigen, und sorgt trotzdem dafür, dass die strategischen Meilensteine vom Team getragen werden.

Die unterschiedlichen Ausprägungen von Persönlichkeiten rasch und effizient einschätzen zu können, ermöglicht es, auf die Menschen so zuzugehen, dass diese sich verstanden fühlen und dass dadurch die Kommunikation und die Zusammenarbeit erleichtert werden.

Beispiel:

Ein Projektleiter, der einem sehr *verstandes- und ordnungsorientierten* Auftraggeber einen Fortschrittsbericht präsentiert, wird gut daran tun, diesen Bericht in einer klaren, nachvollziehbaren Gliederung und unter Einhaltung aller Firmen-Layout-Standards vorab zur Verfügung zu stellen, so dass sich der Auftraggeber in Ruhe einlesen kann. Entscheidungsempfehlungen sollten logisch sein und alle Alternativen im Vergleich zueinander berücksichtigen. Die Betonung der Wirtschaftlichkeit der Entscheidungsempfehlung, ausgedrückt durch ein positives und durch Zahlen belegtes Kosten-Nutzen-Verhältnis, macht eine rasche Zusage des Auftraggebers möglich.

Sollte der Projektleiter allerdings einem Auftraggeber berichten, der sich als *gefühls-* und *risikoorientierter* Mensch auszeichnet, werden andere Kriterien ausschlaggebend sein. In diesem Fall erwartet der Auftraggeber, dass die Thematik in der Diskussion so weit aufbereitet wird, dass am Ende des Gesprächs ein neuer Erkenntnisstand vorhanden ist, der als Ergebnis des Diskussionsprozesses eine gemeinsame Entscheidung ermöglicht. Schriftliche Berichte vorab sind nicht so wichtig wie die Ideen, die im Gespräch entstehen. Flexibilität und Spontaneität haben mehr Bedeutung als Genauigkeit und förmliche Ausführung in den Unterlagen.

2.3.3 Key4you-Persönlichkeitsschlüssel

Der Key4you-Persönlichkeitsschlüssel ist eine rasch verständliche und fundierte Selbsteinschätzung und damit eine gute Grundlage zur Selbstreflexion sowie zur Persönlichkeits- und Karriereentwicklung. Der Persönlichkeitsschlüssel kann sowohl in persönlichen Entscheidungssituationen als auch zur Personal- und Teamentwicklung und zur Zusammenstellung von Projektteams verwendet werden. Die Analyse soll ermuntern, sich selbst intensiver mit den eigenen Potenzialen, Möglichkeiten, aber auch Grenzen auseinander zu setzen.

Der Key4you-Schlüssel basiert auf der Typisierung von C. G. Jung und auf den Theorien von Fritz Riemann. In seinem Buch „Grundformen der Angst"[9] beschreibt Fritz Riemann vier Typen der Persönlichkeit, denen er während seiner Arbeit als Psychotherapeut begegnet ist. Riemann erkannte rasch, dass diese vier Grundformen an Persönlichkeitsausprägungen seinen Klienten bei der persönlichen Weiterentwicklung und Arbeit an den eigenen Schwierigkeiten eine große Hilfe war. Riemanns Arbeitshypothese ging davon aus, dass jeder Mensch über Anteile aller vier Typen verfügt und meist in zwei Bereichen Schwerpunkte hat. Bei der Zusammensetzung von Teams empfiehlt er darauf zu achten, Vertreter aller vier Typen im Team zu haben, um nachhaltig wirksam und arbeitsfähig zu sein.

Die vier Grundcharaktere Realisierer, Analytiker, Entdecker und Vermittler stellen die Gesamtpersönlichkeit dar und lassen sich in zwei polaren Spannungsverhältnissen ausdrücken:

Distanz versus Nähe
Konstanz versus Veränderung

Dem Grundstreben nach Distanz steht das nach Nähe gegenüber, dem Grundstreben nach ordnenden, dauerhaften Strukturen steht das Grundstreben nach Wandel und Veränderung gegenüber. In jeder Lebenssituation wird gemäß einer Grundstruktur gehandelt bzw. auf einen Impuls reagiert. Je nach individueller Präferenz wird aus den vier Möglichkeiten jeweils eine als bevorzugte eingesetzt und von den anderen ergänzt. So entsteht ein mehr oder weniger ausbalanciertes „Mischungsverhältnis".

Jede Persönlichkeit gewinnt ihr eigenes Profil dadurch, dass eine der Grundstrebungen besonders ausgeprägt, eine andere vielleicht unterrepräsentiert ist. Ist eine Grundstruktur bei jemandem besonders ausgeprägt, so neigt er dazu, in bestimmten Situationen leichter in Krisen zu geraten als jemand, bei dem die Durchmischung der Grundelemente für einen besseren inneren Ausgleich sorgt. Insofern hilft die Kenntnis der Grundelemente auch, Krisenanfälligkeit frühzeitig zu erkennen.

Als Analyse-Werkzeug kann der Key4you-Persönlichkeitsschlüssel mittels Fragen genutzt werden, um die Persönlichkeitsanteile anhand von Situationen und Verhalten aus Alltagssituationen zu überprüfen.

Ein internetbasierter Fragebogen wurde 1999 von Peter Kropp[10] entwickelt und ist daher im Vergleich zu anderen psychologischen Testverfahren relativ neu. Es gibt drei Ebenen der Auswertungsmöglichkeit:

- Die **individuelle Ebene**, die die persönliche Grunddisposition und die im aktuellen Beruf gelebten Aspekte darstellt (Persönlichkeitsschlüssel und Entwicklungsschlüssel)
- Die **Ebene des Teams**, wo die Stärken und Schwächen des Teams auf einen Blick sichtbar und besprechbar werden (Teamschlüssel)
- Und die **Ebene der Organisation**, wo die Kultur des Unternehmens oder der Organisation darstellbar und damit steuerbar gemacht wird (Unternehmensschlüssel)

Die Ergebnisse eignen sich in der Praxis zur Selbsterkenntnis, für Mitarbeiterauswahlverfahren und Jahreszielgespräche sowie zum Erkennen von Team-Potentialen und der Beschreibung und Steuerung der Projekt- und Unternehmenskultur.

2.4 Führungsstile in Projekten

2.4.1 Grundsätzliche Definition

Führungsstil ist ein zeitlich überdauerndes, für bestimmte Situationen konsistentes Führungsverhalten von Vorgesetzten gegenüber Mitarbeitern.

Wichtige Dimensionen zur Beschreibung von Führungsstilen sind:
- Ausmaß der Teilnahme am Entscheidungsprozess durch den Führenden und die Geführten
- Aufgabenorientierung versus Personenorientierung
- Kurzfristige versus nachhaltige Wirkung

Aufgabe Führungsstil	Beurteilen	Entscheiden	Anleiten	Kontrollieren
Autokratisch	Subjektiv durch Führungskraft	Alleinentscheidungen	Klare Einzelanweisung	Detaillierte Faktenkontrolle
Kooperativ	Strukturiertes Feedback	Team an Inhalt und Prozess beteiligt	Teilverantwortungen delegiert	Ergebnis- und Selbstkontrolle
Demokratisch	Als Gruppenprozess	Team entscheidet Inhalt und Prozess	Kollegial im Konsens	Anhand vereinbarter Kriterien

Aufgabe Führungsstil	Beurteilen	Entscheiden	Anleiten	Kontrollieren
Laissez-faire	Keine Regeln für Beurteilungen	Durch Gruppendynamik	Den individuellen Wünschen überlassen	Keine Kontrolle

Abb. 20: Merkmale Führungsstile

Im Folgenden wird ein kurzer Überblick über die häufigsten Führungsstile in der Praxis geboten. Diese Stile sollen als Basis dienen, um den speziell für Projekte und projektorientierte Unternehmen entwickelten „authentischen Führungsstil", auf dem die weiteren Ausführungen aufbauen, vergleichen und damit besser erfassen zu können.

Als allgemeine Ansätze werden der
- autokratische Führungsstil,
- kooperative Führungsstil,
- demokratische Führungsstil und
- der situative Führungsstil (am Beispiel des GRID-Modells[11])

beschrieben.

Darauf aufbauend werden der authentisch-wirksame Führungsstil und die sinnorientierte Führung – insbesondere in der Anwendung für Projekte – behandelt.

2.4.2 Autokratischer Führungsstil

Der autokratische Führungsstil zeichnet sich vor allem durch folgende Merkmale aus:

- Der Projektleiter entscheidet über Inhalt und Prozess (Ablauf, Mitteleinsatz). Er lässt keine Kritik an seinen Handlungen zu. Er führt das Projektteam durch genaue Einzelanweisungen und detaillierte Kontrolle.
- Aktiv sein im Sinne des unternehmerischen Denkens und Handelns, Mitverantwortung und Kreativität werden nicht gefördert und verkümmern daher.

Der autokratische Führungsstil schafft bei unerfahrenen Mitarbeitern das Gefühl der Sicherheit und ist in Krisen zielführend, weil in derartigen Situationen rasch umgesetzte Entscheidungen, ohne diese zu hinterfragen, sicherstellen, dass der Schaden minimiert wird (z.B. Feuerwehr im Einsatz).

Die patriarchalische Führung durch eine so genannte Vater-Figur stellt eine Sonderform der autokratischen Führung dar.

Ein Projektleiter, der diesen Führungsstil bevorzugt, wird langfristig Mitarbeiter in seinem Team binden, die die Übernahme von Verantwortung eher scheuen und sich mit klaren „Anweisungen", die korrekt ausgeführt werden, gut zurechtfinden.

autokratische Projektleiter ziehen Mitarbeiter an, die gut und gerne Aufträge ausführen

2.4.3 Kooperativer Führungsstil

Der kooperative Führungsstil stellt sich wie folgt dar:

Die **Gruppenmitglieder** werden **an** den **Entscheidungen** über **Inhalt und Prozess beteiligt**. Erfolgreiche Projektarbeit baut auf dem Zusammenwirken aller Beteiligten auf. Voraussetzung ist Kommunikation und Dialogfähigkeit im Projektteam, vor allem zwischen Projektleiter und Mitgliedern, um Ziele und gesetzte Maßnahmen zu durchschauen.

Charakteristisch für diesen Führungsstil ist Folgendes:
- **Beteiligung** an der Zielfestlegung und Prozessgestaltung (noch bevor Entscheidungen getroffen werden).
- **Delegation** von Aufgaben, Befugnissen und Verantwortung.
- **Transparenz** bei Entscheidungen und Maßnahmen (Erläuterung von Führungsmaßnahmen, persönlicher Kontakt).
- **Ergebniskontrolle** als Ergänzung zur Selbstkontrolle, um die Prozesse regelmäßig zu verbessern. Dies baut auf nachvollziehbaren Kriterien auf.
- Das Ergebnis ist eine hohe Gruppenkohäsion und Interaktion mit einer starken **Betonung der Eigenverantwortlichkeit** des Mitarbeiters, wobei das kooperativ erzielte Gruppenergebnis im Vordergrund steht.

Der kooperative Führungsstil kann in Projekten auch als **teamorientierte Führung** bezeichnet werden, die auf folgenden Grundhaltungen aufbaut:

kooperative Projektleiter arbeiten teamorientiert

1. Teamorientierte Führung bedeutet, dass zwar die Gesamtführung dem Projektleiter übertragen ist, dieser aber punktuell den Teammitgliedern Führungsfunktionen zuweisen kann.

   Dies gilt insbesondere dann, wenn:
   - der Projektleiter selbst in einen Konflikt involviert ist,
   - er in einer Sitzung vor allem den inhaltlichen Beitrag zu gestalten hat und
   - er spezielle Prozess- und Führungsfähigkeiten einzelner Teammitglieder für das Gesamtprojekt nützen möchte.

2. Teamorientiertes Führen verlangt vom Projektleiter die notwendigen **Kenntnisse über die situativ geeigneten Techniken der Inter-**

vention. Grundlegend kann dabei zwischen verdeckten und offenen Formen der Intervention unterschieden werden. Da die verdeckten Interventionstechniken üblicherweise nicht zur Teamorientierung passen (sie sind eher destruktiv und entwertend), sollen nachfolgend einige wichtige offene (konstruktive, wertschätzende) Interventionstechniken angeführt werden:

- offene Fragen zur Informationssammlung stellen
- Konkretisieren (von Eigen- und Fremdaussagen)
- Reformulieren (sinngemäßes Wiedergeben und Wiederholen des Gesagten)
- Umformulieren (bewusstes Verdeutlichen von Aussagen durch die Verwendung eines plausiblen Bildes oder einer erklärenden Metapher)
- Rahmenbedingungen in Erinnerung rufen und Abweichungen ansprechen (Zeiten, Ziele etc.)
- Feedback geben und annehmen

Balance zwischen emotionaler und sachlicher Kommunikation

3. Teamorientierte Führung erfordert, die Wechselwirkung von **emotionalen** und **sachlichen Kommunikationsaspekten** erkennen und erfassen zu können. Vor allem sollten nicht nur die verbalen, sondern auch die nonverbalen Andeutungen verfolgt werden, um die dahinter liegenden Agenden und Verhaltensweisen zu verstehen. Wirken sich diese Mechanismen störend aus, muss der Projektleiter sie ansprechen und offen im Team einer Behandlung und Lösung zuführen. Das Erkennen von Gruppenphänomenen baut vor allem auf Zuhören und Beobachten auf!

regelmäßige Reflexion zur Weiterentwicklung

4. Teamorientierte Führung betrifft den **Aufbau** und die **Weiterentwicklung des Teams**. Die Qualität der Zusammenarbeit sollte einer ständigen Reflexion unterworfen sein. Diese Aufgabe ist durch das Gestalten eines Lernprozesses in der Gruppe zu bewerkstelligen. Dadurch entwickeln alle Mitglieder ein Bewusstsein für die sozialen/emotionalen Prozesse im Team. Ein Konflikt zwischen zwei Mitgliedern betrifft letztlich die gesamte Gruppe, nicht nur die beiden vordergründig Involvierten!

5. Teamorientierte Führung ist eine **Servicefunktion für die Gruppe**, eine **Hilfestellung** für das Entwickeln von Teamklima, Teamgeist und Teamkultur. Führen bedeutet außerdem Hilfestellung bei der Bearbeitung hinderlicher Konflikte in der Gruppe.

Teamorientierte Führung erfordert die Wahrnehmung der Gruppe als ein **soziales System**, als eine Einheit und nicht als eine Zusammenfassung von Einzelpersonen. Sie baut darauf auf, dass individuelle Gefühle, Emotionen und Handlungen auf die Gruppe einwirken und damit einen wesentlichen Einfluss auf das Verhalten der gesamten Gruppe haben.

2.4.4 Demokratischer Führungsstil

Bei der demokratischen Teamführung werden sowohl **Inhalt als auch Prozess durch Gruppendiskussion** und **Gruppenentscheidung** beschlossen. Die Zusammenarbeit im Team wird durch die Berücksichtigung persönlicher und fachlicher Präferenzen der Mitarbeiter gefördert.

demokratischer Führungsstil

Der demokratische Leiter schlägt Entscheidungen vor, entscheidet aber nicht selbst, er besitzt Vertrauen in die Fähigkeiten der Selbststeuerung der Gruppe. Hohe Gruppenkohäsion und Interaktion stellen sich ein, starke Motivation und Gruppenmoral sind die Folge. Qualität und Originalität der Leistung sind hoch, Geschwindigkeit und Effizienz von einzelnen Entscheidungen sind kurzfristig gesehen oft unbefriedigend.

... bringt hohe Identifikation, Qualität und Kreativität

Die kollegiale Führung, wie sie beispielsweise in diversen Gesundheitseinrichtungen (Krankenanstalten etc.) eingesetzt ist, umfasst die Zusammenarbeit von gleichrangigen Mitgliedern und stellt eine Sonderform der demokratischen Führung dar. Entscheidungsprozesse einer kollegialen Führung setzen einen Konsens voraus. Diese Grundbedingung macht eine effiziente Teamarbeit sehr schwierig.

... und macht rasche Entscheidungen, effiziente Teamarbeit schwierig

Agile Führungsansätze in Projekten, wie sie in Kapitel 5.4 detaillierter ausgeführt werden, rücken die Selbstverantwortung des Teams in den Vordergrund und stellen damit eine aktuelle Form demokratischer Führung in Projekten dar.

2.4.5 Situativer Führungsstil

„Situativ führen" bedeutet, dass die Führungskraft in unterschiedlichen Situationen verschiedene Führungsstile einsetzt. Dahinter steht die Grundhypothese, dass dies wirksamer ist, als einen immer gleichen Führungsstil zu praktizieren. Im Folgenden wird das praxiserprobte GRID-Führungsmodell als ein Beispiel dafür präsentiert. Es werden dabei zwei Ausprägungen, die jeden Führungsstil kennzeichnen, unterschieden:

- die Orientierung an den Menschen (Mitarbeiter, Kollegen, Vorgesetzte) und
- die Orientierung an der Sache (Projektziel, Aufgaben, …)

Die beiden Ausrichtungen können in einer Matrix abgebildet werden. Jede der beiden Achsen stellt ein Kontinuum zwischen niedriger, mittlerer und hoher Ausprägung dar. So lassen sich je drei Ausprägungsstufen der Sachorientierung mit drei Stufen der Menschenorientierung kombinieren.

Der konkrete Führungsstil zeigt sich in der jeweiligen personen-situationsabhängigen Schnittstelle der zwei Koordinaten. Die Verbindung der zwei Merkmale „Sachorientierung" und „Menschenorientierung" wird im folgenden Verhaltensgitter (GRID) grafisch dargestellt:

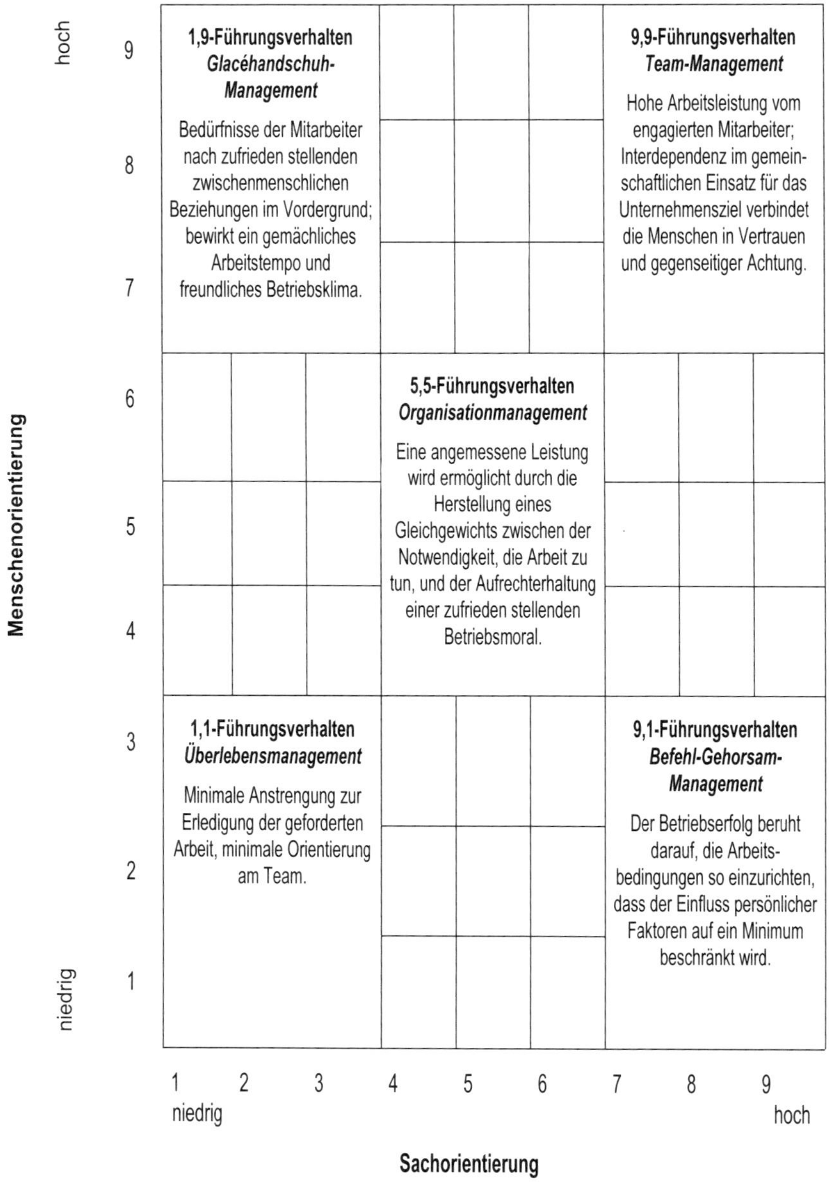

1,9-Führungsverhalten
Glacéhandschuh-Management

Bedürfnisse der Mitarbeiter nach zufrieden stellenden zwischenmenschlichen Beziehungen im Vordergrund; bewirkt ein gemächliches Arbeitstempo und freundliches Betriebsklima.

9,9-Führungsverhalten
Team-Management

Hohe Arbeitsleistung vom engagierten Mitarbeiter; Interdependenz im gemeinschaftlichen Einsatz für das Unternehmensziel verbindet die Menschen in Vertrauen und gegenseitiger Achtung.

5,5-Führungsverhalten
Organisationmanagement

Eine angemessene Leistung wird ermöglicht durch die Herstellung eines Gleichgewichts zwischen der Notwendigkeit, die Arbeit zu tun, und der Aufrechterhaltung einer zufrieden stellenden Betriebsmoral.

1,1-Führungsverhalten
Überlebensmanagement

Minimale Anstrengung zur Erledigung der geforderten Arbeit, minimale Orientierung am Team.

9,1-Führungsverhalten
Befehl-Gehorsam-Management

Der Betriebserfolg beruht darauf, die Arbeitsbedingungen so einzurichten, dass der Einfluss persönlicher Faktoren auf ein Minimum beschränkt wird.

Abb. 21: GRID-Modell[7]

Sachorientierung bedeutet, die Konzentration auf die Produktion von Ergebnissen zu legen. Die rasche und effiziente Erledigung von Arbeitspaketen und die Fokussierung der inhaltlichen Ziele eines Projekts zeichnet Sachorientierung aus.

Die Orientierung an den Menschen, die am Projekt beteiligt oder von diesem betroffen sind, stellt den zweiten möglichen Fokus in der Führungsarbeit dar. Die Schwerpunktsetzung liegt dabei auf Maßnahmen, die der Erfüllung von Erwartungen, der Aussprache und der Konfliktlösung dienen.

Der Schwerpunkt des Grid-Modells liegt im situationsadäquaten Einsatz der möglichen Führungshandlungen. So wird beispielsweise in einer auf Geschwindigkeit beruhenden Ausnahmesituation ein 9,1-Entscheidungsstil, in einem konfliktbehafteten Team ein 1,9-Führungsstil oder in einer Projektstartsitzung ein 5,5–9,9-Stil zu optimalen Ergebnissen führen.

Im Folgenden werden einige der Eckpfeiler möglicher Führungsausprägungen beschrieben:

1,1 Eine geringe Sach- und Menschenorientierung befindet sich bei 1,1 in der linken unteren Ecke. Die 1,1-Projektleiterin leistet nur gerade soviel Führungsarbeit, wie unbedingt erforderlich ist.

1,9 Der 1,9-Führungsstil kombiniert niedrige Sachorientierung mit einer hohen Menschenorientierung. Die Hauptaufmerksamkeit richtet sich dabei auf die Förderung positiver Gefühle unter Kollegen und Mitarbeitern.

5,5 Der 5,5-Führungsstil liegt in der Mitte. Hier geht es um die Einstellung „leben und leben lassen".

9,1 In der unteren rechten Ecke des Verhaltensgitters liegt das Höchstmaß an Sachorientierung (9), gepaart mit einem niedrigen Maß an Menschenorientierung. Ein von diesen Vorstellungen ausgehender Projektleiter konzentriert sich mit allen Kräften auf die Sachziele und die Effizienz. Er führt seine Mitarbeiter, indem er Entscheidungen trifft und Gehorsam verlangt.

9,9 In der rechten oberen Ecke ist der 9,9-Führungsstil angesiedelt. Hier verbindet sich eine hohe Sach- mit einer hohen Menschenorientierung. Das 9,9-Führungsverhalten ist zielorientiert und versucht, qualitativ und quantitativ hochwertige Ergebnisse durch Mitwirkung, Mitsprache, Mitverantwortung sowie durch konzertierten Einsatz für das Unternehmensziel und gemeinschaftliche Konfliktlösung zu erreichen.

2.4.6 Die authentisch-wirksame Führungskraft

Die Frage nach der erfolgreichen Führungskraft wird sehr häufig gestellt. Fast alle Konzepte konzentrieren sich auf Eigenschaften und Verhaltensweisen, die die ideale, erfolgreiche Führungskraft charakterisieren. Die Lösungen werden meist in Anforderungsprofilen, Rollenbeschreibungen oder Eigenschaftsprofilen festgehalten.

Eine häufig anzutreffende Beschreibung von Rollen, die die Führungskraft dabei einnehmen sollte[12], lautet:

- Visionär und Vorbild
- Manager und Koordinator
- Macher, der realisiert
- Integrator und Teamentwickler
- Coach, Förderer und Personalentwickler
- Experte
- Lernender

Allen Aufzählungen ist gemeinsam, dass es ein Sollbild gibt, eine „Ideal-Führungskraft", die anhand ihres Verhaltens rasch erkennbar ist. Diese Norm-Führungskraft hat sehr viel Reiz. Die unzähligen Eigenschaften und Verhaltensweisen sind als Erfolg versprechende Voraussetzungen absolut zu bejahen.

Die zunehmende Komplexität der Welt und die Erkenntnis, dass jeder Mensch eine individuelle Persönlichkeit, mit spezifischen Anlagen, Erfahrungen und Vorstellungen hat, steht im klaren Widerspruch zur Norm-Ideal-Führungskraft. Zusätzlich stellt sich die Frage, wodurch eine Führungskraft erfolgreich wird.

Malik[13] betont, dass Führungskräfte dann erfolgreich sind, wenn sie wirksam werden. Dies bedeutet, die erfolgreiche Führungskraft agiert auf Basis weniger und klarer Werthaltungen, derer sie sich bewusst ist.

Grundwerte für entwicklungsfähige Arbeitsbeziehungen

Mögliche Grundwerte, die entwicklungsfähige Arbeitsbeziehungen schaffen, können sein:

- Akzeptanz und Respekt
- Vertrauen
- Toleranz
- Offenheit für Neues

Das Modell des authentisch-wirksamen Führungsstils basiert auf der Hypothese, dass Führungskräfte unabhängig von der Erfüllung geforderter Eigenschaften einer Ideal-Führungskraft vor allem dann erfolgreich sind, wenn sie authentisch und auf Basis positiver Werthaltungen agieren. Das bedeutet, dass die Aussagen und Handlungen auch zu den zugrunde liegenden Werthaltungen der handelnden Person passen. Führungskräfte, die sich ihrer eigenen inneren Werte bewusst sind und in Übereinstimmung mit diesen handeln, können als authentische Persönlichkeiten bezeichnet werden.

Übereinstimmung von Werten und Handlungen ermöglicht authentisch-wirksame Führung

Authentische Führung kann verstanden werden als das Eins-Sein der eigenen inneren Werte mit den aktuellen Handlungen als Führungskraft. Authentizität entsteht, wenn die Aussagen der Führungskraft mit dem Verhalten und mit den inneren Haltungen übereinstimmen. Die derart Geführten spüren keine Misstöne oder Widersprüche in der Persönlichkeit der Führungskraft und reagieren auf die glaubwürdigen Botschaften meist mit hohem Engagement. Dadurch wird authentische Führung wirksam. Dies ist auch das Feld, das die Führungskraft aktiv gestalten kann. Darüber hinaus wird die Motivation und Begeisterung von Mitarbeitern aufgrund der möglichen Rahmenbedingungen, die die Führungskraft nur zum Teil gestalten kann, bestimmt.

hohes Engagement bei glaubwürdigen Botschaften

Mitarbeiter spüren umgekehrt genauso, wenn es keine Übereinstimmung von Aussagen, Einstellungen und Handlungen eines Managers in einer Führungssituation gibt. Wenn zum Beispiel Top Manager in schlechten Zeiten für Sparmaßnahmen plädieren und gleichzeitig die eigenen Privilegien erhöhen, wenn Führungskräfte von der Notwendigkeit für mehr Engagement reden und gleichzeitig in arbeitsreichen Phasen nicht im Büro sind oder nicht selbst auch Hand anlegen; wenn Projektleiter betonen, dass Kundenorientierung die oberste Priorität genießt und sich selbst hinter vorgehaltener Hand über die unmöglichen Wünsche des Kunden beschweren und stolz berichten, welche Kunden wann über den Tisch gezogen wurden, dann nehmen die Mitarbeiter dies als **inkongruentes Führungsverhalten** wahr, auch wenn sie es vielleicht nicht beschreiben oder erklären können. Derartige doppeldeutige Botschaften führen zu Irritationen, so dass die Geführten nicht mehr wissen, ob die Aussagen oder die erlebten Handlungen Wegweiser für das eigene Verhalten sein sollen.

Demotivation bei widersprüchlichen Botschaften

Daraus lässt sich folgende Führungshypothese ableiten:

Führungskräfte sind erfolgreich, wenn sie in Übereinstimmung mit dem eigenen Wertesystem handeln!

Wie kann ein authentischer Führungsstil entwickelt werden?

In der Praxis sind zwei Gruppen vorzufinden:

- Zum einen jene Führungskräfte, die im Wesentlichen authentisch handeln oder zumindest wissen, bei welchen Handlungen sie nicht im Einklang mit ihren Wertesystemen und Erfahrungen agieren. Diese Widersprüche zu kennen, liefert schon eine gute Basis für

Verbesserungsmaßnahmen, die darin bestehen, sich gut zu überlegen, welche Anforderungen an die Mitarbeiter gestellt werden, und an der Optimierung der eigenen Handlungen zu arbeiten.

- Zum anderen gibt es jene Führungskräfte, die nicht authentisch handeln und sich der doppeldeutigen Botschaften, die sie damit an die Geführten weitergeben, nicht bewusst sind. Diese Personen erkennen die Unterschiede zwischen den im beruflichen Kontext geforderten Werthaltungen und den von ihnen selbst gelebten Prinzipien nicht.

Häufig sind Führungskräfte zu beobachten, die sich aktuellen Modewellen, wie „Die Führungskraft als Coach", „Die Führungskraft als Change Manager", „Die Teamorientierte Führung" etc., explizit anschließen, indem sie die damit verbundenen Werte als neue Prinzipien der Zusammenarbeit proklamieren, diese allerdings selbst nicht vorleben.

Beispiel:

Eine Projektleiterin, die sich seit geraumer Zeit als Coach bezeichnet und unternehmerisches Handeln sowie selbstorganisierende Mitarbeiter im Team fordert, jedoch gleichzeitig, wie auch schon früher, in alle Details eingebunden sein möchte, viele auch sehr fachbezogene Entscheidungen trifft und unkonventionelle Ideen mit der Aussage „Das kann nicht funktionieren, weil wir es bisher immer anders gemacht haben" abtötet, handelt nicht als Vorbild.

Veränderung der eigenen Werte im Hinblick auf mehr Authentizität

In einem derartigen Fall scheint es wichtig zu sein, die eigenen Werthaltungen zu erkennen und darauf aufbauend eine persönliche Veränderung anzustreben oder die verbalen Führungsprinzipien den eigenen Werten und Einstellungen anzugleichen.

Dieses so einfach klingende Konzept beinhaltet einige Schwierigkeiten, die es zu überwinden gilt:

- **Klarheit bezüglich der eigenen Werte**

  In unserer hyperaktiven Welt ist es schwierig, Zeit und Raum zu schaffen, um den eigenen Werten auf den Grund gehen zu können. Dies erfordert, in Ruhe in sich hineinzuhören, und damit die Loslösung von den Ablenkungsmechanismen, denen wir tagtäglich ausgesetzt sind. Im Folgenden sind nur einige der häufigsten **Zeiträuber** in Bezug auf **Selbstbesinnung** genannt:

ruhig werden, in sich hineinhören

  - Erledigung der unzähligen interessanten beruflichen Aufgaben
  - Koordination aller Freunde und gesellschaftlichen Verpflichtungen
  - Sammlung und Verarbeitung der als notwendig erachteten Informationen

Parallel zur inneren Besinnung ist die aktive Auseinandersetzung mit der eigenen Umwelt ein wichtiger Bestandteil zur Entdeckung der persönlichen Wertestruktur. Dies bedeutet, Feedback einzufordern und ernstzunehmen. Reflexion des eigenen Handelns mit Personen, die als Beteiligte und Betroffene involviert sind, schafft weitere Sichtweisen zum erlebten Führungsstil. Die so erkennbaren Differenzen zwischen eigenem Bild und fremder Wahrnehmung ermöglichen, Bereiche greifbar zu machen, in denen nicht authentisch gehandelt wird. Diese Unterschiede können wiederum Auslöser für Veränderungen im Führungsstil sein oder für die Entscheidung, die eigenen Sichtweisen an die kommunizierten Prinzipien anzupassen.

Feedback einholen

- **Sozialisation als Filter**

Sobald ausreichend Zeit und Ruhe zum Reflektieren und in sich Hineinhören bleibt, taucht die nächste Herausforderung auf, die so genannte „rosa Brille".

Sie **prägt den Blick** und forciert die selektive Wahrnehmung. Jeder Mensch nimmt aufgrund physischer Möglichkeiten, angeborener Persönlichkeitsmerkmale und gesammelter Erfahrungen unterschiedliche Wirklichkeiten wahr, die meist unreflektiert zu allgemeinen Wahrheiten werden.

selektive Wahrnehmung durch gesammelte Erfahrungen

Eine wesentliche Prägung für jeden Menschen ist die Sozialisation, die in Form von Erfahrungen und vorgelebten Mustern ein ständiger Begleiter unseres Lebens ist.

Eltern, Lehrer, Vorbilder sowie prägende Personen zeigen uns, welche Werte verfolgenswert, welche Ziele im Leben wichtig und welche Vorstellungen „normal" sind. Werthaltungen anderer Personen werden als richtig und wahr übernommen, oftmals ohne abzuwägen, ob sie zu den eigenen Werthaltungen passen.

Jeder Mensch ist das Produkt seiner eigenen Persönlichkeit und der gesammelten Erfahrungen. Sofern die aus den Erfahrungen gelernten Verhaltensmuster zur eigenen Identität passen, sind diese authentisch wirksam und sollten als solche auch beibehalten werden. Im Folgenden wird auf jene angelernten Einstellungen und Verhaltensmuster Bezug genommen, die die eigene Identität nicht abrunden, sondern in ihrer Wirkung nach außen als widersprüchlich erlebt werden.

Viele der Wertvorstellungen, die rasch als die eigenen bezeichnet werden, sind bei genauerer Betrachtung ethisch-moralische Grundsätze, die von Autoritäten aus der eigenen Vergangenheit (Eltern, Lehrer, …) als richtig vermittelt wurden:

- Die Eltern lehren ihre Kinder, dass man nur „mit Fleiß und Schweiß" und klaren ehrgeizigen Zielen erfolgreich sein kann.

- Die Autoritäten der Gesellschaft betonen, wie wichtig es ist, die Normen und Regeln einzuhalten.
- Vorbilder und Vorgesetzte im Beruf vermitteln, dass man dann erfolgreich ist, wenn man sich ihnen unterordnet oder sie imitiert.
- Trainer und Berater zeigen, dass es Methoden, Hilfsmittel, Tipps und Tricks gibt, um „noch" erfolgreicher zu werden.

Die Zeichen des eigenen Körpers lesen lernen

Angesichts all dieser Einflüsse von außen sollte man sich fragen: „Was davon sind nun wirklich meine eigenen Werte?"

Das Vordringen zu den eigenen Werten ist ein Prozess, der das Wahrnehmen und Interpretieren der Signale des eigenen Körpers voraussetzt. Die Zeichen des Körpers zu lesen, bringt meist sehr viel Unsicherheit mit sich, weil wir manchmal in unserer Vergangenheit gelernt haben, sie zu ignorieren, wie das folgende Beispiel zeigt:

Beispiel:

Kinder spüren Bedürfnisse, Wünsche und Ängste sehr intensiv. Wenn sie diese ausdrücken, werden sie manchmal von Eltern zurechtgewiesen, dass sich so etwas (zum Beispiel in Anwesenheit von Gästen etc.) nicht gehört. Dieses Muster wiederholt sich in der Kindheit, so dass das Kind nicht mehr an seine eigenen Körpersignale glaubt. So haben viele Menschen gelernt, das zu denken und zu sagen, was sich gehört, anstelle das auszudrücken, was sie empfinden.

Die Unsicherheit entsteht aus einem zentralen Widerspruch. Einerseits existieren die bisher als selbstverständlich akzeptierten Werte, die von außen, von den Eltern, von Autoritäten, von Lehrern, Vorgesetzten und Idolen vorgegeben wurden. Diese Werthaltungen sind klar und greifbar. Auch wenn noch nicht alle erreicht sind, so erscheinen sie zumindest anstrebenswert. Dazwischen tauchen oft nur sehr schwer erkennbar eigene Wünsche, Träume und Werte auf.

Zunächst wäre es viel einfacher, den von den externen Autoritäten vorgegebenen Werten, die einen sicheren Halt anbieten, zu folgen und nicht den schwachen eigenen Signalen. Die Versuchung, auf die alten und bekannten Wege zurückzukehren, ist groß. Das Vertrauen zu sich selbst aufzubringen, das man braucht, um vom sicheren Pfad abweichen zu können, wird zum Prüfstein für die nächste Phase. Gelingt dies, besteht eine große Chance, die ureigensten Werte freizulegen.

Die in diesem Selbstfindungsprozess enthaltene Lernchance ist die Loslösung von angelernten, aber nie inkorporierten und daher auch für die eigene Entwicklung schädlichen Verhaltensmustern und Prinzipien.

- **Pflege der ureigensten Werte**

Nun gilt es, die freigelegten Werte zu pflegen und sie in Handlungen und Taten umzusetzen. Wenn dieser Prozess gelingt, ist Authentizität möglich. Authentisches Leben im privaten und wirksame Führung im beruflichen Kontext sind die Folge.

Authentizität durch die Loslösung angelernter Verhaltensmuster

Sich von den angelernten Verhaltensmustern zu lösen, sofern sie die eigene Entwicklung und Authentizität behindern, ist eine Strategie. Die Akzeptanz des aktuellen Werte- und Prinzipiengefüges nach dem Grundsatz „Wir sind die Summe unserer Vergangenheit" ist eine alternative Möglichkeit, zu Authentizität zu gelangen. Die ganzheitliche Annahme der ureigensten Werte und aller durch Sozialisation dazugewonnenen Prinzipien bedeutet, den Fokus auf die Zukunft, die gestaltbar ist, zu legen und nicht auf die Erfahrungen der Vergangenheit. Wesentlich bei diesem Schritt ist es, die Auswirkungen des eigenen Denkens und Handelns auf Führungssituationen bewusst zu beobachten. Diese Reflexion ermöglicht es, wirksame von nicht-wirksamen Verhaltensmustern zu unterscheiden und daraus einen professionellen Führungsstil abzuleiten.

Konzentration auf die gestaltbaren Aspekte

Die Führungsstrategien sind darauf auszurichten, dass Zufriedenheit, ökonomischer Erfolg und positive zwischenmenschliche Beziehungen entstehen.

!

Die Einsatzmöglichkeiten der beschriebenen Führungsstile können wie folgt zusammengefasst werden:

- Im Arbeitsleben wird heute vor allem der **kooperative** Führungsstil empfohlen, da die Sachleistung aus wirtschaftlichen Zwängen höhere Priorität haben muss als das Glücksstreben des Einzelnen – im Gegensatz zu nicht erwerbswirtschaftlichen Systemen, wie Familie, Verein, Gemeinde, Kommune, Staat, wo der **demokratische** Führungsstil unseren heutigen Wertvorstellungen eher entspricht.

- Speziell bei **Projekten** ist es erforderlich, den Führungsstil an die jeweilige Situation, das heißt an die Anforderungen in den unterschiedlichen Projektphasen, anzupassen. Dadurch ergibt sich ein dynamischer Ansatz in Form eines **situativen Führungsstils**.

- Die richtige Wahl hängt dabei **auch von der Reife der Teammitglieder** (d.h. ihren jobspezifischen Fähigkeiten und Erfahrungen) **und** von der sich entwickelnden **Teamkultur** ab.

- **Wirksame Führung** zeigt sich vor allem bei jenen Projektleitern und Führungskräften, die **authentisch agieren**. Authentisch agieren bedeutet, so zu handeln, dass die Verhaltensweisen mit den eigenen Einstellungen und Werten übereinstimmen. Jedes Handeln, das im Widerspruch zum eigenen Wertesystem steht, ist mehr oder weniger aufgesetzt und daher im Sinne einer erfolgreichen Führung wirkungslos.

Die folgende Abbildung soll die drei Komponenten darstellen, die einen erfolgreichen authentisch-wirksamen Führungsstil charakterisieren:

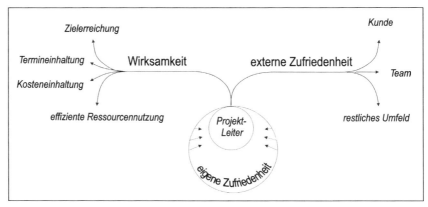

Abb. 22: Die drei Komponenten des authentisch-wirksamen Führungsstils (Wirksamkeit, Zufriedenheit des Umfelds, eigene Zufriedenheit)

Ein Projektleiter wird dann erfolgreich sein, wenn seine Führungsarbeit die gewünschten ökonomischen Ergebnisse erzielt, also wirksam ist.

Ein Projektleiter ist erfolgreich, wenn seine Kunden, sein Team und das restliche Umfeld zufrieden sind.

Erreichung ökono-
mischer Ziele,
externe und
interne Zufrieden-
heit zeichnen
erfolgreiche
Projektleiter aus

Doch nicht nur die Erreichung der Ziele und das Zufriedenstellen des Umfelds entscheiden über den Erfolg des Projektleiters. Wichtig ist, dass er sich mit seinem eigenen Verhalten identifizieren kann und so handelt, dass er selbst auch zufrieden ist.

> **Beispiel:**
>
> Immer häufiger ist zu beobachten, dass Auftraggeber und Projekt-
> leiter ihre Teams in den Entscheidungsprozess einbinden, weil dies
> eine höhere Identifikation bringen soll. Erfolgt diese Einbindung aller-
> dings nur, um nicht als veraltet und konservativ zu gelten, um also
> im Vergleich zu den Kollegen nicht schlecht dazustehen, wird dieser
> teamorientierte Führungsstil nicht wirken.
>
> Die Werte und Einstellungen dieser Führungskraft gehen von einem
> Weltbild aus, dass alleine der erfahrene Experte rasch und effizient
> Entscheidungen treffen könne. Die Mitwirkung wenig erfahrener Per-
> sonen verfälsche die richtige Entscheidung und dauere wesentlich
> länger.
>
> Die Einbindung des Teams passiert dann durch den Projektleiter
> häufig in folgender Weise:
>
> - „Wie würdet Ihr in diesem Fall entscheiden? Ich will Euch ja
>   nicht vorgreifen, aber meiner Meinung nach kann die Entschei-
>   dung nur …"
> - „Ich habe mich für A entschieden. Wie würdet Ihr entscheiden?"
>
> Projektleiter, die in einer derartig „quasi demokratischen" Form Ent-
> scheidungen mit dem Team treffen, leben nur scheinbar einen mo-
> dernen Führungsstil. Im tiefsten Inneren empfinden sie allerdings,
> dass derjenige Entscheidungen treffen soll, der als hierarchisch Vor-
> gesetzter auch die „Verantwortung" zu tragen hat. Dies wird ohnehin
> durch Körperhaltung, Mimik oder die Energie, die im Raum existiert,
> für die Mitarbeiter spürbar. Einfühlsame Teammitglieder werden nur
> sehr kurzfristig an diesen Führungsstil glauben. In derartigen Teams
> können keine unternehmerischen, selbstverantwortlichen Haltungen
> entstehen. Der Projektleiter wird alleine entscheiden und die Verant-
> wortung auch alleine tragen.

Derartige „nicht-authentische" Verhaltensweisen werden daher nicht
wirken. Beim Team erzeugen sie ungläubiges Staunen und halbherzi-
ges Mittun, weil die gegensätzlichen Signale Misstrauen erzeugen. In
diesem Fall werden zwar Handlungen von der Führungskraft gesetzt,
sie sind allerdings nicht wirksam. Mehr Wirksamkeit würde in dieser
Situation ein authentischer Führungsstil erzeugen, indem die Auftraggeberin oder Projektleiterin ihre Werthaltungen klar anspricht, die Entscheidungen trifft, ihre Mitarbeiter davon in Kenntnis setzt und sich
nicht dem sozialen Druck halbherzig beugt.

Anders verhält es sich, wenn die Führungskraft aufgrund eines inneren
Veränderungsprozesses und eigener Erfahrungen ein neues Wertesystem entwickelt und daher auch mit voller Überzeugung einen anderen
Führungsstil praktiziert. Wenn die neuen Einstellungen verwurzelt sind,
werden sie auch glaubhaft wirken.

2.4.7 Führung mit Sinn

Die Menschen verbringen einen Gutteil ihres Erwachsenenlebens im Job. Von großem Engagement bis zum Dienst nach Vorschrift lassen sich dabei viele Haltungen beobachten. Die persönliche Zufriedenheit und die organisatorische Effizienz sind in hohem Maße davon bestimmt, ob die berufliche Aufgabe mit Freude und Begeisterung, als selbstverständliche Geldbeschaffung oder sogar als notwendiges Übel erlebt werden. Was macht den Unterschied aus?

Warum sind manche Mitarbeiter, Projektleiterinnen und Führungskräfte hoch motiviert und andere wiederum genau das Gegenteil?

Ob die jeweilige Person in der eigenen Wahrnehmung sinnvolle Tätigkeiten ausübt oder Teil eines sinngebenden Zieles ist, ist wesentlich für die Motivation.

Friedrich Nietzsches Aussage „Wer ein Warum zum Leben hat, erträgt fast jedes Wie" und die vielfältigen Erkenntnisse von Viktor Frankl haben die Bedeutung des Sinnes im eigenen Leben bewusst herausgearbeitet.

Woraus entsteht Sinn für eine Mitarbeiterin, für einen Projektleiter, für eine Auftraggeberin?

Die nachfolgenden Kriterien sind einige wesentliche Merkmale für sinnerfülltes Arbeiten in der heutigen Zeit:

- **Identifikation** mit der Aufgabe, dem Projekt und dem Unternehmen, für das jemand tätig ist. Dies bedeutet, dass die übergeordnete Vision, die Ziele, die Produkte des Unternehmens in den eigenen Werterahmen passen müssen, so dass man selbst auch stolz auf diese sein kann. Daraus entsteht ein Zugehörigkeitsgefühl, das eine hohe Bindungskraft hat und fast immer zu großem Engagement des Einzelnen führt. Eine positive Vision, die der Auftraggeber oder die Projektleiterin fürs gegenständliche Projekt formulieren und regelmäßig kommunizieren, ist eine wichtige Grundlage.

- Das Erkennen, inwieweit die **eigene Arbeit** ein **Beitrag zur Erfüllung** des Projektziels und der Erreichung der Vision ist, ermöglicht es, den Sinn im laufenden Projekt nicht aus den Augen zu verlieren. Projektleiter und Auftraggeberinnen können durch die explizite Betonung der persönlichen Beiträge und durch regelmäßigen Dank auf die Bedeutung der individuellen Arbeit positiv hinweisen. Eng damit verbunden sind eine wertschätzende Kommunikation und eine Fehlerkultur, die die Weiterentwicklung und das Lernen in den Vordergrund stellen.

- Je **autonomer** und **selbstbestimmter** im eigenen Aufgabenbereich gehandelt werden kann, desto **sinnerfüllter** wird das berufliche

Umfeld erlebt. Die Führungsherausforderung dabei ist es, den Mitarbeitern Aufgaben so zuzuordnen, dass sie sie selbstbestimmt erledigen können, dass sie herausfordernd, aber nicht überfordernd sind.

- Die Qualität und Breite der **sozialen Kontakte**, die ein Individuum im Projekt aufbauen und pflegen kann, ist ein weiterer Maßstab für sinnerfülltes Arbeiten. Als Projektleiterin ist daher die aktive Einbindung in die Umfeldarbeit sowie das selbstständige Pflegen von Kontakten im Projektablauf eine wesentliche Intervention für eine sinnorientierte Zusammenarbeit.

Projektleiter, Auftraggeberinnen und Führungskräfte können, sobald ihnen diese Dimension der Führungsarbeit bewusst ist, vor allem durch die Kommunikation von Visionen, durch die Wertschätzung der individuellen Beiträge und Reflexion der Zufriedenheit und Identifikation im Team einen wesentlichen Beitrag zu einer sinnerfüllten Zusammenarbeit im Projekt leisten.

2.5 Die sieben Führungsprinzipien

Die authentisch-wirksame Führungskraft zeichnet sich weniger durch ein festgelegtes Soll-Eigenschafts-Profil, sondern vielmehr durch die Berücksichtigung einiger wesentlicher Prinzipien aus. Im Folgenden werden jene gelistet, die in Projekten vielerprobt sind.

wenige Führungsprinzipien

Die Prinzipien sind ein Grundraster, nach dem die Projektleiter und Projektauftraggeber ihre Führungsarbeit ausrichten können:

I. **Auf die Projektergebnisse konzentrieren**

II. **Authentisch handeln und führen**

III. **Die persönlichen Stärken im Team nutzen**

IV. **Klare Entscheidungen und Prioritäten im Projekt setzen**

V. **Den Teammitgliedern vertrauen**

VI. **Die Umfeldinteressen berücksichtigen**

VII. **Als Vorbild wirken**

I. Auf die Projektergebnisse konzentrieren

Was wirklich zählt, sind weder die geleistete Arbeit, noch die entstandenen Mühen und Anstrengungen; weder die aufgewendete Zeit noch die erbrachten Opfer, sondern ausschließlich die erzielten Resultate. Am Ende eines Tages sollte man sich, wenn man an der eigenen Effizienz interessiert ist, nicht fragen, wieviel man gearbeitet hat, sondern was erreicht wurde.

Am Ende des Tages zählen die Resultate

Übertragen auf Projekte bedeutet dies, dass das Ergebnis des Projekts klar zu definieren und mit aller Kraft anzustreben ist.

Gerade in Projekten gibt es Phasen, in denen aufgrund der Neuartigkeit der angestrebten Lösung das Endziel so weit weg zu liegen scheint, dass die Konzentration auf dieses Ergebnis schwer fällt. In derartigen Situationen sind definierte Meilensteine im Projekt, die mit klaren Zwischenergebnissen gekoppelt werden, sehr nützliche Zwischenziele, vergleichbar mit den Leuchtfeuern in der Fliegerei.

Tipp:

Das rasche Erreichen von (Zwischen-)Ergebnissen fördert die Motivation und das Engagement aller Beteiligten. Daher ist die Konzentration auf frühzeitige Erfolgserlebnisse, vor allem bei umstrittenen, schwierigen Projekten ein sehr nützliches Hilfsmittel.

II. Authentisch handeln und führen

individuelles Wertesystem als Basis für authentische Führungsarbeit

Jeder Mensch entwickelt ein individuelles Wertesystem, das wie ein inneres Licht eingesetzt werden kann, um in strategischen und tagtäglichen Situationen aufzuzeigen, welcher Weg einen wesentlichen Beitrag leisten kann. Authentisch handeln meint dabei, dass die Entscheidungen in Übereinstimmung mit diesem inneren Licht getroffen werden. Projektteammitglieder, die ihr Wertesystem kennen und offen artikulieren, sodass die inneren Beweggründe klar werden, können ihren Talenten gemäß viel besser eingesetzt werden. Projektleiter, die authentisch führen, sind aufgrund ihrer offenen Kommunikation wirkungsvoller.

III. Die persönlichen Stärken im Team nutzen

Erfolg durch richtigen Einsatz der Teammitglieder

Hochkomplexe und dynamische Projekte erfordern zur erfolgreichen Durchführung Spitzenleistungen der handelnden Personen. Das Team kann nur dann Höchstleistungen erbringen, wenn die vorhandenen Stärken konsequent genutzt werden. Spitzenleistungen können nur in dem Maße erwartet werden, in dem es auch gelingt, die Aufgaben so zu gestalten, dass möglichst viele Mitarbeiter ihren Beitrag dort erbringen können, wo sie natürliche Begabungen und Stärken besitzen.

Bereits bei der Teambildung am Beginn eines Projekts ist dies zu berücksichtigen. Ein weiser Projektleiter setzt sein Team so zusammen, dass verschiedene Präferenzen in den Persönlichkeiten und damit verbunden unterschiedliche Stärken vertreten sind.

Bei derartigen Teams ist es unerlässlich, sich in der Startphase und auch in regelmäßigen Abständen im Projekt, intensiv mit dem Prozess Teambildung und Teamentwicklung auseinander zu setzen. Heterogene Persönlichkeiten in einem Projektteam verstehen sich nicht von selbst gut. Langfristig sind solche Teams jedoch erfolgreicher, weil sie die unterschiedlichsten Anforderungen, die in Projekten entstehen, besser meistern können.

IV. Klare Entscheidungen und Prioritäten im Projekt setzen

Meist zeigt sich sehr rasch, dass nicht alle Wünsche des Umfelds gleichzeitig und gleichgewichtig umgesetzt werden können. Ein erfolgreiches Projekt erfordert eine klare Schwerpunktsetzung.

Erfolgreiche Projektleiterinnen erledigen erstrangige Angelegenheiten zuerst, eine nach der anderen. Sie wären wahrscheinlich in der Lage, sich mit hunderterlei Dingen zu beschäftigen. Auf wenigen Gebieten hervorragende Resultate zu erzielen, ist aber weit effizienter, weil die gesamte Aufmerksamkeit auf der jeweiligen Aufgabe liegt. *Konzentration auf das Wesentliche*

Eine klare Prioritätensetzung fällt gerade in Projekten nicht leicht, weil unterschiedliche Interessengruppen aus dem internen und externen Projektumfeld naturgemäß nicht die gleichen Wünsche vorbringen. Eine professionelle Zusammenarbeit zwischen Projektleiter und Auftraggeber zeichnet sich dadurch aus, dass in einem Gewirr von Dringlichkeiten und Wichtigkeiten die für den Projekterfolg wesentlichen Prioritäten herausgefiltert und dann auch konsequent verfolgt werden.

Sind die Prioritäten definiert, ist die Information über die getroffene Entscheidung an das Projektteam und das betroffene Umfeld weiterzugeben. Häufig setzen Projektleiter zwar Prioritäten, schwören aber das Team nicht auf diese ein, so dass diese weiter nach ihren eigenen Prioritäten agieren. Anstelle eines geballten Miteinanders entsteht ein verwirrendes Durcheinander. *„Setze Prioritäten und rede darüber."*

V. Den Teammitgliedern vertrauen

Gegenseitiges Vertrauen ist eine zentrale Grundsubstanz für eine gute Zusammenarbeit. Sowohl das Vertrauen der Mitarbeiter in den Projektleiter und in die Auftraggeberin, als auch Vertrauen der Führungskraft in sein Team sind entscheidend. Vertrauen existiert allerdings nicht automatisch von Anfang an. Die Schaffung eines vertrauensvollen Arbeitsklimas und die Pflege desselben erfordert ein aktives Zutun aller Beteiligten.

Wie kann Vertrauen entstehen? Klare Vereinbarungen, wie miteinander umgegangen wird, die Sicherheit, sich auf den anderen *Vereinbarungen und gemeinsame Spielregeln fördern ein Vertrauensklima*

67

verlassen zu können, und der sorgsame Umgang mit heiklen Situationen (wenn Fehler passieren, wenn es Meinungsunterschiede gibt, wenn persönliche Interessen betroffen sind, wenn Druck entsteht, wenn Krisen auftauchen, …) zeichnen ein vertrauensvolles Klima aus.

Mit Fingerspitzengefühl vorzugehen, das heißt abzuwägen, welche Vereinbarungen bereits beim Projektstart nötig und welche erst im Anlassfall zu klären sind, ist die Aufgabe des Projektleiters. Das Ausbalancieren von Spielregeln, die die Führungskraft bereits vorschlägt und solchen, die gemeinsam im Team entwickelt werden, gehört ebenfalls dazu.

Zu einer Projektleiterin, die es verstanden hat, rechtzeitig Vertrauen innerhalb des Projektteams zu entwickeln, stehen die Mitarbeiter auch in Projektkrisen. Dadurch wird die Führung stabil und tragfähig.

Vertrauen zu pflegen bedeutet unter anderem, die Spielregeln auf durchgängige Einhaltung zu verfolgen, insbesondere, ob sie auch von „oben" gelebt werden bzw. ob Schuldzuweisungen vermieden werden. Die Art und Qualität des Umgangs miteinander bilden auch in emotional heiklen Situationen ein wesentliches vertrauenserhaltendes Netz. In diesem Zusammenhang ist die Orientierung am Projektergebnis und am konstruktiven Umgang mit Problemen von wesentlicher Bedeutung.

VI. Die Umfeldinteressen berücksichtigen

Die eigenen Erwartungen zu kennen und die des Umfeldes einschätzen zu können, ist eine essentielle Eigenschaft erfolgreicher Projektleiterinnen. Das spezifische Umfeld eines Projekts ist komplex. Proaktive Führung berücksichtigt die Wirkungsweisen dieses Umfelds, indem sie Zusammenhänge und mögliche Risiken frühzeitig und ganzheitlich sichtbar macht sowie das Setzen von Maßnahmen fördert.

regelmäßiges Mitdenken der Umfeldgruppen

Erfahrene Projektleiter analysieren das Projektumfeld nicht nur in der Startphase, sondern überlegen auch bei Entscheidungen im Projektverlauf und bei Phasenübergängen, wie sich diese auf die einzelnen Interessengruppen auswirken können. Das Projektumfeld im Auge zu behalten bedeutet nicht, dass damit alle Erwartungen der betroffenen Umfeldgruppen erfüllt werden. Dieser Irrglaube ist meist auch der Grund, warum Projektleiter die Auseinandersetzung mit dem Umfeld scheuen. Sie befürchten, dass dadurch Konfliktfelder, Interessengegensätze und Schwierigkeiten zu Tage treten könnten.

Die unterschiedlichen Erwartungen und Befürchtungen zu erkennen und sich diese bewusst zu machen, macht Zusammenhänge sichtbar und ermöglicht, die Konsequenzen von Entscheidungen und Vorgehensweisen abschätzen zu können. Daher ist jene Projektleiterin vorbereitet, die das Umfeld im Auge behält. Sie kann sich Argumente und Erklärungen zurechtlegen, kann Alternativen anbieten und Prioritäten setzen, die trotz widriger Umstände einen Beitrag zur Projektzielerreichung leisten.

VII. Als Vorbild wirken

Führungskräfte entwickeln explizit oder implizit eine Führungskultur. Sie definieren Spielregeln und geben Muster-Verhaltensweisen vor.

Führungskräfte werden von den Mitarbeitern genau beobachtet, inwieweit sie sich selbst an diese halten. Sobald sich diese Spielregeln von den eigenen Verhaltensweisen des Projektleiters unterscheiden, werden die Teammitglieder verunsichert. Der Projektleiter kann die Vertrauensbildung im Team durch das Vorleben der „gemeinsam" entwickelten Spielregeln sehr stark fördern.

Vorleben fördert Vertrauen und Engagement

2.6 Der SMARTe Führungsansatz für Projekte

Aufbauend auf den beschriebenen Führungsprinzipien sowie auf dem authentisch-wirksamen Führungsstil wird im Folgenden ein maßgeschneidertes Modell für Projekte präsentiert, das auch viele praktische Tipps und Hilfestellungen inkludiert.

Die Anforderungen, die in Projekten an die Führungskräfte (Auftraggeber, Projektleiterin, Teilprojektleiter) gestellt sind, unterscheiden sich in wesentlichen Aspekten von der Führungsarbeit in Routineorganisationen.

Führungskräfte sind in Projekten dann erfolgreich, wenn sie in Übereinstimmung mit dem eigenen Wertesystem handeln.

Projektleiterinnen und Teilprojektleiter gestalten die Projektkultur massiv mit, indem sie den Teamspirit (mit-)entwickeln, indem sie das vorleben, worauf es im Projekt ankommt, indem sie den Nutzen und die Vision des Projekts herausarbeiten und kommunizieren.

Wenn der Beitrag der eigenen Aufgaben für die Erreichung der Projektziele klar ist und die Verfolgung der Projektziele nachhaltig wertvoll erscheint, ist es der Projektleitung gelungen, eine Projektvision und Sinn zu vermitteln.

Ziel des **SMARTen Führungsmodells** für Projekte ist es, einen praxiserprobten Ansatz vorzustellen, der speziell für Projekte und projektorientierte Unternehmen passt und einen nachvollziehbaren Zusammenhang zwischen Führungsverhalten und erfolgreichen Projekten herstellen kann.

2.6.1 Führung von Projektteams – was ist da besonders?

Projekte sind Systeme mit speziellen Merkmalen wie hohe soziale und sachliche Komplexität, zeitliche Begrenzung und interdispiläre Teamarbeit. Für die Führung von Projekten bedeutet dies aus einer nutzenorientierten Perspektive:

- **Projekte schaffen** etwas **Neues**. Dazu passende Führungsimpulse bewirken eine Aufbruchstimmung. Der Projektleiter kann beispielsweise durch unkonventionelle Arbeitsformen und vor allem durch das Zulassen kreativer Ideen am Beginn des Projekts neuartige Lösungsansätze fördern. Das Interesse am Neuen kann dadurch geweckt werden und hohes Engagement sowie Motivation mit sich bringen. Das im Projekt Geschaffene gebührend zu würdigen, verstärkt die Identifikation im Projektablauf, die Zufriedenheit und den Glauben an die eigene Gestaltungskraft.

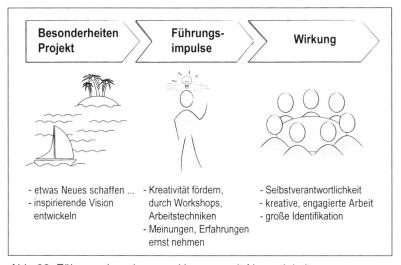

Abb. 23: Führungsimpulse zum Umgang mit Neuartigkeit

- Die **Führungsarbeit** ist **auf bestimmte Zeit**, die Projektlaufzeit, fokussiert. Die spezifischen Projektphasen (Start, Planung, Umsetzung, Abschluss) und ihre Übergänge erfordern spezielle Führungsinterventionen, um das Projekt zum Erfolg zu führen. In der Startphase ist es wichtig, die Fähigkeiten und Talente aller Beteiligten zu identifizieren. Die Projektleiterin, die dafür bewusst Zeit und Raum schafft, damit alle Beteiligten erfahren, wofür die Kollegen im Team stehen, ermöglicht die bessere Nutzung der vorhandenen Ressourcen im Projekt. Selbstvertrauen und Selbstverantwortlichkeit werden gestärkt, wenn die Teammitglieder aufgefordert werden, ihre Ideen und Meinungen einzubringen. Die Projektmanagerin achtet dabei vor allem darauf, dass eine wertschätzende Diskussionskultur entsteht und gepflegt wird. Zu rasche Bewertungen und Vorurteile behindern eine Kultur der Offenheit und Selbstorganisiertheit.

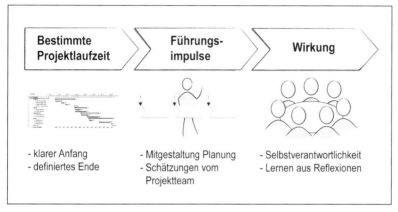

Abb. 24: Führungsimpulse zur Förderung der Selbstverantwortlickeit

- Die **Komplexität** und Neuartigkeit **in Projekten** lässt einen größeren **Gestaltungsspielraum** als in Routineprozessen zu. Erfolgreiche Führung berücksichtigt diesen Freiraum und nützt die damit verbundenen Vorteile durch entsprechende Arbeitsformen und neue Sichtweisen. Der Einsatz von kreativen Ansätzen, die Nutzung von Analogien aus völlig anderen Lebensbereichen, die Mischung aus Einzel- und Gruppenarbeit und vieles mehr können die Projektergebnisse ungemein bereichern. Entscheidend dabei sind die gemeinsame Projektvision als Leitgedanke, die professionelle Moderation und Zusammenführung von Ergebnissen sowie der Aufbau einer für kreative Prozesse nötigen Gesprächs- und Diskussionskultur. Dies sind gleichzeitig auch die wesentlichen Führungsaufgaben der Projektmanagerin zur optimalen Nutzung des Freiraums. Bedeutend ist darüberhinaus auch, dass Auftraggeber und Projektleiterin erkennen, wann kreatives Schaffen in effizientes Umsetzen übergehen muss, damit das Projekt nicht zu einer „never ending story" wird.

- In Projekten sind **Heterogenität und Diversität die bestimmenden Teamkriterien.** Die Gefahr des einander nicht Verstehens resultiert daraus ebenso wie die Chance auf eine breitere Perspektive und damit nachhaltigere Projektergebnisse. Es gehört zu den zentralen Führungsaufgaben der Projektleiterin, Missverständnisse aufzuzeigen und die Chancen der Diversität hervorzuheben. Dies wird ermöglicht, wenn es regelmäßige Gelegenheiten und ausreichend Zeit gibt, um auf die unterschiedlichen Sichtweisen, Vorwissen und Erfahrungen einzugehen. In der jeweiligen Situation ist es wichtig, Verständnis für unterschiedliche Haltungen zu entwickeln und die Konzentration auf die ergänzenden Potenziale anstelle der trennenden Unterschiede zu legen. Dies kann als verbindende Kommunikation zusammengefasst werden. Der Projektleiter kann mittels Führungsimpulsen, die genau auf das Ergänzende statt auf das Trennende zielen, einen Prozess des freudvollen Lernens voneinander fördern.

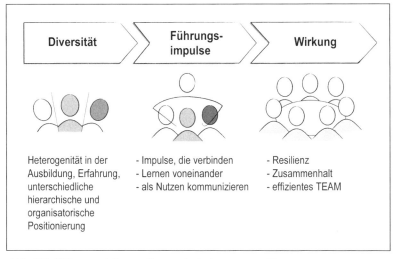

Abb. 25: Führungsinterventionen in heterogenen Teams

- Projekt(-zwischen-)ergebnisse an bestimmten **Meilensteinen bieten Chancen für Erfolgsmessung**. Projektmanager, die dies in Form von Reflexion und bewusstem Feiern berücksichtigen, fördern eine intensive Zusammenarbeitskultur im Projekt. Jeder Mensch wünscht sich Erfolg und Anerkennung. Gerade in Projekten kann durch professionelle Organisation und ein modernes Führungsverständnis gesichert werden, dass Leistungen zeitnahe und auch regelmäßig anerkannt werden. Dazu bedarf es aber eines umsichtigen Projektmanagers, der schon bei der Projektplanung adäquate Meilensteine berücksichtigt, an denen klar erkennbare Zwischenergebnisse vorliegen, damit einfach wahrnehmbare Auslöser zum Feiern und Anerkennen existieren. Bei Erreichen eines Meilensteins kann die Projektleiterin mittels Kommunikation und bewusst gesetzten Gelegenheiten (z.B. Meilenstein-Meetings) eine Anerkennungskultur etablieren. Diese Treffen bieten auch geeignete Formen zur Reflexion des bisherigen Prozesses. Bei entsprechender Moderation wird voneinander Lernen zur wertvollen Ressource im Projekt.

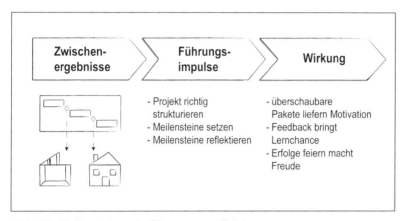

Abb. 26: Meilensteine als Chancen zur Erfolgsmessung

Die Art und die konkrete Ausformung der jeweiligen Führungsintervention hängt in ihrer Wirksamkeit wesentlich von den Persönlichkeiten der Beteiligten ab (siehe dazu Kap. 2.3 Persönlichkeitstypologien).

Die persönlichkeitsbedingte Beeinflussung passiert einerseits, weil die jeweilige Führungskraft (Teilprojektleiter, Projektmanagerin, Auftraggeber) aus der eigenen Persönlichkeitsstruktur heraus agiert. Dies kann als die **innere Führungskultur** bezeichnet werden.

innere Führungskultur als Spiegel der eigenen Persönlichkeit

So wird zum Beispiel eine sehr analytisch orientierte Projektmanagerin ihre Führungsimpulse nach logischen, kognitiven Gesichtspunkten setzen, wogegen ein eher beziehungsorientierter Projektleiter emotionale Aspekte bei der Führung in den Vordergrund rückt. Ordnungsorientierte Auftraggeber werden sich oftmals auf definierte Strukturen und Regeln zurückziehen, wohingegen visionär-kreative Persönlichkeiten spontane und unkonventionelle Interventionen in der jeweiligen Situation setzen werden.

Je unreflektierter die Führungskraft denkt und handelt, desto eher werden die Führungsimpulse die eigenen Persönlichkeitsstrukturen widerspiegeln. Je ausgeprägter das Wissen über die eigene Persönlichkeit,

äußere Führungskultur passt sich an Persönlichkeiten in Team an

73

desto bewusster führt dies zu einem breiteren Handlungsspektrum zusätzlich zu den gewohnten Denk- und Handlungsmustern. Die Führungskraft wird sich dann eher für eine Intervention entscheiden, die an die aktuelle Situation oder Zielperson des Geführten angepasst ist (**äußere Führungskultur**).

Die indirekte Beeinflussung von konkreten Führungsinterventionen durch die Berücksichtigung der Persönlichkeit des Geführten ermöglicht eine hoch individualisierte und sehr wirksame Führungsarbeit. Sie setzt allerdings die Kenntnis der eigenen Persönlichkeit und die intensive Beschäftigung mit den einzelnen Teammitgliedern voraus. Die Frage nach der spezifischen Ausprägung jedes Teammitglieds wird daher zu einer der Leitfragen für die Führungskraft.

Bei den Führungsinterventionen, die aus einem derart individualisierten Verständnis heraus entstehen, ist aber zu berücksichtigen, dass die Führungskraft nur jene Handlungen setzt, die die eigene Authentizität erlauben.

2.6.2 Was zeichnet erfolgreiche Projektmanagerinnen aus?

Projektleiter, die die folgenden Aspekte vorrangig in ihre Führungsarbeit integriert haben, sind wirksam, weil sie

- Gestaltungsspielraum nutzen statt sich über Einschränkungen zu beschweren
- eine positive Grundhaltung zeigen – das halbvolle anstelle des halbleeren Glases sehen
- Initiativen setzen, vor allem wenn Unklarheiten vorherrschen, anstelle von Warten auf Informationen und Anweisungen
- durch Vorbild führen, so dass die Mitarbeiter gerne die Verhaltensweisen nachahmen. Die Anforderungen, die die Führungskraft an das Verhalten der Mitarbeiter stellt, müssen sich mit den vorgelebten Verhaltensweisen der Führungskraft decken
- führen, indem Identität geschaffen wird. Das heißt eine gemeinsame Sicht (Vision) im Projekt erzeugen und darauf aufbauend ein schlagkräftiges Team formen, das sich für dieses Ziel einsetzt. Diese Teamidentität bewirkt ein Dabeiseinwollen. Eine inspirierende Vision bietet die Basis für sinnvolles Tun.
- Führung fördern und ein Arbeitsumfeld im Projekt pflegen, das Entwicklung und Lernen bei allen Beteiligten ermöglicht.
- Führungsimpulse, die eine positive Dynamik erzeugen, die etwas in Bewegung bringen, priorisieren.

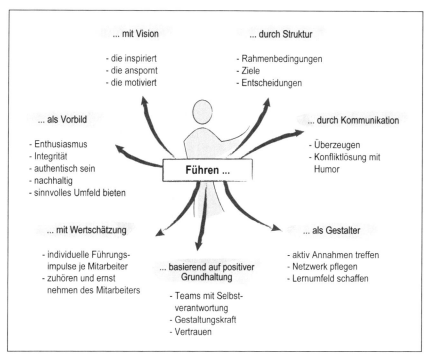

Abb. 27: Aspekte der Führungsarbeit erfolgreicher Projektmanager

2.6.3 SMART führen – das Führungsmodell, maßgeschneidert für Projekte

SMART führen bedeutet:

- **Stärkenorientierte** Haltungen führen ein Team am wirkungsvollsten.
  Dabei werden vorrangig die Talente und Möglichkeiten des Teams und der Führungskraft berücksichtigt (Ressourcenorientierung). Nutzen und Chancen werden anstelle der Mängel betont (Lösungsfokussierung).

- **Motivierend** durch Vision und Sinn.
  Führung basiert auf einer gemeinsamen Perspektive (Vision). Führungsimpulse konzentrieren sich darauf, für die Geführten nachvollziehbare und nachhaltige Ziele aufzuzeigen. Die Interaktion zwischen Führungskraft und Team baut auf nutzenorientierten Argumenten auf, die überzeugen.

- **Authentische** Führungskräfte werden als wirkungsvoll und interessant wahrgenommen. Authentizität baut im SMARTen Führungsmodell auf Persönlichkeiten auf, die die eigenen Werte und Verhaltensweisen regelmäßig reflektieren und auf Basis der positiven Haltungen, mit denen sie führen, als Vorbild wahrgenommen werden.

- **Relationales Denken** und **Handeln**
  rückt die Beziehungen im Team und zu den wichtigen Umfeldgruppen in den Vordergrund. Führungskräfte des SMARTen Modells agieren bewusst als Netzwerker und Beziehungsagenten, um die Projektziele zu erreichen.

- **Themen-, Sach- und Zielorientierung.**
  SMARTe Führungskräfte sehen die sachlichen Ziele immer als Basis für die menschenorientierten Handlungen. Führungsimpulse dienen der möglichst effizienten Erreichung der Projektziele. Die Fachthemen, das WAS im Projekt, sind die Ursache und das Ergebnis eines Projekts.

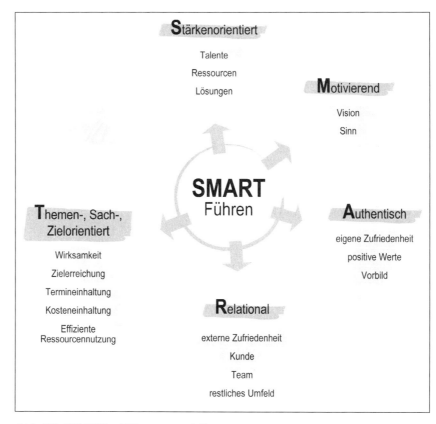

Abb. 28: SMARTes Führungsmodell

2.6.4 SMART anwenden – heikle Führungssituationen in Projekten

Der SMARTe Führungsansatz ist nicht nur als generelles Modell zu sehen, sondern bietet darüber hinaus auch konkrete Hilfestellungen in typischen Projektsituationen an, die als kritische Momente für den weiteren Verlauf gesehen werden können. Derartige Tipping Points im Projektablauf entscheiden maßgeblich, ob die Stimmung im Projekt ins Negative kippt oder ob eine Identifikation mit dem Team entsteht, ob sich einzelne Teammitglieder emotional abkoppeln oder ob das Team gestärkt das weitere Projekt bearbeitet.

Tipping Points sind jene Situationen, die – aus einer gewissen Distanz betrachtet – den Ausschlag geben, ob ein Projekt in eine Aufwärts- oder Abwärtsbewegung eintritt.

Im Folgenden werden einige der Situationen und mögliche SMARTe Führungsinterventionen beschrieben:

1. Kick-off-Workshop:

SMARTe	Führungsintervention
Stärkenorientiert	Nutzen und Chancen des Projekts bewusst kommunizieren, nicht auf die Bedrohungen und Risiken fokussieren.
Motivierend	Auf Basis der Ausgangssituation eine gemeinsame Perspektive vermitteln oder erarbeiten. Diese Projekt-Vision so formulieren, dass es sich für die Teammitglieder als sinnvoll zeigt, an der Verwirklichung mit aller Kraft mitzuwirken.
Authentisch	Die anspruchsvollen, schwierigen Aspekte, die bereits erkennbar sind, konkret und ehrlich ansprechen, ohne in allgemeines Schwarzmalen zu verfallen.
Relational	Für jeden Involvierten konkrete Anknüpfungspunkte herstellen, zum Beispiel im Rahmen der Vorstellungsrunde, indem Erfahrungen und Talente der Mitwirkenden in Relation zum Projektziel dargestellt werden.
Themenorientiert	Auf eine klare, knappe und präzise Zielformulierung achten, die von den Beteiligten in gleicher Weise verstanden wird.

2. Projekt-Auftragsklärung:

SMARTe	Führungsintervention
Stärkenorientiert	Vorhandenes explizit wertschätzen; aufzeigen, wie Fehlendes ergänzt werden kann.
Motivierend	Sicherstellen, dass Auftraggeber und Projektleiterin ein gemeinsames Bild vom Projekt(ergebnis) entwickelt haben.
Authentisch	Eigene und Projekt-Grenzen ansprechen, bei den Projektzielen und -parametern realistisch bleiben.
Relational	Eine Vertrauensbasis aufbauen zwischen Projektleiter und Auftraggeberin bzw. Kunde; dazu gehören die Sicherheit, den richtigen Partner für das Projekt vor sich zu haben, und die Garantie, sich aufeinander verlassen zu können.
Themenorientiert	Klare, operationalisierte Ziele vereinbaren oder zumindest einen Prozess, der eine derartige Qualität sichert.

3. Planungsworkshop:

SMARTe	Führungsintervention
Stärkenorientiert	Die Talente und Erfahrungen im Team erkennen/ herausarbeiten und diese nutzbringend einsetzen.
Motivierend	Die Teammitglieder Termine, Aufwände und Kosten selbst schätzen lassen, um individuelle Mitgestaltungsmöglichkeiten sichtbar zu machen und Selbstverantwortlichkeit zu fördern.
Authentisch	Chancen und Risiken gleichermaßen ansprechen, weder glorifizieren noch schwarzmalen. Den Workshop vorbildhaft vorbereiten und moderieren. Dabei durch das eigene Tun positiv wirkende Haltungen und Muster etablieren.
Relational	Die Beiträge der Teammitglieder in Beziehung zueinander bringen. Im Detail auf Wissen und Erfahrungen einzelner Personen hinweisen, die für die Anderen von Nutzen sein können.
Themenorientiert	Projektziele durch Aufgaben-, Termin-, Ressourcen-, Kostenpläne Schritt für Schritt konkretisieren. Auf Übereinstimmung und Realitätsnähe achten. Herausforderung anstreben, Über- und Unterforderung vermeiden.

4. Delegation von heiklen Aufgaben:

SMARTe	Führungsintervention
Stärkenorientiert	Aufgabenverteilung auf Basis der wahrgenommenen Talente und Fähigkeiten.
Motivierend	Kriterien zur Aufgabenverteilung entwickeln und kommunizieren, die als passend und/oder zumindest fair wahrgenommen werden.
Authentisch	Als Projektleiterin selbst auch ungeliebte Aufgaben übernehmen – als Vorbild agieren, Entscheidungen treffen und Muster etablieren.
Relational	Erfahrungsaustausch, voneinander Lernen, Rotationsprinzip.
Themenorientiert	Klare, nachvollziehbare Aufgabenzuteilung vornehmen.

5. Teammitglied liefert nicht vereinbarungsgemäß:

SMARTe	Führungsintervention
Stärkenorientiert	Unterstützung anbieten; passende Stärken im Team identifizieren und Aufgaben dementsprechend zuordnen.
Motivierend	Nochmals den Beitrag des Arbeitspakets zum Gesamten (Projektziel) aufzeigen.
Authentisch	Wertschätzend bleiben und respektvoll eigene Emotionen (z.B. Unzufriedenheit, Enttäuschung) ausdrücken.
Relational	Auswirkungen der Nicht-Lieferung auf andere – ohne Vorwurf – aufzeigen.
Themenorientiert	Konkrete, neue Vereinbarung treffen; dabei die aktuelle Lernerfahrung miteinbeziehen; überzeugen, nicht überfordern.

6. Präsentation von (Zwischen-)Ergebnissen, Reporting:

SMARTe	Führungsintervention
Stärkenorientiert	Explizite Vorstellung, was bereits geschaffen wurde; Nutzen für den Adressaten (Auftraggeber, Kunde) und positive Erkenntnisse darstellen.
Motivierend	Feedback, Beiträge, Entscheidungen einfordern.

Authentisch	Als Vorbild agieren – gute Vorbereitung, nachvollziehbar über Ergebnisse und Probleme sprechen; auf Lösungen und Entscheidungen konzentrieren, die für die weitere Arbeit nötig sind. Erfolge feiern.
Relational	Interessengruppen, die in der nächsten Phase relevant werden, thematisieren. Bedarf nach Kommunikation und Vernetzung ansprechen. Für die Übergabe und Einschulung zur Verfügung stehen.
Themenorientiert	Anforderungen für die nächste Phase sammeln. Weitere Aufgaben, Entscheidungen und Termine klar vereinbaren.

7. Eskalation in Besprechungen (Passivität, Aggression):

SMARTe	Führungsintervention
Stärkenorientiert	Angebote zur Verbesserung der Kommunikation machen, Reflexion anstoßen. Das Team zur Lösungsfindung einladen.
Motivierend	Aktives Ansprechen der wahrgenommenen Störung oder Konfliktsituation.
Authentisch	Wirkung auf die eigene Person (Emotion) ansprechen.
Relational	Dialog und eigene Kommunikation aufrechterhalten.
Themenorientiert	Metaebene ansprechen; zur Sachebene zurückführen.

8. Konflikt wird an die Führungskraft herangetragen:

SMARTe	Führungsintervention
Stärkenorientiert	Reflexion anstoßen. Andere Beteiligte/Kontext ausloten. Die Betroffenen zur Lösungsfindung einladen.
Motivierend	Zeit nehmen, zuhören, weitere Vorgangsweise klären.
Authentisch	Wirkung auf die eigene Person (Emotion) ansprechen. Unterstützung anbieten, soweit dies möglich und sinnvoll erscheint.
Relational	Direkte Lösungssuche mit den Beteiligten fördern. Dialog und wertschätzende Kommunikation fördern.
Themenorientiert	Metaebene ansprechen; zur Sachebene zurückführen.

9. Projektsteuerungs-Meeting:

SMARTe	Führungsintervention
Stärkenorientiert	Balance zwischen „was erreicht wurde" und „wo Probleme aufgetaucht sind" berücksichtigen. Bei Schwierigkeiten auf Lösungsideen fokussieren, Talente und Erfahrungen im Team nutzen. Bei Planabweichungen die Chancen und Risiken gleichermaßen diskutieren.
Motivierend	Beiträge der Teammitglieder würdigen. Aktuelle Lernerfahrungen im Hinblick auf Performance und Fähigkeiten im Team für weitere Beauftragungen nutzen. Zwischenerfolge feiern.
Authentisch	Eigene Beiträge und Performance realistisch präsentieren. Eigene Erfahrungen ehrlich miteinbringen.
Relational	Aktuelle Umfeldgruppen und ihre Relation zum Projekt diskutieren. Vernetzung im Team pflegen durch Reflexion und Austausch.
Themenorientiert	Weitere Aufgaben der Teammitglieder vereinbaren, dabei aktuelle Learnings berücksichtigen.

10. Einwandbehandlung und konkreter Widerstand:

SMARTe	Führungsintervention
Stärkenorientiert	Das Engagement wertschätzen, die Energie nutzen, um eigene Vorschläge einzufordern.
Motivierend	Zuhören, nachfragen, Bereitschaft, die Einwände verstehen zu wollen, sichtbar machen.
Authentisch	Wirkung auf die eigene Person (Emotion) ansprechen.
Relational	Andere Meinungen miteinbeziehen, Interessen und Umfeldgruppen in Relation bringen, um sichtbar zu machen, wie breit die Haltung vertreten ist.
Themenorientiert	Metaebene ansprechen; zur Sachebene zurückführen.

11. Projektabschluss-Workshop:

SMARTe	Führungsintervention
Stärkenorientiert	Konzentration auf die Auswertung dessen, was gut funktioniert hat und was aus dem Projekt gelernt werden kann.

Motivierend	Zeit für expliziten Dank und Würdigung der individuellen Beiträge.
Authentisch	Eigene Erfahrung und Erlebnisse einbringen; eigene Lernchancen aufgreifen.
Relational	Die Umfeldgruppen und Organisation informieren, Beiträge würdigen.
Themenorientiert	Projektziele und Pläne mit dem Erreichten vergleichen, offene Aufgaben zuordnen.

Der SMARTe Führungsansatz ist an viele weitere Projektsituationen anpassbar. Darüber hinaus sind die jeweilige Kultur und die Rahmenbedingungen maßgeblich für passende Führungsinternventionen. Dem Leser und Projektleiter sind daher keine Grenzen in der Weiterentwicklung von SMARTen Führungsimpulsen gesetzt. Das SMARTe Führungsmodell für Projekte bietet einen einfachen Denk- und Handlungsrahmen an, indem es auf **Stärken**, **Motivation**, **Authentizität**, **Relationales Agieren** und **Themenbezug** setzt. Diese fünf Aspekte in der eigenen Führungsarbeit im Fokus zu behalten, fördert den Zusammenarbeitsprozess und wirkt.

3 Rolle der Führungskraft in Projekten

3.1 Führen und geführt werden; wer übernimmt Führungsverantwortung?

Führung beschreibt die Relation zwischen einem Vorgesetzten und seiner Mitarbeiterin. Dies bedeutet für den Vorgesetzten, seine Mitarbeiterin zu führen und für die Mitarbeiterin, geführt zu werden. Erfolgreiche Führung setzt voraus, dass sich sowohl die Führungskraft als auch die Geführte ihrer Rolle bewusst sind und dementsprechend agieren.

Führung im engeren Sinne umfasst die Beziehung zwischen einer Führungskraft und einem Mitarbeiter, wie etwa zwischen einem Projektleiter und einem Mitglied des Projektteams.

Führung in einem größeren Kontext betrachtet bezieht mit ein, dass der Projektleiter selbst auch einen Vorgesetzten hat, die Projektauftraggeberin. Dies bringt ihn in eine Doppelrolle: zu führen und gleichzeitig geführt zu werden.

Abb. 29: Projektbezogene, strukturelle Zusammenhänge von Führung

Wahrgenommenes Führungsverhalten des Projektleiters resultiert zum einen aus der direkten Relation zum Mitarbeiter und zum anderen aus den indirekten Einflüssen, die sich aus der Führung ergeben, die der Projektleiter selbst erfährt. So ist jeder individuelle Führungsstil in eine Führungskultur eingebettet und kann daher auch nur in diesem Kontext betrachtet werden.

Führungsverhalten im Kontext der aktuellen Kultur verständlich

Darüber hinaus sind Projektleiter meist nicht die ausschließlichen Vorgesetzten ihrer Teammitglieder. Sie führen diese in Bezug auf das konkrete Projekt. In den meisten Organisationen arbeiten die Teammitglieder neben dem hier angesprochenen Projekt noch an weiteren mit oder erledigen Routineaufgaben in ihrer angestammten Abteilung. Hinsichtlich dieser Aufgaben übernehmen andere Vorgesetzte (Projektleiterin, Abteilungsleiterin, Bereichsleiterin etc.) Führungsarbeit. Dies gilt genauso für den Projektleiter, der möglicherweise noch weitere Projekte leitet, bei anderen Projekten mitarbeitet, ebenfalls Aufgaben in der Stammorganisation übernommen hat etc.

Daraus ergibt sich vor allem im Zusammenhang mit Projekten und in projektorientierten Unternehmen eine hohe Vernetzung zwischen unterschiedlichen Führungsstrukturen. Die klare und eindeutige Führungshierarchie einer Routineorganisation ist durch diese Führungsvielfalt um einige Dimensionen erweitert. **Abwechslung für die Mitarbeiter**, breitere **Lernchancen** für alle Beteiligten, aber auch eine **höhere Komplexität** aufgrund der **mehrdimensionalen** (oder „vielschichtigen") **Führungsprinzipien** und der sich zum Teil widersprechenden Interessen und Führungsstile sind die daraus resultierenden Konsequenzen.

Die folgende Grafik zeigt einen wesentlichen Unterschied zwischen Führungsbeziehungen in Routineorganisationen und solchen in projektorientierten Kontexten. So sehr die traditionelle Organisationslehre klare Prinzipien empfiehlt, die in der Routineorganisation weitgehend realisiert sind, so wenig entspricht dies den heutigen Anforderungen an Flexibilität und Kompetenz-Nutzung.

Traditionelle Organisationsformen stoßen an ihre Grenzen, wenn

- an das Unternehmen regelmäßig Anforderungen herangetragen werden, die kurzfristig unterschiedliches Know-how und Talente erfordern, die nicht zu einer Organisationseinheit gehören
- kurzfristige Auslastungsspitzen oder -täler zu überbrücken sind, die sich einmal in der einen Abteilung, ein andermal in einer anderen Abteilung ausdrücken.

In solchen Situationen ist Flexibilität und rasches Reagieren mit kompetenten Teams gefordert.

Mehrfachunterstellungen als Führungsrealität in projektorientierten Organisationen

positive und negative Konsequenzen einer mehrdimensionalen Führungsstruktur

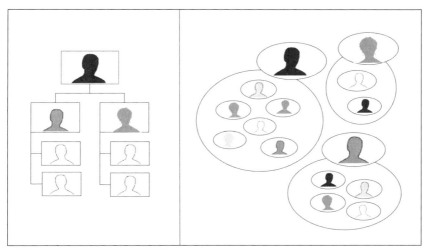

Abb. 30: Eindimensionales Führungssystem in der Routineorganisation versus mehrdimensionaler, teilweise widersprüchlicher Beziehungen in projektorientierten Unternehmen

In projektorientierten Organisationen ist es üblich, dass Mitarbeiter in unterschiedlichsten Formen zusammenarbeiten. Da kann es durchaus passieren, dass ein und dieselbe Person A als Teil einer Abteilung dem Abteilungsleiter B zugeordnet ist, als Projektleiter eines Projekts gleichrangiger Kollege von B ist und in einem zweiten Projekt vielleicht sogar B als Teammitglied führt. Diese vielfältigen Über- und Unterordnungen erfordern ein völlig neues Verständnis von Organisation und vor allem auch von Führung.

vielfältige Über- und Unterordnungen erfordern ein rollenorientiertes Führungsverständnis

Nun stellt sich die Frage, wie in projektorientierten Organisationen die notwendige Klarheit in der Führung hergestellt werden kann, um zum einen den komplexen Anforderungen des Umfeldes gerecht zu werden und zum anderen auch effizient und zielorientiert als Ganzes funktionieren zu können.

Die Abkehr von der personenzentrierten Management-Philosophie ist eine zentrale Antwort auf diese Frage. Traditionelle Unternehmenskonzepte, die die Personen in den Mittelpunkt stellen, sind in Zukunft nicht mehr in der Lage, den aktuellen Anforderungen zu genügen. Das bedeutet, dass jede Person automatisch und als Ganzes verknüpft wird entweder mit Führungskraft oder Mitarbeiter, entweder mit Vorstand, Bereichsleiter, Abteilungsleiter oder Projektleiter.

Im projektorientierten Kontext wird diese Person unterschiedliche Aufgaben und folglich andere Funktionen oder Rollen übernehmen. Sie wird einmal als Bereichsleiter, ein andermal als Projektleiter tätig sein und gleichzeitig in einem weiteren Projekt als Teammitglied Fach-

Know-how beisteuern. Fungiert diese Person als Teammitglied, ist sie auch als solche zu sehen. Sie sollte sich entsprechend einfügen und mitwirken, anders als sie dies in der Funktion eines Bereichsleiters täte. Für Menschen, die in ihrem Denk- und Handlungsrepertoire nicht flexibel genug sind, diese Unterschiede handhaben zu können, sondern die sich statusorientiert in jeder Situation als Bereichsleiter fühlen, wird es daher zu Unklarheiten und Konflikten kommen.

Moderne und erfolgreiche Führungskräfte zeichnen sich erfahrungsgemäß durch eine derartige Flexibilität aus. Sie sind in der Lage, am Morgen als Bereichsleiter in der Abteilungsleitersitzung zu agieren und am Nachmittag als Teammitglied ihr Fach-Know-how einzubringen, ohne gleichzeitig dem dort anwesenden Projektleiter die Führungsaufgaben und -entscheidungen aus der Hand zu nehmen.

! **Führung kann daher heute weniger denn je als ein personenorientiertes Konzept verstanden werden, sondern muss rollen- oder funktionsorientiert gesehen werden.**

Um das angedeutete rollen- und funktionsorientierte Führungskonzept klar und effizient zu gestalten, bedarf es **Rollenbeschreibungen**, **Aufgabenverteilungen** und **organisatorischer Spielregeln**, die zusammengefasst **als Projektorganisation** bezeichnet werden. Unter einer Projektorganisation versteht man jene Regeln, Normen und Vereinbarungen, die dazu nötig sind, die Zusammenarbeit aller Beteiligten möglichst effizient zu gestalten. Darüber hinaus wird mit einer Projektorganisation durch die Festlegung von Verantwortung und Kompetenzen auch die Eingliederung des Projekts in die bestehende Unternehmensorganisation vereinbart. Auch der Informationsfluss in einem Projekt und zwischen Projekt und Umfeld wird im Rahmen der Projektorganisation definiert.

Um das Zusammenwirken der einzelnen Beteiligten in einer Projektorganisation in der Vielfalt der oben dargestellten Relationen zu beschreiben, hat sich das Rollenkonzept und darauf aufbauend ein flexibles Funktionskonzept bewährt.

Eine Rolle entsteht aus Erwartungen, die von unterschiedlichen Interessenträgern an den Inhaber einer Position gerichtet werden. Sie stellt somit keinen Menschen als Ganzes, sondern die Erwartungen an eine Position (z.B. Bereichsleiterin, Vorstand, Projektleiter, Auftraggeberin, Teammitglied) dar.

Die bewusst übernommenen Erwartungen und die daraus resultierenden Aufgaben, Kompetenzen und Verantwortungen bilden die so genannte Funktionsbeschreibung. Dies ermöglicht den Handlungspartnern mit relativ großer Sicherheit vorherzusagen, wie sich Positionsinhaber in typischen Situationen verhalten werden.

Dementsprechend werden mit Hilfe von Rollen primär personenunabhängige Erwartungen und Handlungen festgelegt. Das bedeutet allerdings nicht, dass die individuelle Persönlichkeit jedes Einzelnen dabei verloren geht, sondern lediglich, dass die zugrunde liegenden Erwartungs- und Handlungsstrukturen im jeweiligen Kontext leichter vorhersagbar sind. Darauf aufbauend wird die konkrete Ausführung einer Rolle in einer speziellen Situation immer auch von den individuellen Charaktereigenschaften der Person mitbestimmt.

Erwartungen von Bezugsgruppen an Rollen können weiters in: **Erwartungen an Rolleninhaber**

- Erwartungen an die Funktion, Aufgabe und
- Erwartungen an den Prozess und die Qualität der Zusammenarbeit

differenziert werden.

Die Erwartungen an den funktionalen Teil einer Rolle werden regelmäßig in Stellenbeschreibungen, Funktions- und Aufgabenbeschreibungen definiert. Die Rollentheorie bietet ein Modell an, über die reine Funktionsdarstellung hinaus auch den Prozess der Funktionserfüllung (Verhaltensseite) mit Hilfe von Erwartungen zu beschreiben.

Beispiel:

Von einem Projektleiter wird erwartet, dass er den Informationsfluss im Projekt und mit den beteiligten Umfeldgruppen koordiniert (Funktion). Darüber hinaus ist es Teil eines professionellen Projektleiterverständnisses, in heiklen Situationen eine aktive, konstruktive Kommunikation zur Konfliktlösung einzusetzen, um sicherzustellen, dass das Projektergebnis nicht aufgrund von Machtkämpfen leidet und dass die Zufriedenheit bei allen Teammitgliedern sowie die Kundenorientierung gegeben sind (Prozess).

„Rolle" wird in Projekten und projektorientierten Unternehmen vielfältig verwendet. Zum einen werden so genannte **formale Rollen**, wie **Projektleiter**, **Projektauftraggeberin**, **Projektteammitglied**, **Steuerungsgruppe** etc. mit diesem Begriff beschrieben. Dabei handelt es sich um Positionen, die in einem Projekt explizit und damit auch formal einer Person zugeordnet werden können. Dies ist dann meist in so genannten Projekthandbüchern, Sitzungsprotokollen oder Fortschrittsberichten dokumentiert. Die formalen Rollen decken sich üblicherweise mit den so genannten Funktionen. **formale Rollen**

Im Unterschied zu den oben genannten formalen Rollen werden häufig Eigenschaften und Verhaltensweisen, die man typischerweise in Projekten oder Teams generell vorfindet, als Rollen bezeichnet. Diese **informellen Rollen**, wie beispielsweise der **„Umsetzer im Team"**, der **informelle Rollen**

„**Administrator**", der „**Integrator**" oder der „**Unternehmer**" zu erkennen und die damit verbundenen Talente und Fähigkeiten optimal für die Projektzielerfüllung zu nutzen, ist von großer Bedeutung.

Im Folgenden werden einige **formale Rollen** beschrieben, **die** in Projekten, Projektportfolios und projektorientierten Unternehmen **Führungsaufgaben übernehmen**:

- Projektleiterin
- (interner) Projektauftraggeber
- Projekt-Lenkungsausschuss
- Projektportfolio-Manager, Projektprogramm-Managerin

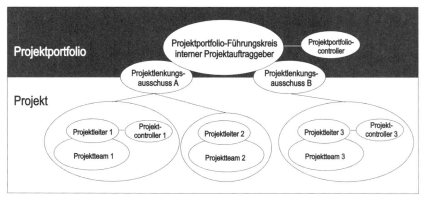

Abb. 31: Das Verhältnis von Führungsrollen in Projekten und projektorientierten Unternehmen

3.2 Der Projektleiter als Führungskraft

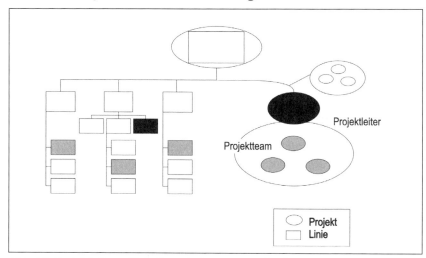

Abb. 32: Projektleiter – Einbettung in Stammorganisation und Projektorganisation

3.2.1 Führen ohne Macht

Was ist Macht?

Im allgemeinen Sprachgebrauch meint der Begriff „Macht" meist die Tatsache, dass jemand großen Einfluss auf das Verhalten von Menschen und auf den Ausgang von Ereignissen nehmen kann, dabei jedoch möglichst unabhängig agieren kann, also ohne viel Rücksicht auf Befindlichkeiten nehmen zu müssen. Macht ist deshalb auch oft negativ konnotiert und wird in die Nähe von Egoismus und Rücksichtslosigkeit gestellt. Der Begriff Macht im Rahmen dieses Buches soll jedoch neutraler verstanden werden. Mit Macht gehen Einfluss und Gestaltungsmöglichkeiten einher und diese können auf eine positive Weise nutzenorientiert eingesetzt werden, z.B. um Projektziele zu verwirklichen. Unter den Begriff Macht kann man unterschiedliche Konzepte und Definitionen subsummieren. Zu den gängigsten zählen:

> „Macht" bedeutet, Einfluss und Gestaltungsmöglichkeiten zu haben

- **Formale Macht:** Hierarchien bzw. Positionsmacht (je weiter oben in der Hierarchie, desto mächtiger, disziplinäre Macht)
- **Verfügungsmacht** über Ressourcen
- **Expertenmacht:** Wissen, Erfahrung
- **Informationsmacht:** Zugang zu relevanten Informationen
- **Identifikationsmacht:** personifizierte Macht („jemand **hat** Macht")
- **Situative Macht:** durch direkte Interventionen aktiv Einfluss nehmen
- **Informelle Macht:** Führen durch Überzeugen, viele Kontakte, Netzwerk

Der Machtbegriff im Sinne der Sozialwissenschaften soll hier nicht breiter diskutiert werden. Im Fokus für die Führung von Projektorganisationen steht die Frage:

„Welche Arten von Macht stehen Projektleitern zur Verfügung?"

Formale Macht in Organisationen

Organisationen sind meist hierarchisch strukturiert und legen somit eindeutige Entscheidungs- (von oben nach unten) und Berichtslinien (von unten nach oben) fest, um die komplexen vielfältigen Aufgaben eines Unternehmens bewältigen zu können. In solchen Aufbauorganisationen haben Vorgesetzte Weisungsbefugnis gegenüber ihren Mitarbeitern. Vorgesetzte können direkte Arbeitsanweisungen erteilen, deren Nicht-Befolgung (nach mehrfacher Abmahnung) prinzipiell einen Kündigungsgrund darstellt. Man spricht davon, dass die Linienführungskraft disziplinär vorgesetzt ist, daher **disziplinäre Macht** hat.

Projektleiter verfügen in den allermeisten Fällen nicht über diese diszi-plinäre Weisungsbefugnis. Insbesondere in einer Matrixorganisation, bei der Linien- und Projektgeschäft miteinander kombiniert werden, verbleibt meist die generelle Weisungsbefugnis gegenüber den Mitar-beitern bei der Linienführungskraft. Lediglich manche der projektbe-zogenen Weisungen werden in Abhängigkeit vom Projektorganisa-tionsmodell dem Projektleiter übertragen.

Damit gehen für die Projektleitung verschiedene Herausforderungen einher, die es zu berücksichtigen gilt:

- Grundsätzlich kann eine Projektleiterin **wenige Weisungen ertei-len**, außer im Rahmen einer autonomen (d.h. reinen) Projektorga-nisation.
- Die **Arbeitszeitregelungen** und die **Urlaubsplanung** verbleiben bei der **Linienführungskraft**, insbesondere die Genehmigung des Urlaubs und des Zeitausgleichs.
- Die Mitarbeiter haben gleichzeitig „**zwei Chefs**", die Projektleite-rin für Projektbelange und den Vorgesetzten für das Tagesge-schäft.
- Das Projekt ist **zeitlich begrenzt**, die Linienorganisation im Gegensatz dazu zeitlich stabil(er). Nach dem Projekt arbeiten die Teammitglieder weiter in ihren Positionen in der Stammorganisa-tion.
- Durch ein zeitlich und finanziell knapp bemessenes Projekt erge-ben sich **weniger Spielräume für** kurzfristige **Anreize**, z.B. Pro-jektprämien und großzügigere Zeitplanung.

Diese oft als Einschränkungen wahrgenommenen Rahmenbedingun-gen führen dazu, dass sich Projektleiter als machtlos erleben und dann alles auf die Formel bringen: „Ich bin nicht der Vorgesetzte der Team-mitglieder, also bin ich darauf angewiesen, dass mein Team die Aufga-ben *freiwillig* erledigt." Dem ist jedoch nicht so. Es ist möglich und sinnvoll, die Projektmitarbeiter dazu zu motivieren, die Ihnen anver-trauten Aufgaben im Projekt freudvoll und quasi aus eigenem Antrieb zu erledigen.

Verfügungsmacht über Ressourcen

Wem die Budgets zugeordnet sind, wo die Mitarbeiter kostenmäßig ge-führt werden, und wer Zugang und Entscheidungsmöglichkeit über Produktionsmittel und Werkzeuge innehat, der besitzt die sogenannte Verfügungsmacht. Projektleiter sind meist nicht oder nur zum Teil mit Verfügungsmacht ausgestattet.

Doch haben Projektleiter unter Umständen Zugänge zu anderen Formen der Macht, die sie im Sinne der Erreichung der Projektziele nutzen können. Diese anderen Machtformen, die oft unterschätzt werden und dennoch große Wirkung entfalten können, werden in weiterer Folge näher beleuchtet.

Projektleiter sind keineswegs „ohnmächtig"!

Expertenmacht

Erfahrung und Wissen bilden die Basis dieser Art von Macht. Wer jahrelange Expertise auf einem Gebiet (z.B. Projektmanagement, Bauwesen, Programmierung) vorweisen kann, dem wird in Teamsitzungen eher zugehört. Was die Person mit ihrem Hintergrundwissen vorschlägt, anregt oder vorgibt, wird eine große Chance auf Umsetzung haben. Auf jemanden mit Erfahrung zu hören, kann die Unsicherheit im Team reduzieren, Projektrisiken minimieren und damit zum Projekterfolg beitragen. Wenn die Projektleitung viel Erfahrung beim Management von Projekten unter Beweis stellen kann, dann werden „Anweisungen" viel eher beherzigt und nicht hinterfragt werden. Die Voraussetzungen für die Entfaltung dieser Machtform sind, dass die Teammitglieder von der Expertise wissen und dieses Expertenwissen für das Projekt bedeutsam ist, dass es also einen Wert darstellt.

Erfahrung und Wissen führen.

Informationsmacht

Der Zugang zu relevanten Informationen stellt hier die Grundlage der Macht dar. Wer Zugriff auf wichtige Daten hat und diese aufbereiten und verteilen kann, ist mächtig im Sinne dessen, dass er oder sie Einfluss auf Entscheidungen oder Sichtweisen nehmen kann. Ein Beispiel dafür ist die Art und Weise, wie eine Projektleiterin einen Änderungswunsch vom Auftraggeber an das Team weiterleitet. Von dem Zeitpunkt, an dem die Projektleiterin von dem Änderungswunsch erfährt bis zu dem Zeitpunkt, an dem sie diese Information bewusst weitergibt, hat die Projektleiterin Informationsmacht. Durch die bewusste Wahl von Zeitpunkt, Formulierung und Detaillierungsgrad der Informationsweitergabe, kann die Projektleiterin (hoffentlich positiven) Einfluss darauf nehmen, wie das Team den Änderungswunsch aufnimmt. In umgekehrter Richtung hat die Projektleiterin immer Informationsmacht gegenüber dem Auftraggeber, zumal sie genauer Bescheid weiß, was im Projekt vor sich geht. Im Unterschied zur Expertenmacht wird Informationsmacht nicht vollständig transparent gemacht, um ihre Wirkung zu entfalten. Großes Augenmerk ist dabei darauf zu legen, nicht das „Zurückhalten von Informationen" zum Prinzip zu erheben, sondern den Informationsfluss aktiv zu lenken, um die Projektziele nicht unnötig zu riskieren.

mit Information gestalten.

Identifikationsmacht

Wenn der Projektleiter im Team oder beim Auftraggeber eine natürliche Autorität hat oder das Projektziel eine hohe Verbindlichkeit auslöst, beschreibt dies Identifikationsmacht. Von einer charismatischen Führungskraft geht eine Anziehungskraft und eine zuweilen unerklärliche Aura aus, die Menschen dazu veranlasst, eine Aufgabe zu erledigen, nur weil sie von der besagten Person an sie delegiert wurde. Die Gefahr dabei ist, dass die Aufgaben unhinterfragt übernommen und abgearbeitet werden und damit die Eigenverantwortlichkeit nicht besonders gefördert wird. Dem kann die charismatische Führungspersönlichkeit aktiv entgegen wirken, indem sie zu Widerspruch und eigenständigem Denken aufruft und andere Sichtweisen vor aller Augen positiv aufnimmt. Die Person hat dabei die Macht, Ziele zu formulieren (z.B. mit einer klaren motivierenden Vision), die die Teammitglieder dann mit Begeisterung umsetzen. In diesem Fall identifizieren sich die Teammitglieder voll und ganz mit den Projektzielen sowie mit dem Projektleiter. Damit verleihen sie dem Projektleiter Identifikationsmacht, weil dieser ja in der Rolle ist, Ziele zu verwirklichen.

Situative Macht

Zu guter Letzt sei hier noch eine sehr wichtige Form von Macht für Projektleiter genannt, nämlich die situative Macht. Gemeint ist die Möglichkeit, Situationen – abhängig vom jeweiligen Kontext – durch direkte Interventionen zu beeinflussen. Beispielsweise kann die Vorgabe, eine Statusbesprechung um 11 Uhr vormittags anzusetzen, klug gewählt sein, um das „natürliche Ende" der Sitzung gegen 12.30 Uhr herbeizuführen, weil die Kantine nur bis 13.00 Uhr geöffnet ist. Hier sind der Kreativität und dem Gestaltungswillen des Projektleiters keine Grenzen gesetzt, weil **jede Situation die Chance bietet, Einfluss zu nehmen**. Eine nicht vollständige Liste beinhaltet z.B.

- Ort, Zeitpunkt, Infrastruktur und Sitzordnung für Besprechungen
- Sitzungsagenda (Themen und Sitzungsstruktur vorschlagen)
- Moderationstechniken (z.B. Wort erteilen, zusammenfassen)
- Teamräumlichkeiten (virtuell oder real) zur Verfügung stellen
- Strukturen schaffen für Ablagesysteme, Dokumentation, Aufgaben…
- Kommunikationsrichtlinien (z.B. E-Mail-Verteiler)

Eine sinnvolle Herangehensweise dabei ist es, sich die Frage zu stellen: „Was kann ich aktiv gestalten?", anstatt sich zu darin zu bestätigen: „Dieses und jenes kann ich nicht beeinflussen." Situative Macht hat, wer sich als Akteur versteht und jederzeit die Möglichkeiten sieht, Einfluss zu nehmen, auch wenn sich selbstverständlich nicht jede Situation hundertprozentig kontrollieren lässt.

Informelle Macht – führen durch überzeugen

Neben den Ansatzpunkten, Projektmitarbeiter zu motivieren oder mit anderen Arten von Macht zu agieren, besteht auch die Möglichkeit, Menschen zur Mitgestaltung am Projekt zu überzeugen. Eine ausführliche Umfeldanalyse dient dazu zu eruieren, wer im Projektumfeld welche Einstellung gegenüber dem Projekt hat. Vor allem dient sie jedoch dazu, sich darüber klar zu werden, welche konkreten Interessen hinter den Einstellungen der Stakeholder stehen. Basierend auf einer umfassenden und ständig aktualisierten Umfeldanalyse kann eine Projektleiterin entscheiden, wie sie auf die jeweiligen Umfeldgruppen zugehen und versuchen kann, sie für das Projekt zu gewinnen. Dabei können zwei Wege unterschieden werden:

Verstehen von Interessen, überzeugend führen

- Überzeugen durch Befriedigung der Stakeholder-Interessen. Dies geschieht durch **Verhandlungen** und eine **Stakeholder-orientierte Haltung**.
- Überzeugen durch persönliche Beziehung. Dies funktioniert durch **Vertrauen**.

Interesse berücksichtigen

In diesem Fall ist die Fähigkeit gefragt, sich in die Rolle/Situation des jeweiligen Stakeholders zu versetzen, um aus dieser Perspektive Nutzen ableiten zu können. Die für den Projektleiter relevanten Fragen lauten dabei – als Erweiterung der Umfeldanalyse:

Welchen möglichen Vorteil könnte der Stakeholder durch das Projekt haben?

Stiftet das Projekt damit für den Stakeholder einen Nutzen, auch wenn dieser zunächst nicht offensichtlich ist? Wenn ja, worin besteht er und wie könnte dieser aus Sicht des Stakeholders wahrgenommen werden?

Wer im weiteren Umfeld des Stakeholders könnte einen Nutzen in dem Projekt sehen? So würde der Stakeholder zwar nicht direkt einen Vorteil haben, aber ihm nahe stehende Personen.

Der Unterschied zur Motivation, die sich aus Anerkennung, Wertschätzung, Respekt oder Herausforderung entwickelt, besteht im Wesentlichen darin, dass es im Falle des Überzeugens eher um Überlegungen im Sinne einer Kosten-Nutzen-Relation geht. In den oben genannten Punkten steht weniger der Sinn einer Tätigkeit im Vordergrund (motivationale Sichtweise), sondern vielmehr die (innere) Fragestellung: „Was habe ich davon, wenn ich mich am Projekt aktiv beteilige?"

Es geht hier auch nicht um „klassische Überzeugungsarbeit" oder um „Verkaufen", sondern darum, das **Interesse des Stakeholders in den Mittelpunkt** zu rücken. Nicht zielführend erscheint es hingegen, ausschließlich „logische" Argumente vorzubringen. Appelle an die Vernunft und der Rückzug auf rein sachlich-fachliche Argumente sind meist nicht ausreichend, zumal das Eigeninteresse und damit der Nutzen immer auch emotional besetzt sind.

Persönliche Beziehung

gegenseitiges Vertrauen in einem verlässlichen Netzwerk

Ein Projektleiter ist umso effizienter, je umfassender und stabiler sein Netzwerk an persönlichen Beziehungen innerhalb und außerhalb des Unternehmens ist. Der Aufbau eines solchen Netzwerks funktioniert weder kurzfristig noch opportunistisch, sondern braucht eine gewisse Vorlaufzeit und laufende Bemühungen um direkten persönlichen Kontakt. Diese Beziehungen fußen auf gegenseitigem Vertrauen und Verlässlichkeit und sind dadurch oft langlebig und stabil. Erfolgreiche Projektleiter beachten beim Weben ihres Netzwerks folgende essentielle Punkte:

- Verbindliche Zusagen müssen eingehalten werden, leichtfertige Versprechen sind zu vermeiden.
- Verlässliche Aussagen zu treffen bedeutet, belastbare und wahrheitsgemäße Angaben zu machen.
- Ein Gefallen braucht keinen „Gegen"-Gefallen und muss sich nicht rechnen.
- Vertrauensbeweise wirken emotional sehr stark, man erinnert sich lange daran.
- Verhandlungen spielen in diesen persönlichen Beziehungen eine untergeordnete Rolle, Druck auszuüben ist tabu.
- Loyalität gegenüber den Netzwerkpartnern ist wesentlich.
- Nicht zuletzt spielt Sympathie eine wichtige Rolle, weil ähnliche Wert- und Grundhaltungen es erleichtern, authentisch zu bleiben.

Die oben genannten Tipps sind selbstverständlich immer vor dem Hintergrund einer transparenten und ehrlichen Werthaltung zu sehen. Wenn das Netzwerk steht – und dieser Aufbau kann Jahre in Anspruch nehmen –, wird sich die „Investition" in jedem Falle rechnen. Wir sind eher bereit, mit jemandem zu arbeiten, den wir schon länger kennen und zu dem wir eine persönliche Beziehung aufgebaut haben. Diese

Basis ermöglicht eine solide und erfolgreiche Projektarbeit, zumal auf Grund dieses Vertrauens eine ständige Kontrolle nicht notwendig erscheint. Die Energie und Aufmerksamkeit wird in die inhaltliche Arbeit und in die Erreichung der Projektziele investiert, weil durch die existierende Vertrauensbasis ein regelmäßiges Hinterfragen der Kooperation nicht nötig ist.

3.2.2 Fachorientierung versus Führungsorientierung

Projektleiter kommen häufig aus Fachabteilungen, wo sie als Spezialisten tätig waren bzw. weiterhin tätig sind. Selbstverständnis und Fähigkeiten, die für Spezialisten notwendig und sinnvoll sind, müssen in interdisziplinären, komplexen Projekten um einige wesentliche Aspekte ergänzt werden.

Selbstverständnis als Spezialist einer Fachabteilung	Selbstverständnis als Führungskraft eines Projekts
Loyalität besteht in erster Linie gegenüber seinem Fach, seiner Abteilung bzw. seinem Linienvorgesetzten. Der Spezialist optimiert die fachliche Qualität.	Loyalität besteht in erster Linie dem Projekt und dem Projektauftraggeber gegenüber; denkt in Projekt-Zusammenhängen.
Die Funktion besteht darin, das Fach- und Spezialwissen zur Verfügung zu stellen bzw. anzuwenden.	Projektleiter übernehmen in erster Linie Führungsfunktionen, um ein definiertes Projektziel in der verfügbaren Zeit und mit dem vorhandenen Budget zu erreichen.
Der Spezialist führt die Fachaufgaben alleine oder zusammen mit weiteren Experten durch.	Der Projektleiter akzeptiert, dass jemand anderer die Aufgabe durchführt, die er selbst vielleicht schneller und besser erledigen würde (er delegiert und gibt Verantwortung ab).
Aufgaben werden meistens auf Basis vorhandener Fachexpertisen zugeordnet.	Aufgaben werden nicht nur aufgetragen, der Projektleiter ergreift selbst die Initiative, setzt Ziele, bringt Dinge in Gang.
Der Spezialist erledigt Aufgaben mehr oder weniger als „Einzelkämpfer".	Der Projektleiter erledigt Aufgaben im Team bzw. delegiert diese an seine Teammitglieder.

Abb. 33 Vergleich Selbstverständnis Spezialist/Projektleiter

3.2.3 Anforderungen an die Rolle Projektleiterin

Erfahrungsgemäß sind folgende Qualifikationen wesentliche Bestandteile eines Projektleiter-Anforderungsprofils:

- **Kenntnis der Projektmanagement-Instrumente und ihrer Anwendung**

  Für die effiziente und erfolgreiche Durchführung von Projekten wurde ein Set an Methoden und Instrumenten entwickelt, die speziell auf die Gegebenheiten von temporären, risikobehafteten und neuartigen Aufgaben ausgerichtet sind. Diese Methoden gut zu kennen und situationsgerecht einsetzen zu können, zeichnet einen professionellen Projektleiter aus. Hinsichtlich der im Folgenden aufgelisteten Funktionen sind die Projektmanagement-Methoden einzusetzen:

  - Definitions- und Abgrenzungstätigkeiten
  - Teamentwicklungs- und -führungstätigkeiten
  - Planungs- und Organisationstätigkeiten
  - Kommunikations- und Informationstätigkeiten
  - Entscheidungstätigkeiten
  - Steuerungstätigkeiten
  - Konflikt- und Moderationstätigkeiten
  - Marketingtätigkeiten
  - Abschluss- und Evaluierungstätigkeiten

  Die Tätigkeitsbereiche werden nachfolgend detailliert beschrieben.

- **Erfahrungen in der Projektarbeit**

  Ein Projektleiter sollte in ähnlichen Projekten bereits Projektleiter gewesen sein oder andere Rollen, wie zum Beispiel Projektleiter-Assistent, Projektcontroller oder Projektteammitglied, bekleidet haben.

  Die Bestellung von Projektleiter-Stellvertretern in größeren Projekten kann eine gute Entwicklungschance für zukünftige Projektleiter sein.

- **Fachliche Kenntnisse zum Projektinhalt**

  Bei den fachlichen Kenntnissen zum Projektinhalt ist sehr detailliertes Spezialistenwissen eher hinderlich, da dies häufig dazu führt, dass der Projektleiter sich „verzettelt". Ein fachliches Grundverständnis des Projektleiters ist allerdings eine wichtige Voraussetzung, um den Gesamtüberblick über das Projekt zu bewahren.

- **Kommunikationsfähigkeit**

  Projektmanagement besteht zu einem großen Teil aus Koordinierungs-, Beziehungs-, Kommunikations-, Präsentations- und Marketingaufgaben. Bereitschaft und Fähigkeit zur konstruktiven Kontaktaufnahme mit dem vielfältigen Projektumfeld, wie insbesondere aktives Zuhören, sind von entscheidender Bedeutung. Verständnis für soziale Prozesse und die Kenntnis von Moderations- und Präsentationstechniken sind dabei hilfreich.

- **Führungsfähigkeit**

  Projekt-Leitungsaufgaben sind ebenso Führungsaufgaben wie die von Linienvorgesetzten. Projektleiter müssen in der Lage sein, herausfordernde Ziele zu setzen, Teams zu führen und Rahmenbedingungen für motivierte Mitarbeiter sicherstellen zu können. Dazu gehört auch die Fähigkeit zu delegieren. Zusätzlich zum üblichen Führungsrepertoire existieren in Projekten noch weitere Anforderungen, wie zum Beispiel:

  - mit wenigen, formalen Kompetenzen Projektziele durchzusetzen **(Führen ohne Macht)**,
  - unter großem Zeitdruck und mit zum Teil nicht bekannten Teammitgliedern Terminziele einzuhalten,
  - mit Personen, die nicht nur am konkreten Projekt, sondern auch in der Linie arbeiten, persönliche Ziele zu vereinbaren und zu verfolgen.

  Sie sollen sich nicht nur als durchsetzungsfähige Manager, sondern auch als „Ermöglicher" und Dienstleister am Projekt verstehen.

- **Belastbarkeit und Anpassungsfähigkeit**

  Projektarbeit bedeutet häufig die Bewältigung von überraschend auftretenden Schwierigkeiten, Zeitdruck, Umgang mit Widerständen in und außerhalb der Projektorganisation. Psychische und physische Belastbarkeit sind wesentliche Voraussetzungen für erfolgreiche Projektleiter. Projektleiter sollten bereit sein, trotz unvollständiger Informationen und widersprüchlicher Interessen eigenständige Entscheidungen zu treffen.

Projektleiter sollen Alleskönner sein. Da dies in der Praxis nicht realisierbar ist, ist auf die Erfüllung von Mindestvoraussetzungen und darauf, dass die anderen Fähigkeiten entwickelbar sind, zu achten.

Projektleiter, die erfolgreiche Projekte abgewickelt haben, bilden ein gutes Potenzial für zukünftige Top-Führungsrollen in der Stammorga-

allgemeine Anforderungen an Führungskräfte

spezifische Anforderungen an Führungskräfte in Projekten

nisation. Viele Unternehmungen setzen die Ausübung der Projektleiterrolle als bewusstes Personalentwicklungsinstrument ein, um Führungskräfte zu entwickeln und auszuwählen.

Die folgende Abbildung zeigt zusammenfassend die wesentlichen Anforderungen an Projektleiter auf:

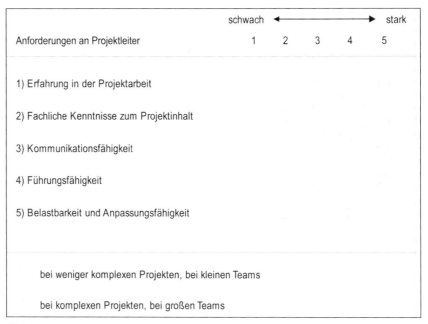

Abb. 34: Ausprägung sozialer und fachlicher Eigenschaften eines Projektleiters im Vergleich zwischen Klein- und Großprojekten

ehrlicher Umgang mit Emotionen fördert die Qualität der Zusammenarbeit

Ein professioneller Projektleiter geht auf die individuellen Unterschiede seiner Teammitglieder ein. Die körperliche und seelische Verfassung und die Aufnahmebereitschaft von Mitarbeitern zu beurteilen, erfordert Einfühlungsvermögen (Empathie) und einen ehrlichen Umgang mit Gefühlen.

Wie lassen sich Emotionen in die berufliche Zusammenarbeit integrieren?

Wie passen Erfolg, Karriere, herausfordernde Ziele zu einer Gefühle achtenden Führung?

Die Berücksichtigung von Emotionen als wesentlicher Bestandteil des Menschen ist eine notwendige Voraussetzung für ein offenes Gesprächsklima. Speziell in Projekten mit ihren schwierigen, neuartigen Rahmenbedingungen, ermöglicht ein offener Umgang miteinander, die Erschließung vieler zusätzlicher Potenziale.

So schafft ein Ansprechen oder Berücksichtigen der wahrgenommenen, aber nicht explizit ausgedrückten Gefühle des Mitarbeiters durch den Projektleiter beim Teammitglied den Eindruck verstanden zu werden, selbst wenn nicht alle Wünsche erfüllbar sind.

Auch auf Seiten des Mitarbeiters ist das Nachvollziehenkönnen von Rahmenbedingungen und Zwängen, in denen ein Projektleiter häufig steckt, wesentlich, um nicht alle Aussagen und Vorgehensweisen persönlich zu nehmen.

Ein heikler Balanceakt ist es, mit dem scheinbaren Widerspruch zwischen Zielorientierung und eigenen Grenzen umzugehen. Projektziele sind manchmal so formuliert, dass sie nur mit übermenschlichem Einsatz erreichbar sind. Sobald dies von der Führungskraft oder einem Mitarbeiter im Zuge des Projekts erkannt wird, entsteht die prekäre Situation offen über diese Situation zu sprechen und damit zuzugeben, dass die Fähigkeiten und die Kraft nicht reichen, oder es mit noch mehr Einsatz weiter zu versuchen und dabei zu riskieren, dass Ärger, Überanstrengung, Verzweiflung, Wut „hinuntergeschluckt" werden.

Projektziele versus persönliche Fähigkeiten und Möglichkeiten

Ein offenes Gespräch zwischen Projektleiter und Team, in dem es auch möglich ist, derartige Sorgen zu diskutieren, wäre eine Lösung, die viel soziale Intelligenz beinhaltet. Sich Zeit zu nehmen, um derartige Themen artikulieren zu können, ist von essentieller Bedeutung.

Eine weitere schwierige Situation ist es, eigene Fehler, trotz des Wissens, dass dies der eigenen Karriere abträglich sein könnte, offen anzusprechen. Es scheint in der heutigen Unternehmenspraxis viel einfacher zu sein, die Fehler zu vertuschen, auf andere zu schieben oder wortreich zu erklären, warum die gesetzten Maßnahmen ohnehin das Beste waren, als offen einzugestehen, dass aufgrund der durchgeführten Aktivitäten dringender Handlungsbedarf besteht. Wenn ein Mitarbeiter Fehler offen kommuniziert, befürchtet er oft gleichzeitig, dass der Projektleiter oder der Linienvorgesetzte dies zum Anlass nehmen könnte, den nächsten Karriereschritt zu verweigern oder die mit den persönlichen Projektzielen verbundenen variablen Gehaltsbestandteile zu riskieren.

Karriere versus Fehler

Eine derartige Situation erfordert von allen Beteiligten viel Einfühlungsvermögen. In jedem Fall ist die direkte Kommunikation ehrlicher und auch erfolgversprechender als ein Agieren hinter dem Rücken des anderen. Wenn derartige Vertuschungsaktionen erkannt werden, wirkt dies wesentlich negativer in Bezug auf Vertrauen als die rechtzeitige und direkte Kommunikation, in der auch aufgrund der Aktualität mehr gestaltbar ist.

Die beschriebenen Beispielsituationen zeigen, wie wichtig die **soziale Kompetenz** des Projektleiters für einen professionellen Umgang mit Emotionen in heiklen Situationen ist.

Weil Projekte meist sehr eng mit Veränderungen und Entwicklungen verbunden sind, entstehen daraus für den Projektleiter als Führungskraft zusätzliche Anforderungen, wie:

- sich immer eine Verbesserung/Veränderung vorstellen zu können (Kreative Unruhe)
- Fähigkeit zur Selbstreflexion
- Wunsch nach regelmäßiger, eigener Weiterentwicklung
- Fähigkeit zum aktiven Umgang mit Konflikten

Integration von Kopf und Herz, Strategie und Operation

Erfolgreiche Führungskräfte schaffen ein ausgewogenes Umfeld, in dem

- analytische Zugänge
- Emotionalität
- Kreativität und
- praktische Umsetzungsorientierung (Lösungsorientierung)

vereint sind.

Einseitige Betonungen einer dieser Erfolgsfaktoren bringt ein Ungleichgewicht, so dass

- die ausschließliche analytische Herangehensweise zwar sicherstellt, dass die Führungskraft allen Problemen auf den Grund geht, aber gleichzeitig dabei kreative, neue Impulsen fehlen können.
- die starke Konzentration auf neue, unkonventionelle Ideen viele Ressourcen bindet und keinen Raum für die Umsetzung von Ideen lässt.
- die Fokussierung der praktischen Umsetzung keine langfristigen und konzeptiven Lösungsideen beinhaltet.

! **Führen heißt, andere zu Taten zu veranlassen und beinhaltet die Fähigkeit sich selbst zurückzunehmen und die Teammitglieder dabei zu unterstützen in ihrer Arbeit erfolgreich zu sein.**

Als Projektleiter sollte man sich regelmäßig Fragen stellen, wie:

„Wie kann ich meine Mitarbeiter unterstützen, so dass sie ihre Fähigkeiten voll entfalten können?"

„Was ist mein Beitrag, damit meine Mitarbeiter erfolgreich sein können?"

„Was brauchen meine Teammitglieder, um effizient arbeiten zu können?"

Antworten auf diese Fragen sind gute Wegweiser für die Führungsarbeit in Projekten.

3.2.4 Aufgaben des Projektleiters als Führungskraft

Wesentliche Aufgaben einer Projektleiterin sind:

> I. **Abgrenzung des Projekts und Erstellung einer Projektdefinition**
>
> II. **Zusammensetzung und Führung des Projektteams**
>
> III. **Gestaltung der Projektorganisation und -kultur**
>
> IV. **Erstellung und Wartung der Projektpläne**
>
> V. **Management interner und externer Schnittstellen (Umfeldmanagement)**
>
> VI. **Gestaltung des Projekt-Informationssystems und der Kommunikation**
>
> VII. **Projektcontrolling, Projektdokumentation und -abschluss**

I. Abgrenzung des Projekts und Erstellung einer Projektdefinition

Projekte werden meist unter Zeit- und Ergebnisdruck gestartet. Die Ausgangssituation ist häufig gekennzeichnet durch:

- unrealistische oder unklare Projektziele,
- keine ganzheitliche Problemsicht bei den Projektteammitgliedern,
- keine gemeinsame Sprache, fehlendes Wir-Gefühl,
- geringe Identifikation mit dem Projekt,
- zu wenig Sensibilität für das Umfeld.

Zu den wesentlichen Aufgaben einer Projektleiterin gehören die Abgrenzung des Projekts, die Formulierung realistischer Projektziele und die Beschreibung der wesentlichen Rahmenbedingungen in Abstimmung mit dem Projektteam und dem Projektauftraggeber. Dieser Prozess wird als Projektdefinition bezeichnet.

Sofern die Projektbeauftragung durch den Auftraggeber noch keine exakten Projektziele und Abgrenzungen enthält, ist es eine zentrale Aufgabe der Projektleiterin, eine klare Projektdefinition zu erarbeiten, sie mit dem Team im Rahmen einer Startsitzung und anschließend mit dem Projektauftraggeber abzustimmen. Erst nach dieser Phase (Projektbeauftragung) sollte mit der inhaltlichen Arbeit im Projekt begonnen werden.

Die Projektziele dokumentieren die Vereinbarung zwischen dem Kunden, dem internen Projektauftraggeber und der Projektleiterin. Um Fehlinterpretationen am Projektende vorzubeugen, ist es erfahrungsgemäß im Interesse der Projektleiterin, ein einheitliches Verständnis über die Projektziele bei allen Beteiligten herzustellen.

II. Zusammensetzung und Führung des Projektteams

Ein wesentlicher Erfolgsfaktor in Projekten ist die Auswahl der entsprechenden Projektteammitglieder. Dabei ist sowohl auf die Anzahl der Mitglieder als auch auf die Qualifikation zu achten.

Es sollte berücksichtigt werden, dass einerseits alle wesentlichen Interessengruppen vertreten sind, dass das Projektteam als solches aber andererseits nicht zu groß wird. In Teams, die aus drei bis acht Mitgliedern bestehen, kann effizient gearbeitet werden. Bei größeren Gruppen sollte eine Person die Moderationsfunktion übernehmen. Größere Teams sind in ihrer Funktionalität eingeschränkt, sofern nicht Arbeitsformen gefunden werden, die das Gesamtteam in kleinere Einheiten aufsplitten.

Im Unterschied zu anderen Aufgabenstellungen, die in Teamform erledigt werden, haben Projekte ein klar definiertes Ende, womit auch die Auflösung des Projektteams vorprogrammiert ist. Dies bringt einerseits Potenziale, aber auch Konflikte mit sich.

III. Gestaltung der Projektorganisation und -kultur

Zur Gestaltung der Projektorganisation gehören unter anderem die projektbezogene Rollendefinition, die Eingliederung des Projekts in die bestehende Unternehmensorganisation und der Aufbau von projektbezogenen Team- und Kommunikationsstrukturen.

Eine Projektkultur entsteht durch spezifische Spielregeln und Umgangsformen, durch Rituale und Werthaltungen, die im konkreten Projekt entwickelt und auch gepflegt werden. Darüber hinaus sind ein projektbezogenes Logo, ein Name oder eine spezielle Project Identity maßgebliche Elemente einer Projektkultur.

IV. Erstellung und Wartung der Projektpläne

Eine grundsätzliche Erwartung an den Projektleiter ist, dass er das Projekt mit Hilfe von Projektmanagement-Methoden effizient plant, koordiniert und steuert.

Über die traditionellen Projektmanagement-Methoden, wie

- Ablauf- und Terminplanung,
- Projektkostenplanung und
- Einsatzmittelplanung

hinaus werden neue oder bestehende Techniken mit spezifischen Bedeutungen eingesetzt.

Dazu gehören vor allem

- Projektdefinition,
- Analyse des Projektumfeldes,
- Projektstrukturplanung,

- Objekt- und Ergebnisplanung und
- phasenbezogene Workshops (Projektstart-, Meilenstein-, Projektabschlussworkshop).

Der Einsatz dieser Instrumente ermöglicht, Projekte mit hoher sozialer Komplexität professionell zu leiten, weil diese Methoden

- Projekte in ihrer Gesamtheit betrachten,
- die Vernetzungen und Abhängigkeiten im Projekt bzw. zum Projektumfeld darstellen und
- die Kommunikation erleichtern (visuell, überschaubar, zielgruppenorientiert).

V. Management interner und externer Schnittstellen (Umfeldmanagement)

Um Projekte erfolgreich abzuwickeln, sind das Know-how und die Kapazitäten unterschiedlicher Abteilungen erforderlich. Daher führen Projektleiter üblicherweise Teams, deren Mitglieder aus eben diesen Fachbereichen kommen, um ein gemeinsames Ziel zu erreichen. Projektteammitglieder vertreten allerdings dabei auch immer ihre abteilungsbezogenen Interessen.

Beispiel:

In einem internationalen Industrie-Unternehmen mit Weltmarktruf wurde üblicherweise im Falle einer Produktentwicklung von den technischen Abteilungen die beste technologische Lösung angestrebt, wogegen der Vertrieb ein wettbewerbsfähiges Produkt, das im Preis-Leistungs-Verhältnis den Markterwartungen entspricht, forcierte. Die betroffenen betriebswirtschaftlichen Abteilungen, die das Produkt kalkulierten, wollten vor allem den internen Deckungsbeitrag durch das neue Produkt erhöhen.

Diese abteilungsorientierten Interessen führten in den meisten Projekten dazu, dass aufgrund der unterschiedlichen Stoßrichtungen keine gemeinsamen Projektziele verfolgt wurden. Um diesen Konflikt zu umgehen, wurden sehr vage Ziele formuliert. Am Ende des Projekts gab es sehr unterschiedliche Aussagen, je nach Abteilung, die befragt wurde, ob das Projekt erfolgreich war und ob die Ziele erfüllt werden konnten. Dies vertiefte noch die gegenseitigen Konflikte zwischen den Abteilungen.

Durch die Einführung von professionellem Projektmanagement, ergänzt um Schulungen von Projektleitern und Teams, konnten ein Bewusstsein für die verschiedenen Standpunkte erzeugt und die Interessenkonflikte aufgelöst werden. Die Schulung erfolgte in gemischten Teams, die wie bei den realen Projekten Produktentwicklung, Technik, Marketing, Betriebswirtschaft, Vertrieb und Projektleitung enthielten.

Diese unterschiedlichen Interessen treffen in Projekten häufig aufeinander. Meist wird versucht, Interessenkonflikte zu lösen, indem der Projektleiter die Entscheidung alleine trifft und anschließend die Abteilungen von den „Ergebnissen" überzeugt. In anderen Fällen werden Interessenkonflikte einfach negiert oder es wird überhaupt kein Projektteam gebildet. Die Konsequenz ist meist, dass es Schwierigkeiten bei der Projektumsetzung gibt, dass sich einzelne Fachabteilungen übergangen fühlen und der Erfolg des Projekts nicht erreicht wird.

Professionelle Projektleiterinnen wissen aufgrund einer frühzeitigen Umfeldanalyse über diese Interessenunterschiede Bescheid, verdrängen sie allerdings nicht, sondern schaffen eine Teamkultur und gemeinsame Projektziele. Dies erreichen sie mit entsprechenden Kommunikations- und Sitzungsformen, die helfen, aus den unterschiedlichen Ausgangssituationen gemeinsame, projektbezogene Entscheidungen und Lösungen zu finden.

In heterogenen Projektteams (wie im obigen Beispiel beschrieben) sollte der Projektleiter eine Integrationsfunktion übernehmen, indem er

- die unterschiedlichen Interessen ausgleicht,
- Führungsimpulse setzt, um die Kulturunterschiede zwischen den Abteilungen zu überbrücken und
- aus den abteilungsorientierten „Einzelkämpfern" ein Team mit einer spezifischen Identität entwickelt.

Über die Integrationsfunktion im Projektteam hinaus vertritt der Projektleiter das Projekt auch nach außen.

VI. Gestaltung des Projekt-Informationssystems und der Kommunikation

Die Bedeutung der Kommunikation in Projekten nimmt mit der sozialen Komplexität zu. Es gehört daher zu den zentralen Funktionen des Projektleiters,

- entsprechende Kommunikationsstrukturen zu planen,
- die Projektteammitglieder zu intensiver Kommunikation zu motivieren und
- zu veranlassen, dass alle Teammitglieder genau jene Informationen erhalten, die sie für ihre Projektarbeit benötigen.

In der Praxis sind einerseits Projekte mit Informationsmangel und andererseits solche, bei denen Informationsflut existiert, Ursache für ineffiziente Arbeit und Demotivation.

Der Projektleiter sollte daher darauf achten, dass

- Inhalte,
- Zeitpunkt und
- Art der Kommunikation

der jeweiligen Zielgruppe, die die Information erhält, angepasst sind.

In Projekten nimmt die Bedeutung von Workshops als Kommunikationsmittel zu.

Typische Workshops in Projekten sind:

- Projektstart-Workshops
- Meilenstein-, Ereignis-Workshops
- regelmäßige Projektfortschritts-Workshops
- Projektabschluss-Workshops

Zielgruppen-orientierte Kommunikation

VII. Projektcontrolling, Projektdokumentation und -abschluss

Projektcontrolling im Sinne einer regelmäßigen Überwachung der Projektleistung, Termine und Kosten auf Übereinstimmung mit den Projektplänen ist eine wesentliche Funktion des Projektmanagers. Dazu gehört auch die systematische Dokumentation des Projekts. Allerdings kann der Projektleiter die Projektcontrolling-Funktion an ein Teammitglied (Projektcontroller) übertragen. Im Sinne eines breiteren Controlling-Verständnisses umfasst dies auch die Reflexion der Zusammenarbeit, der Kommunikationsmuster, der Teamprozesse, etc.

3.2.5 Führungsaufgaben in unterschiedlichen Projektphasen

Projekte beinhalten in ihrem Ablauf typische Managementphasen. Projektphasen-Modelle können inhaltlich oder prozessorientiert strukturiert sein. Inhaltliche Phasenmodelle für unterschiedliche Projektarten sind im Buch von Patzak/Rattay[1] detailliert beschrieben.

Ein **prozessorientiertes Projektphasen-Modell,** das in dieser Form für alle Projekte Gültigkeit hat, besteht aus folgenden Phasen:

I. **Projektstartphase**

II. **Ausführungsphasen**

III. **Koordinationsphasen**

IV. **Projektabschlussphase**

Die folgende Abbildung stellt den Zusammenhang der hier beschriebenen Projektmanagement-Phasen in einem Projekt dar:

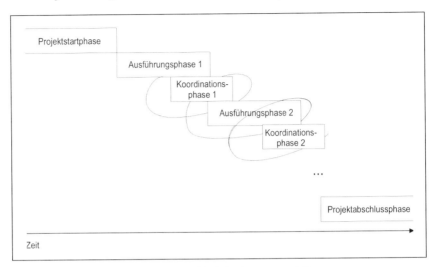

Abb. 35: Management-orientiertes Projektphasenmodell

I. Projektstartphase

Unter der **Projektstartphase** ist derjenige Zeitabschnitt zu verstehen, der von der Projektidee/Erteilung des Projektauftrags bis zum Beginn einer ersten **Ausführungsphase** reicht.

In dieser Phase werden vor allem die notwendigen Strukturen, Pläne und Voraussetzungen geschaffen. Schwergewicht dieser Phase liegt auf dem In-Gang-Setzen.

II. Projektausführungsphasen

Ausführungsphasen umfassen die inhaltliche Abwicklung der Projektaufgaben.

In diesen Phasen werden die erforderlichen Durchführungsaufgaben wahrgenommen. Sehr häufig gibt es in einem Projekt mehrere Ausführungsphasen, die entweder durch Koordinationsphasen oder durch die Projektstart- oder Projektabschlussphase begrenzt werden. Schwergewicht dieser Phase liegt auf der Differenzierung (Zerlegung und Verteilung).

III. Projektkoordinations- und Änderungsphasen

Koordinationsphasen sind häufig mit dem Start oder Ende einer solchen inhaltlichen Ausführungsphase verknüpft, weshalb den Phasenübergängen auch besondere Aufmerksamkeit gebührt.

Im Laufe einer Koordinationsphase wird eine inhaltliche Phase (Ausführungsphase 1) abgeschlossen, die darin erzielten Ergebnisse werden als Rahmenbedingung für die nächste inhaltliche Phase festgehalten und diese (Ausführungsphase 2) gestartet. In die Koordinationsphasen fallen die Zusammenführungen von Zwischenergebnissen sowie die Zwischenaudits und die Behandlung von Änderungen. Hier müssen vor allem Controlling- und Steuerungsaufgaben wahrgenommen werden. Der Fokus dieser Phase liegt auf der Integration (Zusammenführung und Korrektur).

Der Zusammenhang zwischen Abwicklungs- und Koordinationsphasen ist aus der folgenden Abbildung ersichtlich:

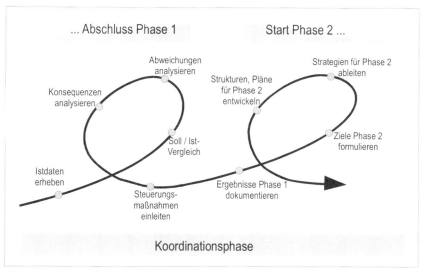

Abb. 36: Aufgaben in den Koordinationsphasen

Vor allem die **Projektausführungsphasen** und die **Koordinations- und Änderungsphasen** sind durch Rückkoppelungen in der Form eines Regelkreises verbunden. Sie werden in jedem Projekt mehrmals durchlaufen.

IV. Projektabschlussphase

Hier wird eine geregelte Beendigung des Projekts und die Entlastung der Verantwortlichen herbeigeführt. Der Fokus dieser Phase liegt auf der Beendigung und Auswertung.

Projektphasen werden durch Ereignisse (Meilensteine) gestartet und beendet. **Meilensteine** sind entweder extern determinierte Zeitpunkte mit einem bestimmten Leistungsfortschritt oder vom Team selbst definierte Ereignisse.

Die **Führungsaufgaben** eines **Projektleiters unterscheiden sich in den** typischen **Phasen eines Projekts**.

Um dies entsprechend berücksichtigen zu können, werden im Folgenden die Führungsaufgaben je Phase beschrieben:

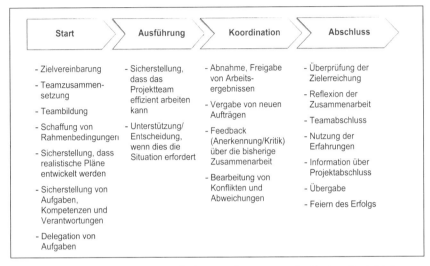

Start	Ausführung	Koordination	Abschluss
- Zielvereinbarung	- Sicherstellung, dass das Projektteam effizient arbeiten kann	- Abnahme, Freigabe von Arbeitsergebnissen	- Überprüfung der Zielerreichung
- Teamzusammensetzung		- Vergabe von neuen Aufträgen	- Reflexion der Zusammenarbeit
- Teambildung	- Unterstützung/ Entscheidung, wenn dies die Situation erfordert	- Feedback (Anerkennung/Kritik) über die bisherige Zusammenarbeit	- Teamabschluss
- Schaffung von Rahmenbedingungen			- Nutzung der Erfahrungen
- Sicherstellung, dass realistische Pläne entwickelt werden		- Bearbeitung von Konflikten und Abweichungen	- Information über Projektabschluss
- Sicherstellung von Aufgaben, Kompetenzen und Verantwortungen			- Übergabe
- Delegation von Aufgaben			- Feiern des Erfolgs

Abb. 37: Führungsaufgaben gegliedert nach prozessorientierten Projektphasen

Die detaillierte Beschreibung der phasenbezogenen Führungsaufgaben eines Projektleiters erfolgt im Kapitel 4.

3.2.6 Verantwortung des Projektleiters als Führungskraft

Der Projektleiter übernimmt in seiner Funktion die Gesamtverantwortung für die zielgerechte Projektabwicklung. Die Ziele beziehen sich auf die Erreichung von Projektergebnissen und deren Qualität, auf die Einhaltung von Terminen und Kosten und auf die Qualität der Zusammenarbeit in der Projektorganisation, mit dem Kunden und mit betroffenen Umfeldgruppen.

Die Wahrung der Kunden- und Umfeldinteressen ist meist nicht als explizites Projektziel definiert. Trotzdem übernimmt der Projektleiter die diesbezügliche Verantwortung.

3.2.7 Kompetenzen des Projektleiters als Führungskraft

Kompetenzen sind im Folgenden jene Rechte, die ein Projektleiter im Zuge seiner Führungsaufgabe übertragen bekommt, um seine Verantwortung wahrzunehmen und das Team führen zu können.

Erfahrungen haben gezeigt, dass Projektleiter, die beim Projektstart darauf achten, mit der Projektauftraggeberin diejenigen Kompetenzen auszuhandeln, die nötig sind, um die Projektziele erreichen zu können, ihre Führungsaufgaben und die damit verbundene Verantwortung gut wahrnehmen können.

Wichtig ist in diesem Zusammenhang, dass die **Aufgaben**, die **Verantwortung** und die **Kompetenzen** zusammenpassen. Eine Nichtübereinstimmung dieser drei Elemente ist gegeben, wenn der Projektleiter etwa für die Einhaltung von Terminen und Kosten verantwortlich ist, aber gleichzeitig keinerlei Kompetenzen zur Gestaltung der Kosten (Entscheidung über Vergaben innerhalb des Projektbudgets, Nutzung von Einsparungen, etc.) hat. Diese Kompetenz liegt in solchen Fällen meist beim Linienmanager.

Achtung auf Widersprüche bei den Rechten des Projektleiters

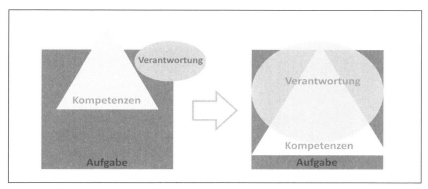

Abb. 38: Zusammenhang zwischen Aufgaben, Kompetenzen und Verantwortung

> ### Beispiel:
>
> So wird ein Projektleiter eines Produktentwicklungsprojekts in einem Fertigungsbetrieb für die rechtzeitige und qualitative Produktfertigstellung zur Verantwortung gezogen. Die dafür notwendigen Investitionen oder auch die ausreichenden Ressourcen werden von den zuständigen Fachabteilungen (Produktion, Logistik, …) freigegeben. Der Projektleiter wüsste, mit welchen Maßnahmen und Ressourcen er sein Ziel erreichen kann, doch der Leiter der Produktion gibt die notwendigen Investitionen nicht frei, weil diese nicht in seinem Abteilungsbudget vorgesehen sind.

An dieser Stelle zeigt sich einmal mehr wie heikel und wichtig die klare Definition der Zuständigkeiten an den Nahtstellen für das Funktionieren einer Organisation ist.

Als Lösung bietet sich an, dass die für die Projektzielerfüllung notwendigen Ausgaben und Investitionen Teil eines Projektbudgets sind, das von der Auftraggeberin in Abstimmung mit den Linienverantwortlichen freizugeben ist. Aufgrund dieses Abstimmungsprozesses in der Projektplanung wird dem Projektleiter die Kompetenz zugestanden über die im Projektbudget gewidmeten Mittel zu verfügen.

Das Ausmaß an Kompetenzen, das ein Projektleiter für die Erfüllung seiner Führungsfunktion benötigt, hängt von der übernommenen Verantwortung und den zu erfüllenden Zielen und Aufgaben im Projekt ab.

3.2.8 Rollenbeschreibung des Projektleiters

Zusammenfassend kann die Rolle des Projektleiters wie folgt beschrieben werden:

Rollenbeschreibung: Projektleiter	
Ziele	• Erreichung der Projektziele (Sicherstellung, dass der Projektauftrag ordnungsgemäß abgewickelt wird) • Förderung einer Projektkultur, die professionelles Miteinander-Arbeiten ermöglicht • Schaffung einer weitgehenden Zufriedenheit und Akzeptanz für die Projektergebnisse beim Auftraggeber, Kunden, Team und den betroffenen Umfeldgruppen • Förderung der Weiterentwicklung und des Lernens im Team
Aufgaben	• Zusammensetzung und Entwicklung eines schlagkräftigen Teams • Schaffung von Rahmenbedingungen, die eine erfolgreiche Zusammenarbeit ermöglichen (klare Projektdefinition, klare Spielregeln, vereinbarte Kommunikations-, Entscheidungs- und Eskalationsregeln) • Erarbeitung von Projektplänen, die dem Team und dem Umfeld eine ausreichende Orientierung für die effiziente Projektarbeit geben

	• Etablierung einer Projektorganisation, die eine effiziente Zusammenarbeit, eine klare Aufgabenverteilung und einen funktionierenden Informationsfluss sicherstellt • Führung des Projektteams und Leitung der Projektteamsitzungen • Rechtzeitige Entscheidungen herbeiführen • Gestaltung der Kundenbeziehung • Gestaltung der Beziehung zu wichtigen Umfeldgruppen (Information und Kommunikation) • Steuerung des Projekts, so dass Abweichungen rechtzeitig erkannt und aktiv bearbeitet werden können • Regelmäßige Berücksichtigung der Projektrisiken • Sicherstellung der notwendigen Dokumentation • Evaluierung der Projektziele und Reflexion der Zusammenarbeit
Verhaltens-erwartungen	• Überblick über das gesamte Projekt wahren (nicht in Details verzetteln) • Kunden-, Team und Umfeldorientierung (nicht als Spezialist die fachlichen Themen in den Vordergrund rücken) • aktive Abstimmung mit den Linienvorgesetzten der Projektmitarbeiter und dem Projektauftraggeber, um Missverständnisse und Konflikte zu minimieren
Kompetenzen	• Eigenverantwortliche Entscheidungen im Rahmen der mit dem internen Auftraggeber vereinbarten Projektziele • Unterschrift aller Projektdokumente • Finanzielle Entscheidungen bis … Euro • Beschaffung von Ressourcen in Abstimmung mit den Linienvorgesetzten
Organi-satorische Einbettung	• Projektorganisation: dem internen Auftraggeber zugeordnet • Stammorganisation: ....

Abb. 39: Beispiel einer Rollen-, Funktionsbeschreibung „Projektleiter"

Rollenbeschreibungen reduzieren Missverständnisse

Die hier vorliegenden Rollen- und Funktionsbeschreibungen sind Hilfsmittel, deren entsprechender Einsatz am Beginn eines Projekts viele Missverständnisse und unnötige Leerläufe ausschalten kann. Sie betonen jene Aspekte, die erfahrungsgemäß in Projekten wesentlich sind und bei Nicht-Klärung häufig zu Komplikationen im Verlauf des Projekts führen.

Derartige Rollen- und Funktionsbeschreibungen sind von der Projektart, der -größe und der spezifischen Situation des Unternehmens, in dem das Projekt durchgeführt wird, abhängig. Daher ist die diesbezügliche Anpassung an den jeweiligen Projektkontext ein Erfolgsfaktor.

3.3 Der Projektauftraggeber als Führungskraft

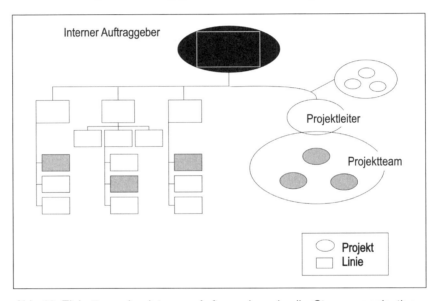

Abb. 40: Einbettung des internen Auftraggebers in die Stammorganisation – Projektorganisation

interne und externe Auftraggeber

Vom **internen Projektauftraggeber** ist der **externe Projektauftraggeber** (externer Kunde) zu unterscheiden. Wenn im Folgenden der Begriff „Projektauftraggeber" verwendet wird, ist diejenige Person, die den unternehmensinternen Projektauftrag erteilt, gemeint. Bei externen Projekten (Projekte, die das betrachtete Unternehmen für eine dritte Organisation durchführt), gibt es zwei Auftraggeber: Den externen Auftraggeber, der die Organisation vertragsrechtlich beauftragt und einen internen Auftraggeber im betrachteten Unternehmen, der projektbezogen der direkte Vorgesetzte des Projektleiters ist. Daher ist bei externen Projekten der exakte Begriff für die im Folgenden beschriebene Rolle: interner Auftraggeber.

Im Folgenden wird die Rolle des internen Projektauftraggebers detailliert beschrieben.

Der Begriff **„Projektauftraggeber"** wird nur selten explizit verwendet. Viel öfter spricht man pauschal und ungenau vom Top-Management. Als Synonym für Projektauftraggeber wird auch der Begriff **„Projekt-Sponsor"** oder **„Project-Owner"** verwendet.

Besonders hervorzuheben ist, dass sich diese Rolle nicht auf die Erteilung des Projektauftrags, wie der Name vermuten lässt, beschränkt, sondern dass eine erfolgreiche Projektabwicklung die kontinuierliche Beziehung des Projektauftraggebers zum Projekt erfordert. In einem gut funktionierenden Projekt wird der Projektauftraggeber als wichtiger Vertreter der Projektinteressen immer dann aktiv, wenn die persönliche und/oder organisatorische Autorität des Projektleiters nicht mehr ausreicht.

Im Einzelnen fallen dem internen Projektauftraggeber folgende Aufgaben zu:

   I. Auswahl des Projektleiters; Erteilung des Projektauftrags

  II. Vermittlung der Unternehmenskultur

 III. Treffen projektbezogener, strategischer Entscheidungen (in Abstimmung mit dem Projektleiter)

  IV. Wahrnehmung von strategischen Controllingaufgaben

   V. Vertretung der Projektinteressen nach außen (in Abstimmung mit dem Projektleiter)

 VI. Sicherung organisatorischen Lernens

I. Auswahl des Projektleiters; Erteilung des Projektauftrages

Der Projektauftraggeber wählt die Projektleiterin aus und beauftragt sie unter Zuhilfenahme der Projektdefinition.

In der Praxis der Projektarbeit ist es durchaus üblich, dass der Projektauftraggeber der Projektleiterin einen sehr unpräzisen, oft auch mündlichen Projektauftrag erteilt.

In solchen Fällen sollte die Projektleiterin versuchen, die Projektziele und -definition selbst zu konkretisieren und anschließend mit dem Projektauftraggeber zu vereinbaren. Der Projektauftraggeber definiert die Freiräume für selbständige Handlungen der Projektleiterin und der Teammitglieder und diejenigen Situationen, in denen er einzubeziehen ist.

Um der in Projekten vorhandenen Komplexität zu entsprechen, ist es nötig, dass der Projektauftraggeber dort Freiräume zulässt, wo die Projektleiterin und ihr Team die Situationen bewältigen können und dort eingreift, wo die Führungsfähigkeiten und die Autorität der Projektleiterin nicht ausreichen, um das Projekt erfolgreich zu gestalten.

Führungsaufgaben des Projektauftraggebers

Der Projektauftraggeber übernimmt Führungsfunktionen hinsichtlich des Projekts. Dies darf allerdings weder bedeuten, dass er in jedem Detail der Projektarbeit mitwirkt, noch dass er die Projektleiterin und ihr Team völlig alleine lässt.

symbolisches Management

Aus der Sicht des Projektauftraggebers bedeutet Führung, dass er dem Projektteam durch die Vermittlung von Strategien und durch symbolisches Management im Sinne des Vorlebens einer professionellen Projektkultur Orientierung gibt.

Der Projektauftraggeber kann daher mit Hilfe von Führungsmaßnahmen

- motivierende Rahmenbedingungen für das Projektteam schaffen,
- der Projektleiterin durch klare Strategien Orientierung vermitteln,
- Personalentwicklung ermöglichen und
- in Ausnahmesituationen Konflikte lösen.

II. Vermittlung der Unternehmenskultur

Der Projektauftraggeber vertritt die Unternehmenskultur.

Er wird daher

- die wesentlichen Werte, die Bestandteile der Unternehmenskultur sind, vermitteln und
- die Entwicklung einer spezifischen Projektkultur, die für den Erfolg des Projekts unabdingbar ist, fördern.

Der Projektauftraggeber hat als Vertreter des Unternehmens und des Projekts die Balance zwischen der Übertragung der Unternehmenskultur auf das Projekt und der Entwicklung einer eigenständigen Projektkultur zu sichern.

Im Einzelfall erfordert dies viel Fingerspitzengefühl und einige Abstimmungsarbeit zwischen dem Projektauftraggeber und der Projektleiterin.

III. Treffen projektbezogener, strategischer Entscheidungen

Strategische Entscheidungen unterscheiden sich von operativen grundsätzlich durch

- lange Wirkungsdauer,
- breiten Wirkungsbereich,
- großen Freiheitsgrad und
- hohe Unsicherheit.

Aufgrund des relativ weiten Zeithorizonts bei strategischen Entscheidungen ist vieles, das in der operativen Betrachtungsweise als vorgegebene Randbedingung angenommen wird, veränderbar. Die Konsequenzen strategischer Entscheidungen wirken sich nicht nur auf das System „Projekt", sondern auch auf das Unternehmen aus.

strategische Projektentscheidungen beeinflussen massiv die dahinterstehende Organisation

Da strategische Entscheidungen das ganze Unternehmen betreffen und langfristig die Rahmenbedingungen für die Zukunft festlegen, sind damit auch meist große Risiken verbunden.

Zu diesen strategischen Entscheidungen, die der Projektauftraggeber fällt, zählen u.a.:

- aus dem Projekt resultierende Investitionsentscheidungen für das Unternehmen
- aus Projekten resultierende neue Produkt- und Marktausrichtungen des Unternehmens
- aus dem Projekt resultierende vertragliche Verpflichtungen, die das Unternehmen als Ganzes binden

IV. Wahrnehmung von Controllingaufgaben

Obwohl die Wahrnehmung der Controllingaufgaben dem Projekt- oder Unternehmenscontroller obliegen, wird die Funktion des Projektcontrollings in Unternehmen häufig nicht explizit definiert. Dadurch fallen gewisse Controllingfunktionen dem Projektauftraggeber zu.

Der Projektauftraggeber wird beispielsweise den Fortschritt des Projekts beobachten, allerdings nicht im selben Detail, wie der Projektleiter oder -controller. Er wird mit dem Projektleiter zu bestimmten Zeitpunkten und Meilensteinen Berichte vereinbaren.

V. Vertretung der Projektinteressen nach außen, Projektmarketing

Eine der wichtigsten Funktionen des Projektauftraggebers ist es, die Projektinteressen zu vertreten und dadurch das Projektteam in seiner Arbeit zu unterstützen. Dies allerdings nur, wenn es einen entsprechenden Bedarf seitens der Projektleiterin gibt.

Bei externen Auftragsabwicklungsprojekten ist es üblich, dass in bestimmten Situationen der Projektauftraggeber dem Kunden gegenüber auftritt, um Probleme zu lösen oder die Bedeutung des Projekts beim Kunden zu dokumentieren. In den meisten Fällen hängt dies mit dem Umstand zusammen, dass unternehmensverpflichtende Vertragsänderungen nur durch handlungsbevollmächtigte Personen durchgeführt werden können und dass der Kunde im Konfliktfall eine Aussage einer „ranghohen" Führungskraft aus dem Unternehmen erwartet.

Bei internen Projekten sind die Kunden letztlich die vom Projektergebnis Betroffenen im eigenen Unternehmen. In solchen Fällen kann der Projektauftraggeber durch aktive Unterstützung wesentlich zur Akzeptanz bei den Betroffenen beitragen.

VI. Sicherung organisatorischen Lernens

Obwohl mit Projekten das Merkmal der Einmaligkeit verbunden wird, sind Erfahrungen, die in einem Projekt gemacht werden, von besonderer Bedeutung für die Gesamtorganisation und nachfolgende Projekte.

Es ist jedoch nicht immer das direkte Interesse der Projektleiterin und ihres Teams, für die Dokumentation und Sammlung von Erfahrungen Zeit und Geld zu verwenden. Deshalb hat der Projektauftraggeber dafür zu sorgen, dass projektbezogene Dokumentations- und Erfahrungsaustauschaktivitäten wahrgenommen werden.

Zusammenfassend sieht die Rolle des internen Auftraggebers wie folgt aus:

Rollen- und Funktionsbeschreibung: Interner Auftraggeber	
Ziele	• Abstimmung und Vermittlung der Unternehmensziele und der Projektziele • Treffen klarer und rechtzeitiger strategischer Entscheidungen • Sicherung organisatorisches Lernen
Aufgaben	• Festlegung der Ziele und Strategien für das Projekt • Festlegung/Nominierung des Projektleiters und klare Auftragserteilung • Übergeordnete Projektkontrolle • Unterstützung des Projekts bei Problemen • Regelmäßige Information und Gespräche mit dem Projektleiter

	• Setzen von Prioritäten (auch zwischen den Projekten) • Etablierung von Sitzungs- und Kommunikationsformen zur Sicherung des organisatorischen Lernens (Reflexions-Sitzung, Projektabschluss-Sitzung)
Verhaltens-erwartungen	• Gesamtüberblick über alle laufenden Projekte wahren, hinsichtlich der er Auftraggeber ist • Grobüberblick über einzelne Projekte wahren, nicht in allen Details mitwirken • kundenorientiertes Verhalten (Zeit und Aufmerksamkeit für das Projekt aufbringen) • kooperatives Verhalten; Absprache mit der Projektleiterin • Teams selbständig arbeiten lassen, nur bei Bedarf oder bei Anforderung der Projektleiterin eingreifen
Kompetenzen	• Projektbeauftragung • Bestellung Projektleiter • Strategische und finanzielle Entscheidungen gemäß Unterschriftenregelung • Vergabe von Unterschriftsberechtigungen in Abstimmung mit den dafür ermächtigten Positionsinhabern

Abb. 41: Beispiel einer Rollenbeschreibung „interner Auftraggeber"

3.4 Führungsgremien von Projekten

Als Führungsgremien für einzelne große Projekte werden regelmäßig Lenkungsausschüsse, Steuerungsgruppen, Steering Committees oder Projektbeiräte eingesetzt.

Sie sind als Gremium zwischen dem Projektauftraggeber und der Projektleiterin installiert, weil der Auftraggeber häufig sehr hochrangig besetzt ist (Vorstand, Geschäftsführung), als solcher zwar strategische Entscheidungen mit finanziellen Auswirkungen treffen, aber oftmals nicht die inhaltlichen Interessen (Fach-Know-how, …) vertreten kann. Die Erfüllung der inhaltlichen Projektziele wird meist von mehreren zuständigen Fachabteilungen (als Kunde, Nutzer, Know-how-

Träger, ...) gefordert. Um deren Sichtweisen einerseits, die Akzeptanz für die erarbeiteten Projekt(zwischen)ergebnisse andererseits zu integrieren, eignet sich die Etablierung eines Lenkungsausschusses.

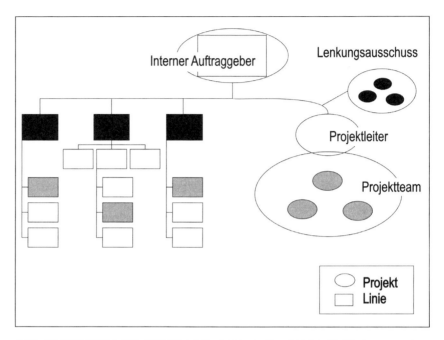

Abb. 42 Einbettung des Projekt-Lenkungsausschusses in die Stammorganisation – Projektorganisation

Der Projekt-Lenkungsausschuss wird üblicherweise in den folgenden zwei Situationen eingesetzt:

I. Ein Lenkungsausschuss ist eine Gruppe von Personen, die nicht einzeln, sondern als Gremium die Auftraggeberrolle wahrnehmen. Diese organisatorische Gestaltung ist dann praktikabel, wenn die Gesamtprojektinteressen nicht von einer Person wahrgenommen werden können. Die Nominierung eines Sprechers dieses Gremiums erleichtert meist die Kommunikation mit der Projektleiterin.

II. Sofern der Projektauftraggeber sehr hochrangig angesiedelt ist und daher zwar für viele strategische, nicht aber für inhaltliche Entscheidungen zur Verfügung stehen kann, empfiehlt es sich zusätzlich zum Auftraggeber, quasi als Mittler zwischen diesem und dem Projektleiter ein Fachgremium einzurichten, das manche Projektauftraggeberaufgaben übernehmen kann. Diese sind allerdings explizit an den Lenkungsausschuss zu delegieren.

Der Projekt-Lenkungsausschuss sollte über die Wahrnehmung der Projektauftraggeber-Funktion hinaus vor allem eine Teamidentität entwickeln, damit die wesentlichen Entscheidungen gemeinsam getroffen und auch von allen akzeptiert werden.

Die folgenden Aufgaben sind vom Lenkungsausschuss wahrzunehmen:

I. Agieren als Projektauftraggeber

Grundsätzlich unterscheiden sich die Erwartungen an den Projekt-Lenkungsausschuss nicht von denen an den Projektauftraggeber, außer dass im Projekt-Lenkungsausschuss die vom Projekt betroffenen Abteilungen und Bereiche vertreten sind. Daher wird vor allem bei internen Projekten, bei denen das Projektmarketing und die Akzeptanz der im Projekt erarbeiteten Ergebnisse besonders wichtig sind, ein breit besetzter Projekt-Lenkungsausschuss eingesetzt.

Bei Projekten, die aufgrund ihrer Aufgabenstellung Know-how aus mehreren Unternehmensbereichen benötigen, ist ein Projektauftraggeber erforderlich, der alle betroffenen Bereiche vertreten kann.

Dieser Umstand würde sehr oft dazu führen, dass nur die oberste Unternehmensspitze (Vorstandsvorsitzender, Geschäftsführer etc.) solche Projekte in der Rolle des Projektauftraggebers begleiten könnte. Da dies zu einer Überlastung der Unternehmensspitze führen würde, eignen sich als Projektauftraggeber Gremien (Lenkungsausschüsse), deren Mitglieder aus der oder den nächsten hierarchischen Ebenen stammen, die gleichzeitig die Vorgesetzten der Projektmitarbeiter sind.

II. Entwicklung einer Teamidentität im Projektlenkungsausschuss

Eine grundsätzliche Anforderung an einen Lenkungsausschuss ist, eine spezifische Identität bzw. ein Rollenverständnis zu entwickeln. Wesentliche Bestandteile eines solchen Rollenverständnisses sind

- (regelmäßige) Sitzungen des Projekt-Lenkungsausschusses
- gemeinsame Entscheidungen im Lenkungsausschuss-Team
- einheitlich formulierte, projektbezogene Strategien

Von einem Projektauftraggeber als Einzelperson unterscheidet sich der Lenkungsausschuss daher vor allem bezüglich der Arbeits- und Entscheidungsformen.

Tipps:

Aufgrund der üblichen Besetzung hat sich eine frühzeitige und langfristige Terminvereinbarung für Lenkungsausschuss-Sitzungen bewährt.

> Die formalen Entscheidungskompetenzen(-befugnisse) sollten im Lenkungsausschuss geklärt werden (Mehrheitsentscheidungen, Konsens, …).
>
> Die Koordination oder Leitung des Lenkungsausschusses sollte zwischen den Mitgliedern geklärt werden. Folgende Varianten sind möglich:
>
> - Ein Mitglied fungiert als Sprecher des Lenkungsausschusses (primus inter pares).
> - Es wird ein Mitglied zum Vorsitzenden des Lenkungsausschusses gewählt (ernannt), was meistens auch eine Alleinentscheidung dieses Vorsitzenden für manche Situationen zur Folge hat.
> - Alle Mitglieder sind gleichberechtigt und Entscheidungen werden nach vorher vereinbarten Regeln getroffen (Mehrheit, qualifizierte Mehrheit, Konsens, …).

3.5 Der Projektportfolio-Koordinator, Projektprogramm-Manager als Führungskraft

Die folgenden Rollenbeschreibungen gelten in gleichem Maße für Projektportfolio-Koordinator und Programm-Manager. Um eine bessere Lesbarkeit zu erreichen, wird bei der Beschreibung der Rolle nur eine Bezeichnung verwendet.

Der Projektportfolio-Koordinator trifft die strategischen Entscheidungen und initiiert die wesentlichen Maßnahmen im Rahmen des Portfoliomanagements.

Häufig wird das Projektportfolio-Management von mehreren Führungskräften wahrgenommen, die die Repräsentanten der einzelnen Projektauftraggeber oder Projekt-Lenkungsausschüsse sind. In solchen Fällen wird dieses Gremium oft als Projektportfolio-Führungskreis bezeichnet.

Die Aufgaben des Projektportfolio-Koordinators lassen sich in mehrere Kategorien einteilen. Einerseits handelt es sich um Entscheidungen und **Maßnahmen**, die **bezüglich einzelner Projekte** zu treffen oder zu veranlassen sind, wie zum Beispiel:

- die Auswahl und Beauftragung eines Projekts
- die Prioritätensetzung zwischen Projekten aus der Sicht eines aktuellen Projekts
- die Genehmigung risikoreicher Projekte
- das Aufzeigen von Schnittstellen eines Projekts zu anderen Projekten

Zum anderen nimmt der Projektportfolio-Koordinator wesentliche **Aufgaben für die Pflege und Weiterentwicklung der Projektmanagement-Kultur** wahr.

Insbesondere die

- Auswahl und Priorisierung derjenigen Projekte, die in einer Arbeitsperiode (Jahr) den größten Beitrag zur Erreichung der Unternehmensziele leisten,
- Entwicklung von Kennzahlen zur Beurteilung und zum Vergleich von Projekten,
- Entwicklung von Standards (Projektmanagement-Leitfaden) für die Projektarbeit und für projekt- und portfoliobezogene Entscheidungs- und Handlungsprozesse und
- Etablierung einer Kultur und notwendiger Prozesse zur Nutzung von Synergien und Lernchancen,

sind wesentliche Bestandteile der Funktion, sofern sie nicht einer eigenen Organisationseinheit und Rolle, dem Projektmanagement-Competence Center zugeordnet ist. Auf diese Unterscheidung wird im Kapitel „Führung projektorientierter Unternehmen" noch Bezug genommen.

Im Unterschied zu Entscheidungsprozessen in traditionellen Unternehmen existieren im projektorientierten Unternehmen wenige Gremien, die in direkter Kommunikation mit den ausführenden Experten stehen.

Direkte, kurze Kommunikationswege zeichnen projektorientierte Organisationen aus

Der Projektportfolio-Führungskreis sollte jenes Gremium sein, das alle Entscheidungen und Maßnahmen setzen kann, die über den Verantwortungsbereich des Projektleiters und des Projektteams hinausgehen. Bei sehr großen Projekten kann man die Entscheidungsgremien in den so genannten Projektportfolio-Führungskreis und in einen Projekt-Lenkungsausschuss (auch Steering Committee oder Beirat genannt) aufteilen, wobei der Letztere für alle Problemstellungen zuständig ist, die ausschließlich oder überwiegend das einzelne Projekt betreffen (vor allem fachlich wichtige Entscheidungen, kundenbezogene Vereinbarungen, etc.).

Um dieses Gremium funktionstüchtig zu machen, sollten daher regelmäßige Sitzungen stattfinden (Jour fixe), in denen die Projektleiter berichten und die entsprechenden Entscheidungen einholen (Projekt-Review). Bei richtiger Besetzung dieses Gremiums und regelmäßigen Treffen wird die direkte Kommunikation und die Teamkultur im Unternehmen wesentlich verbessert.

3.6. Der Projektleiter als Coach

Möglichkeiten und Grenzen

Im Fokus des Projekts steht die Zielerreichung und damit liegt das Hauptaugenmerk des Projektleiters darauf, mit dem zur Verfügung stehenden Team Ziele umzusetzen. Die Rolle des Coachs als neutralem Partner auf Augenhöhe ist in der Beziehung Projektleiter – Projektmitarbeiter nicht automatisch gegeben, sondern wird durch die besondere Funktionsverteilung in der Projektorganisation beeinflusst. In gewissem Sinne ähnelt die Beziehung eines Projektleiters zu den Teammitgliedern der einer Linienführungskraft zu ihren Mitarbeitern, auch wenn der Projektleiter meist keine Weisungsbefugnis hat. Insbesondere gilt, dass die Kombination Projektleiter – Teammitglied vor allem durch die folgenden Punkte nicht die Voraussetzungen einer professionellen Arbeitsbeziehung zwischen Coach und Coachee erfüllt:

- Der Projektleiter hat Ziele und Erwartungen, die er erfüllen will. Es kann dem Projektleiter nicht egal sein, ob der Mitarbeiter sein Verhalten in Zukunft nützlich in das Projekt einbringt, das heißt die **Neutralität** von Seiten des Coachs **ist nicht gegeben**.
- Die Projektteammitglieder sind **nicht unabhängig** von der Projektleitung, sondern sind jener berichtspflichtig. Unter Umständen erfolgt am Ende des Projekts auch eine Leistungsbeurteilung durch die Projektleitung, daher ist die Freiwilligkeit von Seiten des Coachee in diesem Kontext zumindest in Frage gestellt.

Sofern diese Einschränkungen im Auge behalten werden, ist es dennoch wichtig und sinnvoll, sich als Projektleiter mit den Fragestellungen im Coaching auseinander zu setzen. Coaching gewinnt im Unternehmenskontext zunehmend an Bedeutung und wird immer öfter als Entwicklungschance thematisiert. Projektleiter können ihre Führungsqualitäten erweitern, indem sie diese um einige Elemente aus den Coaching-Methoden bereichern und so ihre Wirksamkeit in der Führung im Projekt erhöhen.

Coaching-Situationen in Projekten

„Demotiviertes" Teammitglied

Wenn ein Teammitglied besonders demotiviert erscheint und die Gründe dafür nicht auf der Hand liegen, kann die Anwendung von Coachingmethoden punktuell sehr hilfreich sein.

Beispiel:

Ein Teammitglied (Software-Entwickler mit Schlüsselqualifikation und viel Erfahrung) liefert wiederholt nicht die vereinbarten Ergebnisse, kommt immer öfter zu spät und erscheint allgemein sehr lustlos und mit sich selbst beschäftigt.

Die Projektleiterin sucht das Vier-Augen-Gespräch und macht deutlich, dass sie einerseits die Projektziele gefährdet sieht und andererseits ein offenes Ohr für die Anliegen des Teammitglieds hat. Durch aktives Zuhören und Empathie erfährt die Projektleiterin von einer schwierigen gesundheitlichen Beeinträchtigung in der Familie des Teammitglieds. Das Gespräch wandelt sich vom Kritik- zum Coachinggespräch, weil die Projektleiterin durch Fragen herausfiltern kann, wie das Teammitglied im engen Rahmen des Projekts am besten unterstützt werden kann.

Die Lösung wird nicht von der Projektleiterin vorgegeben, sondern kommt vom Teammitglied selbst. Die Lösung besteht darin, dass die Aufgaben neu verteilt werden und das Teammitglied eine mehr punktuell beratende Funktion bekommt, somit zeitlich entlastet wird und sich mehr um seine Familie kümmern kann.

Durch Anwendung von einzelnen Coachingmethoden (z.B. aktives Zuhören) ergibt sich eine Lösung, die jenseits von einfachen Schnellschüssen nachhaltig die Leistung des belasteten Teammitglieds zurück ins Team holt.

Wie das oben angeführte Beispiel zeigt, kann es für Projektleiterinnen sehr nützlich sein, eben nicht in die rasche Lösungsorientierung zu springen und schnell Abhilfe für ein vermeintlich klares Problem – Leistung wird nicht erbracht – zu schaffen (z.B. Austausch des Teammitglieds, Druck erhöhen, Eskalation beim Vorgesetzten, mehr Anreize bieten), sondern im Gegenteil aus der Lösungsverantwortung zu gehen und dem Teammitglied im Rahmen eines Coachinggesprächs die Möglichkeit zu geben, die eigene Sichtweise darzulegen und eine Lösung zu entwickeln, die dem Teammitglied in der Situation am besten hilft.

Zu beachten ist, dass bei jeder Art von Coachinggespräch die Integrität und Persönlichkeit des Coachee zu wahren ist, das heißt bei schwerwiegenden Problemen sind die Grenzen des Coachings und somit auch die Grenzen dessen erreicht, was ein Projektleiter im Rahmen der Projektarbeit leisten kann. In obigem Beispiel geht es ja nicht darum, die familiäre Situation des Teammitglieds zu verbessern, sondern herauszufinden, ob etwas von Seiten des Projektteams getan werden kann, um die Leitungsfähigkeit wieder anzuheben. Die Projektleiterin könnte in diesem Fall zusätzlich raten, sich professionelle Unterstützung durch Dritte zu suchen.

Eigenverantwortlichkeit des Teams steigern

Als Projektleiter neigt man dazu, seinen Erfahrungsschatz zum einen gerne und bereitwillig zu teilen, zum anderen ihn für die einzig richtige Herangehensweise zu halten. Dies führt bei dem Projektleiter zu dem Gefühl, unentbehrlich zu sein und in weiterer Folge zur Überlastung. Gleichzeitig verringert diese Verhaltensweise die Eigenverantwortlichkeit im Team, weil alle Entscheidungen und Informationen bei der Projektleitung zusammen laufen. Um dieser Entwicklung entgegen zu wirken, kann der Projektleiter – neben der Herausforderung, sich zukünftig etwas zurückzunehmen und mehr zu delegieren – folgende Schritte einleiten:

- Der Projektleiter klärt zunächst für sich selbst, in welchen Bereichen einzelne Teammitglieder mehr Verantwortung übernehmen könnten.
- Im Gespräch mit den beteiligten Teammitgliedern stimmt er ab, ob die Übernahme von mehr Verantwortung auch in deren Interesse liegt.
- Sukzessive Übergabe von mehr Verantwortung von Projektleiter an Teammitglieder in ausgewählten Bereichen.
- Diese Übergabe begleitet der Projektleiter durch Coaching-Fragen, wie z.B.:
  - Was bedeutet dieses Mehr an Verantwortung für Sie persönlich?
  - Wie leicht bzw. wie schwer fällt es Ihnen, selbst Aufgaben abzugeben?
  - Wer könnte Sie bei der Erfüllung Ihrer (zusätzlichen) Aufgaben unterstützen?
  - Wie kann er das konkret machen?
- Regelmäßiges Feedback über die beobachtbare Veränderung im Verhalten des jeweiligen Teammitglieds.
- Überprüfung der Zielerreichung und allfällige Anpassung der Ziele.

Dies kann als eine Art Coaching verstanden werden, auch wenn nicht alle Kriterien für professionelles Coaching erfüllt sind (z.B. ist die Neutralität des Coachs aufgrund der eigenen Betroffenheit hier nicht gegeben). Nichtsdestoweniger kann die strukturierte Anwendung von Coaching-Techniken als Führungsinstrument zur Zielerreichung sinnvoll sein.

(Denk-)Blockaden im Team lösen

In Krisensituationen oder bei verfahrenen Problemstellungen befällt Projektteams zuweilen eine Art Lähmung, die sich darin äußert, dass der Eindruck entsteht – und auch durchaus kundgetan wird – dass „es keinen Ausweg aus dieser Sackgasse" gibt. Man spricht im Coaching-Kontext von einer „Problemtrance", wenn im Projektteam

- keine neue Ideen mehr fließen
- die ganze Aufmerksamkeit auf das „Problem" fixiert ist
- Schuldzuweisungen die Runde machen
- sich niemand mehr so recht erinnern kann, wie das Problem entstanden ist
- sich alle Gespräche nur mehr um das „Problem" drehen
- sich niemand mehr auch annähernd vorstellen kann, dass das Problem lösbar sein könnte
- einige beginnen, sich mit dem „Problem" abzufinden und gar nicht mehr nach einer Lösung Ausschau halten

Das muss noch keine Krise sein, könnte sich aber zu einer solchen auswachsen. Der Unterschied zu einer Krise besteht darin, dass die Projektkrise sehr viel Instabilität in das Projektgefüge bringt und die Projektziele gefährdet sind. Bei der Problemtrance arbeiten die Beteiligten – meist unbewusst – darauf hin, aus dem Problem einen Dauerzustand zu machen, der zwar nicht angenehm aber zumindest stabil ist. In so einer Situation sollte die Projektleiterin eingreifen, um die Projektziele nicht zu gefährden!

Es ist in diesem Zusammenhang nicht ratsam, autokratisch zu agieren und mehr Druck auszuüben, da dies meist zu einer Einengung des Blickfelds und einer weiteren Vertiefung der Problemtrance führt. Wenn eine Lösung nicht offensichtlich greifbar ist, ist es zielführender, wenn sich die Projektleiterin ein paar einfacher Coaching-Techniken bedient, um wieder Schwung in die eingefahrene Situation zu bringen, wie z.B. folgende, zum Teil provozierende Fragen zu stellen:

- Ressourcen-orientierte Fragen:
  - Welche Situation in der Vergangenheit erinnert am meisten an die jetzige? Wie haben wir damals „überlebt"? Was haben wir (oder Einzelne) damals gemacht?
  - Wer im Team hat schon einmal eine ähnliche Situation erlebt oder kennt jemanden, der aus so einer Sackgasse heraus gekommen ist? Wenn ja, wie?
  - Was kann uns keiner nehmen? Worin sind wir trotz allem unschlagbar gut? Wie könnten wir diese Stärken nutzen?

- Die (inzwischen berühmte) Wunderfrage: Stellt euch vor, über Nacht ist dieses spezifische Problem gelöst – vielleicht sogar ohne unser Zutun. Was ist da passiert? Können wir doch was zur Lösung beisteuern?
- **Paradoxe Intervention:** Was ist denn Positives an dem Problem? Was wäre verloren, wenn das Problem nicht mehr bestünde?
- **Eigenverantwortung** betonen: Welchen Beitrag haben wir zum Problem geleistet? Wie können wir diesen Beitrag verkleinern?

Mit etwas Beharrlichkeit kann die Projektleiterin auch diese scheinbar verfahrene Situation wieder in Gang bringen, indem das Team aus der Problemtrance geweckt wird. Selbstverständlich gibt es auch andere Möglichkeiten, dies zu tun, aber die Anwendung dieser einfachen Coaching-Werkzeuge kann im wahrsten Sinne des Wortes Wunder bewirken.

4 Führung von Projektteams im Projektablauf

4.1 Allgemeines

Im Folgenden wird der Schwerpunkt auf die Spezifika bei der Führung innerhalb des sozialen Systems Projekt gelegt. Zielgruppe dieses Abschnitts sind Projektleiter, die Projektteams führen, Teilprojektleiterinnen, die Teilprojektteams leiten und auch Auftraggeberinnen, die Projektleiter in Bezug auf Projekte führen.

Die prioritäre Betrachtungsperson des folgenden Abschnitts ist der Projektleiter. Sollte sich die Führungsarbeit des Projektleiters von jener des Auftraggebers oder Teilprojektleiters unterscheiden, wird darauf explizit Bezug genommen.

Die Führungsarbeit wird anhand der wesentlichen Management-Phasen eines Projekts erläutert. Diese sind in Bezug auf Führung voneinander klar unterscheidbare zeitliche Abschnitte, insbesondere

- die **Projektstartphase**
- die **Projektausführungsphasen**
- die **Projektkoordinationsphasen**
- die **Projektabschlussphase**

Die genannten Phasen erfordern von der jeweiligen Führungskraft sehr unterschiedliche Führungs- und Kommunikationsformen. Die Projektstart- und die Projektabschlussphase sind je Projekt einmalig. Ausführungs- und Koordinationsphasen treten zwischen Start und Ende wiederholt auf und wechseln einander ab.

Die Management-Phasen eines Projekts dürfen nicht mit den inhaltlichen Phasen verwechselt werden. Diese sind je nach Projektart und -branche unterschiedlich und stellen die groben logisch-sachlichen Arbeitsabläufe dar. **Management-Phasen, inhaltliche Phasen**

Von den Management-Phasen eines Projekts sind auch die so genannten Teamentwicklungs-Phasen zu unterscheiden. Jedes neu formierte Team erlebt typische Dynamiken, die zur Weiterentwicklung dieses sozialen Systems von großer Bedeutung sind. Erst nach Absolvierung der Formierungs-, Konflikt- und Normierungsphase ist ein Team in der Lage die individuellen Fähigkeiten der Teammitglieder in eine effiziente Teamleistung zu transferieren. Diese drei Zeitabschnitte sind optimalerweise in der Startphase eines Projekts zu durchlaufen, damit das Team möglichst rasch arbeitsfähig wird. **Teamentwicklungs-Phasen**

4.2 Führung in der Projektstartphase

4.2.1 Allgemeines zur Projektstartphase

Die Projektstartphase zerfällt, zumindest bei neuartigen und komplexen Projekten, meist in zwei Teile, die Startaktivitäten im engeren Sinne und den Abschnitt der detaillierten Projektplanung und -organisation.

Projekt-Startaktivitäten Zu den **Startaktivitäten im engeren Sinne** zählen unter anderem

- die Zusammensetzung des Projektteams,
- die Zielvereinbarung / Projektdefinition,
- die Umfeldanalyse,
- der Aufbau einer Projektteamkultur und
- die Projektstartsitzung.

Sind das Projekt erst einmal definiert, das Team nominiert und die wesentlichen Rahmenbedingungen abgeklärt, beginnt eine Phase der **detaillierten Planung und Teamorganisation**.

Der Schwerpunkt liegt auf der Projektmanagement-Methodik und den notwendigen Strukturen, die dem Team die Grundlagen für die inhaltliche Arbeit liefern sollen.

Projektplanung Die wesentlichen Aktivitäten der Planung sind

- die Aufgabenplanung (Projektstrukturplan, Arbeitspaketliste)
- die Terminplanung
- die Ressourcenplanung
- die Kostenplanung
- die Definition von Strukturen und Spielregeln, die das reibungslose Zusammenarbeiten ermöglichen.

Führung bedeutet in diesem Abschnitt vor allem, dass die Projektleiterin mit ihrem Team einen Arbeitsstil entwickelt, der folgende drei Schritte integriert:

1. Abklärung der Rahmenbedingungen
2. Entwicklung von Detailplänen und -strukturen
3. Abstimmung und Freigabe der Detailpläne

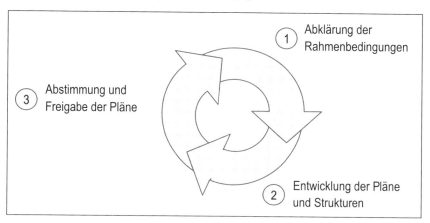

Abb. 43: Regelkreis in der Projektplanungs- und -organisationsphase

Diese drei Schritte sind als einfacher Regelkreis zu verstehen, der so oft durchlaufen wird, bis das Projekt und die einzelnen Arbeitspakete zusammenpassen. Auf der Ebene der Zusammenarbeit bedeutet dies, dass die Sichtweisen des Auftraggebers und der Projektleiterin und die Teilsichten der Teammitglieder in Übereinstimmung gebracht werden.

4.2.2 Zusammensetzung von Projektteams

Die dem Projektinhalt entsprechende Teamzusammensetzung ist eine wichtige Einflussgröße auf den Projekterfolg. Daher sollte bei der Auswahl der Teammitglieder darauf geachtet werden, dass die wesentlichen Interessenlagen und die notwendigen Qualifikationen im Projektteam vertreten sind.

wesentliche Interessenlagen und Qualifikationen ins Projektteam

Es geht also bei der Teamzusammensetzung um die Auswahl jener Projektmitarbeiter, die gemeinsam **fachlich, kapazitiv** und **sozial** in der Lage sind, den **Anforderungen** des Gesamtprojekts zu **entsprechen**.

Bei der Teamzusammensetzung hat sich das folgende Kompetenzmodell als grobe Orientierung bewährt. Dabei ist darauf zu achten, dass die wesentlichen Kompetenzen im Team oder zumindest in der Projektorganisation (Auftraggeber, Lenkungsausschuss) vertreten sind.

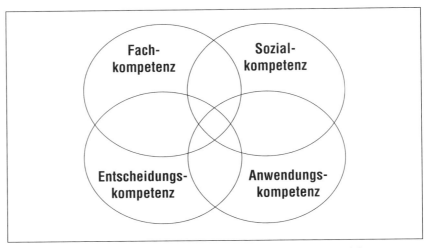

Abb. 44: Teamzusammensetzung basierend auf Kompetenzbereichen

Der Begriff Kompetenz umfasst hier die für ein erfolgreiches Projekt benötigten personellen Qualitäten, die nachfolgend näher erläutert werden:

Kompetenz	Personen bringen folgende Fähigkeiten mit:
Fachkompetenz	• fachliches Know-how in Arbeitsfeldern, die für das Projekt benötigt werden • Berufserfahrung in eben diesen Themenbereichen
Sozialkompetenz	• Fähigkeit zum Führen und Folgen • Kommunikationsfähigkeit • Konfliktfähigkeit • Kontakte zu wichtigen Personen im Projektumfeld • Mitarbeiter mit hoher sozialer Anerkennung, „graue Eminenzen" • „Opinion Leader", „Meinungsmacher"
Entscheidungskompetenz	• formelle Macht und Entscheidungsbefugnis Verfügungsmacht über Zeit, Geld, Infrastruktur • offizielle Machthaber im jeweiligen sozialen Umfeld

Anwendungs-kompetenz	• Umsetzer • Anwender, Nutzer, Betreiber der Projekter-gebnisse, das sind Personen, die vom jewei-ligen Projektergebnis betroffen sind, die diese weiterverwenden werden (z.B. IT-Anwender in IT-Projekten; Nutzer, Benutzer, Betreiber von Anlagen bei Anlagebauprojekten)

Abb. 45: Die vier Kompetenzformen bei der Teamzusammensetzung

Die Ausgewogenheit der Kompetenzbereiche fördert die Sicherheit, dass das Team für unterschiedliche Situationen, die in einem Projekt entstehen, gewappnet ist und die anstehenden Herausforderungen pro-fessionell bearbeitet.

Häufig sind Projekte dann erfolgreich, wenn sie zum einen fachlich gute Ergebnisse liefern und zum anderen auch auf die Akzeptanz die-ser Ergebnisse im beteiligten Umfeld achten.

Die folgende Darstellung bringt diesen Zusammenhang auf einen Nen-ner:

Erfolg des Projektes = Qualität × Akzeptanz

Folgende Beispiele erläutern die Erfolgsformel:

Bei Projekten, in denen vor allem das fachlich-inhaltliche Ergebnis ausschlaggebend für die Erfolgszuschreibung ist, wird das Team vor-rangig mit Personen, die Fach- oder Entscheidungskompetenz reprä-sentieren, besetzt sein, wogegen in Projekten, deren Erfolg zumindest ebenso von der Akzeptanz des Ergebnisses abhängt, die Sozialkompe-tenz und die Betroffenen stärker vertreten sein sollten.

Zur zweiten Projektkategorie zählen z.B. Strategie-, Kultur-, Organisa-tionsentwicklungsprojekte, Produktentwicklungsprojekte, aber auch IT-Einführungsprojekte.

Kann in einem Projekt kein Betroffener integriert werden, ist es sinn-voll, wenn sich ein Mitglied des Teams bewusst die „Brille der An-wender aufsetzt". Dies bedeutet, bei wichtigen Entscheidungen die ver-meintliche Sichtweise der Nutzer zu vertreten. Dabei sollte darauf ge-achtet werden, dass diese Rolle im Team auch gewünscht und akzep-tiert wird.

Bei sozial komplexen Projekten steht der Projektleiter, der nach den beschriebenen Kriterien sein Team zusammensetzt, in einem scheinbaren Widerspruch:

Teamgröße versus Effizienz

Die ausreichende Berücksichtigung aller vier Aspekte kann, obwohl eine Person natürlich mehrere Kompetenzen in sich vereint, zu sehr großen Projektteams führen, die einer zielorientierten und effizienten Arbeit hinderlich sind. Je größer die Teams, desto schwieriger ist beispielsweise die effiziente Abwicklung von Sitzungen und die Gestaltung eines zeitgerechten Informationsflusses.

Wenn nun die Gesamtteamgröße handhabbare Grenzen überschreitet, bietet es sich an, Teilprojektteamstrukturen zu entwickeln.

Teamstrukturen zur Verbesserung der Effizienz

Jedes Teilprojektteam hat ein Bündel an sachlich-logisch zusammengehörenden Aufgabenstellungen zu lösen und wird von einem Teilprojektteamleiter (Teilprojektleiter) koordiniert. Die Präsentation von Ergebnissen eines Teilprojektteams und die Abstimmung mit den anderen werden von den Teilprojektteamleitern und vom Projektleiter im so genannten Kernteam durchgeführt. Darüber hinausgehende Aufgaben des Kernteams sind die Planung der weiteren Vorgangsweise im Projekt, die Definition von Zwischenzielen für die Teilprojektteams und die Überwachung des Fortschritts.

Die folgende Grafik soll die Zusammenhänge zwischen Teilprojektteams, Kernteam und Projektleiter darstellen:

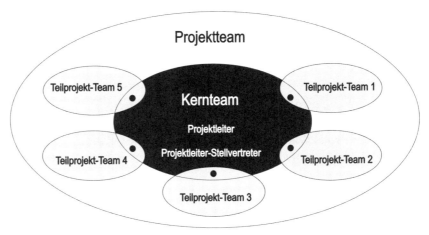

Abb. 46: Zusammenhang zwischen Projektkernteam, Teilprojektteams und Projektleiter

Von wesentlicher Bedeutung für die Effizienz von Teams ist die Auswahl von Personen, die neben ihrer fachlichen Qualifikation auch die

Kapazität besitzen, die im Projekt entstehenden Aufgaben zu erledigen. Daher sollte immer auch geprüft werden, ob die Verfügbarkeit des Teammitglieds gegeben ist. Der Beste ist nutzlos, wenn er nie oder selten an den Teamsitzungen teilnehmen kann und keine Zeit hat, Arbeitspakete im Projekt zeitgerecht zu erledigen. Auch die Praxis, dass aus einer Abteilung immer derjenige zu den Sitzungen eines Projekts entsandt wird, der gerade Zeit hat, ist der Effizienz von Teams sehr abträglich, weil aus der mangelnden Kontinuität eine Vielzahl an Schnittstellen und Informationsverluste entstehen.

Verfügbarkeit von Teammitgliedern

Kontinuierlich zusammengesetzte Teams entwickeln eine gemeinsame Sichtweise über das Projekt, allgemein akzeptierte Spielregeln und bauen auf gemeinsam getroffenen Entscheidungen auf.

Kontinuität im Team

Diese Vorteile können dann nicht genutzt werden, wenn von Sitzung zu Sitzung die Teamzusammensetzung wechselt. Daraus resultiert häufig, dass Entscheidungen und gemeinsam entwickelte Regeln und Normen bei jeder Sitzung neu hinterfragt werden und wenig Verbindlichkeit bei der Erfüllung übertragener Aufgaben besteht.

Ein weiterer Aspekt, den man bei der Teamzusammensetzung nicht unterschätzen darf, ist die Harmonie der **Persönlichkeitstypen** von Projektleiter und Teammitgliedern. Je nach Teamziel und -aufgabe resultiert situativ daraus eine – bezogen auf die Persönlichkeitsstrukturen – eher heterogene oder homogene Gruppenzusammensetzung.

heterogene versus homogene Teamzusammensetzung

Jede Gruppe – damit auch ein Projektteam – durchläuft typische Stadien oder Phasen der Entwicklung. Für den Projektleiter ist es von Bedeutung diese Phasen zu erkennen und je nach Phase, in der sich das Team gerade befindet, die entsprechenden Führungsimpulse zu setzen:

Team-Phase	Ausprägungen	Führungsimpuls
Formierungsphase	Die Teammitglieder werden ernannt; unterschiedliche individuelle Ziele, Interessen, Fähigkeiten herrschen vor; es besteht Unsicherheit über die Art und Weise der Zusammenarbeit; die Mitglieder beginnen sich gegenseitig „abzutasten".	Projektleiter informiert Teammitglieder über die Auswahl und die Vorgeschichte des Projekts; räumt ausreichend Zeit für ein gegenseitiges Kennenlernen ein; wichtige Fragestellungen: „Wofür glaubt jeder im Team zu stehen?" und

Team-Phase	Ausprägungen	Führungsimpuls
		„Welchen Beitrag kann jeder für die Zielerreichung leisten?" Darüber hinaus ist die Vermittlung von Sinn und Ziel sowie klarer Rahmenbedingungen wesentlich, um soviel Sicherheit wie möglich zu geben. **„Für Sicherheit sorgen!"**
Konflikt-phase	Konflikte zwischen Personen und Untergruppen; Aufruhr gegen Führende, Widerstand gegen andere Meinungen; Konflikte um den Einsatz der Mittel zur Erreichung der Ziele, Rangordnung und Abstimmung der Ziele; Grenzen werden abgetastet und gezogen.	Durch aneinander Reiben und Messen zeigen sich Stärken und Schwächen der Teammitglieder. Der Projektleiter interveniert im Sinne einer konstruktiven Konfliktbearbeitung. Führungskompetenz und Führungsstil können in dieser Phase vorgelebt werden. **„Konflikte bearbeiten!"**
Normie-rungs-phase	Es entwickelt sich Gruppenzusammenhalt; Zuordnung der verschiedenen Interessen zu gemeinsamen Aufgaben; es entstehen Spielregeln, die von allen angenommen werden; man akzeptiert einander und sorgt dafür, dass der Fortbestand der Gruppe gewährleistet wird.	Vom Projektleiter werden Themenfelder für klare Spielregeln angesprochen. Kreativität und aktive Mitwirkung des Teams nicht durch zu viele detaillierte Spielregeln erdrosseln und Vereinbarungen miteinander treffen, die effiziente Zusammenarbeit ermöglichen. **„Freiraum versus Spielregeln ausbalancieren!"**

Team-Phase	Ausprägungen	Führungsimpuls
Produktive Arbeitsphase	Energie für die eigentliche Aufgabenerfüllung nutzbar; persönliche Probleme untereinander haben Nachrang gegenüber der Arbeit; das Rollenverständnis ist flexibel und funktional.	Führungsimpulse bei Abweichungen und Schwierigkeiten. Es bedarf Fingerspitzengefühl für Impulse in Teamsitzungen und solche in Einzelgesprächen. **„Zurückhaltung und gezieltes Intervenieren!"**
Teamauf- lösungsphase	Am Ende des Projekts wird das Team aufgelöst. Die Teammitglieder wechseln zurück zu ihren angestammten Positionen im Unternehmen oder übernehmen neue Projekte. Zerfalls- und Beharrungstendenzen treten auf.	Der Projektleiter achtet auf systematischen Abschluss und Nutzung der Lernchancen. Beim Abschluss-Workshop wird aktives Lernen, in dem kritisch die eigene Arbeit reflektiert wird, vorgelebt. **„Systematisch abschließen, um daraus zu lernen!"**

Abb. 47: Phasen der Teamarbeit mit phasenspezifischen Führungsimpulsen

In der Startphase von Projekten sind folgende Teamentwicklungsphasen von Relevanz:

I. Formierungsphase des Teams:

Die Formierungsphase zeigt sich vor allem durch:

- (teilweise) Unbekanntheit der Teammitglieder untereinander,
- Unklarheit über die Aufgaben, Inhalte und Ziele des Projekts und
- Unklarheit über die Art und Weise der Zusammenarbeit.

II. Konfliktphase:

Diese Phase in Gruppen hat ihren Ursprung in der Unklarheit, die nach der ersten Teambildungsphase entsteht. In der Konfliktphase werden gruppendynamische Prozesse durchlebt, deren Ziel es ist, die soziale Position eines jeden Teammitglieds zu bestimmen. Darüber hinaus ringen die Teammitglieder um Akzeptanz innerhalb der Gruppe. Aus diesem Grund wird auch häufig der Projektleiter in Frage gestellt.

III. Normierungsphase:

In der Normierungsphase werden die Gemeinsamkeiten im Team ausgelotet. Erste intensive Kooperationen werden gestartet. Es entsteht eine Gruppenidentität (Wir-Gefühl). Ansichten und Gefühle werden bereits offener ausgetauscht.

Die Gruppe beginnt **Spielregeln** und **Normen** für die gemeinsame Arbeit zu **definieren**. In diesem Sinne werden

- Rollen festgelegt,
- Kommunikationsstile vereinbart,
- Eskalationsprozesse für den Fall von Unstimmigkeiten definiert (die Vereinbarung, an welche Entscheidungsstelle welche Tatbestände im Konfliktfall weiterzuleiten sind) und
- Umgangsformen für Sitzungen vereinbart (Dauer, Häufigkeit, Pünktlichkeit, Protokollierung, …).

Aus der bisherigen Zusammenarbeit und den Spielregeln bzw. der Art, wie diese zustande kommen, bildet sich eine spezifische Projektkultur heraus.

Obwohl die oben genannten Phasen nicht immer in einer zeitlichen Sequenz auftreten, durchlebt ein Team jede der Phasen, bevor es fähig ist, konstruktiv zusammenzuarbeiten. Die Dauer dieser Phasen kann unterschiedlich lang sein und es kann vorkommen, dass eine der Phasen mehrmals durchlaufen wird. Dieser Umstand tritt vor allem dann ein, wenn vom Teamleiter eine dieser Phasen unterdrückt wird, neue Mitglieder in das bestehende Team integriert werden oder sonstige äußere Einflüsse (wie Änderungen von Rahmenbedingungen, …) massiv auf das Team einwirken.

Das Überspringen einer Phase trifft häufig auf die Konflikt- und Normierungsphase zu. Die daraus resultierenden Konsequenzen wirken sich später meist überproportional negativ aus.

hoher Ergebnisdruck am Start verhindert effiziente Zusammenarbeit

Oft wird vom Auftraggeber erwartet, dass ein neu geformtes Team sofort (ab dem Zeitpunkt der Nominierung) produktiv arbeiten kann. In der ersten gemeinsamen Sitzung wird ohne entsprechende „Aufwärmphase" mitten ins Thema gesprungen und die Festlegung von gewissen sozialen Normen und Rollen übergangen.

Ergebnis einer solchen Vorgangsweise ist meistens, dass das Team über die gesamte Projektdauer immer wieder an den Punkt der Normfestlegung und Rollendefinition zurückkommt. Teammitglieder, denen in den ersten Phasen nicht die Möglichkeit gegeben wurde, sich darzustellen, ihre Meinung einzubringen oder ihre eigene Rolle im Team zufriedenstellend zu klären, leisten häufig im Projektverlauf aktiv oder passiv Widerstand. Darauf in einer späteren Phase des Projekts zu reagieren ist wesentlich aufwendiger als beim Projektstart.

Die Beobachtung, dass ein Teammitglied Widerstand leistet, weil es am Anfang die eigene Rolle nicht ausreichend klären konnte, führt oft zu einer noch stärkeren Zurückdrängung des Teammitglieds. Es erfordert daher viel Fingerspitzengefühl des Projektleiters, zum passenden Zeitpunkt Fragen zu stellen und Möglichkeiten für ein funktionierendes Rollengefüge mit den Teammitgliedern zu entwickeln.

Beispiel:

In einem Organisationsentwicklungsprojekt eines internationalen Handelskonzerns mit dem Ziel, professionelles Projektmanagement für komplexe Aufgaben einzuführen, wurden vom CEO vom Beginn an das Projektteam und die Informationsstrukturen vorgegeben.

Diese umfassten unter anderem, dass der Leiter von Logistik und Einkauf, der bisher die Projekte des Unternehmens geleitet hatte, als Mitglied des Lenkungsausschusses nur bei den Meilensteinen des Organisationsentwicklungsprojekts informiert wurde.

Der Logistik-Leiter zeigte immer wieder auf, dass das Projekt, so wie es vorgesehen ist, nicht funktionieren würde. Er erzählte davon, dass er den Projektleitern, die zwischendurch immer zu ihm kommen und um Rat fragen würden, das einfache, praktikable Projektmanagement (so wie es wirklich funktioniert) zeige und ähnliches mehr.

Erst während des Projekts bemerkte der CEO, dass sich der „Projektmanagement-Experte" des Unternehmens nicht ausreichend integriert fühlte.

Bei der nächsten Meilensteinsitzung zwischen Projektleiter und Lenkungsausschuss wies der CEO auf die wichtigen Erfahrungen des Logistik-Leiters hin und schlug vor, dass dieser eine Qualitätssicherungsrolle für den entstehenden Projektmanagement-Leitfaden übernehmen und für die Projektleiter als definierter interner Fach-Coach zur Verfügung stehen soll.

In seiner Rolle als Qualitätssicherungsverantwortlicher für den Projektmanagement-Leitfaden übernahm er auch die Aufgabe, in Zukunft den Leitfaden zu aktualisieren und etwaige Änderungen einzufügen. Dadurch wurde sichergestellt, dass sowohl die offizielle Projektmanagement-Initiative, als auch die inoffizielle Expertenstelle integriert wurden.

Ab diesem Zeitpunkt brachte der Logistik-Leiter höchst wertvolle Ideen und Impulse für die Weiterentwicklung des Projektmanagements ein.

4.2.3 Zielvereinbarung in Projekten

Ein wesentliches Führungsinstrument in Projekten ist die **Zielverein-barung (Management by Objectives, MbO)**.

Abstimmung der
Projektziele
und der
Mitarbeiterziele
Management by Objectives bedeutet im Projektkontext, dass der Projektleiter zusätzlich zu den Projektzielen, die die Vereinbarung auf der Gesamtsystemebene darstellen, noch individuelle Ziele mit den einzelnen Teammitgliedern vereinbart.

Diese Mitarbeiterziele sind die Basis für die persönliche Erfolgsmessung und damit auch für die Bewertung der Arbeitsleistung und -qualität jedes Teammitglieds am Ende des Projekts.

Die allgemeinen Projektziele und die individuellen Mitarbeiterziele hängen zusammen, indem die Summe aller Mitarbeiterziele die Projektziele ergeben.

Der Prozess der Zielvereinbarung wird meist top down erfolgen. Das heißt, es werden zuerst die Projektziele formuliert und mit dem Auftraggeber abgestimmt (Phase 1). Die Projektdefinition (Projektauftrag) hat sich als praktikables Instrument zur Schaffung einer klaren und gemeinsamen Vereinbarung zwischen Projektleiter und Projektauftraggeber bewährt.

In Phase 2, manchmal bereits zeitlich überlappend mit der Phase 1, beginnt die Aufteilung der Projektziele auf Teilprojekt- oder Arbeitspaketziele, die die Basis für die einzelnen Mitarbeitergespräche sind. Der Projektleiter vereinbart mit den einzelnen Mitgliedern seines Teams deren konkrete Mitarbeiterziele, die zum einen die genannten Teilprojekte oder Arbeitspakete umfassen und zum anderen Ziele, die die Zusammenarbeit im Team und die Projektkultur betreffen. Diese Ziele werden in der Praxis selten explizit vereinbart, können aber in einem Mitarbeitergespräch sowohl für den Projektleiter als auch für das Teammitglied wertvolle Aufschlüsse liefern. In diesem Teil des Mitarbeitergesprächs werden die gegenseitigen Annahmen und Erwartungen
Intensives Zuhören
und Nachfragen ...
thematisiert. Intensives Zuhören und Nachfragen kann zur reibungslosen und engagierten Zusammenarbeit beitragen.

... fördern das
Erkennen der
Mitarbeiter-
interessen ...
Gerade durch das Mitarbeitergespräch wird es für den Projektleiter möglich, die Stärken und Schwächen, Wünsche und Erwartungen des Teammitglieds zu erkennen und für den Mitarbeiter werden diejenigen Werte und Spielregeln sichtbar, die für den Projektleiter bedeutend sind.

Die gemeinsam erarbeiteten Ziele orientieren sich an folgenden Fragen:

- Welche Teilprojekt- und Arbeitspaketziele sollen durch den Beitrag des Mitarbeiters erreicht werden?
- Woran ist die Zielerreichung erkennbar (Messkriterien für die Zielerreichung)?
- Bis wann soll das Ziel erreicht werden?
- Was soll nicht erreicht werden?

Eine klare Zielformulierung bringt folgende Vorteile mit sich:

- hohe Motivation der Teammitglieder
- allgemein akzeptierte Prioritätensetzung
- Mess- und Bewertbarkeit des Erfolgs (auch als Feedback für das Team)
- intensivere Auseinandersetzung mit der Zukunft

... und tragen zur Motivation bei

Nachdem die Ziele formuliert sind, werden die Aufgaben definiert, die erledigt werden müssen, um die Ziele zu erreichen. Die Arbeitspakete können in einem

- Maßnahmenkatalog oder
- Projektstrukturplan

beschrieben werden.

Wesentlich ist es auch, die einmal vereinbarten Ziele im Laufe der Teamarbeit auf ihre Erfüllung durch gewisse Meilensteine oder Zwischenergebnisse zu überprüfen. Am Ende des Projekts ist es von Bedeutung, dass man die Leistungen des Teams anhand der ursprünglich vereinbarten Ziele misst.

Die folgende Grafik soll den Gesamtablauf von der **Zielvereinbarung** bis zur **Leistungsbeurteilung** im Projekt darstellen.

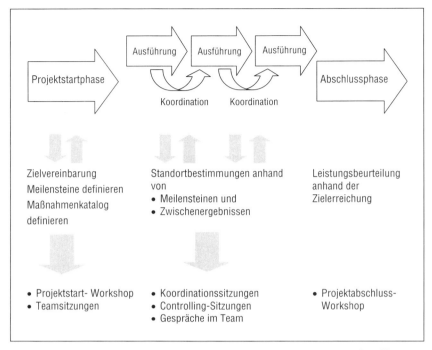

*Abb. 48: Prozess der Zielvereinbarung und Leistungsbeurteilung (MbO) in
Projekten*

Die Führung mittels Zielvereinbarung hängt sehr eng mit der Delegation von Aufgaben in Projekten zusammen.

Die Zielvereinbarung beschreibt den Startprozess des „Management by Objectives". Die weiteren Schritte, wie Standortbestimmung, Leistungsabnahme und Leistungsbeurteilung werden in den weiteren Projektphasen beschrieben.

4.2.4 Umfeldanalyse

Die sich immer rascher ändernden Rahmenbedingungen von Projekten, die mannigfachen Schnittstellen zu anderen Aufgaben und Projekten im Unternehmen sowie das oft unerwartete Auftreten von Störgrößen im Projektablauf machen es notwendig, in Projekten nicht nur Strukturen und Pläne zu entwickeln, sondern auch explizit das Projektumfeld zu berücksichtigen.

Umfeldmanagement gewinnt auch bei technischen Investitionsvorhaben an Bedeutung, weil die Berücksichtigung von wichtigen Interessengruppen wie Behörden, Anrainern, Umweltschutzgruppen etc. zu einem zentralen Erfolgsfaktor im Projekt geworden ist.

Bei Organisationsentwicklungsprojekten in Unternehmen ist der gleiche Trend erkennbar, weil gerade die rechtzeitige und entsprechende Berücksichtigung der unterschiedlichen unternehmensinternen Interessen hinsichtlich des Veränderungsprozesses die Basis für Erfolg oder Misserfolg derartiger Projekte ist. Top-Manager, Bereichsleiterinnen, Abteilungen, betroffene Mitarbeiter sind wesentliche Umfeldgruppen in diesem Zusammenhang.

Mit Hilfe eines aktiven Umfeldmanagements wird es möglich, die Einbettung von Projekten in ihr zum Teil komplexes Umfeld übersichtlich darzustellen und dadurch potentielle Einflussgrößen rechtzeitig zu erkennen, so dass **professionelles Agieren** an die Stelle von **improvisiertem Reagieren** tritt. Projektmanagerinnen berücksichtigen ihr Projektumfeld häufig intuitiv, sie reagieren nach Gefühl. Gezieltes Umfeldmanagement soll darüber hinaus durch eine systematische Vorgehensweise und die Verwendung von Checklisten sicherstellen, dass Umfeldeinflüsse rechtzeitig erkannt und keine wichtigen Umfeldgruppen vergessen werden sowie, dass diesen vorbereitet begegnet werden kann. Umfeldmanagement ist keine punktuelle Aktivität, sondern ein laufender Prozess. Es ist Teil der Führungsarbeit, weil die Projektleiterin nur aus den Erkenntnissen der Umfeldanalyse situationsadäquate Maßnahmen und Führungsimpulse ableiten kann.

Umfeldorientierung fördert proaktives Handeln

Umfeldmanagement beginnt bereits im Laufe der Projektstartphase mit folgenden Schritten:

I. Identifikation des Projektumfeldes

Identifikation des Projektumfeldes bedeutet die ganzheitliche Betrachtung und systematische Auflistung aller Umfeldgrößen, die einen Einfluss auf das Projekt haben. Man kann dabei organisatorisch-soziale und sachlich-inhaltliche Einflussgrößen unterscheiden.

Als **organisatorisch-soziale** Einflussgrößen werden jene verstanden, die durch einzelne Personen, Personengruppen oder Interessengruppen an das Projekt herangetragen werden. Einfluss haben Personen bzw. Personengruppen oder Organisationen, die durch ihr Handeln oder Unterlassen das Projekt in seinem Ablauf fördern (positiver Einfluss) oder hemmen bzw. verhindern (negativer Einfluss) können.

Unter **sachlich-inhaltlichen** Einflussgrößen sind all jene zu verstehen, die nicht durch direktes Einwirken von Personen entstehen, wie z.B. andere Projekte, Gesetze, Entstehung neuer Technologien, Marktgegebenheiten.

Tipps:

Um sicherzustellen, dass die wichtigen Umfeldgruppen vollständig erfasst werden, sollte das damit befasste Team so zusammengesetzt werden, dass alle wesentlichen Know-how-Träger für das aktuelle Projekt anwesend sind und man darüber hinaus noch Personen einlädt, die bereits Erfahrungen mit ähnlichen Projekten gemacht haben.

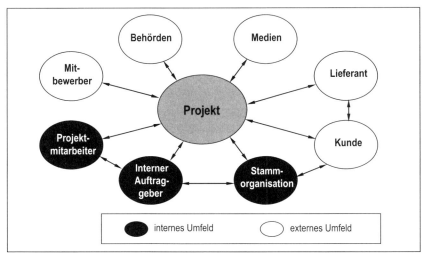

Abb. 49: Grafische Darstellung einer Projektumfeldanalyse

I. Gliederung der Einflussgrößen in organisatorisch-soziale und sachlich-inhaltliche

Die folgende Tabelle soll einen Überblick über häufig vorkommende Umfeldgruppen geben:

Häufige Umfeldgruppen

Organisatorisch-soziale Umfeldgruppen:

- **unternehmensintern:**
  - Geschäftsführung
  - interner Projektauftraggeber
  - Projektleiter (Prozesspromotor)
  - Projektteam
  - vom Projekt betroffene Abteilungen, Geschäftsfelder, Servicebereiche (Fachpromotoren)
  - formale Entscheidungsträger (Machtpromotoren)
  - informelle Entscheidungsträger und Meinungsbildner
  - gelegentlich Mitwirkende aus dem Unternehmen
  - Anwender, Betroffene
  - …

- **unternehmensextern:**
  - Kunden
  - Auftraggeber/Finanzier
  - Nutzer, Betreiber
  - Projektleiter, Projektteam beim Kunden
  - Partnerfirmen (in einem Konsortium)
  - Lieferanten
  - Mitbewerber
  - Behördenvertreter
  - Politiker
  - Medienrepräsentanten
  - Anrainer
  - Bürgerinitiativen
  - Umweltschutzgruppen
  - Bankbetreuer
  - …

Sachlich-inhaltliche Einflussgrößen:
- gleichzeitig laufende Projekte
- Routineaufgaben des Unternehmens
- technologische Entwicklungen
- gesetzliche Rahmenbedingungen
- Konjunktur und allgemeine Wirtschaftslage
- Arbeitsmarkt
- …

Abb. 50: Liste häufig vorkommender Umfeldgruppen und Einflussgrößen

II. Bewertung des Umfeldes und detaillierte Analyse

Der Einfluss, den einzelne Umfeldgruppen auf das Projekt haben, ist unterschiedlich. Auch die grundsätzliche Einstellung der sozialen Umfeldgruppe zum Projekt sowie das Ausmaß der Kommunikationsbeziehung können sehr unterschiedlich sein.

Die tabellarische Bewertung oder grafische Darstellung dieser Unterschiede ermöglicht dem Projektteam, Schwerpunkte in der Betrachtung einzelner Umfeldgruppen zu setzen. So wird man Umfeldgruppen mit hohem Einfluss auf den Projekterfolg detaillierter analysieren bzw. mehr Zeit für die Pflege der Beziehungen zu ihnen aufwenden als bei Umfeldgruppen, die wenig Einfluss auf den Projekterfolg haben. Die Tabelle zeigt eine Möglichkeit der quantitativen Bewertung einzelner Umfeldgruppen.

Umfeldgruppe	Klima, Stimmung ☺ ☺ ☹	Bedeutung, Macht 1 bis 5	Erwartungen (+) Befürchtungen (−) der Umfeldgruppen	Strategien, Maßnahmen
Geschäftsführung				
interner Projektauftraggeber				
Projektleiter				
Projektteam				
vom Projekt betroffene Abteilungen				
Formale Entscheidungsträger				
Informelle Entscheidungs- und Meinungsbildner				
Gelegentlich Mitwirkende aus dem Unternehmen				
Kunden • Auftraggeber/Entscheider • Nutzer, Betreiber • Projektleiter, Projektteam				
Partnerfirmen				
Lieferanten				
Mitbewerber				
Behörden				
Politiker				
Medien, Öffentlichkeit				
Anrainer				
Bürgerinitiativen				
Umweltschutz-Gruppen				

Abb. 51: Formular zur Bewertung und Analyse des sozialen Umfeldes eines Projekts

Die **organisatorisch-sozialen** Einflussgrößen (Umfeldgruppen) lassen sich wie folgt bewerten:

- **Klima, Stimmung**

  Dabei ist zu beurteilen, inwieweit die jeweilige Interessengruppe oder Einzelperson dem Projekt oder der projektdurchführenden Organisation gegenüber positiv (☺), negativ (☹) oder eher ambivalent, neutral gestimmt ist (☺). Es geht darum, die wesentlichen **Promotoren** (die positiv Gestimmten) und die heiklen **Opponenten** (die negativ Gestimmten) frühzeitig zu erkennen. Sofern es diesbezüglich unterschiedliche Einschätzungen innerhalb des Projektteams gibt, sind auch Bewertungen in Form von Bandbreiten möglich (z.B. von ☺ bis ☹). Wesentlich ist für solche Situationen vor allem, dass diese Unterschiede zur Sprache kommen, weil das darüber Diskutieren erst die Möglichkeit schafft auch andere Brillen als die eigene aufzusetzen. Die aus der Argumentation der Unterschiede entstehenden Erklärungsmodelle sind für alle Beteiligten sehr aufschlussreich.

- **Bedeutung, Macht**

In dieser Spalte wird das potentielle Ausmaß der Beeinflussung festgelegt. Große Bedeutung und Macht (5) sagt aus, dass die Interessengruppe oder Einzelperson im schlechtesten Fall das Projekt zum Scheitern bringen bzw. im günstigsten Fall das Projekt sehr rasch in seinem Fortschritt weiterbringen kann. Geringe Bedeutung und Macht (1) wiederum bedeutet, dass die Interessengruppe den Projekterfolg nur am Rande beeinflussen kann.

Mit Hilfe der Bewertungskriterien Stimmung und Macht sollte es gelingen, die zu einem Zeitpunkt wesentlichen Einflussgrößen von den weniger wichtigen zu unterscheiden und in der Folge die meiste Aufmerksamkeit einerseits für die Umfeldgruppen mit hoher Macht und negativer Stimmung zu verwenden, um Schaden frühzeitig zu verhindern, sofern dies möglich ist und andererseits, diejenigen Umfeldgruppen mit hoher Bedeutung und positiver Einstellung zum Projekt für die Ziele des Projekts einzusetzen. Sie können wichtige Projektmarketingfunktionen wahrnehmen.

- **Erwartungen, Befürchtungen**

Hier werden die Erwartungen und Befürchtungen der jeweiligen Interessengruppe an das Projekt oder die projektdurchführende Organisation verbal formuliert. Je größer die Bedeutung und Macht einer Umfeldgruppe, desto detaillierter wird man sich mit ihren Erwartungen und Befürchtungen auseinander setzen.

Diese können im direkten Gespräch erhoben werden. Sollte das nicht möglich sein, weil die Interessengruppe nicht verfügbar ist oder die direkte Erhebung kontraproduktiv wäre, sollte man erfahrungsgemäß versuchen, aus der Sicht der Interessengruppe heraus die Erwartungen und Befürchtungen zu formulieren. Ein derartiger „Mit der Brille von … „-Ansatz empfiehlt sich besonders dann, wenn die Umfeldgruppe nicht zu einem persönlichen Gespräch zur Verfügung steht oder die Beziehung so heikel ist, dass das direkte Befragen die Beziehung verschlechtern würde.

Allerdings ist schon der Umstand, dass direkt nach den Erwartungen der Beteiligten gefragt wird, ein Zeichen von Kundenorientierung, womit schon in gewissem Ausmaß Akzeptanz und Offenheit bei den Befragten gesichert sind.

Es sollten sowohl Erwartungen an das **Produkt/Endergebnis** (z.B. Die Lösung soll bestimmte Eigenschaften besitzen etc.), als auch solche an den **Prozess** der Zusammenarbeit (z.B. „Ich erwarte mir, dass ich zu Projektsitzungen eingeladen werde" oder „dass Zwischenergebnisse vorgestellt werden" etc.) erhoben werden.

Da sich aus der übersichtlichen und vollständigen Darstellung der Erwartungen und Befürchtungen Chancen wie auch potentielle Konflikte, die in dem jeweiligen Projekt stecken, ableiten lassen, bildet diese detaillierte Analyse ebenso eine wesentliche Basis für einen situationsspezifischen Maßnahmenplan. Die beschriebene Vorgangsweise stellt sicher, dass viele der Handlungen der verschiedenen Interessengruppen besser einschätzbar werden und man deshalb das Projekt gezielter in die gewünschte Richtung lenken kann, als wenn man unvorbereitet auf Widerstand trifft.

Erkenntnisse aus der Umfeldanalyse fließen in den Maßnahmenplan ein

Die Erwartungshaltungen und Interessen fließen entweder bewusst oder unbewusst in das Projektzielsystem ein; sie sind in jedem Fall vorhanden und sollten demgemäß klargestellt, ausgesprochen und abgewogen werden, wobei die Machtverhältnisse der Interessenvertreter das Ausmaß der Berücksichtigung bestimmen. Unterdrückte oder übergangene Erwartungen können sich verstärkt „durch die Hintertüre" einschleichen; sie machen sich dann kontraproduktiv im Projektablauf bemerkbar.

III. Ableitung von Maßnahmen aus der Umfeldanalyse

Die oben gezeigte Analysemethode dient der möglichst vollständigen Erfassung der Umfeldgruppen einerseits und einer Schwerpunktsetzung durch die Bewertung andererseits.

Das ist die Basis für einen Maßnahmenkatalog zur optimalen Gestaltung von Beziehungen. Bei den formulierten Maßnahmen kann zwischen

- Sofortmaßnahmen und
- Vorsorgeplänen

unterschieden werden.

Sofortmaßnahmen sind solche, die sobald wie möglich umgesetzt werden. Vorsorgepläne sind Maßnahmen, die zwar definiert werden, deren Umsetzung jedoch vom Eintritt eines bestimmten und noch nicht vorhandenen Ereignisses abhängig gemacht wird. Diese Vorsorgepläne ermöglichen dem Team, bei Eintritt dieses Ereignisses rasch und koordiniert zu agieren.

Die Umfeldanalyse, die am Beginn des Projekts erstmalig erstellt wird, ist eine Momentaufnahme des Zustands zum Analysezeitpunkt. Da sich in unserer dynamischen Welt das Umfeld immer wieder ändert, sollte diese Erstanalyse auch regelmäßig und/oder bei bestimmten Meilensteinen aktualisiert und gewartet werden.

regelmäßige Überarbeitung von Umfeldanalysen ...

Aus den Differenzen zwischen der ursprünglichen Umfeldanalyse und der aktuellen Version lassen sich auch recht einfach die neuen Aktionsschwerpunkte ableiten. Umfeldgruppen, die am Beginn wenig Macht hatten, deren Bedeutung aber in der Zwischenzeit massiv gewachsen ist, verdienen nun eine spezielle Betrachtung. Auch der Erfolg von einmal definierten Maßnahmen lässt sich aus einer neuerlichen Umfeldanalyse ableiten.

... schafft die Basis für Projektmarketing

Die Durchführung und die kontinuierliche Pflege der Projektumfeldanalyse inklusive der konsequenten Verfolgung der Umsetzungsmaßnahmen ist gleichzeitig auch eine wesentliche Basis für das Projektmarketing.

Ein Erfolgsfaktor im Projektmarketing ist die nutzenorientierte Kommunikation. Diese betont die Darstellung des Nutzens für die Beteiligten und Betroffenen im Projekt. Sowohl Auftraggeber als auch Teammitglieder und weitere Umfeldgruppen unterstützen ein Projekt mit großem Engagement, wenn sie einen klaren Nutzen für sich oder ihre Interessen erkennen. Es ist daher eine sehr wichtige Führungsaufgabe des Projektleiters im Rahmen der Projektzielformulierung sowie in den Projektpräsentationen Nutzenargumente, die maßgeschneidert für die unterschiedlichen Zielgruppen sind, zu formulieren. Für Auftraggeber kann dies zum Beispiel bedeuten den wirtschaftlichen Nutzen des Projekts übersichtlich und messbar darzustellen, für die Kunden die Erfüllung der expliziten und impliziten Anforderungen, für die Teammitglieder Prestige, Ansehen oder interessante Aufgabenstellungen, die sich mit den eigenen Fähigkeiten und Interessen decken. Je mehr Nutzen für ein Projekt plausibel gemacht werden kann, desto höher ist die Unterstützungsbereitschaft der jeweiligen Umfeldgruppe.

Was durch aktives Projektmarketing gewonnen werden kann:

- Überzeugende Formulierungen des Nutzens wirken sich auf alle Beteiligten motivierend aus.

- Überlegungen zum möglichen Nutzen führen immer zu positiven Assoziationen.
- Erwartungen und Wünsche in Bezug auf den Nutzen abzuklären, verhindert das Gefühl von leeren Versprechungen bei den Betroffenen. Die detaillierte Darstellung des zu erwartenden Nutzens für die verschiedenen Ebenen erleichtert die Kommunikation mit den Beteiligten und dient als Diskussionsgrundlage für die Reflexion möglicher negativer oder unerwarteter Wirkungen eines Projekts.

Speziell in der Akquisitionsphase von externen Projekten (Planung, Lieferung, Errichtung von Anlagen, Bauwerken; Planung, Lieferung, von IT-Systemen etc.) ist die Umfeldanalyse ein wichtiger methodischer Ansatz zur Kundenanalyse. Hier steht vor allem die detaillierte Beschreibung des Kundenumfelds mit dem Ziel im Vordergrund, entscheidungsrelevante und informell beeinflussende Personen auszuloten sowie Argumentationsgrundlagen für jede dieser Zielgruppen zu erarbeiten.

Der Projektleiter beeinflusst durch seinen Führungsstil das Ausmaß der Umfeldorientierung im Projekt. Als Führungskraft kann er vorbildhaft wirken, indem er zu geeigneten Zeitpunkten das Umfeld thematisiert, die Teammitglieder in die Analyse des Umfelds integriert, ihre Meinung einholt und sie selbst ermuntert, sich regelmäßig auf Umfeldeinflüsse vorzubereiten.

Führungsstile fördern oder behindern umfeldorientiertes Denken

Anhand der systematischen Methodik, die oben beschrieben wurde, stellt der Projektleiter seinen Teammitgliedern nicht nur ein praktikables Handwerkszeug zur Verfügung, sondern zeigt vielmehr, dass eine gründliche Vorbereitung auf Sitzungen und Gespräche sowie die Berücksichtigung von Erwartungen und Befürchtungen der relevanten Umfeldgruppen und damit Kundenorientierung Werthaltungen im Projekt sind.

Kundenorientierung entsteht durch aktives Umfeldmanagement

Sofern der Projektleiter derartige Führungsimpulse von Beginn des Projekts an setzt, wird anstelle einer hemdsärmeligen („Wir reagieren rasch auf alle Vorkommnisse"), eine proaktive Haltung („Wir bereiten uns auf das Projekt vor und reagieren flexibel auf alles, was dann entsteht") eintreten.

4.2.5 Aufbau einer Projektteamkultur

Teamkultur kann man als das „spezifische Verhalten" und das „eigenständige Erscheinungsbild" einer Gruppe beschreiben. Die Entwicklung einer Teamkultur führt zur verstärkten Identifikation der Teammitglieder mit dem gemeinsamen Ziel.

In großen Unternehmen bilden sich vielfach unter dem Schirm einer gemeinsamen **Unternehmenskultur** eindeutig unterscheidbare **Subkulturen** heraus. Ein Grund liegt sicher in der Tendenz des Menschen, bei aller Integration auch Differenzierung anzustreben. Dies führt zu Engagement oder Überforderung, zu Wettbewerb oder Konkurrenz, zu Herausforderung oder Konflikten. An dieser Aufzählung ist zu erkennen, dass das Herausbilden von Subkulturen viele positive Impulse, bei einer überzogenen Form aber auch negative Konsequenzen hervorbringen kann.

Das Ausmaß des Zulassens von Subkulturen ist ein wesentliches Merkmal der Unternehmenskultur. Projekte sind wohl das häufigste Subsystem, das unterschiedliche Kulturelemente hervorbringt.

Bei Projekten treten folgende Spezifika auf:

- Projektkulturen sind (mit Ausnahme der reinen Projektorganisation) in eine oder auch in mehrere langfristig bestehende Unternehmenskulturen eingebettet.
- Projekten als zeitlich begrenzten Organisationen steht nur relativ kurze Zeit zur Entwicklung einer eigenen Kultur zu Verfügung.
- Projekte basieren in hohem Maße auf Teamarbeit, was die Entwicklung einer eigenständigen Projektkultur begünstigt.
- Bei externen Projekten begünstigt der direkte Kontakt zum Kunden und zu seiner Organisationskultur die Ausprägung einer eigenständigen Projektkultur.
- Projektleiter haben in jedem Falle einen prägenden Einfluss auf die Projektkultur. Sie sind mit den Pionieren eines Unternehmens zu vergleichen.

All diese Tatsachen bewirken, dass

Projektorganisationen innerhalb bestehender Unternehmen eine relativ eigenständige, unterscheidbare Kultur entwickeln, was für den Projekterfolg notwendig und auch förderlich ist.

Diese **eigenständige Projektkultur** ist speziell an folgenden Aspekten zu erkennen:

- Die **Erscheinungsform** des Projektteams unterscheidet sich vom im Unternehmen üblichen Auftritt (Art der Kleidung, Moderationshilfsmittel, ...).
- Die **Sprache**, die die Projektteammitglieder pflegen, hebt sich von der Unternehmenskultur ab. Dies wird insbesondere durch Codes, Begriffe, Metaphern, Spitznamen sichtbar.
- Das Projekt besitzt ein eigenes **Logo**, eigene Farbsymbolik und unter Umständen eine eigene **Projektzeitung oder einen Projektnewsletter**.

- Ein eigener **Projektraum**, der als Infozentrale und Schauraum gedacht ist, wird zur systematischen (Bild-)dokumentation des Projekts verwendet. Dort werden üblicherweise sowohl generelle Projektinformationen, wie Ziele, Aufgaben, Termine, als auch konkrete Neuigkeiten und Veränderungen übersichtlich dargestellt. Sofern für diesen Zweck kein eigener Raum zur Verfügung steht, genügt selbst schon eine projektbezogene Informationstafel (Navigationsboard, Dashboard), auf der wesentliche Informationen und Konfliktthemen, die sofort zeitnah behandelt werden, dargestellt sind.

- **Organisatorische Spielregeln,** wie zum Beispiel Entscheidungsrahmen, Unterschriftsberechtigungen, Arbeitszeiten, Entlohnungssysteme etc. **und Rituale** betreffend Jour fixe, Projektteamsitzungen, Besprechungen mit Sublieferanten etc. bilden sich als Spezifika das Subsystems Projekt heraus. Zeremonien für abgeschlossene Projektabschnitte, für außergewöhnliche Leistungen einzelner Projektmitglieder und auch für private Anlässe entstehen. Man setzt sich oft bewusst von den Traditionen der Mutterorganisation ab.

- Die **Episoden** und Anekdoten rund um das Projekt werden ausgeschmückt, dokumentiert (Projektvideo, Fotosammlung, Logbuch) und der Außenwelt mitgeteilt. Erlebnisse der Projektmitglieder machen die Runde, sie widerspiegeln Stolz und Pioniergeist. Projektwitze geben die permanente Bedrohung in Form des Projektrisikos wieder. Projektbezogene Rituale symbolisieren die emotionale Bindung im Team. Abhängig von der spezifischen Projektkultur sind Rituale spielerischer oder sachlicher. Für Projekte mit Asienbezug kann dies die regelmäßige Tai-Chi-Übung vor jeder Projektsitzung sein, für Mitteleuropäer der morgendliche Kaffee oder die Wahl des Mitarbeiters des Monats. Rituale sind Metaphern der Teamentwicklung.

Verstärkt werden diese Kulturelemente durch eigenständige **Organisationsmittel** wie Projekthandbuch, projektspezifische Regeln, eigenes Projekt-Abrechnungssystem, eigenes IT-System oder eigene Projekträumlichkeiten.

Die Entwicklung einer eigenständigen Kultur in Projekten kann für Unternehmen aber auch negative Aspekte mitbringen. Gerade bei großen, für das gesamte Unternehmen äußerst riskanten Aufgaben werden häufig völlig neue Teams zusammengestellt, womit meist auch eine eigenständige Subkultur verbunden ist . Die zunächst durchaus gewollte Selbständigkeit dieses Projekts kann aber, wie Beispiele zeigen, zu massiven Problemen mit dem Rest der Organisation führen.

> **Beispiel:**
>
> Im Falle eines Maschinen- und Anlagenbauunternehmens hat sich gezeigt, dass alleine der projektbedingte Unterschied im täglichen Kommen und Gehen zu klaren Bruchlinien zwischen dem Projektteam und den Mitarbeitern der Stammorganisation geführt hat. Der wahrgenommene Unterschied wurde als Freiheitsgrad der Projektteammitglieder verstanden, der ihnen nicht zusteht. Der Konflikt führte zu einem weiteren „Einigeln" des Projektteams. Die für das Projekt nötige gute Kooperation zwischen dem Know-how der Stammorganisation und dem Projektteam konnte nur mit großer Mühe wiederhergestellt werden.

Projektleiter formen Projektkultur

Der Projektleiter kann die Entwicklung einer eigenständigen Projektkultur insbesondere durch folgende Maßnahmen fördern:

- Wahl der Teammitglieder (Integration von Neuen, Andersartigen,…)
- konsistentes Vorleben der angestrebten Werte von Anfang an, Vermittlung eigener Werte
- Abgrenzung zu den Kulturen des Umfelds in den Sitzungen ansprechen
- im Projekthandbuch einen Anhang „Teamgeschichte: Personen und Ereignisse" von Beginn an anlegen und mitführen

Projektauftraggeber achten auf das Zusammenpassen von Unternehmens- und Projektkultur

Es ist im Speziellen die Aufgabe des Projektauftraggebers, darauf zu achten, dass die für den Erfolg des Projekts und des Unternehmens nötigen kulturellen Brücken aufgebaut und gepflegt werden. Mit folgenden Initiativen können die Differenzen positiv ausgeglichen werden:

- bewusste Diskussion der Unterschiede und Gemeinsamkeiten zwischen Unternehmens- und Projektkultur sowie deren zielunterstützende Konsequenzen. Dies kann durch einen Tagesordnungspunkt in den regelmäßigen Abstimmungssitzungen zwischen Auftraggeber und Projektleiter sichergestellt werden.
- Reflexion der Projekt- und Unternehmenskultur als Teil von Projektsitzungen, damit die Betroffenen die für sie relevanten Unterschiede besprechen und verstehen können. Damit können die projektbezogenen Sichtweisen in den Projektteamsitzungen und die unternehmensrelevanten Themen in den Abteilungssitzungen thematisiert werden.

Erfolgreiche Projektkulturen zeichnen sich unter anderem auch dadurch aus, dass sich die Teammitglieder anhand der inhaltlichen Herausforderung (Projektziel, Aufgabe), die das Projekt bietet und nicht aufgrund von hierarchischen oder karriereorientierten Anreizen motivieren.

Wie lässt sich nun eine Kultur entwickeln, die auf derartigen Anreizsystemen aufbaut?

Dazu werden im Folgenden Selbstorganisation und Flow[10] als zwei mögliche Ansätze für hochmotivierte Projektteams vorgestellt.

Selbstorganisation: erfolgreiche Projektteams bei der Arbeit

Ein selbstorganisierendes Projektteam zeichnet sich durch die vorrangige Orientierung an den Zielen und den damit verbundenen Aufgaben aus. Die Teammitglieder verstehen sich als selbständige, unternehmerisch denkende Personen, die mit all ihren Fähigkeiten die erfolgreiche Fertigstellung des Projekts anstreben. Ihre persönlichen Interessen decken sich mit den Projektinteressen oder treten für die Projektlaufzeit in den Hintergrund.

Ziele und Aufgaben stehen im Mittelpunkt

Die einzelnen Teammitglieder lehnen sich nicht zurück und warten, bis sie vom Projektleiter Aufgaben zur Erledigung übertragen bekommen, sondern ergreifen Initiativen, stimmen sich selbständig im Team ab und unterstützen einander gegenseitig im Sinne der zu erreichenden Projektziele.

Teammitglieder zeigen Initiative

Der Projektleiter gleicht in einem selbstorganisierenden Team eher einem Moderator oder Orchesterdirigenten, der – die individuellen Fähigkeiten seiner Mitglieder kennend – vor allem mithilft einen gemeinsamen Rhythmus zu finden als einer Führungskraft, die mit der Gesamtverantwortung auf dem Rücken die Teammitglieder hinter sich herziehen muss.

Projektleiter als Moderator

Selbstorganisation als wesentliches Kooperationsprinzip zeigt sich vor allem bei Agilen Projekten (näheres dazu siehe Kapitel 5.4 Führung von Agilen Projektteams).

Flow: die perfekte Erfahrung

Jeder Mensch hat Flow bereits erlebt. Augenblicke der vollkommenen Erfüllung, eine Situation, in der alles zu gelingen scheint. Jeder Mensch kennt dieses Gefühl, gemäß eigener Veranlagung und Erfahrung in unterschiedlichen Bereichen: als Team-Erlebnis in der Freizeit, als Spielrausch beim Fußball, durch den auch übermächtige Gegner besiegbar werden. Musiker empfinden die Momente während eines Konzertes, in denen der Funke zum Publikum überspringt oder bereits während der Übung eines komplizierten Tonlaufes, berichten von Augenblicken, in denen das Ringsherum nicht wahrgenommen und Zeit als Komponente außer Kraft gesetzt wird. Egal, ob in Ruhe, in Trance, im Spielrausch oder einfach nur in höchster Konzentration, **Flow ist ein Hochgefühl, das mit Glück, Zufriedenheit und Ausbalanciertheit gleichgesetzt werden kann.**

Augenblicke der vollkommenen Erfüllung

Der amerikanische Psychiater Mihaly Csikszentmihalyi untersuchte in langjährigen Studien Menschen, die von solchen Gefühlen berichteten und versuchte deren Strategien nachzuvollziehen: Sportler, Bergsteiger, Musiker, Wissenschafter, Yogis u.a. Die Beschreibungen sind trotz unterschiedlichster Tätigkeiten meist ident. „Die Energie fließt sehr leicht", so eine Tänzerin. „Die Konzentration ist wie das Atmen", so ein Schachspieler. „Man wird eins mit dem, was man tut", so ein Motorradfahrer.

Bewusstsein und Handlung verschmelzen und in dieser Selbstvergessenheit verlieren sich alle Sorgen. Charakteristisch ist nach Csikszentmihalyis Recherchen, dass die **Aufmerksamkeit wie ein Scheinwerfer auf ein begrenztes Feld von Stimuli gerichtet** ist. Das Individuum erlebt den Genuss, dass es sein Gebiet, gegenwärtig seine ganze Welt, völlig unter Kontrolle hat und klare Rückmeldungen über den Erfolg erhält.

Ziel ist nicht Belohnung von außen, sondern Erreichen des selbstgesetzten Ziels

Dabei spekuliert man nicht auf irgendeine Belohnung oder Anerkennung von außen, sein Erfolg ist allein das Gelingen der Handlung und der **Durchbruch zum selbstgesetzten Ziel**.

Das bewusste Erleben steht im Mittelpunkt. Beispielsweise werden in der Beobachtung auch Manager zitiert, deren Tagesablauf nach außen besonders stressig und zeitaufwendig aussieht: Besprechungen am Flughafen, Erreichen des nächsten Termins, unterwegs die neuesten Nachrichten lesen, Entscheidungen treffen, neue Strategie entwickeln, am Abend in ein Konzert, danach noch wichtige Leute treffen, usw. Das „Geheimnis" solcher Manager ist das bewusste Erleben und Steuern ihrer Tätigkeiten, auch der Erholungsphasen. Sie haben ihre Aufmerksamkeitsprozesse so sehr im Griff, dass sie ihr Bewusstsein willentlich abschalten können und in jeder freien Minute ein erfrischendes Schläfchen halten können.

Aus der Balance von Anforderungen und Können entsteht Flow

Flow wird als Produkt aus Anforderung und Können definiert. Je größer das Können in einer bestimmten Tätigkeit wird, desto mehr steigt die Sicherheit, die Materie im Griff zu haben. Angst vor Versagen ist demnach ein großer Motivator, in dem Sinn, vom Misslingen wegzukommen. Ein wesentlicher Demotivator in diesem System ist Langeweile aufgrund bürokratisch gut beherrschter aber monotoner, immer wiederkehrender Tätigkeiten. Der Weg aus dieser Demotivation lautet: Erhöhung der Anspannung durch das Suchen neuer Herausforderungen.

Flow ist ein Instrument der Selbstmotivation

Aus dieser Erklärung ist ein weiteres Phänomen des Flow ableitbar. Es ist ein Instrument der Selbstmotivation, oder: Selbst-Organisation.

Die Hypothese lautet:

! Wer einmal Flow erlebt hat, will Flow immer wieder erleben.

Bei Überforderung wird daher das eigene Können weiterentwickelt und bei Unterforderung neue Herausforderungen gesucht, um im Flow zu bleiben. Die für diese Entwicklung notwendigen Frustrations-erlebnisse (Angst, Langeweile) sind wesentliche Feedback-Impulse für das persönliche Lernen. Flow bedeutet also Lernen und Weiterentwickeln.

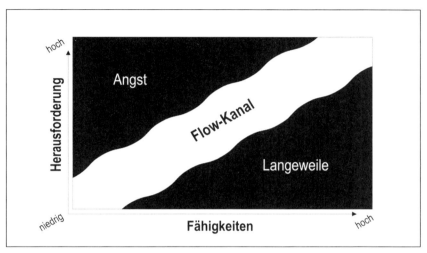

Abb. 52: Das Flow-Erlebnis zwischen Langeweile und Angst

Beispiel:

Diese Idee wird aus dem praktischen Beispiel eines Schifahrers transparent. Die ersten Schwünge sind schnell erlernt. Bereits nach einigen Tagen kann er sich nach entsprechender Anleitung weitge-hend sturzfrei über sanfte Hänge bewegen und so das Erlebnis des schwerelosen Gleitens in sich aufnehmen. Kontinuierliches Üben bewirkt eine Erhöhung der Sicherheit. Gewisse Techniken sind bald Teil des fixen Repertoires des Schiläufers.

Es kommt aber auch Langeweile dazu, immer nur den gleichen Hang mit den gleichen Schwüngen zu bewältigen. Angesichts bes-serer Schifahrer wird er sich überlegen, einmal einen steileren Hang oder ein höheres Tempo zu wählen. Das vergleichsweise geringe Können führt aber zu Unsicherheit, Frustration und Angst vor Stür-zen und Schmerzen (die man vielleicht bereits erlebt hat).

Um in den Flow-Kanal zurückzukehren muss der Schiläufer seine Fähigkeiten erhöhen, z.B. durch den Besuch eines nächsten Schi-kurses oder durch das Austesten gewisser Techniken.

Teamphasenmodell und Führungs-Interventionen

Projektteams folgen in der Regel den Dynamiken der „normalen" Gruppe. Typische Teamentwicklungsphasen bis zur vollen Arbeitsfähigkeit sind:

- Orientierungsphase
- Auseinandersetzungsphase
- Organisationsphase
- Produktionsphase

Für jede Phase sind typische Verhaltenssymptome, die in Projektteams immer wieder beobachtbar sind, und dafür zugrundeliegende Ursachen, beschrieben.

Der Projektleiter übernimmt idealerweise in diesen Phasen unterschiedliche Aufgaben und Rollen, um professionelle Führungsimpulse setzen zu können.

- Als **Direktor** gibt er Sicherheit in der Orientierungsphase, indem er Ziele und Sinn vermittelt und Klarheit herstellt, soweit dies möglich ist.
- In der Rolle des **Moderators** hilft er mit, die in der Auseinandersetzungsphase entstehenden Konflikte sichtbar zu machen und konstruktiv mit dem Team zu bearbeiten.
- In der Organisationsphase übernimmt er als **Organisator** die Aufgabe Spielregeln und Vereinbarungen mit dem Team zu treffen, die eine effiziente und wertschätzende Zusammenarbeit möglich machen und gleichzeitig sicherstellen, dass diese auch später verbindlich eingehalten werden.
- Als **Controller** und **Coach** agiert der Projektleiter in der vierten Teamentwicklungsphase, um die delegierten Aufgaben rechtzeitig und in der vereinbarten Qualität einzufordern, die Ergebnisse zu überprüfen und die Umfeldzufriedenheit zu evaluieren.

4.2.6 Typische Kommunikationsformen in der Startphase

Folgende formale Kommunikationsformen haben sich in der Startphase bewährt:

- Projektstart-Workshop
- Kick-off-Meeting

Projektstart-Workshop

Gerade in der **Projektstart-Sitzung** oder in einem Projektstart-Workshop können wesentliche Weichen für das Projekt gestellt werden.

Projektstart-Workshop, wenn Aufgabenstellung neuartig und Umfeld komplex sind

Ziele der Start-Sitzung sind:

- den Projektumfang und die diesbezüglichen Rahmenbedingungen zu klären;
- Projektziele und -pläne zu entwickeln (Projektabgrenzung, Aufgabengliederung, Termin-, Kostenplan);
- Risiken und Potenziale möglichst frühzeitig zu erkennen, um entsprechend gegensteuern zu können (Umfeldanalyse, Risikoanalyse);
- eine effiziente Projektorganisation aufzubauen;
- eine einheitliche Sprache und Kultur (Wir-Gefühl) bei allen Beteiligten zu entwickeln.

An einer Projektstart-Sitzung nehmen üblicherweise folgende Rollenträger (sofern bereits definiert) teil:

- Projektleiter
- Projektteam
- wesentliche Umfeldgruppen (z.B. Konsortialpartner, Kundenvertreter, Lieferanten etc.) sofern die Rahmenbedingungen dies zulassen
- interner Projektauftraggeber (Projekt-Lenkungsausschuss, Steering Committee)
- Nutzer, Betreiber des Projektendergebnisses

Moderiert vom Projektleiter (oder einem externen Moderator bei komplexen, heiklen Projekten) werden Projektstrukturen und -pläne gemeinsam erarbeitet. Als Ergebnis der Projektstart-Sitzung liegt der Erstentwurf eines **Projekthandbuches** vor.

Einladung
zur Projektstart-Sitzung des Projekts

.... ▓

▓ Ziele / Ergebnisse der Projektstart-Sitzung:

Das Projekt ist grob geplant,
das Team ist gebildet,
es gibt eine gemeinsame Projektsicht

.... ▓

▓ Inhalte/Tagesordnung:

allgemeine Informationen über das Projekt / die Vorgeschichte
Entwicklung von Werten und Spielregeln für die Zusammenarbeit
Erstellung oder Überarbeitung der Projektdefinition
Analyse von Potenzialen und Risiken im Projekt
Erwartungen der Beteiligten an das Projekt
Strukturierung der Aufgaben im Projekt (Projektstrukturplan)
Erstellen einer groben Projektplanung
Abstimmung der Projektorganisation (Rollen, Aufgabenverteilung,
Entscheidungsprozesse) im Projektteam
Vereinbarung des Projekt-Informationsflusses
Vereinbarung weiterer Aktivitäten und Projektteam-Sitzungen

.... ▓

▓ Termin, Ort:

Sitzungsraum : ....
__. __. 201_ (9.00 – 17.00) .... ▓

Teilnehmer:
Projektleiter, alle Projektteammitglieder, Projektauftraggeber (tw.)
eventuell externe Partner, Subauftragnehmer,...
Berater, Moderator .... ▓

Abb. 53: Muster einer Einladung für eine Projektstart-Sitzung

Kick-of-Meetings,
wenn Neuartigkeit
und Komplexität
gering

Kick-off-Meeting

Wenn die Neuartigkeit und Komplexität des Projekts gering ist, empfiehlt es sich, anstelle eines Projektstart-Workshops mit einem Kick-off-

Meeting das Projekt zu beginnen. Kick-offs eignen sich für Projekte, die mit ähnlichen Zielsetzungen und überwiegend kontinuierlichen Teams, wiederholt durchgeführt werden. Dazu zählen beispielsweise Auftragsabwicklungsprojekte einer typisch projektorientierten Organisation (IT-Unternehmen, Bau-, Anlagenbau-Unternehmen, …). Im Unterschied zur Projektstart-Sitzung wird weniger Zeit dafür verwendet, um ein gemeinsames Wir-Gefühl zu entwickeln. Ziele sind bereits formuliert. Das Hauptaugenmerk liegt darauf, die projektbezogenen Informationen, die in der Vorphase entstanden sind zu kommunizieren und die Aufgaben (des Standardstrukturplanes) an das Projektteam zu verteilen.

Einladung
zum Kick-off-Meeting des Projekts

....

■ **Ziele des Kick-off-Meetings:**

Die Projektpläne sind angepasst und allgemein bekannt

Es gibt eine gemeinsame Projektsicht

....

■ **Inhalte/Tagesordnung:**

allgemeine Informationen über das Projekt

Präsentation der Projektdefinition und der Projektpläne

Abstimmung der Projektorganisation (Rollen, Aufgabenverteilung, Entscheidungsprozesse) im Projektteam

Vereinbarung des Projekt-Informationsflusses

Vereinbarung weiterer Aktivitäten und Projektteam-Sitzungen

....

■ **Termin, Ort:**

Sitzungsraum

....

__. __. 201_ (9.00 – 12.00) ....

■ **Teilnehmer:**

Projektleiter

alle Projektteammitglieder

....

Abb. 54: Muster einer Einladung für ein Kick-off-Meeting

Balance zwischen Einzelarbeit und Sitzungen als Führungsaufgabe

Die Führungsaufgabe des Projektleiters in Bezug auf sein Team ist, eine optimale Balance zwischen effizienter Einzelarbeit und Teamarbeit zu finden.

"Sag mir, wie dein Projekt beginnt und ich erzähle dir, wie es ablaufen wird"

Häufig wird der vom Auftraggeber vorgegebene Zeitdruck ungefiltert an das Team weitergegeben, indem der Projektleiter wenig Zeit für die gemeinsame Entwicklung von Werten, Spielregeln und Projektplänen bereitstellt. Knapp anberaumte "Kick-off-meetings" ohne Vorbereitung, Verteilung von Aufgaben nach einer kurzen Erläuterung der Vorgeschichte zum Projekt und Betonung des hohen Zeit- und Kostendrucks sind häufig erlebte Projektstarts. Die in dieser Situation vermittelte Symbolik prägt den Führungs- und Zusammenarbeitsstil im weiteren Verlauf des Projekts. Es darf daher nicht verwundern, wenn in derartigen Projekten auch später kaum Zeit für Abstimmung zwischen Teammitgliedern und die Behandlung von Querschnittsthemen ist.

Das Verhaltensmuster, das der Projektleiter vorgezeigt hat, nämlich dass die Einzelleistung wichtig ist, dass Kommunikation und Zusammenarbeit nebenher laufen und dass Geschwindigkeit höhere Priorität als andere Zielebenen im Projekt hat, überträgt sich auf das Team.

Manchmal reichen die individuellen Leistungen aus, um das Projekt zum Erfolg zu führen. In vielen komplexen Projekten sind noch einige weitere Werthaltungen, wie die Qualität der Teamarbeit, die Qualität der Kommunikation und das unternehmerische Mitdenken für den Projekterfolg von Bedeutung.

Die Qualität der Vorbereitung und der Zusammenarbeit

Dass diesen Werten der entsprechende Stellenwert zukommt, kann der Projektleiter gerade in der Startphase am meisten beeinflussen. Dies erreicht er, indem er durch eine gut geplante Startsitzung die Werthaltung "Vorbereitung" prägt, indem er durch das Zulassen einer expliziten Teamentwicklung dem Thema "Zusammenarbeit" Bedeutung verleiht und indem er neben Effizienz auch an bestimmten Zeitpunkten, insbesondere im Rahmen der Startsitzung, ein intensives Kennenlernen der Stärken und der Schwächen sowie der Erwartungen und Befürchtungen der Beteiligten ermöglicht.

4.2.7 Abklärung der Rahmenbedingungen

Die vereinbarten Ziele, Termine, Ressourcen und Kosten, dokumentiert in der Projektdefinition stellen den Rahmen dar, innerhalb dessen das Projekt umzusetzen ist. Die Projektdefinition ist allen Teammitgliedern, sofern diese nicht schon bei der Formulierung integriert waren, zu kommunizieren. Dadurch stellt der Projektleiter sicher, dass jedes Teammitglied die Gesamtzusammenhänge kennt. Dies ist Basis für das selbstverantwortliche Erstellen einer Detailplanung.

Das Abklären der Rahmenbedingungen ist somit die Vorbereitung der Teammitglieder, damit sie den nächsten Planungsschritt eigenständig setzen können.

Auf dieses Ziel ist auch die Führungsarbeit abzustimmen. Abhängig von der Erfahrung des Teammitglieds mit derartigen Projekten und Planungsschritten wird der Projektleiter die Führungsimpulse bei der Abklärung der Rahmenbedingungen sehr knapp oder intensiv setzen. Die Übergabe eines Teilprojekts oder eines Arbeitspakets an ein Teammitglied zur Planung erfolgt demnach entweder nur durch ein kurzes Informieren des Teammitglieds oder mit umfassender Hilfestellung und Anleitung.

Führungsimpulse auf die Person abstimmen

Es bedarf entsprechenden Einfühlungsvermögens gegenüber dem jeweiligen Teammitglied, um als Projektleiter gute Ergebnisse und gleichzeitig **Selbständigkeit** soweit als möglich zu fördern. Führung wird falsch verstanden, wenn der Projektleiter z.B. einem sehr erfahrenen Teammitglied detaillierte Anweisungen gibt, wie ein Teilprojektplan zu erstellen ist oder wenn der Projektleiter einem Unerfahrenen nicht ausreichend zur Verfügung steht.

Selbständigkeit versus detaillierte Führungs-Impulse

Darüber hinaus ist es die Aufgabe des Projektleiters, sicherzustellen, dass die Teilpläne leicht in einen Gesamtplan integrierbar sind. Dies ist meist nur dann möglich, wenn Strukturen, Formate, Darstellungsformen und unterstützende Software einheitlich verwendet werden. Eine zu enge Vorgabe von Standards kann von den erfahrenen Teammitgliedern als Misstrauen hinsichtlich des eigenen Arbeitsstils aufgefasst werden.

Integrationsfähigkeit von Detailplänen und Gesamtplan

Es bewährt sich meist, die notwendigen Standards noch in der Startsitzung mit dem gesamten Team abzustimmen, den Nutzen der einfachen Zusammenführung und der Reduktion der gegenseitigen Kommunikationsschnittstellen genau zu erläutern. Darüber hinaus ist das Zur-Verfügung-Stellen von Vorlagen, Mustern und Formularen von Seiten des Projektleiters ein klarer Führungsimpuls, der ausdrückt, dass eine integrierte Gesamtsicht des Projekts wichtig ist. Die gemeinsame Erarbeitung derartiger Standards ist sehr zeitaufwendig und daher ineffizient.

Die Führungs- und Koordinationsfunktion verlangt von einem Projektleiter, klare Vorschläge über den Prozess und die Hilfsmittel zu machen, während er gleichzeitig seinen Teammitgliedern möglichst viel Autonomie in der inhaltlichen Ausgestaltung gewährt.

Der Ansatz,

- Klarheit hinsichtlich der Strukturen und Standards zu vermitteln und gleichzeitig
- möglichst viel Freiraum und Mitgestaltung bei den inhaltlichen Entscheidungen im Projekt zu erlauben

ist Teil des Führungsverständnisses, das hier dargestellt wird.

Der Projektleiter wird soweit als möglich die Rahmenbedingungen im Zuge des Projektstart-Workshops mit dem Team klären. Sollte durch die Anleitung der nicht so erfahrenen Teammitglieder der Zeitrahmen gesprengt werden, wird der Projektleiter versuchen, die für alle wichtigen Informationen, wie

- die Zuweisung der Teilprojekte und Arbeitspakete an die einzelnen Teammitglieder,
- die Erläuterung der Standards und Hilfsmittel,
- die Vereinbarung des Detaillierungsgrades der Pläne und
- die Vereinbarung des Fertigstellungstermins der Pläne

in der gemeinsamen Startsitzung zu besprechen. Weitere Erläuterungen und Unterstützungsmaßnahmen für einzelne Teammitglieder werden in getrennten Gesprächen geklärt.

4.2.8 Entwicklung von Detailplänen und -strukturen

Sobald die Rahmenbedingungen an alle Teammitglieder kommuniziert sind, werden die für die weitere Projektarbeit nötigen Projektpläne und Strukturen erarbeitet. Der Schwerpunkt in diesem Schritt liegt in der fachlich- orientierten Planung. Dies bedeutet, dass das übernommene Teilprojekt in einzelne Arbeitspakete und -schritte zerlegt wird, Aufwände, Dauern, sowie Kosten geschätzt und in eine zeitliche Abfolge gebracht werden (Ablaufplan).

Die Ergebnisse der Detailplanung werden dem Projektleiter und den anderen Teammitgliedern zur Verfügung gestellt. Der Projektleiter integriert die einzelnen Detailpläne in einen Projektgesamtplan, verdichtet ihn bei Bedarf, um die Übersichtlichkeit zu gewährleisten und stellt den Teammitgliedern die Gesamtsicht zur Verfügung.

4.2.9 Abstimmung und Freigabe der Detailpläne

Die individuellen Detailpläne der Teammitglieder passen meist nicht automatisch zusammen. Die Gestaltung des dazu notwendigen Integrations- und Abstimmungsprozesses ist eine zentrale Führungsaufgabe des Projektleiters. Dieser Integrationsschritt erfolgt entweder durch den

Projektleiter selbst oder in gemeinsamer Abstimmung mit dem Team (Planungsworkshop).

Die **Integration** durch den Projektleiter umfasst nicht nur das organisatorische, sondern auch das inhaltliche Zusammenführen der einzelnen Detailpläne, indem er die nicht zusammenpassenden Termine und Kosten ändert, fehlende Arbeitspakete ergänzt oder mehrfach vorgesehene Maßnahmen reduziert.

Die Ergebnisse der Integration werden den Teammitgliedern in einer Sitzung vorgestellt, um mögliche Risiken und Änderungswünsche besprechen zu können.

Diese Vorgehensweise funktioniert dann, wenn das Projekt nicht zu komplex ist oder wenn der Projektleiter auch fachlich von allen Arbeitspaketen soweit Bescheid weiß, dass er den Integrationsschritt alleine setzen kann. Der Vorteil ist, dass die Integration wenig aufwendig ist und sehr rasch funktioniert. Der mögliche Nachteil ist, dass sich die Teammitglieder, deren Detailpläne abgeändert wurden, übergangen fühlen.

Wenn das Projekt sehr komplex ist oder der Projektleiter nicht alleine alle fachlichen Belange beurteilen kann, empfiehlt sich ein **Planungsworkshop**, in dem der Gesamtplan gemeinsam diskutiert wird. Der Projektleiter zeigt die Überschneidungen, Leerfelder, Ungereimtheiten und Unklarheiten im Gesamtplan lediglich auf und stellt die Gesamtsicht im Team zur Diskussion. Die Integrations- und Abstimmungsarbeit erfolgt während des Planungsworkshops unter Moderation des Projektleiters.

Planungsworkshop bei komplexen Projekten

Der Vorteil dieser Vorgehensweise liegt im wesentlich höheren Verständnis aller Beteiligten für das Projekt und einzelner Arbeitspakete, auch wenn diese von anderen Teammitgliedern verantwortet werden. Durch die Diskussion werden auch mögliche Risiken und Chancen, alternative Vorgehensweisen und Fixpunkte für alle sichtbar, was eine gute Vorbereitung für später auftauchende Unwägbarkeiten ist.

Der Nachteil dieser Methode ist, dass der Projektleiter alle Hände voll zu tun hat, um eine effiziente und fruchtbare Diskussion sicherzustellen und der Prozess der Abstimmung viel Zeit in Anspruch nimmt.

Zusammenfassend kann festgehalten werden, dass sich vor allem bei komplexeren Projekten diese Anfangsinvestition bewährt, weil die Teammitglieder selbständig und über die eigenen Arbeitspaketgrenzen hinweg lösungsorientiert denken und handeln.

4.2.10 Strukturen versus Freiraum in Projekten

! **Führung bedeutet, für eine zielgerichtete und effiziente Projektarbeit bei größtmöglicher Zufriedenheit aller Beteiligten zu sorgen.**

Diese zugrundeliegende Hypothese für die Führungsarbeit beschreibt Führung als Balanceakt zwischen gegensätzlich erscheinenden Orientierungen:

Effizienz durch klare, arbeitsteilige Strukturen

Komplexe Vorhaben zeichnen sich oft dadurch aus, dass unterschiedlichste Personen mit divergierenden Erfahrungen und Sichtweisen Aufgaben übernehmen, deren Ergebnisse sich schlussendlich wie Puzzlesteine ineinander fügen sollen. **Effizienz** in der Zusammenarbeit bei komplexen Vorhaben scheint meist so erreichbar zu sein, indem möglichst klare, arbeitsteilige Strukturen geschaffen werden. Detaillierte Arbeitsanweisungen, Aufgabenverteilungen, Funktionsbeschreibungen, Arbeitszeitmodelle und vieles mehr sind konkrete Ausprägungen dafür.

Zufriedenheit durch Freiraum und ganzheitliches Mitdenken

Gleichzeitig steigt die Zahl jener Mitarbeiter, die ihre **Zufriedenheit** und Leistungsbereitschaft aus dem Maße an Freiraum und Mitgestaltungsmöglichkeiten schöpfen, das sie in der Arbeit vorfinden. Unter Freiraum verstehen sie dabei meist, die Entscheidungsfreiheit zu haben, den Weg, die Hilfsmittel und die Ansprechpartner für die Zusammenarbeit zu wählen. Mitgestaltungsmöglichkeit bedeutet für sie, vor Entscheidungen informiert zu werden, die eigene Sichtweise bei Entscheidungsfindungen darlegen zu können oder am besten die Entscheidungen (mit)zutreffen. Dass mehr Freiraum eine erhöhte Leistungsbereitschaft und damit verbunden auch mehr Unternehmertum und Kreativität erzeugt, ist die Grundhypothese, die einem modernen, sinnorientierten Führungsansatz zugrunde liegt.

So scheint Effizienz im Sinne von raschen, direkten Entscheidungen der Zufriedenheit der Mitarbeiter in Bezug auf deren Freiraum entgegenzustehen.

Führung als personen- und situationsspezifischer Balanceakt

Führung versteht sich in dem hier vorgeschlagenen Modell als ein mit viel Fingerspitzengefühl begangener Balanceakt, der je nach Situation, Persönlichkeit des Mitarbeiters und Art des Projekts nützliche Strukturen vorgibt oder zumindest vorschlägt und gleichzeitig diejenigen Freiräume identifiziert, die für jeden Mitarbeiter ein Umfeld schaffen, in dem er die übernommenen Aufgaben mit Begeisterung umsetzen kann. **Diese Freiräume können so unterschiedlich sein, wie Menschen individuell sind.** So lässt sich ein angewandtes Konzept, das für einen Mitarbeiter in einem bestimmten Projekt erfolgreich war, nicht automatisch auf neue Projekte oder andere Teammitglieder umsetzen.

Diejenigen Freiräume zu erkennen, die möglich sind, um ausreichende Effizienz zu gewähren und die vom Einzelnen auch motivierend erlebt werden, ist eine der zentralen Erfolgsfaktoren professioneller Führungsarbeit durch den Projektleiter.

Ein wesentlicher Anspruch an eine professionelle Führung ist es, ein **Umfeld zu schaffen, in dem Lernen ermöglicht wird**. Dies bedeutet konsequent weitergedacht, dass es zu den vornehmsten Aufgaben der Führungskraft zählt, die Mitarbeiter zum Lernen und damit zu einem höheren Niveau an Selbständigkeit und Professionalität für die Zukunft anzuleiten.

Schaffung eines positiven Lernumfelds

!

Lernen bedeutet, dass die einzelnen Mitarbeiter auch Aufgaben übernehmen, bei denen sie einen noch geringen Erfahrungsstand haben. Eine Möglichkeit dazu wäre, die Mitarbeiter diese Aufgaben unter Anleitung erfahrener Personen, wie beispielsweise eines Projektleiters oder anderer Teammitglieder, selbständig auszuprobieren zu lassen. Gleichzeitig steigt jedoch damit die Wahrscheinlichkeit, dass Fehler gemacht werden, die in weiteren Schleifen zu korrigieren sind. Außerdem beanspruchen Schleifen und Unterstützung durch erfahrene Personen mehr Zeit und personelle Ressourcen. Der Anspruch des Lernens steht ebenso in einem scheinbaren Widerspruch zu der oft in Projekten vorgefundenen Drucksituation, die Projektergebnisse rasch und kostengünstig zu erreichen.

Lernen versus Effizienz im Projekt

Aus der Projektsicht wäre es daher oftmals effizienter und einfacher, das Team schlank zu halten und die erfahrensten Mitarbeiter ins Team zu holen. Aus der Unternehmenssicht hingegen würde dies zu einer Überlastung einzelner weniger Personen führen. Solche Projektprofis bilden sehr rasch einen Engpass, durch den wichtige Unternehmensentwicklungen oder -wachstum verhindert wird.

Aus der Sicht eines erfahrenen Mitarbeiters ist es zwar eine Art von Anerkennung (die von manchen Mitarbeitern auch als Machtmittel eingesetzt wird), immer für alle Projekte eingesetzt zu werden, langfristig kann es aber zu einem Burnout führen, immer dem hohen Zeitdruck in vielen Projekten ausgesetzt zu sein. Aus der Sicht des unerfahrenen Mitarbeiters ist es oft demotivierend, keine neuen Aufgaben übernehmen zu dürfen.

Die Beschreibung der unterschiedlichen Sichtweisen zeigt bereits, wie gegensätzlich und komplex die „**Schaffung eines positiven Lernumfelds**" in Projekten ist. Der Projektleiter steht vor der Herausforderung, die widersprüchlichen Anforderungen auszugleichen und eine Kultur im Projekt zu entwickeln, die es möglich macht, effizient zu arbeiten und trotzdem Neues ausprobieren zu können.

Eine der zentralen Anforderungen an die Führungsarbeit in Projekten ist es somit, ein Minimum an Strukturen zu entwickeln, gerade so viele, dass eine effiziente Projektdurchführung ermöglicht und gleichzeitig die Mitarbeiter in ihrer Kreativität und Selbständigkeit bekräftigt werden.

Die in den folgenden Kapiteln dargestellten Strukturmodelle
- Projektorganisationen, Projektprozesse,
- Rollenbeschreibungen und
- Modelle zur Aufgabenverteilung

sind praxiserprobte Hilfsmittel für die Führungskraft, die die Zusammenarbeit erleichtern sollen. Die Auswahl und Detaillierung der Modelle hängt von der Art des Projekts, von der Erfahrung im Team und von den Projektzielen ab.

Projektorganisationen zur Strukturierung der Führungsarbeit

Projektorganisationen beschreiben die wesentlichen Projektprozesse und die in Projekten zu definierenden Aufbauorganisationsstrukturen (Organigramm).

Projektprozesse sind jene Abläufe, die in einem Projekt wiederholt auftreten und daher die Gesamteffizienz und die Abstimmung zwischen allen Beteiligten erleichtern, sobald sie einheitlich definiert und danach standardisiert eingesetzt werden.

Die Aufbauorganisation beschreibt die hierarchischen Zusammenhänge, die Informations- und Berichtsflüsse in einer Organisation. Das dabei meist verwendete Hilfsmittel ist das so genannte Organigramm.

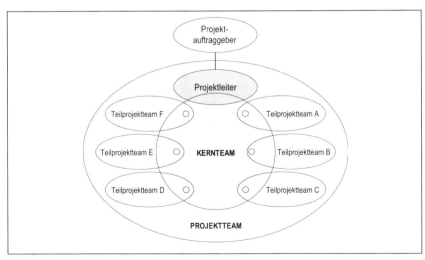

Abb. 55: Beispiel eines Projektorganigramms

Rollenbeschreibungen

Rollenbeschreibungen sollen sicherstellen, dass die beteiligten Personen hinsichtlich ihrer Aufgaben, Kompetenzen und Verantwortungen größtmögliche Klarheit auf einer gesamtheitlichen Ebene erhalten. Dadurch können sich die Teammitglieder auf ihre Aufgaben konzentrieren und sind nicht mit dauernden Aufgabenabgrenzungen und missverständlichen Kompetenzfeldern beschäftigt.

Die Herausforderung in der Führungsarbeit liegt darin, mögliche Unschärfen anzusprechen und mit Hilfe der Rollenbeschreibungen zu klären, aber andererseits nicht zu viel Zeit für Aspekte zu verbrauchen, die von den beteiligten Teammitgliedern sowieso ohne Probleme gelöst worden wären.

Aktuelle Beispiele für Rollenbeschreibungen sind im Kapitel 3 zu finden.

Aufgabenverteilung/Delegation

Delegieren ist nicht anordnen, sondern ist das sinnvolle Aufteilen von Arbeit im Team. Sinnvoll bedeutet in diesem Zusammenhang, dass die Aufgaben so verteilt werden, dass sie gemäß den Qualifikationen und den Erfahrungen den einzelnen Teammitgliedern zugeordnet werden (kompetenzorientierte Aufgabenverteilung) und kein Teammitglied bei gleichzeitiger Unterauslastung anderer Teammitglieder überlastet wird (ressourcenorientierte Aufgabenverteilung).

Im Zuge der Delegation von Aufgaben entstehen häufig folgende Situationen, die einer guten und effizienten Zusammenarbeit im Wege stehen können:

Beispiele:

Ein Arbeitspaket wird in uninteressante „Aufgabenteile" ohne Entscheidungskompetenz zerstückelt und mehreren Personen zugeordnet.

Die „Rosinen" einer Aufgabe behält der Projektmanager für sich selbst, Aufgaben mit Zuarbeits- oder Administrationscharakter werden an die Teammitglieder verteilt.

Die Aufgabe wird immer der Person übertragen, die im Augenblick den Qualifikationsanforderungen am besten entspricht. Damit werden den anderen Teammitgliedern Entwicklungschancen genommen.

Der Projektmanager hält Informationen über den Kontext, in den die delegierte Aufgabe eingebettet ist, zurück. Der vermeintliche Zeitdruck, die Selbstverständlichkeit, dass andere den gleichen Informationsstand haben und die Angst vor Machtverlust sind häufige Hintergründe.

> Die für die Durchführung einer bestimmten Aufgabe erforderliche Bevollmächtigung ist zu knapp bemessen. Die mit der Delegation verbundene Verantwortung wird umfassender interpretiert als sachlich gerechtfertigt bzw. ursprünglich festgelegt worden ist. Dadurch haben die Teammitglieder den Eindruck, dass zwar Verantwortung, nicht aber Selbständigkeit im Sinne von Kompetenzen mit der Aufgabenzuteilung zugeordnet werden.
>
> Der Projektleiter versucht beim ersten Anzeichen eines Problems, die delegierte Aufgabe zurückzunehmen oder zumindest in die Aufgabenerledigung hineinzuregieren, auch wenn eine Hilfestellung ausreichend wäre.
>
> Erfolgsmeldungen und Anerkennung werden vorenthalten. Die Lorbeeren des Erfolgs müssen dem zukommen, der die Arbeit durchgeführt hat. Wenige Maßnahmen demoralisieren mehr, als der Versuch des Projektleiters, den Erfolg voll auf sein eigenes Konto zu buchen.

Die oben beschriebenen Situationen führen meist dazu, dass sich die Teammitglieder nicht sehr wertschätzend behandelt fühlen. Es kommt zu Demotivation und einer wenig engagierten Aufgabenerledigung, sofern dies nicht rechtzeitig zwischen dem Projektleiter und den betroffenen Teammitgliedern abgeklärt wird.

Häufig unterscheiden sich die Einschätzungen des Projektleiters und des Teammitglieds hinsichtlich dessen, was als Unter-, Über- oder als adäquate Herausforderung gesehen wird. Das projektbezogene Mitarbeitergespräch ist eine hervorragende Chance, diese Sichtweisen abzugleichen und für den jeweiligen Mitarbeiter geeignete Aufgaben im Projekt zu identifizieren, die zum Erfahrungshintergrund passen und gleichzeitig herausfordernd und entwicklungsfördernd sind.

Hemmnisse für das Delegieren

Einige im Hintergrund wirkende Ursachen hindern Projektleiter Aufgabenbereiche ganzheitlich zu delegieren:

- die Angst, sich selbst durch Delegation überflüssig zu machen
- der Wunsch, die eigenen Fachkenntnisse zu dokumentieren
- die Sicherheit in der inhaltlichen Bearbeitung von Arbeitspaketen, im Unterschied zur abstrakten Führungsarbeit
- mangelndes Vertrauen in die Leistungsfähigkeit der Mitarbeiter

Bei der Delegation von Aufgaben sollte der Projektleiter folgende Punkte berücksichtigen:

I. Was ist der konkrete Grund für die Delegation?

- Entlastung der Engpassressourcen, insbesondere des Projektleiters und der erfahrenen Teammitglieder
- Nutzung der Erfahrungen und Fachkenntnisse der Mitarbeiter
- Förderung des Fach-Know-hows einzelner Mitarbeiter (fachliches Lernen)
- Weiterentwicklung der Mitarbeiter in Bezug auf ihre Leistungsfähigkeit, Selbständigkeit und Initiative

II. Welche Aufgaben sollte der Projektleiter nicht delegieren?

- Gesamtverantwortung für das Projekt
- Führungsaufgaben, die die Gesamtverantwortung gewährleisten
- Entscheidungen, deren Auswirkungen über die delegierten Aufgaben hinausgehen

4.3 Führung in den Projektausführungsphasen

Projektausführungsphasen sind vorrangig durch Erledigung von einzelnen Arbeitspaketen gekennzeichnet. Fachliche Einzelarbeit oder Arbeit in kleinen Gruppen ist die überwiegende Form. Führungsarbeit fällt in diesem Zeitabschnitt kaum an, wenn die Aufgabenplanung und -verteilung in der vorherliegenden Phase professionell durchgeführt wurde.

Die Teammitglieder wissen, welche Aufgaben sie bis zur nächsten Steuerungsphase zu erledigen haben und wer über die Ergebnisse der Arbeitspakete zu informieren ist. Abstimmung und Koordination auf der Teamebene erfolgen wieder in der nächsten Steuerungsphase.

Der Projektleiter wird in derartigen Phasen als Führungskraft lediglich benötigt, um bei auftretenden Problemen oder Abweichungen den Prozess wieder ins Laufen zu bringen, bzw. spontan Unterstützung oder eine Änderungsplanung anzubieten.

In derartigen Fällen sind allerdings ähnliche Führungsaufgaben wahrzunehmen wie in den Steuerungs- und Koordinationsphasen eines Projekts.

Aus den obigen Gründen werden daher die Führungsaufgaben in der nächsten Management-Phase beschrieben.

4.4 Führung in den Projektsteuerungs- und -koordinationsphasen

4.4.1 Allgemeines zur Führung in der Projektsteuerung

Projektsteuerungs- und Koordinationsphasen wiederholen sich im Ablauf eines Projekts. Nach Abschluss der Start- und der Planungsphase ist die darauffolgende Arbeits-Phase durch Erledigung einzelner Arbeitspakete gekennzeichnet. Dies ist meist als Einzelarbeit organisiert, in der die Teammitglieder mit Ausnahme von detaillierten Sachfragen und Abstimmungen betreffend eines Arbeitspakets kaum miteinander kommunizieren. Der Fokus liegt auf der Erledigung einzelner Aufgaben.

Führung als Integrations-aufgabe

Nach einer gewissen Zeit, meist am Ende inhaltlicher Projektphasen, entsteht der Bedarf, über den aktuellen Projektstatus informiert zu sein und diejenigen Aspekte innerhalb der eigenen Arbeitspakete, die auch andere Teammitglieder betreffen, abzustimmen. Der Schwerpunkt liegt auf der **Integration** von Teilergebnissen, auf dem Soll-Ist-Vergleich und auf der Behandlung von Schnittstellen.

In dieser Projektsteuerungs- und -koordinationsphase ist der Projektleiter als Führungskraft besonders gefordert. Es gilt nun zu erkennen,

- ob der Projektfortschritt mit der Planung übereinstimmt,
- welche Zwischenergebnisse zu berichten sind, weil andere Teammitglieder auf diesen Ergebnissen aufbauen,
- welche Schnittstellen zu koordinieren sind und
- wie die weitere Vorgangsweise und Aufgabenverteilung zu erfolgen hat.

Für die Führungs-kraft fachlich und sozial heraus-fordernd

Neben den anspruchsvollen fachlichen Koordinationsaufgaben entstehen gerade in den Projektsteuerungsphasen mannigfache sozial herausfordernde Situationen.

Sofern **Abweichungen** und Probleme aufgetaucht sind, geraten Teammitglieder, die diese möglicherweise verursacht haben, unter Druck, was häufig zu Vertuschung oder der Suche nach Schuldigen außerhalb des eigenen Verantwortungsbereiches führt. Der Projektleiter ist jetzt gefordert, dies rasch zu erkennen und als Moderator die Suche nach Lösungen in den Vordergrund zu stellen.

Ebenso heikel sind Situationen, die aufgrund einer gesamtprojekthaften Sicht zu Änderungen bei einzelnen Arbeitspaketen führen. Gerade in komplexen Projekten ist es üblich, dass aus der Sicht des einzelnen Arbeitspaketverantwortlichen eine bestimmte Vorgehensweise oder ein Zwischenergebnis als optimal angesehen und daher auch so umgesetzt worden ist. In der Projektsteuerungsphase kann sich nun herausstellen, dass für zwei oder mehrere Arbeitspakete integriert betrachtet ein anderer Lösungsweg optimaler wäre. Darüber hinaus stoßen oftmals unterschiedliche Expertenmeinungen aufeinander, die je nach „Expertise" unterschiedliche Lösungsrichtungen als ideal erachten.

Teil- versus Gesamtsicht

Aus den suboptimalen Zwischenergebnissen nun eine aus Gesamtsicht optimale Lösung zu entwickeln, ist immer auch mit Änderungen von bisherigen Vorarbeiten für einzelne Mitarbeiter verbunden. Dies bedeutet einen Schritt zurückzugehen, noch einmal anzufangen und sich und den anderen einzugestehen, dass die bisherige Arbeit nur zum Teil erfolgreich war.

Dies ist ein sehr schwieriger sozialer Prozess, der bei unprofessioneller Führung leicht in gegenseitiges stundenlanges Erläutern, warum der eigene Weg der bessere ist, ausartet oder in tiefe Teamkonflikte führen kann, die die weitere Zusammenarbeit im Projekt massiv gefährden.

Aus den oben angeführten Gründen sind Projektsteuerungsphasen heikle Situationen für den Projekterfolg und fordern Projektleiter in ihrer Führungsarbeit besonders heraus. Professionelles Sitzungsmanagement, das eine intensive Vorbereitung, eine gutdurchdachte Moderation, Betonung einer aktiven Kommunikation und eine systematische Dokumentation der Ergebnisse beinhaltet, ist ein wesentlicher Erfolgsfaktor der Führungsarbeit in dieser Phase.

4.4.2 Leitung von Steuerungssitzungen

Die wesentlichen Sitzungen werden in den Koordinations- und Abstimmungsphasen vorbereitet und durchgeführt. Um eine effiziente Sitzungskultur im Projekt zu entwickeln und zu pflegen, sollte nicht nur die Sitzungsdurchführung selbst, sondern auch die Vor- und Nachbereitung in Betracht gezogen werden.

Die drei Phasen Vorbereitung, Durchführung und Nachbereitung von Sitzungen werden im Folgenden beschrieben.

Sitzungsvorbereitung

I. Sitzungsziele formulieren

Um die Sitzungsziele formulieren zu können, ist es wichtig, sich über den Anlass der Sitzung klar zu werden und aus diesem die Ziele der Sitzung abzuleiten. Die Ziele geben wiederum die Themen vor, die in der Sitzung besprochen werden sollen. Den Eingeladenen muss ebenfalls klar sein, warum sie teilnehmen sollen und was sie dafür vorzubereiten haben.

Tipps:

Es empfiehlt sich, die am Beginn des Projekts entwickelte Aufgabenstruktur als inhaltlichen Teil der Sitzungsagenda zu verwenden (siehe Abb. 53). Bei außerordentlichen Sitzungen werden auf den speziellen Anlassfall bezogene Tagesordnungspunkte formuliert.

II. Sitzungsteilnehmer zusammenstellen

Als grundsätzliche Richtlinie empfiehlt sich: So wenige wie möglich, so viele wie notwendig. Bei Steuerungssitzungen werden üblicherweise der Projektleiter und das Kernteam eingeladen. Phasenbezogen können noch weitere Spezialisten oder Vertreter wichtiger Umfeldgruppen hinzugezogen werden.

Ein wichtiger Grundsatz für effiziente Projektsitzungen ist die Kontinuität der Teamzusammensetzung. Damit ist gemeint, dass der Projektleiter darauf achtet, zumindest das Kernteam persönlich in die Projektarbeit zu integrieren, so dass immer die gleichen Personen zu Projektteamsitzungen kommen. Manchmal werden die Projektteams nicht mit konkreten Personen besetzt, sondern lediglich die Abteilung festgehalten, aus der das Teammitglied kommen soll. Zusätzlich werden Sitzungen oft sehr kurzfristig einberufen, so dass möglicherweise die Person, die bei der letzten Projektsitzung teilgenommen hat, aus terminlichen Gründen diesmal absagen muss. Eine derartige Fluktuation führt dazu, dass gewisse Themen immer wieder neu aufgerollt, diskutiert und entschieden werden. Zusätzlich finden die Teambildungsphasen immer wieder von neuem statt.

Tipps:

- Um zumindest den kurzfristigen Terminproblemen aus dem Weg zu gehen, wird der Projektleiter am Ende einer Sitzung mit den anwesenden Teammitgliedern einen Termin für die nächste Sitzung reservieren, an dem alle Teammitglieder zeitlich verfügbar sind. (Dies gilt natürlich vor allem für regelmäßige Teamsitzungen und nicht für außerordentliche Besprechungen, die aufgrund aktueller Anlässe oder Krisen einberufen werden.)
- Speziell bei Teammitgliedern, die ihre Termine bereits lange im Voraus verplanen, empfiehlt sich eine vorausschauende Sitzungsterminfestlegung, die über das nächste Meeting hinausgeht.
- Sitzungsabstände sollen den jeweiligen Projektphasenbedürfnissen entsprechend angepasst werden. In den meisten Projek-

---

ten gibt es besonders heikle Phasen (Start, vor Testläufen, vor Inbetriebsetzung, vor Übergabe,...), die knappere Sitzungsabfolgen bedürfen als die typischen Ausführungsphasen. Aus diesem Grund sind die in der Praxis häufigen „Jour fixes" – jeden ersten Montag im Monat, etc. nicht zu empfehlen.

III. Sitzungsablauf planen

Die zu behandelnden Themen (Agenda), deren Reihenfolge und ein Zeitbudget je Tagesordnungspunkt sind festzulegen.

Eine Agenda sollte in jedem Fall enthalten:

Sitzungsagenda

.... ■

- ■ Vereinbarung der Ziele, Tagesordnungspunkte und Ergebnisse der Sitzung
- ■ Besprechung des Protokolls der letzten Sitzung
- ■ Besprechung einzelner Arbeitspakete:

    ....

    ....

    ....

- ■ Festlegen der nächsten Sitzung (Zeit, Ort, Tagesordnung)
- ■ Aufgabenverteilung bis zur nächsten Sitzung mit Terminen und Verantwortlichen (Aktivitätenliste, Protokoll)
- ■ Sonstiges (Reflexion der Zusammenarbeit, Artikulierung von Missverständnissen, Konflikten, etc.)

    ....

    ....

.... ■

Abb. 56: Muster einer Sitzungsagenda

Um die richtige Reihenfolge für die Tagesordnungspunkte zu finden, sind folgende Aspekte zu berücksichtigen:

- Prioritäten und relative Bedeutung je Tagesordnungspunkt (Wichtiges zuerst) abschätzen
- die Einhaltung vorgegebener Termine (Dringliches zuerst) sicherstellen
- verfügbare Zeit einzelner Sitzungsteilnehmer in der Sitzung berücksichtigen
- verfügbare Zeit für die Bearbeitung von Aufgaben, die als „to do's" in der Sitzung vereinbart werden, kalkulieren und berücksichtigen

173

IV. Einladungen verfassen

Eine Sitzungseinladung sollte das Ziel, die Tagesordnung, Ort, Zeit, Dauer und die eingeladenen Personen enthalten. Die Einladung ist rechtzeitig (aber andererseits auch nicht mit zu großem Vorlauf) an die Teilnehmer zu versenden.

V. Sitzungseinrichtung organisieren

Für Projektgruppen ist es häufig hilfreich, sich immer im gleichen Raum zu treffen. Das unterstützt den Gruppenzusammenhalt und reduziert die Zeitspanne bis zur vollen Arbeitsfähigkeit des Teams. Neue Räumlichkeiten verbrauchen Zeit und Energie in Bezug auf verfügbares Equipment, Regelungen hinsichtlich Kaffee und Getränke, Sitzordnungen etc.

Hinsichtlich Sitzungseinrichtung sollten folgende Aspekte berücksichtigt werden:

- Raum, Raumgröße, Raumform passend zur Teamgröße und zur Arbeitsform
- Tischanordnung: runder Tisch, U-Form, Rechteck, etc., soll eine gute Zusammenarbeit fördern. Dabei ist vor allem auch auf die Anordnung von Präsentations- und Visualisierungsmedien zu achten.
- auf gute Lichtverhältnisse oder eine entsprechende Beleuchtung achten
- Schreibmaterial für Teilnehmer sicherstellen
- Moderations- und Visualisierungsmittel vorbereiten

Situation	Mögliche Mittel
Für Präsentationen:	Laptop / Tablet-Computer Beamer, Flipchart
Für die Erarbeitung von Problemlösungen:	Flipchart, Moderationswände Plakate, Stifte, Karten Laptop / Tablet-Computer Beamer
Für die Dokumentation:	Kopierer, Scanner Digitalkamera Laptop / Tablet-Computer

Abb. 57: Übersicht Moderations- und Visualisierungsmittel

- Informationsmaterial zur Verteilung (Unterlagen, Folien) vorbereiten
- Getränke, Verpflegung sicherstellen
- Unterkunft für Besprechungsteilnehmer organisieren

Die nachfolgende Checkliste soll dem Projektleiter die Sitzungsvorbereitung erleichtern:

Checkliste für die Vorbereitung einer Sitzung

.... ■

Anlass:

Was ist der Anlass?

Zielsetzung:

Welche Ergebnisse sollten erreicht werden?

Teilnehmer:

Wer soll an der Besprechung teilnehmen?

Welche Aufgaben müssen delegiert werden (z.B. Moderation, Protokoll, ...)?

Tagesordnung:

Welche Punkte sollten behandelt werden?

Wer ist verantwortlich für die Vorbereitung und Verteilung der Agenda?

Wie können die Teilnehmer an der Erstellung der Agenda mitwirken?

■ ....

■ ....

■ ....

Einladungen:

■ Ziel:	■ Zeit:
■ Tagesordnung:	■ Dauer:
■ Ort:	■ Einzuladende Personen

Einrichtung:

■ Raum, Raumgröße	■ Moderations- und Visualisierungsmittel
■ Anwesenheitsliste	
■ Ausstattung, Sitzordnung	■ Unterlagen
■ Beleuchtung	■ Getränke, Verpflegung
■ Schreibmaterial für Teilnehmer	■ Unterkunft

.... ■

Abb. 58: Muster für eine Checkliste zur Sitzungsvorbereitung

Sitzungsdurchführung

I. Aufgaben des Projektleiters (Moderators)

Start der Besprechung

- Begrüßung der Teilnehmer, Erläuterung, was seit der letzten Sitzung geschah
- Ziel/Tagesordnung vereinbaren (inklusive Zeitbudget je Tagesordnungspunkt)
- Sitzungsregeln gemeinsam entwickeln oder bekannt geben
- Rollenklärung (Protokollführer, Moderator)
- Präsentation/Gespräch/Diskussion zum ersten Tagesordnungspunkt eröffnen

Führungsaufgaben im Besprechungsverlauf

- Wortmeldungen erfassen
- Wort erteilen bzw. entziehen
- Themeneinhaltung beachten
- Lösungswege, die entstehen, aufzeigen
- Diskussionen lösungsorientiert steuern (Entscheidungen sicherstellen, sobald das Thema entscheidungsreif ist)
- sicherstellen, dass alle zuhören, sich mit dem Thema beschäftigen
- Zeitbudgets je Tagesordnungspunkt überwachen
- Störungen ansprechen und klären
- Gesamtdauer der Besprechung kontrollieren (Zeitmanagement)

Sicherung einer effizienten Sitzungsdurchführung

- Visualisierung von Ergebnissen
- Förderung der Effizienz durch den Einsatz von Problemlösungs- und Kreativitätsmethoden
- Einbeziehung aller Sitzungsteilnehmer

Abschluss der Sitzung

- Zusammenfassen von (Zwischen-)ergebnissen
- Erstellen/Vereinbaren von Aktivitätenplänen
- Feedback geben
- Beschließen der Besprechung, Vereinbarung des nächsten Sitzungstermins

Im Allgemeinen haben Projektleiter bei Sitzungen zwei Aufgaben:

- die positive Beeinflussung der Aufgabenerfüllung und Zielerreichung sowie
- die Förderung der Zusammenarbeit der Gruppe.

Der Projektleiter in der **Rolle des Moderators**

- stellt seine eigenen Meinungen, Ziele und Werte zurück, bewertet weder Meinungsäußerungen noch Verhaltensweisen,
- nimmt eine fragende Haltung ein und keine behauptende,
- aktiviert das Team zur eigenständigen Lösungsfindung und
- versteht sich als neutraler Unterstützer des Diskussions- und Entscheidungsprozesses.

Der Projektleiter in der **Rolle des Leiters** und auch Teammitglieds

- bringt seine eigenen Meinungen, Ziele und Werte ein,
- trifft Entscheidungen, die aufgrund seiner Rolle notwendig sind.

Projektleiter üben in Sitzungen meist beide Rollen aus. Wichtig dabei ist, jeweils sichtbar zu machen, in welcher Rolle gerade gehandelt wird.

Sind Projektleiter sehr stark inhaltlich involviert, kann es sinnvoll sein, einen internen oder externen neutralen Moderator für die Sitzung einzuladen oder zeitweise die Moderationsrolle an ein momentan nicht betroffenes Teammitglied zu übertragen.

Führungskräfte sind oft Leiter und Moderator einer Sitzung

Nicht übertragbar ist jedoch die Projekt-Leitungsrolle!

II. Sitzordnung

Die Sitzordnung ist von nicht zu unterschätzendem Einfluss. Sie wirkt sich auf die verbale und nonverbale Kommunikation aus und hängt mit dem Status der Teilnehmer und den informellen Führungspositionen zusammen. Folgende Tipps haben sich **bewährt:**

Tipps:

- Blickkontakt derjenigen, die miteinander reden sollen
- keine zu enge Sitzordnung
- Gruppen mit gegensätzlichen Interessen nicht einander gegenüber setzen
- eine bestehende rituelle Sitzordnung berücksichtigen
- Visualisierungsmittel (Pinnwand, Flipchart etc.) für alle gut sichtbar aufstellen
- Sitzordnung dezent informell vorgeben (mit Tasche oder Kärtchen)

III. Störungsbehandlung

Störungen, wie z.B. Telefonanrufe in der Sitzung oder Herausholen eines Teilnehmers aus einer Sitzung, sollten vom Moderator

Spielregeln hinsichtlich Sitzungen

entweder am Beginn der Sitzung oder im Anlassfall thematisiert und es sollte eine allgemeine Regel vereinbart werden.

Im konkreten Fall empfiehlt sich z.B. die Vereinbarung von regelmäßigen Pausenzeiten, in denen akute Probleme gelöst und Telefonanrufe beantwortet werden können. Auch Vereinbarungen, dass eine Person außerhalb der Sitzung die zwischenzeitlichen Anrufe entgegennimmt, notiert und einen Rückruf in der nächsten Pause verspricht, haben sich bewährt.

IV. Erfolgskriterien effizient moderierter Sitzungen

Sitzungen als Wertsteigerung anstelle von Zeiträubern

Sitzungsteilnehmer beklagen häufig die Ineffizienz oder einen mangelnden Kommunikationsstil. Dies führt nicht selten dazu, dass Besprechungen als Zeiträuber angesehen werden. Das Weglassen dieser institutionalisierten Kommunikationsform würde aber gleichzeitig auch die Chance reduzieren, dass alle Beteiligten über das gesamte Projekt Bescheid wissen und auf dieser Basis selbständig und unternehmerisch agieren.

Die Art, wie eine Sitzung geleitet wird, hängt von der Persönlichkeit des Moderators und der im Unternehmen oder Projekt üblichen Sitten und Gebräuche ab. Jede Führungskraft wird daher gemeinsam mit dem Team Verhaltensmuster entwickeln, die einer effizienten und zur Zufriedenheit aller beitragenden Besprechung dient.

Unabhängig vom persönlichen Stil des Projektleiters werden im Folgenden einige Tipps vorgestellt, die sich in vielen Organisationen bewährt haben.

Tipps:

1. Bei jeder Sitzung **gründlich vorbereitet** sein.

   Der Projekt- oder Sitzungsleiter plant die Besprechung anhand einer Tagesordnung und eines Designs. Je besser der Ablauf und die damit verbundene Zeitstruktur verankert wurde, umso weniger geht im Zuge einer heißen Debatte der rote Faden (Tagesordnung) verloren. Es empfiehlt sich, eine Pultmappe vorzubereiten, in der die Tagesordnung und sämtliche Unterlagen zu jedem einzelnen Tagesordnungspunkt liegen.

2. Sitzungen werden bewusst **pünktlich begonnen**,

   auch – und gerade dann – wenn nicht alle Teilnehmer anwesend sind. Dies ist ein hilfreicher Beitrag zur Entwicklung einer professionellen Sitzungskultur.

---

3. Das **Ziel** der Sitzung am Beginn nochmals klarstellen.

   Der Sitzungsleiter hält fest, welche Entscheidungen und Ergebnisse am Ende der Sitzung benötigt werden, um das Projekt wie vorgesehen weiterzuführen.

4. Die **Teilnehmer**, wenn erforderlich, untereinander **bekannt machen**.

   Das Ausmaß und die Form der Vorstellungsrunde ist Gestaltungsspielraum des Projektleiters. Dadurch kann er der Sitzung schon von Beginn an eine gewisse Note geben (wie wichtig sind welche Informationen, wie formal oder informell wird die Sitzung abgehandelt, wie stark fokussieren sich die Teilnehmer auf das Projekt, …).

5. **Übereinstimmung** hinsichtlich der **Sitzungsziele**, der **Tagesordnung** und der **Reihenfolge** der einzelnen Punkte erzielen.

   Dies ist die Basis, damit die Sitzungsteilnehmer an einem gemeinsamen Strang ziehen. Andernfalls kann es durchaus passieren, dass einzelne Teilnehmer ihre Interessen und Informationswünsche schon von Anfang an nicht erfüllt sehen und daher auch nicht konstruktiv an der Sitzung teilnehmen.

6. **Übereinstimmung** hinsichtlich der **Dauer** der Sitzung, der Pausen-Regelung und – unter Umständen – der Abstimmungsregelung erzielen. Diese Übereinstimmung ist eine Vereinbarung, die damit auch als Kontrakt zum Bleiben bis zum Sitzungsschluss aufgefasst werden sollte! Es muss Übereinstimmung hinsichtlich der Aufteilung von Funktionen in der Sitzung erzielt werden; die einzelnen Aufgabenträger sind festzuhalten.

7. Der Moderator sorgt dafür, dass immer **nur eine Person redet**. Vielredner sind in ihrer Redezeit zu begrenzen. Auf Prägnanz der Aussagen ist Wert zu legen. Es ist die Aufgabe des Moderators, eine Balance zwischen Breite und Tiefe der Diskussion herzustellen. Notfalls ist zu begründen, warum ein Punkt von besonderem Interesse ist und ihm deshalb mehr Raum als ursprünglich geplant gewährt wird.

   Auf den Zeitplan der Tagesordnung ist größter Wert zu legen. Nötigenfalls ist dieser so vorzubereiten, dass jederzeit Orientierung herrscht, auch wenn es hektisch zugeht. Gelegentliche Blicke auf die Uhr signalisieren, dass der Moderator die Zeit unter Kontrolle hat. Es kann ohne weiteres auch ausdrücklich auf die Einhaltung des Zeitplans hingewiesen werden. Von der strikten Zeitplaneinhaltung kann abgewichen werden, wenn ein für den Projekterfolg wesentlicher inhaltlicher Punkt unzureichend besprochen ist.

8. Die Diskussion wird, ohne dabei formale Regeln zu stark herauszustellen, geleitet. Der Moderator stellt sich selbst nicht in den Mittelpunkt.

9. Sobald eine Diskussion zu sehr ins Detail ausartet, sollte der Moderator dies ansprechen und das Thema eventuell aus der Sitzung (auf später, auf einen kleineren Kreis) verschieben.

10. Die wesentlichen Beiträge werden auf Flipchart für alle sichtbar mitgeschrieben. Dies erhöht die Identifikation aller Teilnehmer mit den Sitzungsergebnissen. Außerdem wird dadurch verhindert, dass nach der Sitzung das Protokoll langwierig mit allen Teilnehmern abgestimmt werden muss.

11. Die Diskussion wird vom Moderator strukturiert, indem Themen auf später verschoben werden sowie Hilfsfragen gestellt werden, die eine an sich verzettelte Diskussion weiterführen.

12. Die direkt adressierte Frage hilft, alle Teilnehmer einzubinden, z.B. „Wie sehen Sie diesen Punkt?"

13. Der Moderator sollte die Diskussion auf die Hauptgedanken zurückbringen.

14. Auftretende Missverständnisse, Informationslücken u.ä. sollten sofort angesprochen und – soweit wie möglich – gelöst werden.

15. Der Moderator hält Blickkontakt zum gerade sprechenden Teilnehmer. Den Blick zu lange abzuwenden oder gar während seiner Wortmeldung sich mit etwas anderem zu beschäftigen, ist unhöflich und wird als Affront empfunden, auch wenn dies nicht sofort zum Ausdruck kommt. Trotzdem ist in kurzen Abständen der Blick auf die Gesamtheit des Gremiums zu werfen, um Wortmeldungen entgegenzunehmen. Diese werden mit einem kurzen Signal quittiert und sollten notiert werden. Dann wird dem Redner wieder die Aufmerksamkeit gewidmet. Das ist eines der wichtigsten **Mittel**, um **physische** und **geistige Präsenz** zu zeigen und die **Führung in der Hand** zu behalten.

16. Der Moderator muss – auch im Fall formaler Ausrutscher einzelner Teilnehmer – taktvoll bleiben.

17. Im Falle von sehr lang andauernden oder sehr anstrengenden Sitzungen empfiehlt es sich die Konzentrationsphasen mit wechselnden Arbeitsformen, humorvollen Impulsen oder körperlicher Bewegung aufzulockern.

18. Gelegentlich ist eine **Pause** einzulegen. Niemand kann sich stundenlang konzentrieren – und schon gar nicht, wenn es um komplexe Sachverhalte geht. Wird dies vergessen, entsteht ein emotionaler Stau. Bei jeder Unterbrechung ist jedoch für alle unmissverständlich anzugeben, **wie lange** diese Pause dauert.

19. Größter Wert ist auf die Vereinbarung von **Maßnahmen für die Zeit nach der Sitzung** zu legen. Das ist das Geheimnis einer wirksamen Sitzung. Gegebenenfalls formuliert der Moderator **direkt** und **sofort** (vor dem versammelten Gremium) das Protokoll

und legt, wann immer möglich, einen **persönlich Verantwortlichen** für den Vollzug vereinbarter Aufgaben sowie einen **Termin** fest.

20. Die Gesamtsitzung ist mit einer ganz kurzen Zusammenfassung der wichtigsten Resultate, ohne nochmals auf die Inhalte einzugehen, mit einem Hinweis auf die nächsten Sitzungstermine und mit Dank an die Sitzungsteilnehmer für ihre Mitarbeit pünktlich zu schließen.

Parallel zu den oben beschriebenen, sehr strukturierten Sitzungsformen wird im Folgenden eine unkonventionelle Besprechungsform, das so genannte „Flow-Meeting"[13] vorgestellt.

Flow-Meetings als unkonventionelle Arbeitsform, die die Kreativität in den Mittelpunkt stellt

Diese unkonventionelle Arbeitsform eignet sich besonders für Besprechungen, in denen Selbständigkeit der Teammitglieder und Kreativität der Ergebnisse gefragt sind.

Zusammenkünfte, die vorrangig die Vermittlung von Informationen oder das Treffen von Entscheidungen bezwecken, die im Anschluss daran von allen akzeptiert und umgesetzt werden sollten, benötigen von Flow-Meetings abweichende Sitzungsformen.

Entscheidungs- und Informationssitzungen

Flow-Meetings beinhalten neben all den bereits oben beschriebenen Anforderungen an professionelle Sitzungen einige zusätzliche Elemente, die sich vor allem die Ausstattung des Raumes (keine Tische und Sessel, Möglichkeit parallel visualisiert zu arbeiten), Arbeitsformen (parallele Arbeit an den Tagesthemen durch viel Bewegung bei den Teilnehmern) und die Betonung der kreativitätsfördernden Moderationselemente betreffen.

Anhand der Beantwortung folgender Fragen soll ein kurzer Überblick über die Durchführung eines Flow-Meetings gegeben werden:

Tipps:

Wie sieht ein Flow-Raum aus?

Tische werden vom Team entfernt, um einerseits genügend Platz zu schaffen und andererseits ablenkende Gegenstände zu entfernen. Vom Projektleiter wird ein Flow-Navigationsboard mit Agenda und den wesentlichen Inputs für das Meeting vorbereitet. Ausreichend Raum für Bewegung ist vorhanden.

Wann beginnt ein Flow-Meeting?

Wird eine Sitzung um 9:00h angesetzt, treffen um 8:45h die ersten Teilnehmer ein und beginnen das Navigationsboard zu bearbeiten.

Sie tragen ihre Inputs, Ziele und Erwartungen ein, dokumentieren den Status ihrer Arbeitspakete etc. Um 9:00h beginnt das Flow-Meeting, den Spielregeln gemäß, pünktlich.

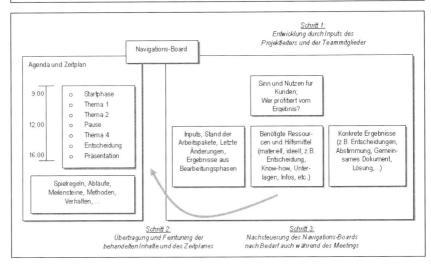

Abb. 59: Beispiel eines Navigationsboards

Tipps:

Welche Dynamik gibt es in Flow-Meetings?

In schlecht moderierten Sitzungen wird die Tagesordnung oft Punkt für Punkt in Form von Monologen abgehandelt. Die Sprechenden sind dazu verleitet, ihre Sichtweise zu umfangreich zu präsentieren. Die Aufmerksamkeit der Zuhörerschaft sinkt rasch.

In Flow-Meetings werden die Themen der Agenda parallel behandelt. Es gibt Themen-Eigner, die für die inhaltliche Qualität verantwortlich sind. Die Teilnehmer wandern von Flipchart zu Flipchart, diskutieren mit, bringen Impulse und Meinungen oder punktuelle Informationen ein und wandern dann weiter zum nächsten Thema.

Es herrscht Marktstimmung, man diskutiert, gestikuliert, lacht und streitet quer durcheinander. Es ist laut, man muss sich durchsetzen, zu seinen Wortmeldungen stehen, Standfestigkeit in der Zusammenarbeit zeigen. Treibt es jemand zu bunt, wird destruktiv oder beleidigend, gibt die Gruppe ein deutliches Feedback: Spielregelverletzung!

Leitmotiv: „Was kann sich aus der Summe der vorhandenen Sichtweisen an neuer Energie entwickeln?" Und daran wird sofort zu arbeiten begonnen.

Wie geht ein Flow-Team miteinander um?

Es kann vorkommen, dass Sitzungsteilnehmer bekannte Muster und Klischees ausdrücken (z.B. „Klar, dass der Vertrieb wieder querschießt ...").

In Flow-Meetings wird auf „abwertende oder pauschalierende" Meinungen hingewiesen. Konflikte werden als Sach-Unklarheiten oder persönliche, emotionale Problemstellungen identifiziert und getrennt voneinander behandelt, aber weder verdrängt noch unter den Tisch gekehrt.

Wie werden die Ergebnisse im Flow-Meeting verarbeitet?

Der Projektleiter sorgt für das Einsammeln der Teilergebnisse und fügt sie zusammen. Die Themen-Eigner tragen Verantwortung für das Einfließen der Ergebnisse in die Gesamtdokumentation. Im Ergebnis-Chart sind die großen Würfe festgehalten, die to-do's, die dafür Verantwortlichen und ein Zieltermin.

Welche Funktion hat der Flow-Moderator?

Initialisierung der Moderation, Ziele auf den Punkt bringen, Veränderungen in der Zielsetzung mitteilen, den Überblick bewahren, sich zurückziehen, bei Bedarf mitarbeiten, die Verantwortung abgeben, inhaltliche Qualität einmahnen, Entscheidungen herbeiführen, Menschen animieren, gute Laune verbreiten, den roten Faden und die To-do-Liste im Auge behalten, ...

Wie passiert Veränderung im Flow-Team?

Veränderung passiert laufend, wenn es neue Umstände verlangen und nicht nur, wenn ein schwerwiegendes Problem oder eine Krise aufgetreten ist. Jeder Einzelne ist ermächtigt – bei Einhaltung vereinbarter Informationsprozesse – Strukturen, Methoden oder Arbeitsweise zu ändern. Wichtig ist die Erreichung der gemeinsamen Ziele. Wer Ressourcen braucht, besorgt sich diese und wartet nicht auf Zuteilung.

Entscheidungs- und Informationssitzungen

Um ein Team von konventionellen Sitzungen zu Flow-Meetings zu führen, ist es zwar wichtig, dass ein Projektleiter auf die konstante Verfolgung des Themas achtet, darüber hinaus muss er aber auch im geeigneten Augenblick zurücktreten, damit die Teaminitiativen greifen können. Selbstorganisation ist eine wesentliche Grundlage für das Funktionieren von Flow-Meetings.

Ein Team im Flow zu führen bedeutet einen konzentrierten Start hinzulegen. Alle Eventualitäten am Beginn der Teamarbeit zu klären (gemeinsame Spielregeln) und dann loszulassen ist ein wichtiger Grund-

Spielregeln am Beginn, Freiraum für Selbstorganisation und Qualitätssicherung

satz für das Funktionieren von Selbstorganisation. Der Projektleiter greift erst wieder ein, wenn es darum geht, die Qualität zu sichern und die Ergebnisse zusammenzufassen. Dazwischen achtet er auf gruppendynamische Prozesse, beteiligt sich am Geschehen und behält den roten Faden im Auge.

Energisches Auftreten und einfühlsames Agieren

Sowohl mutiges, energisches Auftreten, wenn das Zusammenkommen der gesamten Gruppe notwendig ist, als auch einfühlsames Integrieren von Personen, die aufgrund ihrer Körpersignale anzeigen sich von der Gruppe abzulösen, sind wesentliche Führungsimpulse im Rahmen von Flow-Meetings. Nicht den Helfer zu spielen, aber geeignete Rahmenbedingungen zu schaffen, damit jeder im Team seine Fähigkeiten einbringen kann, zeichnet die professionelle Projektleiterin aus.

Motivation durch Transparenz und Anerkennung

Transparenz und Anerkennung für den Beitrag Einzelner ist auch ein wichtiges Motivationselement.

Bei der Durchführung von Flow-Meetings ist es wichtig, Regeln zu vereinbaren und einzuhalten. Folgende Regeln haben sich als nützlich erwiesen:

Tipps:

Flow-Spielregeln für Teams:
- Time-out: Jeder kann aus jedem Grund das Meeting unterbrechen, wenn es zu persönlich wird, Themen redundant diskutiert werden, der Flow nachlässt, eine Pause notwendig ist, etc.…
- Handyverbot; Handy lautlos schalten
- Es wird vorab vereinbart, wie mit Störungen umgegangen wird

Flow-Räume:
- Sesseln und Tische werden entfernt; während der Dauer von Meetings wird der freie Raum stehend und gehend benutzt.
- Selbstorganisation: Wenn jemand doch sitzen möchte, dann hat er selbst dafür zu sorgen; allerdings darf der Flow dadurch nicht unterbrochen werden.
- Es gibt ausreichend Moderationsgelegenheiten und -materialien (Flipcharts, Pinnwände, Planungstafeln, Präsentationsgeräte etc.)

Kommunikationsregeln:
- Teammitglieder werden nicht unterbrochen.
- Störungen werden sofort angesprochen.
- In kreativen Phasen sind Bewertungen nicht erlaubt.
- Vorschläge für Verbesserungen werden aktiv eingebracht.

- Skeptiker versuchen die „Sichtweise der Gegenseite" einzunehmen und sie zu verstehen.
- Meinungen werden immer wertschätzend artikuliert.
- Mit Humor sagt es sich leichter.

Kooperationsregeln:

- Es gibt gemeinsam vereinbarte Ziele.
- Es gibt gemeinsam vereinbarte Spielregeln und Prozesse.
- Konflikte haben Vorrang.
- Es gibt keine Schuldigen, nur andere Denkrichtungen und die Suche nach Lösungen.
- Jedes Teammitglied hat besondere Talente und kann diese einbringen.
- Entschieden wird nach allen Regeln der Kunst: so wie es die Situation verlangt.
- Es wird vereinbart, wie das Team mit groben Richtungsänderungen und Zielbewegungen umgehen soll.
- Die Bearbeitung von Themen erfolgt parallel oder sequenziell.
- Manche Informationen sind für alle bestimmt. Dann wird ein time-out genommen. Der Teamleiter oder der Verantwortliche verkünden das Teilergebnis oder die neue Erkenntnis.
- Jeder hat das Recht mitzuarbeiten, jeder hat das Recht sich herauszuhalten.
- Das Team entwickelt eine ausgeprägte Sensibilität für Signale der Veränderung oder des Zurückziehens, es wird nichts unter den Teppich gekehrt.

Sitzungsnachbereitung

Zur Sitzungsnachbereitung gehört vor allem die Erstellung einer geeigneten Sitzungsdokumentation (Protokoll).

Mit Hilfe von Protokollen werden Ideen, Erkenntnisse und Entscheidungsprozesse festgehalten, um die Sinnhaftigkeit auch in späteren Phasen transparent zu machen.

Ein weiteres Ziel, das mit Sitzungsprotokollen verfolgt wird, ist die Dokumentation von Vereinbarungen über weitere Umsetzungsaufgaben samt Verantwortlichen und Erledigungstermin (Aktivitätenplan), damit die Sitzungsteilnehmer das Protokoll sofort als Checkliste benützen können. Um diesem zweiten Ziel gerecht zu werden, sollte die

rasch Protokolle
verteilen

Dokumentation möglichst bald nach der Sitzung zur Verfügung gestellt werden.

Firma / Projekt / Gruppe:		
Teilnehmer (T) / Verteiler (V):	Grund:	
■ _____ ■ _____	Ort:	
■ _____ ■ _____	Bearbeiter:	
■ _____ ■ _____	Besprechung vom:	
■ _____ ■ _____	Dauer von:	
■ _____ ■ _____	Dauer bis:	
■ _____ ■ _____	Protokoll Nr.	
Notizen:	wer / bis wann	✓

Abb. 60: Muster eines Protokolls

Methoden und Hilfsmittel in Steuerungssitzungen

Zu den häufig verwendeten Methoden, die bei richtigem Einsatz die Effizienz von Sitzungen wesentlich erhöhen können, zählen:

I. Einsatz unterschiedlicher Arbeitsformen

II. Moderations- und Visualisierungsmethoden

III. Kreativitäts- und Bewertungsmethoden

IV. Methoden der Sitzungsauswertung

I. Einsatz unterschiedlicher Arbeitsformen

Durch den Einsatz differenzierter Arbeitsformen in Sitzungen lässt sich die Effizienz einer großen Gruppe noch wesentlich steigern.

Folgende prinzipielle Arbeitsformen sind möglich:

- Einzelarbeit
- Paararbeit
- Kleingruppenarbeit
- Plenum

Es ist durchaus üblich, innerhalb einer Sitzung Informationsphasen, Entscheidungen und detaillierte Problemlösungen zu vereinen. Diese erfordern allerdings differenzierte Arbeits- und Gruppenformen. In einer Informationsphase können beispielsweise auch größere Gruppen gleichzeitig anwesend sein, da die Information (Präsentation) durch eine Person an alle anderen Anwesenden verteilt wird. Interaktionen, wie insbesondere Entscheidungen oder kreative Problemlösungen sollten in kleinen Gruppen bearbeitet werden, weil andernfalls die Effizienz derartiger Prozesse sehr leidet.

Informationen auch an größere Gruppen gleichzeitig möglich

Kreative Problemsuche und Entscheidungen in kleineren Gruppen

Leider wird in vielen Unternehmen auf diesen Umstand zuwenig Rücksicht genommen, sodass oft zu viel Zeit mit falschen Arbeitsformen verbraucht wird.

II. Moderations-, Visualisierungsmethoden

In Sitzungen wird überproportional viel Information in reiner Gesprächsform übertragen, weshalb vor allem das Ohr als Wahrnehmungskanal eingesetzt wird. Visualisierung bei Projektarbeit kann die Informationsaufnahme und damit auch das Verständnis (vor allem bei komplexen Themen) deutlich verbessern.

Visualisierung soll
- Informationen bildlich darstellen und die Informationsaufnahme verbessern,
- den Redeaufwand verkürzen,
- Wiederholungen vermeiden,
- Informationen schnell erfassbar machen,
- einen roten Faden für Moderator und Teilnehmer darstellen,
- die Ergebnisse sofort festhalten,
- die Erinnerung und das spätere Nachvollziehen des Sitzungsgeschehens verbessern (Fotoprotokoll der Visualisierung).

Hilfsmittel, die die professionelle Visualisierung ermöglichen, sind:
- Flipchart
- elektronisches Flipchart
- Moderationstafel
- Computer, Tablet-Computer und Beamer
- Overheadprojektor

III. Kreativitäts- und Bewertungsmethoden

Von entscheidender Bedeutung, ob Sitzungen effizient ablaufen und die gewünschten Ziele erreicht werden können, ist – vor allem beim Finden neuer Lösungen – die Wahl einer geeigneten Methode, die die Kreativität der Teilnehmer zulässt und fördert.

Kreativitätstechniken sind Methoden der Ideenfindung, die:

- schnell viele Ideen produzieren,
- durch persönliche Einstellungen hervorgerufene Schranken abbauen und
- Visionen mit einer Fülle von Detailideen anreichern.

Es wird mit Assoziationen und Analogien gearbeitet; was sonst nur zufällig passiert – und nur selten thematisiert wird – wird hier gezielt herbeigeführt und ausgesprochen.

Sich einer Kreativitätstechnik zu bedienen, ist noch kein Garant für das Finden einer passenden Lösung. Genauso entscheidend ist es, in einer offenen und wertschätzenden Gesprächskultur zu arbeiten, in der alle Ideen als gleich wichtig und wertvoll, unabhängig von Seniorität und Hierarchien behandelt werden.

Der kreative Problemlösungsprozess

Der kreative Problemlösungsprozess besteht aus vier Stufen:

- Problemanalyse und Problemdefinition
- Ideenfindung
- Bewertung
- Umsetzung

Abb. 61: Der kreative Problemlösungsprozess

Ideenfindung und Bewertung sind iterativ, d.h. sie können innerhalb eines Prozesses öfters durchlaufen werden. In diesem Prozess muss mit strenger Phasentrennung vorgegangen werden. Innerhalb einer Phase sind phasenfremde Aktivitäten nicht zulässig; z.B. dürfen in der Phase der Ideenfindung keine Bewertungen stattfinden; in der Phase der Problemanalyse dürfen keine Ideen eingebracht werden.

- **Stufe 1: Problemanalyse und Problemdefinition**

    Die Problemanalyse muss ausführlich und genau erfolgen. Sie ist ein zentraler Punkt im Problemlösungsprozess und dient dem einheitlichen Problemverständnis, dem Erkennen der Problemstruktur und ist ein zentraler Faktor für die Motivation der Gruppe.

- **Stufe 2: Ideenfindung**

  Diese Phase dient dazu, so viele Ideen wie nur irgend möglich zu sammeln, bis das Team das Gefühl hat, dass es keine weiteren mehr gibt. Die Produkte dieser Phase sind Ideen unterschiedlichen Reifegrads.

- **Stufe 3: Bewertung**

  Für die Durchführung einer korrekten Auswertung von kreativem Material gibt es mehrere Methoden. In der Regel nimmt sie viel Zeit in Anspruch. Bei der Bewertung der Ideen sollte der Problemsteller nach der Grundregel „es bewertet immer der, der mit der Lösung leben muss" miteinbezogen werden.

- **Stufe 4: Umsetzung der erarbeiteten Lösung(en)**

  Die gefundenen Lösungen sind nun systematisch umzusetzen, indem dafür verantwortliche Personen und Termine vereinbart und auf ihre Einhaltung überprüft werden.

Die Methoden im kreativen Problemlösungsprozess

Um Kreativitätstechniken erfolgreich anwenden zu können, reicht für den Moderator die Kenntnis der Methoden nicht aus. Es bedarf außerdem glasklaren Handlungsanweisungen und „Moderationsfragen" an die Gruppe. Darüber hinaus ist die Berücksichtigung der Beziehungsebene ein wesentlicher Erfolgsfaktor im Umgang mit der Gruppe.

Die Rollen im kreativen Problemlösungsprozess

Grundsätzlich gibt es im kreativen Denkprozess drei Funktionen, die erfüllt und daraus resultierend folgende Rollen, die wahrgenommen werden müssen:

- Problemdefinition – Aufgabe des **Problemstellers**   **Problemsteller**

  Ein aktueller Bezug des Problemstellers zum Thema (Leidensdruck, Betroffenheit) ist eine wichtige Voraussetzung. Auch die Realisierung der kreativen Lösungsidee sollte in seinem Einflussbereich liegen.

Kreativgruppe

- Ideenfindung – Aufgabe der **Kreativgruppe**

  Die Leistung der Gruppe ist weit größer als die Summe der individuellen Leistungen, weil die Mitglieder einander gegenseitig anregen. Um die Effizienz nochmals zu steigern, empfiehlt es sich, Kreativgruppen homogen hinsichtlich der sozialen Stellung und heterogen hinsichtlich ihrer Ausbildung und ihres Fachwissens zusammenzusetzen. Eine Kreativgruppe umfasst in der Regel vier bis zwölf Personen.

Moderator

- Führen der Gruppe durch den Prozess – Aufgabe der **Führungskraft**/des **Moderators**

  Der Projektleiter oder der Moderator führt die einzelnen Individuen zu einer Gruppe zusammen. Seine Aufgabe ist es, die Balance zwischen sachlichen Aktivitäten (wie dem Führen der Gruppe durch die Prozesse und das Übernehmen der Steuerung) und persönlichen Aktivitäten in der Gruppe zu halten.

  Jede der genannten Funktionen umfasst ein anderes Rollenverständnis. Deshalb ist es günstig, wenn die Funktionen von unterschiedlichen Personen wahrgenommen werden. Die Tragfähigkeit der Methoden wird vom Grad der Funktionserfüllung der Rollenträger beeinflusst.

Kreativität fördern mit geeigneten Ansätzen

Individuelle Techniken zur Entwicklung von Alternativen

• Analogie und Metapher

Analogien und Metaphern können zur Identifikation, zum besseren Verständnis des Problems und zur Entwicklung alternativer Lösungen eingesetzt werden.

Eine Analogie ist die Suche nach einer Ähnlichkeit zum gesuchten Objekt aus einem außerhalb des bisherigen Kontextes liegenden Lösungsraums. Dabei werden zwei Aspekte miteinander verglichen, die grundverschieden sind, aber durch bestimmte Betrachtungsweisen den Anschein von Gemeinsamkeiten wecken. Metaphern sind bildliche Ausdrucksweisen, versuchen also für einen zu suchenden Zusammenhang ein Bild zu finden, das als Geschichte oder als Darstellung ähnliche Muster beinhaltet wie das zu suchende Ziel. Aus der bildhaften Vorstellung können neue, zusätzliche Ideen entstehen.

• Assoziationen

Bei Assoziationen wird eine mentale Verbindung zwischen mindestens zwei Aspekten oder Ideen geschaffen. Die diesbezüglich wichtige Frage lautet, was den Teilnehmern in der Kreativsitzung einfällt, wenn sie an den gesuchten Begriff denken. Die Assoziationen, die in Zusammenhang mit einem oder mehreren bestimmten Begriffen gefunden werden, werden notiert.

- **Mind Mapping**

  In der Mind-Mapping-Technik wird versucht, die in Beziehung stehenden Ideen als miteinander verbundene Äste, vergleichbar den Verknüpfungen von Gedanken in unserem Gehirn sichtbar zu machen. Dazu wird auf einem Papier das Problem in das Zentrum gestellt und die Gedankengänge sowie deren Verzweigungen vom Zentrum weg in alle Richtungen dargestellt.

- **Brainstorming**

  Im klassischen Brainstorming wird versucht, das Problem durch einen „Gedankensturm" der beteiligten Personen zu durchleuchten. Alternative Lösungen werden spontan und unreflektiert vorgetragen. Der Leiter (Moderator) des Brainstormings toleriert jeden Beitrag und sorgt dafür, dass alle Gedanken für jeden Teilnehmer sichtbar und verständlich festgehalten werden. Der Schwerpunkt des Brainstormings liegt in dieser Phase eindeutig auf der Quantität der Beiträge; Kritik oder lange Diskussion sind noch nicht gefragt. Die Ideen werden zu einem späteren Zeitpunkt einer sorgfältigen Analyse unterzogen.

  Es gibt verschiedene Varianten des Brainstormings, denen man sich je nach Problemstellungen und gewünschtem Ziel widmen kann.

- **Exkursionstechnik**

  Die Exkursionstechnik kommt überwiegend dann zur Anwendung, wenn die Gruppe mit üblichen kreativen Prozessen wie Brainstorming keine Lösung des Problems erarbeitet hat. Der Moderator fordert alle Teilnehmer dazu auf, eine gedankliche Exkursion durch imaginäre oder alternative reale Welten vorzunehmen. Danach werden entstandene Analogien analysiert, um unkonventionelle Lösungsansätze zu entdecken.

- **Nominale Gruppentechnik**

  Um Ideen zu entwickeln, setzt die nominale Gruppentechnik einen strukturierten Kleingruppenprozess ein. Diese Technik eignet sich hervorragend dazu, den Einfluss einer dominanten Persönlichkeit im Ideenentwicklungsprozess zu mindern. Bei dieser Technik dürfen nur zeitbegrenzte Lösungsansätze eingebracht werden, am Ende der Sitzung steht eine geheime Abstimmung über deren Berücksichtigung.

IV. Sitzungsauswertungsmethoden

Unter Sitzungsauswertungsmethoden sind solche zu verstehen, die auf die soziale Ebene des Teams Bezug nehmen (Blitzlicht, Feedback-Runden, Reflexionen).

Werden diese Methoden regelmäßig eingesetzt, können aufkeimende Probleme auf der Ebene der Zusammenarbeit frühzeitig bemerkt, angesprochen und gemeinsame Lösungen gefunden werden.

4.4.3 Management von Abweichungen

inhaltliche, Termin-, Ressourcen- oder Kostenabweichungen

Abweichungen beziehen sich auf mögliche oder konkrete Unterschiede zwischen dem ursprünglichen Plan und der abzusehenden Ergebnisse.

Abweichungen können sich auf inhaltliche Ziele beziehen, indem das angestrebte, fachliche Ergebnis nicht erreichbar ist oder indem vom Auftraggeber oder von einzelnen Interessengruppen ein anderes Ziel als ursprünglich vorgesehen gewünscht wird. Abweichungen können sich allerdings auch auf Termine, Ressourcen oder Kosten beziehen, indem die geplanten Maßnahmen nicht ausreichen, um das Projektziel zu erreichen.

Meist werden derartige Abweichungen vor oder während einer Projektsteuerungssitzung sichtbar, wenn die Teammitglieder aufgefordert werden, einen Zwischenbericht über ihre bisherigen Ergebnisse zu erstellen.

Ein **Zwischenbericht**, mündlich oder schriftlich, sollte zumindest Informationen über

- den Leistungsfortschritt (quantitative und qualitative Leistungserfüllung),
- den Terminfortschritt,
- den bisherigen Ressourcen- und Kostenverbrauch,
- aktuelle Probleme und Risiken sowie
- Chancen

enthalten. Diese aktuellen Istwerte werden mit noch zu erwartenden Restwerten ergänzt und dem ursprünglichen Plan gegenübergestellt. Aus der Differenz lassen sich die Abweichungen erkennen.

Informationsfluss vor Steuerungssitzungen

Die Daten der jeweiligen Teilfortschrittsberichte werden rechtzeitig vor einer Steuerungssitzung an den Projektleiter weitergeleitet. Dieser fasst die Daten zu einem Projektfortschrittsbericht zusammen, aus dem mögliche Abweichungen und deren Konsequenzen für das Projekt ersichtlich sind. Dies ist der methodische Teil.

Abweichungen sind Hinweise darauf, dass das Projekt nicht so durchgeführt wird, wie ursprünglich geplant. Dies kann vielfältige Ursachen haben, wie zum Beispiel:

Gründe für
Abweichungen

- **Pläne** oder **Vorgaben** des Auftraggebers oder Kunden haben sich in der Umsetzung als **unrealistisch** herausgestellt.
- **Projektleiter** oder **Teammitglieder** haben sich in der Planungsphase **verschätzt**. Die Effizienz und Produktivität werden nicht in dem Ausmaß erreicht wie angenommen.
- Die **Zusammenarbeit** im Team **funktioniert nicht** perfekt.
- Im Projekt tauchen **Hemmnisse** oder **Schwierigkeiten** auf, die im Rahmen der Projektplanung nicht erkannt worden waren und vielleicht auch gar nicht erkennbar waren.
- Auftraggeber oder **Kunden** bringen **Wünsche** und **Anforderungen** während des Projekts ein, die am Beginn des Projekts nicht mitberücksichtigt wurden.

Unter anderem können auch die Pläne aufgrund mangelnden Wissens über den Projektverlauf oder die technischen Möglichkeiten unrealistisch sein.

Leider ist ein Bestandteil unserer Kultur, dass Abweichungen etwas Negatives sind und dass irgendjemand diese Abweichungen verursacht haben muss. Sollte sich herausstellen, dass ein bestimmtes Teammitglied der Verursacher der Abweichung ist, wird es (zumindest immateriell) sanktioniert und dieser Umstand seinen persönlichen Schwächen zugeschrieben.

Abweichungen
werden als etwas
Negatives interpretiert

Bei Betrachtung dieses Kulturphänomens ist es leicht nachvollziehbar, dass die Teammitglieder üblicherweise alles daran setzen werden, Abweichungen nicht aktiv und frühzeitig zu kommunizieren, weil es vielleicht im weiteren Verlauf des Projekts noch gelingen könnte, die Abweichung wieder abzubauen oder zumindest die Hintergründe zu verschleiern.

Dagegen erhöht die offene Diskussion die Chance, frühzeitig passende Lösungen zu entwickeln.

Waren etwa die Pläne unrealistisch, kann durch das Weiterleiten der Information über die Abweichung und das rechtzeitige Informieren des Projektauftraggebers die Chance auf ein erfolgreiches Gegensteuern erhöht werden. Dies kann auch bedeuten, dass die aktuelle Situation akzeptiert wird und die ursprünglichen Pläne angepasst werden.

Lösungsorientierte
Betrachtungen von
Abweichungen

Was kann nun der Projektleiter als Führungskraft tun, um eine **Kultur der Offenheit und aktiven Kommunikation zu fördern?**

Vertrauen als Basis für Offenheit und aktive Kommunikation Die Grundlage für Offenheit und aktive Kommunikation ist eine gute Vertrauensbasis zwischen Projektleiter und einzelnen Teammitgliedern wie auch innerhalb des Teams. Vertrauen kann im Projektkontext nicht automatisch vorausgesetzt werden, da sich die Mitglieder des Projektteams zum Teil vor dem Projekt nicht kennen. Aus diesem Grund sollte der Projektleiter Energie und Zeit für vertrauensbildende Maßnahmen aufwenden.

Folgende Aktivitäten können die Vertrauensbildung in einem Arbeitsteam fördern:

> ## Tipps:
>
> - Offenheit vorleben, indem eigene Probleme, Fehler, Schwächen von Seiten der Projektleiterin auch thematisiert werden
> - bei passender Gelegenheit besprechen (zum Beispiel in der Teambildungsphase), welche Vorgehensweise sich die Teammitglieder und Projektleitung für den Fall von Problemen und Abweichungen erwarten
> - positive Beiträge und besondere Leistungen der Teammitglieder anerkennen
> - bei auftretenden Abweichungen und Problemen die Suche nach Lösungen und nicht die Suche nach „Schuldigen" in den Mittelpunkt rücken
> - für die Teammitglieder zur Verfügung stehen, wenn sie Unterstützung benötigen
> - bei Gesprächen den Teammitgliedern aktiv zuhören, nachfragen, Verständnis für die Situation zeigen
> - Wünsche und Erwartungen der Teammitglieder ernst nehmen, indem diesbezügliche Lösungen erarbeitet werden oder zumindest eine nachvollziehbare Erklärung gegeben wird, inwieweit diese nicht erfüllbar sind.

Führung bedeutet im Team ein Klima zu schaffen, in dem es möglich ist, etwas Neues zu wagen und in dem Lernen und Weiterentwicklung gefördert werden.

Besonders heikel ist dabei der Zusammenhang mit Zielvereinbarungs- und Anreizsystemen. Ein Zielvereinbarungssystem, das leistungsfördernd wirkt, sollte für besondere Erfolge Boni (immateriell oder finanziell) vorsehen. Für den Fall, dass die Ziele nicht erreicht werden, entstehen dadurch automatisch entsprechende Sanktionen (Imageverschlechterung, keine Auszahlung von Prämien, etc.).

Eine offene Lernkultur beinhaltet auch das Experimentieren und Ausprobieren von Neuem, wodurch gleichzeitig die Wahrscheinlichkeit, dass Fehler gemacht werden und dass daraus Ineffizienzen entstehen, erhöht wird. Vor allem wird jeder Mitarbeiter zumindest dann, wenn Teile der Entlohnung damit verknüpft sind, sehr zurückhaltend mit Experimenten und mit der Kommunikation von Fehlern umgehen. Dieser Gegensatz zwischen lernorientierter Kultur und Anreizsystemen führt unter anderem in vielen Projekten und Unternehmen zu einer geringen Offenheit.

Lernen versus Anreize durch Zielvereinbarungen

Die Zielvereinbarung zwischen dem Projektleiter und dem jeweiligen Teammitglied ist daher so zu gestalten, dass die definierten Lernfelder vor allem immateriell einfließen und die Anreizsysteme mit denjenigen Mitarbeiterzielen verknüpft werden, bei denen das Teammitglied über ausreichende Erfahrung verfügt und deren effiziente Erfüllung einen großen Beitrag für das Projektergebnis liefern. Eine sehr wichtige Aufgabe des Projektleiters als Führungskraft ist daher diese Balance zu halten.

4.4.4 Integration von Teilergebnissen

Die Teammitglieder haben in den Arbeitsphasen des Projekts vor allem die ihnen übertragenen Aufgaben umgesetzt. Die dabei gefundenen Lösungen wurden individuell optimiert. Dies bedeutet, dass der Arbeitspaketverantwortliche diejenige Lösung auswählt, die für die Erledigung dieser Aufgabe optimal erscheint.

Teil- versus Gesamtprojektsicht

In der Projektsteuerungs- und Koordinationsphase werden nun die einzelnen Teilergebnisse zu einem Gesamtprojektergebnis zusammengeführt. Aus der Gesamtprojektsicht kann es durchaus sinnvoll erscheinen, in den einzelnen Arbeitspaketen andere Wege oder Lösungen anzustreben, weil die gewählten aus dieser Betrachtung heraus suboptimal erscheinen.

Zusammenführen von Teilergebnissen zu einem Ganzen

Der Prozess der Integration von Teilergebnissen beinhaltet drei wesentliche Schritte. Zuallererst steht das Erkennen, dass die von den Arbeitspaketverantwortlichen gewählten Lösungen für das Gesamtprojekt nicht das optimale Ergebnis darstellen. Der zweite Schritt umfasst die Analyse und Kommunikation dieser Erkenntnis. Der dritte und schwierigste Teil ist das Finden einer neuen, optimalen Lösung.

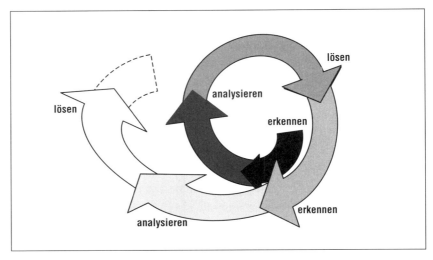

Abb. 62: *Der Kreislauf Erkennen – Analysieren – Lösen bei der Integration von Teilergebnissen*

Unterschiede akzeptieren fördert das Erkennen

Erkennen bedeutet, den vom Arbeitspaketverantwortlichen definierten Lösungsweg möglichst unbewertet zu verstehen. Aus diesem Grund sollten sowohl die Sichtweise des Teammitglieds einerseits und die Darstellung des Projektleiters andererseits, der die Gesamtprojektsicht vertritt, eingeholt werden. Dadurch werden die Gemeinsamkeiten und die Unterschiede in den Wahrnehmungen zwischen dem Arbeitspaketverantwortlichen und demjenigen, der die Integration steuert, sichtbar. Die Unterschiede zu benennen und sie gleichzeitig als natürliche Begebenheit zwischen mehreren Menschen zu akzeptieren, ist für den Erfolg der Integration sehr wichtig.

Emotionalität verursacht Rechtfertigungen oder Schuldzuweisungen

Die bewusste Trennung des Beobachtungsprozesses **(Erkennen)** vom Interpretationsprozess (**Analyse**, Hypothesenbildung, **Bewertung**) ist ein wesentlicher Erfolgsfaktor für eine professionelle Integration. Die Vermischung dieser beiden Teilschritte erschwert das Verstehen der unterschiedlichen Sichtweisen, weil durch die subjektive Interpretation bereits viel Emotionalität (Kritik, Bewertung, Interpretationen, eigene Erfahrungen, …) ins Gespräch gebracht werden. Emotionalität verursacht in derartigen Situationen häufig Schuldzuweisungen, Rechtfertigung oder Abwehr der Bewertungen.

Bei diesem Schritt sind Formulierungen nützlich, die sich auf die eigenen Wahrnehmungen konzentrieren und die betonen, dass es sich dabei um die eigene Sicht handelt.

> **Beispiel:**
>
> In einem Organisationsentwicklungsprojekt bestanden die bisherigen Arbeitspakete darin, alternative Lösungen für die zukünftige Organisationsgestaltung zu entwickeln. Folgende Formulierungen wurden dazu gewählt:
>
> „Wenn ich die Ausführungen richtig verstehe, liegt als Zwischenergebnis ein Vergleich von drei Varianten und die Empfehlung für die Variante A vor."
>
> oder
>
> „Du hast also die möglichen zukünftigen Organisationsformen für die Abteilung aufgelistet, miteinander verglichen und Variante A als die empfehlenswerteste aus der Sicht des Auftragsabwicklungsprozesses erachtet."

Diese wertfreie Zusammenfassung durch die Führungskraft dient der Akzeptanz und Wertschätzung der bisherigen Arbeit. Sehr häufig werden allerdings bereits beim ersten Schritt Interpretationen oder Fragen, hinter denen sich eine klare Zielrichtung des Fragers verbirgt, gestellt.

„Ist die Empfehlung nicht sehr auftragsabwicklungsorientiert?"

„Fehlt da nicht die Variante X?"

„Ich habe den Eindruck, dass in eurer Arbeit die anderen Prozesse nicht gleichwertig mitgedacht wurden."

Derartige Fragen zeigen zwar oberflächlich Interesse an der Arbeit des Teams, bei genauerem Hinhören offenbaren sich allerdings auch klare Interessen des Fragers. Solche Vorgehensweisen bewirken beim Arbeitspaketverantwortlichen bewusst oder unbewusst eine Abwehrhaltung, da das Ergebnis bereits in eine bestimmte Richtung interpretiert wird, bevor noch die Art des Zustandekommens und die zugrundeliegenden Modelle verstanden werden.

Der dem Erkennen folgende zweite Schritt beinhaltet die **Analyse und Interpretation**. Dafür eignen sich offene Fragen und Hypothesen. Sie ermöglichen es demjenigen, der die bisherigen Zwischenergebnisse erarbeitet hat, neue Ideen und andere Sichtweisen anzunehmen. Feststellungen oder Fragen, hinter denen bereits Meinungen verborgen sind, führen meist zu Abwehr und Blockaden. Offene Fragen initiieren einen Dialog, der die Hintergründe, Kontexte und Modelle verstehbar und nachvollziehbar macht.

offene Fragen und Hypothesen dienen der sachlichen Analyse

Tipps:

Für das oben erwähnte Beispiel würden sich Fragen anbieten wie:

„Hat euer Team noch weitere Alternativen diskutiert?"

„Wie seid ihr zu dieser Empfehlung gekommen?"

„Wie sollten die Ergebnisse des Teams Auftragsabwicklungsprozess mit den Ergebnissen der anderen Teams verschmolzen werden?"

„Was bedeutet … in der Liste der Vorteile von Variante A?"

„Wie häufig trifft der hier genannte Nachteil von Variante B zu?"

Der dritte Schritt ist die Visualisierung derjenigen Teilergebnisse, die im Sinne des Gesamtprojekts noch nicht zusammenpassen. Dies ist der heikelste Schritt, weil er unabdingbar mit der Loslösung von bisherigen Teilergebnissen und der Akzeptanz anderer Ideen verbunden ist. Dies gelingt meist wesentlich leichter, wenn die bisherigen Schritte ein Klima geschaffen haben, das gegenseitigen Respekt und Akzeptanz für die Teilprojektarbeit fördert.

Durch ehrliches Interesse an den anderen Teilprojektteams und eine authentische Lernbereitschaft wird dies gefördert. Ehrliches Interesse bedeutet zu hinterfragen, wie die anderen Teams ihre Teilergebnisse produziert haben, was sie dabei berücksichtigt und was sie weggelassen haben und wie sie die typischen Fallen und Probleme in der Teamarbeit gelöst haben.

Im Rahmen einer Besprechung oder eines Workshops werden nun die Zwischenergebnisse, die bereits gut zusammenpassen und jene, die noch zu integrieren sind, für alle nachvollziehbar dargestellt. Diese Inhalte mit Hilfe von Flipcharts, Pinnwänden oder Beamer zu visualisieren kann den Prozess wesentlich beschleunigen.

Wertschätzung für die bisherige Arbeit zeigen

Die **bereits passenden Teilergebnisse** zu **würdigen** ist ein Schritt, der Wertschätzung zeigt und der unter Umständen das Loslassen von suboptimalen Teilergebnissen erleichtert. Dies ist allerdings nicht zu empfehlen, wenn ein oder mehrere Teilteams nur gut zusammenpassende Lösungen und andere nur suboptimale Lösungen entwickelt haben. Dies könnte zu einem globalen Gewinner/Verlierer- oder einem Gutes/Schlechtes-Team-Syndrom und damit wahrscheinlich zu Blockaden führen.

Trennung Lössungssuche und -bewertung

Für die **nicht zusammenpassenden Teilergebnisse** sind nun auf Basis des aktuellen Informationsstandes weitere, **neue Lösungen** zu **suchen**. Dies ist ein kreativer Schritt des Sammelns und sollte zuerst ohne Bewertung durchgeführt werden.

Erst nach Beendigung der Ideensammlungsphase werden Vor- und Nachteile jeder neuen Lösungsidee aufgelistet, um im Anschluss daran das optimale Ergebnis aus Gesamtprojektsicht zu definieren.

Der Projektleiter ist in einer derartigen Sitzung in hohem Maße als Moderator dieses Problemlösungsprozesses gefragt. Sollte der Projektleiter auch als inhaltlicher Experte benötigt sein, empfiehlt es sich für diese Besprechung ein anderes Teammitglied oder einen Teamexternen als Moderator zu benennen.

4.4.5 Entscheidungsfindung in Steuerungssitzungen

Entscheidungsstile

Wenn Gruppen Entscheidungen treffen, hat das sowohl aus sachlicher als auch aus emotional-sozialer Sicht viele Vorteile gegenüber Einzelentscheidungen, da Gruppenentscheidungen eine höhere Qualität und eine größere Identifikation mit dem Ergebnis bewirken. Gruppen können in zwei Fällen die besseren Entscheidungen treffen als Einzelpersonen:

- bei komplexen Problemlagen und
- in emotional schwierigen Situationen

Voraussetzung ist allerdings, dass Gruppen die dafür notwendige Reife haben, gut zusammenarbeiten können und konsensfähig sind.

Von der Art und Weise, wie Entscheidungen zustande kommen, hängt nicht unwesentlich die Qualität der Entscheidung selbst und die Akzeptanz sowie Verbindlichkeit des Ergebnisses ab.

Entscheidungsprozess beeinflusst Qualität und Akzeptanz einer Entscheidung

Folgende Typen sind hinsichtlich der Entscheidungsqualität unterscheidbar:

- Einzelentscheidung
- einfache Mehrheit (Abstimmung)
- Expertenentscheidung
- Zweidrittelmehrheit
- Konsensentscheidung

Unter **Konsens** ist ein Ergebnis zu verstehen, das jedes Teammitglied akzeptieren kann und dessen Umsetzung es unterstützt, auch wenn es nicht das Optimum aus der Sicht der Einzelperson darstellt.

Konsens bedeutet die Anerkennung von Person und Argument; nur dann werden die positiven Potenziale von Meinungsverschiedenheiten wirklich ausgenützt. Meinungsverschiedenheiten und Konflikte können als Chance wahrgenommen werden. Konsens heißt nicht vorschnelle Anpassung an die dominante Gruppenmeinung. Sollte sich in einer Gruppe allzu schnell eine einheitliche Meinung abzeichnen, ist es immer günstig, wenn die Gruppe diese Übereinstimmung noch einmal hinterfragt, indem sich zum Beispiel jemand findet, der die Rolle des „Advocatus diaboli" wahrnimmt. Dies ist jemand, der ganz gezielt hinterfragt, die Position des Gegenübers einnimmt und dagegen argumentiert. Gruppen, die immer schnell einer Meinung sind, bringen selten gute Ergebnisse, auch wenn sie sich dabei sicher und wohl fühlen.

Einzelentscheidung versus Partizipation

Nicht jedes Problem im Unternehmen erfordert eine Teamentscheidung; es gibt auch nicht den einzig richtigen Weg, den ein Projektleiter einzuschlagen hat, um zu einer Entscheidung zu gelangen. Daher ist ein situativer Ansatz zu empfehlen. Es erfordert vor allem das Geschick der Projektleiterin, die Situation richtig zu erkennen und zu bewerten.

Modelle der stufenweisen Partizipation Bei der (eigentlichen) **Entscheidungsfindung** im Projektteam sind folgende **Formen** in der Praxis beobachtbar:

- **„Ich entscheide allein"**: Die volle Verantwortung liegt beim Entscheider, die Entscheidung basiert ausschließlich auf eigenem Wissen, die Mitarbeiter werden vor vollendete Tatsachen gestellt; Erörterung in der Gruppe ist möglich.

- **„Beantworte mir meine Fragen"**: Der Entscheider holt Informationen (Fakten zur Entscheidungsfindung) ein, ohne dafür den Zweck klarzulegen.

- **„Gib mir deine Ratschläge"**: Der Entscheider holt Information in Form von Analysen, Ideen, Meinungen, Konzepten ein, entscheidet aber alleine.

- **„Lasst uns diskutieren"**: Der Entscheider teilt Information mit mehreren, die Gruppensynergie verhilft zu neuen Ideen. Er entscheidet dann (unter Umständen auch gegen die Gruppenmeinung) allein.

- **„Wir finden gemeinsam eine Lösung"**: Der Projektleiter legt die Randbedingungen fest, agiert als Moderator, gibt aber das Recht der Entscheidung an die Gruppe weiter. Dabei kann ein Gruppenkonsens oder eine Mehrheitsentscheidung in der Gruppe erzielt werden.

Die folgende Grafik zeigt, welche Entscheidungsstile in verschiedenen Situationen ratsam sind.

Situation	Entscheidungsstil			
	Autoritär durch den Projektleiter	Projektleiter nach Mitarbeiter-information	Projektleiter nach Team-besprechung	Entscheidung durch das Projektteam
Die nötigen Informationen sind im Team verteilt.	🙁	😐	😐	😊
Die Akzeptanz der Entscheidung ist besonders wichtig.	🙁	😐	😐	😊
Die Entscheidungs-schnelligkeit hat Vorrang.	😊	😐	🙁	🙁

😊 optimaler Entscheidungstyp

🙁 nicht anzustrebender Entscheidungstyp

😐 möglicher, nicht idealer Entscheidungstyp

Abb. 63: Entscheidungsstile in Projekten

Akzeptanz von Entscheidungen in Gruppen

Die Art der Einbindung des einzelnen Gruppenmitglieds in den Prozess der **Entscheidungsfindung** macht den Grad der Akzeptanz, der Zustimmung und Verbindlichkeit der Gruppenentscheidung von Seiten des einzelnen Mitarbeiters aus.

Dabei kann untergliedert werden in Zustimmung zum:

- Prozess der Entscheidungsfindung
- Ergebnis (dem inhaltlich Erreichten)

Folgende **Stufen zunehmender Zustimmung und Verbindlichkeit** sind zu unterscheiden:

- **Abstinenz** bei der Entscheidungsmitwirkung: Ein Ausblenden des Einzelnen aus dem Gruppenentscheidungsprozess, um eine Entscheidungsfindung zu erleichtern. Die Gruppenloyalität wird gehalten, die Einzelmeinung geht verloren.
- **Prozessakzeptanz**: Einer Gruppenentscheidung wird zwar inhaltlich nicht zugestimmt, der Prozess der Entscheidungsfindung je-

doch akzeptiert. Inhaltlich wird die Entscheidung auch nicht mit-getragen. Diese Akzeptanz liegt bei **Mehrheitsentscheidungen** vor. Ein solches Vorgehen ist eher bei großen Gruppen ange-bracht, der demokratische Ansatz muss jedoch von allen aner-kannt sein. Man schafft allerdings bei Mehrheitsvoten automa-tisch eine inhaltliche Opposition, was für eine nachfolgende Um-setzungsphase Probleme bereiten kann („Ich hab immer schon ge-sagt …", „Ich war ja damals schon dagegen.", „Jetzt habt ihr die Misere!").

- **Inhaltliche Akzeptanz**: Sie besteht im Anschließen an die Mei-nung der Experten in der Gruppe, denen Vertrauen entgegenge-bracht wird. Es ist dies quasi eine Stimmübertragung, insbeson-dere bei fehlendem Problemverständnis, das heißt bei inhalt-lich/sachlicher Überforderung. Die Entscheidung wird nicht mit-vertreten, es besteht keine inhaltliche Verbindlichkeit.

- **Inhaltliche Zustimmung**: Es geht hier um das Aufgeben seiner eigenen Position, um eine einheitliche Gruppenlösung zu erhal-ten, **ohne** die inhaltliche Argumentation bezüglich Meinungen und Werthaltungen vollständig zu akzeptieren.

- **Inhaltliche Identifikation**: Meinungsunterschiede werden durch Argumentation und Diskussion ausgetragen, wobei alle Parteien das gleiche Verständnis des Problems besitzen und ihre jeweilige Sicht bezüglich einer Problemlösung ausreichend kommunizieren können.

Konsens ist der Zustand des Erreichens einer **von allen** vertretenen und auch getragenen Entscheidung.

Abrücken von vorschnellem Schwarz/Weiß-Denken

Häufiger als man glauben würde, geht es bei der Konsensfindung um das Nebeneinander von mehreren, aus der jeweiligen Position richtigen bzw. berechtigten Standpunkten (Behauptungen, Interessen). Voraus-setzung hiezu ist das Abgehen vom vorschnellen Werturteil „rich-tig/falsch", vom Schwarz-Weiß-Denken, vom Entweder-Oder-Dilem-ma. In vielen Situationen ist es nicht nötig entweder–oder zu denken, sondern es ist möglich, mehrere Sichtweisen zuzulassen. Die Betonung liegt auf fairem Behandeln gegenseitiger Meinungen und basiert auf Vertrauen, Offenheit und Verantwortung jeder Partei.

neue Lösungen entstehen durch die Betrachtung in einem anderen Licht

Der Prozess ist dabei relativ zeitaufwendig und dadurch teuer, die Gruppenarbeit muss gekonnt sein. Die Gruppenmitglieder werden auf-gefordert, nicht für die eigene Position **über vertretbare Grenzen hin-aus** zu streiten, sondern vielmehr die eigene Meinung im Lichte des „Gegners" neu zu überdenken. Es geht darum, sich in die Meinung des anderen hineinzudenken, nicht jedoch die eigene Meinung alleine deswegen abzuändern, um eine Konfrontation zu vermeiden. Orientierung dabei ist: Was ist das Beste für die Gruppe? Meinungsunterschiede werden in diesem Zusammenhang als zweckmäßig angesehen, jedoch sind Gewinn/Verlust-Situationen zu vermeiden. Jeder hat Gelegenheit, seine Ideen ernsthaft einzubringen, so dass sie diskutiert und erwogen werden können.

Konsens wird nicht durch Majoritätsbildung, durch Kuhhandel oder Durchschnittsbildung erzielt. Konsens ist ein inhaltliches Näherkommen von gegensätzlichen Standpunkten, das über das reine Abstrich-Machen hinausgeht; es entsteht dabei eine Synthese, etwas Neues, das die unterschiedlichen Meinungen sogar erhöht, eine neue Meinungsqualität.

Bei **Einhelligkeit** handelt es sich hingegen um einen A-priori-Konsens. Es ist dies die nicht erstrebenswerte Situation, dass alle Mitglieder gleiches Verständnis, gleiche Meinung und praktisch keine konkurrierenden Ziele haben. Es besteht dabei auf keiner Ebene ein Konflikt; in diesem Extremfall ist kein Konfliktmanagement erforderlich.

Eine derartige volle Übereinstimmung kann jedoch auch nur vorgetäuscht sein oder in einer Eigendynamik als Pseudoübereinstimmung entstehen, wie nachfolgend erläutert wird.

Phänomene der Fehlleitung von Übereinstimmung

Nicht bloß das Auftreten von gegenteiligen Meinungen in den beschriebenen unterschiedlichen Formen erzeugt Probleme, sondern auch das Vorliegen von Einstimmigkeit in Gruppen bzw. von zumindest scheinbar vorherrschender Einhelligkeit.

Es sind hier folgende Phänomene zu erwähnen:

- **Group think:** das Nachgeben des Einzelnen aufgrund des bestehenden sozialen Drucks im Projektteam wider bessere Einsicht. Dadurch ergibt sich eine vorliegende Gruppenmeinung, die die Vielfalt der Meinungen stark beschneidet. Der Einzelne sieht seine durch den Gruppendruck moralisch erzwungene Zustimmung als Beitrag zur Gruppenloyalität. Ein derartiges Verhalten tritt bei Gruppen mit langer Geschichte auf und reduziert deren kreatives Lösungspotenzial.

    Nachgeben aufgrund des hohen Gruppendrucks

    Ein professioneller Projektleiter wird hier versuchen, Konflikte zu induzieren, etwa durch Zuziehen fremder Personen, Forcieren der Debatte, Herausstreichen unterschiedlicher Sichtweisen, Hervorstreichen, dass sich das Projektteam gerade in einer derartigen Situation (group think) befindet, Klarlegung unterschiedlicher Rollen.

- **Abilene-Paradoxon**: liegt vor, wenn es zu einer Teamentscheidung und zu Gruppenaktionen in offensichtlich großer Einhelligkeit kommt, obwohl letztlich niemand diese Entscheidung innerlich vertritt oder anstrebt, sondern eher das Gegenteil.

  Ein mehr oder minder zufällig eingebrachter Lösungsvorschlag wird von jedem einzelnen Mitglied akzeptiert, in der Meinung, alle anderen seien ohnedies einhellig dafür. Jeder schluckt zum Gruppenwohl diese Unannehmlichkeit in der Meinung, er sei der Einzige, der anderer Meinung ist. Dieses Verhalten tritt auf, wenn die offene Kommunikation und Diskussion im Projektteam aus verschiedensten Gründen eingeschränkt ist.

4.4.6 Anerkennung und Kritik in der Steuerungsphase

Grundsätze für Feedback

Während des Projekts ist faires Feedback Nahrung für die Motivatoren. Es unterstützt Lernen und positive Entwicklung am besten, wenn es möglichst zeitaktuell mit dem Anlass für die Rückmeldung passiert. Sobald eine Situation eintritt, die ein positives oder negatives Feedback verdient, sollte der Projektleiter das Gespräch mit dem Mitarbeiter suchen und konkret auf diese Situation Bezug nehmen.

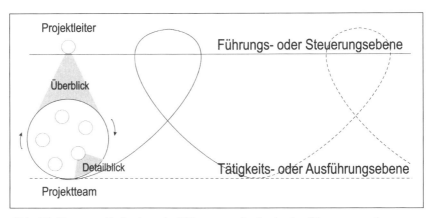

Abb. 64: Prozess-Reflexion als Führungsaufgabe in der Steuerungsphase

Während der Projektsteuerungsphasen werden die Zwischenergebnisse der Arbeitspakete zusammengeführt. Die Steuerungsphase ist daher durch Sitzungen, Abstimmungen, Präsentationen, Diskussionen gekennzeichnet und daher mehr durch das Miteinander im Team als die davorliegende Arbeitsphase bestimmt. Durch die gemeinsame Arbeit werden Stärken und Schwächen, für das Projektziel förderliche und hinderliche Verhaltensweisen besonders sichtbar. Feedback kann daher vor allem in den Steuerungsphasen als wesentliches Führungsinstrument eingesetzt werden.

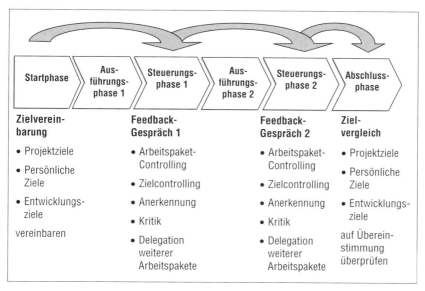

Abb. 65: Zielvereinbarungs- und Feedbackprozess im Projektablauf

Erfolgsfaktoren für Feedbackgespräche

Feedback im Projekt kann die betroffene Person in ihrer **Motivation** unterstützen oder behindern. Dies hängt nicht nur vom Anlass und Thema des Gesprächs ab, sondern vor allem von einer Reihe wesentlicher Erfolgsfaktoren, wie insbesondere:

- positive und negative Aspekte besprechen
- klare Trennung von Beobachtungen und Interpretationen
- Fragen statt Feststellungen
- aktiv zuhören und verständnisvoll reagieren
- unterschiedliche Sichtweisen akzeptieren und den eigenen Beitrag erkennen
- Problemlösungen gemeinsam entwickeln
- Hilfe anbieten, ohne Verantwortung wegzunehmen
- für (adaptierte) Ziele sorgen

Diesen Erfolgsfaktoren liegen Haltungen zugrunde, die massiven Einfluss auf die Art und Qualität der Kommunikation nehmen.

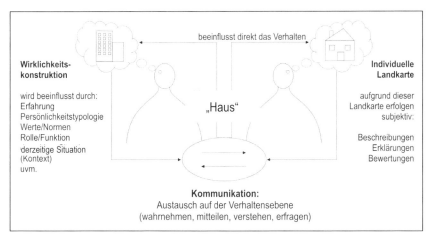

Abb. 66: Kommunikation als zentraler sozialer Plan

Die oben aufgelisteten Erfolgsfaktoren bedeuten im Detail:

- **Positive und negative Aspekte besprechen**

  Häufig erzeugen negativ erlebte Situationen beim Projektleiter so starke Emotionen, dass dies relativ rasch angesprochen wird. Meist vergessen die Führungskräfte allerdings die Gelegenheit zu nützen, um auch positiv Erlebtes zu thematisieren, wodurch der betroffene Mitarbeiter erkennen könnte, dass erfolgreiche Verhaltensweisen genauso gewürdigt werden. Feedback wird dann in einer ausgewogenen Form und nicht als Kritik an der gesamten Person erlebt.

- **Klare Trennung von Beobachtungen und Interpretationen**

  Beobachtungen zu beschreiben bedeutet, sich auf die Darstellung des Wahrgenommenen zu konzentrieren. Interpretationen beinhalten Wertungen, die auf persönlichen Erfahrungen und dem Weltbild dessen, der interpretiert, aufbauen. In einem Feedbackgespräch führt die Trennung dieser beiden Ebenen erfahrungsgemäß zu konstruktiveren Lösungen, weil die gegenseitige Darstellung der Beobachtungen für sich die Möglichkeit eröffnet ohne Bewertung den heiklen Punkten näherzukommen. Das Verständnis für die jeweils andere Sichtweise wird dadurch gefördert.

- **Fragen statt Feststellungen fördern ein offenes Gesprächsklima**

  Fragen drängen den Mitarbeiter nicht sofort in die Defensive, sondern bieten ihm Gelegenheit zur Darstellung der eigenen Sichtweise. Sofern sich diese von der des Projektleiters unterscheidet, kann dieser immer noch im Anschluss an den Mitarbeiter seine Sichtweise einbringen.

- **Aktives Zuhören und verständnisvolles Reagieren erhöhen die Wertschätzung**

  Aktives Zuhören bedeutet in diesem Zusammenhang nicht vorschnell mit vorbereiteten Argumenten zu reagieren, sondern auf die Inhalte des Mitarbeiters konkret einzugehen, bei Unklarheiten nachzufragen, um die Aussagen des Mitarbeiters zu verstehen. Danach kann der Projektleiter Stellung nehmen, sofern er nicht die Meinung des Mitarbeiters teilt. Stehen die zwei Meinungen akzeptiert gegenüber, können Projektleiter und Mitarbeiter beginnen sinnvolle Lösungen zu entwickeln.

- **Die Akzeptanz unterschiedlicher Sichtweisen und das Erkennen des eigenen Beitrags verstärkt die Identifikation**

  Wenn Führungskräfte die Ursachen für nichterreichte Ziele nicht ausschließlich bei den Mitarbeitern oder bei weiteren Umfeldgruppen suchen, sondern das eigene Verhalten ebenso hinterfragen und die Sichtweisen der Teammitglieder als solche akzeptieren, erhöht das die Offenheit im Gesprächsklima und die Identifikation.

  Eine Grundannahme, die dies unterstützt, ist die Erkenntnis, dass Probleme selten aus Fehlverhalten einer einzelnen Person entstehen, sondern meist aus dem Zusammenwirken von mehreren Personen.

Beispiel:

Eine Führungskraft sieht das Problem für die nichterreichten Ziele in der unzureichenden Initiative des Mitarbeiters. Allerdings trägt die betroffene Führungskraft schon seit längerer Zeit durch zu aktives Intervenieren in die Aufgaben des Mitarbeiters dazu bei, dass der Mitarbeiter immer wieder von eigenen Lösungsideen und Initiativen abgebracht wurde. Dies hat nach und nach zu einem abwartenden Verhalten beim Mitarbeiter geführt.

Darüber hinaus kann ein einheitlicher Führungsstil, der in gleichem Maße bei allen Mitarbeitern angewandt wird, zu Problemen führen. Adäquate Führung umfasst bei sehr erfahrenen Mitarbeitern beispielsweise, dass sie die übernommenen Arbeitspakete mit großem Freiraum umsetzen können und kann gleichzeitig bei wenig erfahrenen Mitarbeitern bedeuten, dass eine engere Zusammenarbeit mit Abstimmung vieler kleinerer Schritte nötig ist.

- **Gemeinsam entwickelte Lösungen verbessern die Teamkultur**

  Erst die gemeinsame Auseinandersetzung mit den Hintergründen für die nicht erreichten Ziele schafft ein ausreichendes Verständnis auf dessen Basis akzeptierte Lösungen möglich sind. Führungskräfte, die zwar die Abweichungen kritisieren, sich aber nicht mit den Hintergründen auseinander setzen und auch nicht bereit sind über alternative Lösungen mit dem Mitarbeiter nachzudenken, fördern häufig beim Teammitglied den Eindruck des Nicht-verstanden-Werdens. Gemeinsam erarbeitete Maßnahmen fördern die Identifizierung mit dem „neuen" Lösungsweg.

- **Hilfe anbieten, ohne Kompetenzen und Verantwortung wegzunehmen**

Für die Führungskraft, die üblicherweise mehr Erfahrung besitzt, ist es sehr verlockend, beim Auftreten von Abweichungen selbst anzupacken, damit das Ziel rasch und effizient erreicht wird. Diese Vorgangsweise führt jedoch unweigerlich zu einem Verantwortungsübergang vom Mitarbeiter zur Führungskraft. Sobald der Mitarbeiter entweder die Art der Erledigung nicht nachvollziehen kann oder sich um die Lernchance gebracht sieht, wird er resignieren, weil die Führungskraft es eben besser und schneller schafft und wird die Eigenverantwortung für die übernommenen Ziele an die Führungskraft zurückübertragen. Darüber hinaus wird dieser Mitarbeiter bei der nächsten Aufgabenverteilung die Übernahme von Arbeitspaketen passiv oder aktiv ablehnen, weil er annimmt, dass die Führungskraft beim Auftauchen erster Schwierigkeiten die Erledigung sowieso wieder übernimmt.

- **Für (adaptierte) Ziele sorgen**

Ziele in einem Projekt sind Vereinbarungen von gewünschten zukünftigen Zuständen. Aufgrund der Einmaligkeit und der Dynamik, der Projekte unterworfen sind, entstehen sehr häufig in Projekten Situationen, die eine Erreichung der ursprünglichen Ziele nicht möglich oder wirtschaftlich nicht sinnvoll erscheinen lassen. Führungskräfte sind dann in der herausfordernden Lage zu erkennen, bis zu welchem Zeitpunkt eine Erreichung der ursprünglichen Ziele noch sinnvoll anzustreben ist und ab wann die Ziele zu adaptieren sind.

Es erfordert Mut und Vision mit den Mitarbeitern neue Ziele zu vereinbaren. Dies ist allerdings ein zentraler Motivationsfaktor, da langfristig Teammitglieder nur bei realistischen Rahmenbedingungen engagiert mitarbeiten werden.

Durch den richtigen Einsatz von Feedback kann großer Nutzen generiert werden. Feedback gibt dem Mitarbeiter Aufschlüsse über die eigene Person, zeigt Potenziale und Entwicklungsmöglichkeiten auf und klärt die Beziehung zum Feedback-Geber. Genauso kann auch der Projektleiter vom Feedback seiner Teammitglieder profitieren. Dadurch verbessern sich langfristig die Zusammenarbeit und die Kommunikation.

Ein zentraler Leitsatz für wirksames Feedback lautet: „**Miteinander** reden, **nicht übereinander**".

Als Zusammenfassung werden hier einige wichtige Spielregeln für Feedback-Geber und -Nehmer dargestellt:

Tipps:

Spielregeln für den Feedback-Geber:

- persönlich/„Ich"-Botschaften:
  Das bedeutet, dass der Feedback-Geber in der „Ich"-Form spricht. Nur beobachtetes Verhalten und daraus resultierende persönliche Gefühle werden weitergegeben. „Du"-Botschaften sollten vermieden werden.

  Beispiel für eine „Ich"-Botschaft: „Ich empfinde die Form der Darstellung als wenig wertschätzend."

  Beispiel für eine „Du"-Botschaft: „Du argumentierst sehr negativ" oder „Du greifst mich an."

- beschreibend/nicht wertend:
  Anstelle von (moralischen) Bewertungen sollten Beschreibungen des wahrgenommenen Verhaltens stehen.

- rechtzeitig:
  Feedback sollte möglichst rasch auf den Anlassfall folgend gegeben werden. Sie im Inneren zu sammeln und die Gedanken zu einem späteren Zeitpunkt mitzuteilen, bringt es mit sich, dass mehrere Geschichten in das Feedback „miteingepackt" werden. Der Feedback-Geber ist versucht, Informationen mitzutransportieren, die er im Laufe der Zeit zu diesem Thema erhalten hat.

- konkret:
  Feedback sollte sich nicht auf ein globales oder allgemeines Verhalten beziehen, sondern anhand der konkreten Situation gegeben werden, die die Emotion ausgelöst hat.

- konstruktiv:
  Feedback kann zerstörend wirken, wenn der Feedback-Geber nur die eigenen Bedürfnisse sieht und nicht die der anderen Personen. Feedback soll konstruktiv, nicht destruktiv sein. Verbesserungsvorschläge sind immer hilfreich.

- veränderbar:
  Feedback soll sich auf Verhaltensweisen beziehen, die lern- oder veränderbar sind, nicht auf unveränderliche Rahmenbedingungen.

- Dosierung:
Die Menge an Feedback, die zu einem Zeitpunkt gegeben wird, sollte dem Aufnahmevermögen des Feedback-Nehmers entsprechen und ihn nicht überfordern. Feedback ist nur dann zu geben, wenn der andere auch bereit ist, es anzunehmen. Wer unsensibel seine Gefühle artikuliert, mag zwar ehrlich und spontan sein, die Kunst des Feedbackgebens beherrscht er allerdings nicht.

Spielregeln für den Feedback-Nehmer:

- Ziele formulieren:
Der Feedback-Nehmer sollte die Themenfelder, Situationen und Persönlichkeitsaspekte aufzählen, für die er Feedback erhalten möchte.

- Zuhören anstelle von Rechtfertigen:
Ruhiges Zuhören anstelle von spontanem Rechtfertigen ist eine wesentliche Grundhaltung. Aufkommende Emotionen können durch Notizen, die der Feedback-Nehmer macht, bearbeitet werden. Nur bei Unklarheiten sollte der Feedback-Nehmer nachfragen.

- kritisch Überdenken:
Das erhaltene Feedback und die daraus entstandene Wirkung sollte in aller Ruhe überlegt werden. Weder eine vorschnelle Anpassung an die Meinung des Feedback-Gebers, noch die Ablehnung des Feedbacks aus einem Gefühl der Selbstgerechtigkeit und des Stolzes dienen dem eigenen Lernen. Die Wirksamkeit des Feedbacks hängt von der Offenheit des Empfängers ab.

- Bedanken:
Ein Dank für die entgegengebrachte Offenheit erzeugt beim Feedback-Geber ein Gefühl, dass derartige Situationen als Weiterentwicklungsmöglichkeit gesehen werden.

Die oben beschriebenen Grundregeln des Feedbacks wirken allerdings nur dann, wenn die Rückmeldung des Projektleiters authentisch ist. Nichts ist schädlicher als eine nicht ernst gemeinte positive Aussage.

Das Kritikgespräch

Ausgangssituation:

Im Streben nach ständiger Verbesserung kann es zu Fehlern oder unerwünschten Verhaltensweisen von Mitarbeitern kommen. Vorgesetzte reagieren darauf häufig mit Vorwürfen, Schuldzuweisungen und Androhung von Sanktionen. Dies führt beim Mitarbeiter jedoch zu Abwehr und Rechtfertigungsverhalten. Der Vorgesetzte versucht durch Verstärkung des Drucks und der Vorwürfe sowie durch insistierende Argumentation die Abwehrhaltung des Mitarbeiters zu durchbrechen und „Einsicht" zu erzeugen. Nur selten gelingt dies auf diesem Weg, zumeist bleibt ob der Vorwürfe ein frustrierter, demotivierter Mitarbeiter zurück, der nur aus Angst vor Sanktionen das gewünschte Verhalten zeigt.

Ziel:

- Kritik, um zu motivieren (nämlich Motivation zur Änderung des unerwünschten Verhaltens)
- wechselseitiges Verständnis für die Situation der anderen Seite fördern
- Verhaltensänderungen herbeiführen

Vorgehen:

Das folgende Vorgehensmodell stellt einen Raster dar, der Führungskräften helfen soll, in einem emotional geladenen Klima, in dem Kritikgespräche meist stattfinden, professionell vorzugehen.

1. Einstieg:

Der Beginn des Gesprächs ist oft für den weiteren Verlauf von wesentlicher Bedeutung. Ohne Einleitung vorgebrachte Argumente, beschuldigende Formulierungen, eine grobe Wortwahl oder auch nur ein vorwurfsvoller Tonfall können schon beim Start dazu führen, dass der Mitarbeiter sich in die Enge gedrängt fühlt und daher eine Rechtfertigungs- und Abwehrhaltung einnimmt.

„Der Ton am Beginn macht die Musik!"

Die Ausgangssituation für das Gespräch und die richtige Einbettung in den Kontext, in dem der Mitarbeiter gesehen wird, ist ein guter Startpunkt.

> **Beispiel:**
>
> „Ich habe dich zu diesem Gespräch geladen, weil ich die Situation im Projekt X, nämlich die Reaktion des Kunden auf die bisherige Arbeit mit dir besprechen möchte.", „Würdest du mir aus deiner Sicht erzählen, wie der Status im Projekt ist und wie die Zusammenarbeit mit den Kunden aus deiner Sicht funktioniert?"

Dieser Einstieg ermöglicht dem Mitarbeiter, die Situation aus seiner Sicht zu beschreiben. Es ist ein allgemeiner Beginn, der ein Hineindenken in das Projekt, und das Schaffen einer gemeinsamen Sichtweise vom Projekt erlaubt.

Häufig werden Kritikgespräche sehr direkt begonnen.

> **Beispiel:**
>
> „Ich habe dich gerufen, weil ich vom Kunden A gehört habe, dass die Projektabwicklung chaotisch verläuft, dass unsere Mitarbeiter

> Zwischenergebnisse abliefern, die in keiner Weise der geforderten Qualität entsprechen und du als Projektleiter bei jeder Gelegenheit erkennen lässt, wie schwierig alles ist."

Ein derartiger Gesprächsbeginn basiert auf vielen Vermutungen und Interpretationen, die, sofern sie schon beim Start so heftig vorgebracht werden, den Mitarbeiter in sehr große Bedrängnis bringen.

2. Detailbeschreibung der Situation:

Die Führungskraft ist nun gefordert, die Informationen zu präsentieren, die zu diesem Gespräch Anlass gegeben haben. Sofern es der Führungskraft gelingt, die Situation anhand der Daten und Fakten, die zur Verfügung stehen, zu beschreiben, ist eine wichtige Basis für den weiteren Gesprächsverlauf entstanden. In dieser Phase ist es ratsam, noch keine Interpretationen und Andeutungen im Hinblick auf Konsequenzen einfließen zu lassen.

Häufig werden Fakten, Interpretationen und Annahmen über den Mitarbeiter miteinander vermengt, weil der Umstand, dass nun einmal die Gelegenheit für ein Gespräch geschaffen ist, auch gleich für einen umfassenden Kehraus genutzt wird. Oft führt das aber in der Wahrnehmung des Mitarbeiters dazu, dass dieser einige der präsentierten Aussagen nicht nachvollziehen kann, weil sie nicht zu dieser Situation passen. Für den Mitarbeiter entsteht der Eindruck als ob Argumente verwendet werden, die nichts mit der akutellen Situation zu tun haben, was wiederum Widerspruch oder Passivität erzeugen kann. Selten entsteht dadurch eine offene, lernbereite Stimmung.

Zusammenfassend sind folgende Merkmale zu berücksichtigen:

- Fakten und Situation neutral beschreiben: „Folgendes ist aus meiner Sicht geschehen: ..."
- keine Wertung, keine persönlichen Interpretationen oder Vermutungen

Abschließend ist die Integration der Sichtweise der Führungskraft mit jener des Mitarbeiters von besonderer Bedeutung:

Beispiel:

„Wie siehst du die Situation, die ich eben beschrieben habe?", „Was ist aus Ihrer Sicht vorgefallen?"

Durch diese Fragen wird dem Mitarbeiter ermöglicht, die Situation mit eigenen Worten zu beschreiben. Hinsichtlich jener Aspekte, für die sich die Sichtweisen decken, entsteht eine haltbare Basis für das weitere Gespräch. Unterschiedlich wahrgenommene Situationsanteile können auf dieser Grundlage bearbeitet werden.

3. **Den Zusammenhang zwischen der anlassgebenden Situation und dem Kritikgespräch herstellen:**

Die Führungskraft ist nun gefordert darzulegen, welche Auswirkungen die aktuelle Situation auf das Projekt, das Unternehmen oder die Kundenbeziehung hat. Dies kann durch die Spiegelung an den Projektzielen, den Unternehmenszielen, den Werten der Organisation oder den vereinbarten Spielregeln erfolgen.

Beispiel:

„Die Beschwerde des Kunden, dass wir unsere Aufgaben zu spät erledigen, kann dazu führen, dass wir bei Zeitverzug eine Pönale zu bezahlen haben oder dass der Kunde, den wir nun schon seit vier Jahren betreuen über einen Wechsel zu unserem Mitbewerber X nachdenkt. Bei diesem strategisch wichtigen Kunden hat die Zufriedenheit hohe Priorität."

Folgende Fragen sind in dieser Phase des Gesprächs wesentlich:
- „Siehst du das ebenso?"
- „Findest du das in Ordnung?"
- „Ist das im Sinne deiner/unserer Ziele?"
- „War dir das bewusst?"

Oberstes Ziel dieser Gesprächsphase ist es, diejenigen Bereiche zu identifizieren, für die es eine übereinstimmende Meinung gibt und von jenen zu unterscheiden, für die geteilte Ansichten existieren.

4. **Einsicht des Mitarbeiters anerkennen:**

Das positive und explizite Anerkennen des Verständnisses und der Einsicht des Mitarbeiters über die Auswirkungen der aktuellen Situation auf das Projekt und das Unternehmen fördern ein offenes Gesprächsklima. Hinsichtlich der unterschiedlichen Ansichten und der Maßnahmen sind nun Lösungsideen zu entwickeln.

5. **Lösungsideen entwickeln:**

Sollte im konkreten Projekt kein aktueller Handlungsbedarf vorliegen, wird lediglich über die generellen, zukünftigen Lernerkenntnisse gesprochen.

Die Führungskraft sollte dem Mitarbeiter ermöglichen, die Lernerkenntnisse selbst zu formulieren.

> **Beispiel:**
>
> „Was würdest du das nächste Mal anders machen?" „Worauf würden Sie das nächste Mal besonders achten?"

Ergänzungen aus der Erfahrung der Führungskraft sind anschließend sinnvoll.

Sind Lösungsideen für die aktuelle Situation zu kreieren, weil Entscheidungen oder Maßnahmen anstehen, empfiehlt es sich, dem Mitarbeiter selbst den Lösungsansatz formulieren zu lassen.

> **Beispiel:**
>
> „Was schlägst du vor?", „Was ist aus Ihrer Sicht nun zu tun?"

6. Konkret verbleiben:

Am Ende des Gesprächs sind die konkreten Vereinbarungen über die Maßnahmen, den Zeitpunkt und die Messkriterien zusammenzufassen. Das Erarbeiten eines konkreten Ergebnisses ist ein positiver Gesprächsabschluss, der die Ernsthaftigkeit und auch die Kontrollierbarkeit der Ergebnisse betont.

4.4.7 Bearbeitung von Konflikten in Projekten

Ein Konflikt ist eine **Situation, in der unterschiedliche Erwartungen von Personen aufeinanderprallen.** Zumindest eine Partei fühlt sich dabei in der Erreichung der persönlichen Ziele eingeschränkt. Daraus entsteht eine massive emotionale Betroffenheit, die eine sachliche Verhandlung unmöglich macht.

Konflikte treten gerade in Projekten häufig zu Tage, weil die Neuartigkeit des Vorhabens, die Gegensätze zum Routinebetrieb, die schwierigen Rahmenbedingungen und der meist mit Projekten verbundene Veränderungsdruck viele Reibungsflächen eröffnet. Konflikte sind daher immanent mit Projekten verknüpft.

Das Auftreten von Konflikten ist somit kein Zeichen von Schwäche oder schlechter Führung. Professionalität zeigt sich allerdings im Erkennen und in der Bearbeitung von Konflikten.

Es ist nicht möglich, alle Konflikte zu lösen. Allerdings kann professionelle Führungsarbeit durch rechtzeitiges Erkennen und systematische Anwendung konfliktreduzierender Maßnahmen den Anteil der völlig eskalierten Situationen auf ein Minimum reduzieren.

Konflikte werden als störend empfunden, weil sie mit negativen Emotionen, wie zum Beispiel Ärger, verbunden sind. Sie sind aber auch Auslöser und notwendiger Motor für Veränderungen.

Konflikte können einerseits Kampf, Krieg oder zumindest Handlungsunfähigkeit hervorrufen, andererseits bieten sie Chancen für Weiterentwicklung und Neubeginn.

Die Leistungsfähigkeit eines Unternehmens hängt weitgehend davon ab, wie Mitarbeiter und Führungskräfte gelernt haben, miteinander und daher auch mit Konfliktsituationen umzugehen. Insbesondere Konflikte nicht „unter den Teppich zu kehren", sondern die Chance zu nützen gemeinsam an der Lösung zu arbeiten, daraus zu lernen und besser zu werden, ist zentraler Fokus der Führungsarbeit.

Konflikte bearbeiten heißt die Zukunft gestalten. Konflikte sind keine Pannen, sondern haben wichtige Funktionen in Unternehmen und Projekten, indem sie Unterschiede sichtbar machen und für Veränderungen sorgen. Konfliktvermeidung ist weder nützlich noch möglich.

Arten und Ursachen von Konflikten in Projekten

In Projekten erscheint eine Unterteilung in folgende Konfliktarten sinnvoll:

- Personale Konflikte
- Strukturelle Konflikte
- Kulturelle Konflikte

Personale Konflikte: Persönlichkeiten als Ursache von Konflikten in Projekten

Menschen unterscheiden sich in ihren persönlichen Merkmalen. Wenn zwei Mitarbeiter mit gegensätzlichen persönlichen Eigenschaften im gleichen Projekt arbeiten, entstehen in vielen Situationen Konflikte oder zumindest sehr unterschiedliche Sicht- und Handlungsweisen, die leicht emotional eskalieren können.

So wird ein sehr kopforientierter, analytischer Projektleiter für jede Entscheidung professionelle Unterlagen verlangen, die die Vor- und Nachteile der unterschiedlichen Varianten hervorheben, diese genau bewerten und daraus einen nachvollziehbaren Vorschlag für eine Entscheidung aufzeigen. Ein eher emotional orientierter Mitarbeiter, der Entscheidungen üblicherweise aus dem Gefühl heraus trifft, versteht diesen Wunsch des Projektleiters nicht und wird ihn immer wieder mit der einen, aus seinem Empfinden heraus sinnvollsten Variante konfrontieren. Solange dieser Unterschied nicht beiden bewusst ist, werden sie auch keine Vorgangsweise entwickeln, die die Entscheidungssituation ohne Konflikt zu Ende führt.

Persönlichkeitsbedingte Konflikte entstehen durch die Unterschiede, die es zwischen verschiedenen Menschen gibt. Sich dieser anzunehmen kann zur Verbreiterung des eigenen Horizonts beitragen. Die Art und Weise, wie jemand mit Konflikten umgeht, hängt zu einem großen Teil mit seiner Persönlichkeitsstruktur bzw. seinen Vorerfahrungen zusammen.

Konflikte entstehen aus nichterfüllten oder unbekannten eigenen Erwartungshaltungen Eine wesentliche Grundlage für Konflikte sind unterschiedliche Erwartungen, die Menschen in typischen Projektsituationen aneinander haben. Diese treten als Spannungen besonders dann leicht in den Vordergrund, wenn sich Menschen in der Gruppe noch nicht kennen und es wenig strukturierte Vorgaben gibt.

Um Konflikten besser begegnen zu können, ist es wesentlich, die **eigenen Erwartungen** von den **fremden** zu unterscheiden:

Die eigenen Erwartungen sind häufig:

- unausgesprochen
- uneingestanden
- unbewusst

unausgesprochene Erwartungen

Es ist sehr hilfreich, Erwartungen in Form von eigenen Wünschen auszusprechen, weil erst durch deren Offenlegung die Gesprächspartner Orientierung erhalten. Allerdings ist jeder, der so offen kommuniziert, gleichzeitig auch verletzbarer, weil er sich dadurch klar festlegt und ein Rückzug zur Haltung: „Ich habe diese Erwartung nicht", nicht mehr möglich ist.

uneingestandene Erwartungen

Jeder Mensch hat Erwartungen, die er sich selbst nicht eingestehen möchte, weil es nicht opportun, gesellschaftskonform oder angenehm ist, diese Erwartungen zu haben und zu verfolgen.

unbewusste Erwartungen

Unbewusst sind jene Erwartungen, die sich eine Person nicht explizit überlegt hat. Oft liegen hinter Gefühlen bestimmte Erwartungen an andere Personen verborgen. Diese Erwartungen kann man bewusst machen, wenn man den Mut und die Zeit zum Nachdenken und Reflektieren aufbringt.

Maßnahmen, um die eigenen Erwartungen besser handhaben zu können:

- Nachdenken, ob die eigene Erwartung wichtig ist, nicht am anderen „herumschrauben".

- Alternativen zur eigenen Erwartungshaltung in Erwägung ziehen.
- mit einer Grundhaltung an die Arbeit gehen, die betont: Nicht „der andere ist unfähig oder unmöglich", sondern „meine Erwartungen sind unrealistisch und unmöglich."
- wer an vielen Erwartungen festhält, wird enttäuscht.

Fremde Erwartungen:

Die Erwartungen anderer an eine Projektleiterin sind zuallererst die Erwartungen anderer und damit nicht auch gleich Ziele, die diese Führungskraft automatisch als die eigenen übernimmt. Es bedarf einer expliziten Aussage oder einer Vereinbarung, diejenigen Erwartungen anderer zu festzulegen, für die die Führungskraft bereit ist die Verantwortung zu übernehmen.

Konflikte entstehen in der automatischen Übernahme fremder Erwartungen

Mit dieser Haltung ist es möglich, die Konfliktlinie nicht automatisch auf die eigene Person zu übertragen, indem durch unreflektiertes Übernehmen von Erwartungshaltungen anderer ein Konflikt zu den eigenen Werthaltungen entsteht. Die Erwartungen als Teil der Person zu sehen, die sie ausstrahlt, fördert die Zufriedenheit.

Eine weitere wichtige Grundhaltung ist es, nicht für alles und jeden die Schuld zu übernehmen. Selten werden Konflikte gelöst, indem der Schuldige gefunden und haftbar gemacht wird. Wesentlich nützlicher ist die Frage: „Was ist mein eigener Beitrag, dass sich der andere im Projekt so verhält, wie er sich verhält?" Wie sich der einzelne im Anfangsstadium eines Konflikts verhält, ist ausschlaggebend für die weitere Konfliktentwicklung.

Strukturelle Konflikte: Strukturen als Basis von Konflikten

Die Konfliktursache ist nicht in den unterschiedlichen Persönlichkeiten verborgen, sondern organisatorische Strukturen, die im Widerspruch zueinander stehen, bewirken den Konflikt. Häufig sind folgende Aspekte dabei von Bedeutung:

- aufbauorganisatorische Strukturen (unklare Mehrfachunterstellungen, …)
- ablauforganisatorische Strukturen (komplexe Prozesse, Abläufe, die nicht mit der Realität übereinstimmen)
- unklare Rollenbeschreibungen oder überlappende Kompetenzen und Verantwortungsbereiche
- unklare, undurchschaubare und widersprüchliche organisatorische Regeln

Die daraus resultierenden Konflikte existieren unabhängig von den handelnden Personen und können nur aufgelöst werden, indem die dahinter liegenden, widersprüchlichen Organisationsprinzipien verändert werden.

Daher ist ein einfaches Merkmal von strukturellen Konflikten, dass die Konfliktsymptome immer wieder an einer bestimmten Stelle auftauchen, obwohl die dafür zuständige Person in der Vergangenheit schon mehrmals ausgetauscht worden ist.

Die Veränderung des Verhaltens einzelner Personen oder der Austausch von Personen verändert bei strukturellen Konflikten nur sehr kurzfristig die Situation.

Kulturelle Konflikte: Unternehmenskulturen als Basis von Konflikten

Oft werden in Unternehmen oder Projekten Rituale, Prinzipien und Verhaltensmuster vorgegeben und hochgehalten, die insbesondere von den Führungskräften und leitenden Personen nicht gelebt werden.

Dies führt zu kulturellen Konflikten in Projekten. Der Hintergrund ist häufig die mangelnde Glaubwürdigkeit von Führungskräften. Teammitglieder agieren halbherzig und mit angepassten Handlungen, die in Übereinstimmung mit den Anweisungen der Führungskräfte stehen. Diese offiziellen Aktionen werden von inoffiziellen konterkariert.

Das folgende Beispiel soll diese Konfliktart erläutern:

Beispiel:

Das Unternehmen ist dafür bekannt, dass die Führungskräfte sehr zielorientiert agieren und ihre Mitarbeiter auch anhand deren Ziele gemessen und bewertet werden. Dies führt bei Nichterfüllung zu entsprechenden personellen Sanktionen. Gleichzeitig verstehen es die oberen Führungskräfte, ihre eigenen Ziele so wenig herausfordernd anzusetzen oder soweit zu verwässern, dass die Erreichung auch ohne weitere Anstrengung möglich ist. Die Projektleiter in diesem Unternehmen sind nun im Dilemma zwischen dem offiziellen Mission-Statement, das klare Ziele und entsprechende Sanktionen ausweist, und der tatsächlichen Praxis, nach der durch ein geschicktes Ritual diese Methode ad absurdum geführt wird.

Einem Projektleiter ist in diesem Fall zu empfehlen, diesen Konflikt im eigenen Team zu thematisieren und eine Projektkultur zu entwickeln, die eine professionelle Zusammenarbeit auf Basis verbindlicher Vereinbarungen fördert.

Typische Konflikte in Projekten

Folgende Konflikte sind vor allem in Projekten wahrnehmbar:

- **Ziele des Projekts sind unklar.**

  Das Fehlen konkreter Zieldefinitionen entsteht einerseits durch hohen Zeitdruck zu Projektbeginn und das damit verbundene sofortige Hineinstürzen in die detaillierte, inhaltliche Arbeit, andererseits auch dadurch, dass hinsichtlich mancher Projekte in der Startphase Ziele nicht immer eindeutig festzumachen sind. Beispielsweise ist bei Forschungsprojekten zu Projektbeginn oft nur eine grobe Richtung für das Ergebnis definierbar und erst im Laufe des Projekts wird die inhaltliche Lösung konkreter.

  Für die Teammitglieder führen unklare Ziele oftmals dazu, dass sie bei ausreichender Erfahrung mit derartigen Projekten auf eine Lösung (Ziel) hinarbeiten, von der sie glauben, dass sie passen könnte. Unausgesprochen gibt es in den meisten Fällen allerdings unterschiedliche Erfahrungen und damit verbunden auch differierende Vorstellungen vom Ziel. Dies bedeutet, dass die einzelnen Teammitglieder bewusst oder unbewusst unterschiedliche Ziele verfolgen, was in der Projektarbeit zu massiven Konflikten führt.

  Für den Projektleiter als Führungskraft bedeutet dies, dass er gefordert ist die unausgesprochenen Vorstellungen zu verbalisieren und soweit möglich zu konkreten Zielen gemeinsam mit dem Team und in Abstimmung mit dem Auftraggeber auszuformulieren. Die aufgrund mancher Projektarten immanente Zielunklarheit ist ebenfalls als Spielraum festzuhalten und während des Projekts Schritt für Schritt zu konkretisieren.

- **Ziele des Projekts sind klar, aber nicht akzeptiert.**

  Wenn Ziele für ein Projekt klar definiert sind, heißt das noch lange nicht, dass diese Ziele von allen handelnden Personen in gleicher Form wahrgenommen und verstanden werden.

Beispiel:

In einem großen Industrie-Unternehmen war es üblich, dass der Projektauftraggeber die Projektziele immer sehr detailliert vorgab. Meist war er Vertreter eines Bereichs, der entweder als späterer Nutznießer der Projektlösung (Fachbereich Produktion, wenn es ein Verbesserungsprojekt für die Produktion war) in Frage kam oder der Abteilung, die die hauptsächliche Projektarbeit leistete (z.B. IT-Abteilung bei IT-Projekten).

Im Projektteam waren allerdings alle betroffenen Abteilungen, die durchaus auch mit sehr unterschiedlichen Vorstellungen zu den Projektzielen in das Team nominiert wurden, vertreten.

Die mangelnde Möglichkeit die Ziele so zu gestalten, dass sich alle im Projektteam zumindest in den wesentlichen Visionen wiederfinden konnten, führte in diesem Unternehmen regelmäßig zu verdeckten Konflikten im gesamten Projektverlauf. Noch Jahre nach einem Projekt wird darüber diskutiert, warum dieses Projekt gescheitert ist.

In diesem Unternehmen konnte letztendlich eine Veränderung des Zielfindungsprozesses und die Zurverfügungstellung von ausreichend Zeit für eine gemeinsame Zielabstimmung (Projekt-Start-Workshop) ein hohes Maß an Zufriedenheit bringen.

- **Die Rollen sind unzureichend beschrieben oder abgegrenzt.**

  Überschneidungen bzw. Lücken in den Kompetenz- und Verantwortungsbereichen führen vor allem in größeren Projekten zu Frustration und damit rasch zu Konflikten. Eine unklare Aufgabenzuteilung zu den einzelnen Teammitgliedern bewirkt Ähnliches. Die Ursache für derartige Konflikte ist meist ungenügende Zeit für Projektmanagement in der Startphase oder die Einstellung einzelner Teammitglieder aufgrund ihres großen Erfahrungsschatzes, womit eine explizite und dokumentierte Aufgabenverteilung für viele Projektleiter verschwendete Zeit darstellt.

Beispiel:

In einem Bauträger-Unternehmen hat vor allem diejenige Führungskraft, die das Unternehmen über viele Jahre hinweg aufgebaut hat, das Entstehen einer Kultur gefördert, die den Mitarbeitern vermittelt, dass aufgrund der Fachexpertise der erfahrenen Mitarbeiter sowieso klar ist, wie ein Projekt durchzuführen und wer wofür zuständig ist. Diese Haltung entstammte der persönlichen Erfahrung des Pioniers. Die daraus resultierende Kultur förderte vor allem „hemdsärmelige" Vorgehensweisen, wie zum Beispiel

- schon beim Projektstart die Konzentration auf die Erledigung von inhaltlichen Arbeitspaketen zu legen,
- keine explizite Planung vorzunehmen und
- Dokumentation als lästige Administration zu sehen.

Gleichzeitig führte diese Kultur zu massiven Missverständnissen im Projektablauf und auch zu vielen Konflikten und Ineffizienzen, da angenehme Arbeiten mehrfach und unangenehme gar nicht erledigt wurden.

Ein dokumentierter Leitfaden, der die Aufgaben, Kompetenzen und Verantwortungsbereiche unterschiedlicher Rollen in Projekten festhielt, konnte Abhilfe schaffen.

- **Die Rollen erfordern mehr Information und Kompetenzen als verfügbar.**

  Oft wird in Organisationen rasch mit der Definition von Verantwortungen umgegangen. Gerade bei Projekten heißt es oft:

  „Mache doch noch schnell dieses Projekt mit!"

  Dass Verantwortungsübernahme auch Kompetenzen und Informationen erfordert, wird häufig in der Euphorie des Augenblicks vergessen. Daraus entstehen immer wieder Konflikte zwischen den Linien- und Projektmanagern.

- **Die Projektgruppe ruft bei anderen Angst hervor.**

  Konflikte zu anderen Teilen der Stammorganisation entstehen zum Beispiel bei einer sehr hohen Eigendynamik des Projektteams. Das Projektteam beginnt sich der Dynamik des Prozesses entsprechend von der Stammorganisation immer stärker zu differenzieren und schafft sich damit Gegner.

- **Die Persönlichkeiten einzelner Teammitglieder passen nicht zueinander.**

  Häufig wird bei der Zusammenstellung des Projektteams nur auf fachliche Qualifikationen geachtet. Die zunächst fachlich geführten inhaltlichen Auseinandersetzungen während der Projektumsetzungsphase schwenken aber bei den ersten Meinungsverschiedenheiten auf die emotionale Ebene. Wenn hier nicht ein Mindestmaß an gemeinsamen Wertvorstellungen innerhalb des Teams vorhanden ist, können solche Konflikte den Projektfortschritt ernsthaft gefährden.

- **Das Projekt wird vom Management nicht unterstützt.**

  Fehlende Unterstützung des Managements führt zu typischen Konflikten, weil die Teammitglieder, die aus unterschiedlichen Abteilungen ins Projektteam entsandt sind, im Falle von Ressourcenengpässen nicht wissen, ob sie zuerst ihre Linienarbeit, das gegenständliche Projekt oder ein anderes Projekt, in dem sie auch mitwirken, vorziehen sollen. Zudem werden einzelne Teammitglieder Prioritäten unterschiedlich setzen, sodass einige dem aktuellen Vorhaben den Vorrang geben und andere diesem Projekt eine untergeordnete Rolle zuordnen. Mangelnde Unterstützung lässt sehr schnell das Gefühl bei den Teammitgliedern entstehen, dass ihre Arbeit ohnehin unnötig ist.

Mit Ausnahme der letzten beiden Punkte handelt es sich bei vorhergehender Aufzählung um strukturell bedingte Konflikte.

Wenn man als Konfliktpartner darüber Bescheid weiß, trägt das insofern zur Konfliktlösung bei, als man dem Konfliktkontrahenten die

Verursachung nicht persönlich anlastet, sondern die strukturellen Rahmenbedingungen dahinter erkennt und auf die Veränderung dieser einwirken kann. Eine persönliche Schuldzuweisung und selbst eine daraus resultierende personelle Veränderung würden in kurzer Zeit wieder zum selben Phänomen führen.

Konsequenzen von Konflikten in Projekten

Negative Konsequenzen von Konflikten sind:
- Konflikte erzeugen Instabilität im Projekt.
- Konflikte steigern die Unzufriedenheit des Teams und senken daher die Motivation und Leistungsbereitschaft.
- Konflikte führen zu Wahrnehmungsverzerrung und Stereotypenbildung („Die Abteilung XY ist schlecht!", „Auf Führungskräfte kann man sich sowieso nicht verlassen!", etc.)
- Konflikte führen zu Funktionsstörungen im Organisationsablauf und zu Störungen der Kommunikation und Kooperation.
- Konflikte binden Ressourcen.

Konflikte werden in unserer Kultur vor allem als negative Störfaktoren empfunden. Bei näherer Betrachtung stellen Konflikte auch einige Vorteile zur Verfügung. Als positive Konsequenzen kann man folgende bemerken:
- Konflikte führen in Wettbewerbssituationen zur Entwicklung neuer Energien und stimulieren neue Ideen.
- Konflikte führen zum Abbau von latenten Spannungen und schaffen klare Verhältnisse oder zumindest den Anstoß, klare Regeln zu vereinbaren.
- Konflikte ermöglichen organisatorischen Wandel. Sie initiieren eine anstehende Veränderung/Entwicklung.
- Die Aufmerksamkeit von der Person und der Kontakt zu Personen, die im Routinebetrieb nicht erreichbar sind, werden möglich.
- Konflikte verringern Unterschiede, da durch Konflikte in Form von Sanktionen die Einheit wiederhergestellt wird.
- Konflikte erhöhen die Gruppenkohäsion, wenn Außenseiter dadurch wieder auf die Gruppenlinie gebracht werden.

Verhalten in Konfliktsituationen

Manche Konflikte sind durch **Konfliktvorsorgemaßnahmen**, die antizipativ wirken, abbaubar. Beim Auftreten von Konflikten kann durch rasches Einsetzen bereits vorher festgelegter und ausgehandelter Eskalationsprozesse die weitere Konfliktentstehung unterbunden werden.

Von wesentlicher Bedeutung für die Entwicklung einer konstruktiven Konfliktkultur ist die Nachbearbeitung von Konflikten. Ziel ist die Aufarbeitung der stattgefundenen Konfliktprozesse und das Lernen aus dem Konflikt, um in Zukunft Konfliktverhalten erfolgreicher zu gestalten.

Folgende vertrauensbildende Maßnahmen tragen zu einer konstruktiven Konfliktkultur bei:

- Informationen aktiv und rechtzeitig weitergeben
- eigene Ziele offen kommunizieren
- gemeinsame Interessen herausarbeiten
- im Falle sehr unterschiedlicher Positionen Meinungen und Entscheidungen nachvollziehbar begründen
- Zugeständnisse machen/einhalten
- überprüfbare Handlungen setzen, Sicherheiten bieten
- Kontrollmöglichkeiten zulassen
- langfristige Beziehungen in den Vordergrund stellen
- auf das Ganze statt auf Teilbereiche konzentrieren
- Augenmerk auf die Zukunft (statt Vergangenheit) richten
- auf Ausgeglichenheit achten (keine Gewinner und Verlierer)
- nur auf Beobachtetes beziehen, Interpretationen vermeiden
- sich in die Situation des Anderen versetzen, bei Nichtverstehen nachfragen
- Fehler eingestehen bzw. nicht nachtragen
- selbst den ersten Schritt machen
- mit gutem Beispiel vorangehen
- den anderen das Gesicht wahren lassen („Goldene Brücke" bauen)
- Kontakt-, Gesprächsbereitschaft aufrechterhalten (nicht abbrechen)
- Erfolge gemeinsam feiern

Konfliktbearbeitung

Die Art und Weise, wie jemand mit Konflikten umgeht hängt mit seiner Persönlichkeitsstruktur bzw. seinen Vorerfahrungen zusammen.

Der eine glaubt, Konflikt sei etwas Schlechtes und versucht von vornherein jedem Konflikt zu entfliehen. Der andere hat gelernt, „mit der Dampfwalze" über alles drüber zu fahren.

Im Verlauf des Konfliktgeschehens werden manchmal die Stile gewechselt. Es kann durchaus sein, dass z.B. der bevorzugte Stil „Durchsetzung" anfangs angewendet wird. Zeigt sich diese Strategie als nicht erfolgreich, so kommt es vielleicht dann zum Kompromiss oder gar zum Nachgeben, wenn sich der andere als stärker erweist usw.

Wie sich der Einzelne im Anfangsstadium eines Konflikts verhält, ist ausschlaggebend für die weitere Konfliktentwicklung.

Die folgende Grafik stellt den Prozess der Konfliktbearbeitung dar. Sie ist in zwei Hauptphasen unterteilt. Ziel dieses Prozesses ist es, eine konsensuale Lösung anzustreben. Unter Punkt „Konfliktlösungen" sind auch noch andere gängige Lösungsmuster angeführt und kurz erläutert.

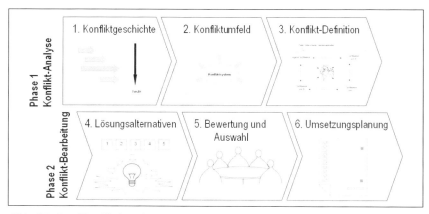

Abb. 67: Der Konfliktbearbeitungsprozess

Die Konfliktbearbeitung kann man grundsätzlich in zwei Hauptphasen unterteilen.

Phase 1:   **Konfliktanalyse** (Orientierung an dem, was bisher geschehen ist)

Phase 2:   **Konfliktbearbeitung** (Orientierung in Richtung Lösung/ Zukunft)

Konfliktanalyse

Eine Verbesserung des Konfliktverhaltens von Einzelnen, von Teams und von Organisationen kann zunächst nur dadurch erreicht werden, dass zwischen dem Auftreten des Konfliktes und dem Suchen der Lösung eine ausführliche Analysephase stattfindet.

Es gibt eine Reihe von Analysemethoden und -werkzeugen. Nachstehend werden jene erläutert, die sich in der Praxis als relevant und wichtig herausgestellt haben.

Ein erster Schritt zur Lösung wird bereits vor der Analyse gemacht, wenn man den Konflikt als solchen einmal erkannt und vor allem anerkannt hat. Es ist eines der großen Probleme in unserem Kulturkreis, Konflikte überhaupt anzuerkennen.

I. Erforschung der Konfliktgeschichte

Einen Konflikt von seiner Geschichte her zu betrachten, erleichtert oft seine Anerkennung. Oftmals hat es den Konflikt schon früher einmal gegeben. Er tritt aber plötzlich wieder neu auf, er wurde früher auf eine andere Weise bearbeitet oder verdrängt. Diese Art der Konfliktgeschichtsforschung hat auch eine stark entlastende Funktion, da die Beteiligten merken, dass sie hier oft nur stellvertretend für bestimmte Strukturen stehen. Dies wiederum heißt, den Konflikt als solchen besser akzeptieren zu können.

Tipps:

Hilfreiche Fragen für die Erforschung der Konfliktgeschichte sind:

- Was war vorher? Wo hat der Konflikt seinen Ursprung?
- Was wurde im Sinne von Lösungen bereits probiert? Wie sind diese ausgegangen?
- Wie sieht die Situation jetzt aus?
- Welche Enttäuschungen hat es bereits gegeben? Welche unausgesprochenen Erwartungen gibt es?

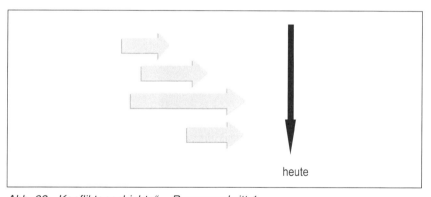

heute

Abb. 68: „Konfliktgeschichte" – Prozessschritt 1

II. Konfliktumfeld

Das Konfliktumfeld unterteilt sich in direkte Konfliktbeteiligte und indirekt betroffene Systeme. Die Konfliktlandkarte stellt die Zusammenhänge dar.

Eine der wichtigsten Methoden ist das Herausfinden der Sozial-
struktur in der Konfliktsituation. Oftmals passen die eingenom-
menen Rollen nicht mit jenen im Organigramm zusammen. Diese
Tatsache wird häufig bestritten und es ist meist sehr schwer, diese inoffiziellen Strukturen zu erkennen.

Tipps:

Die Fragestellungen hier lauten:

- Welche Personen, Gruppen und sozialen Systeme sind am Kon-
  flikt beteiligt? (direkte Konfliktpartner)
- Wer ist betroffen? In welcher Form?
- Wer beeinflusst im Hintergrund? (Anzünder, etc.)
- Welche Abhängigkeiten gibt es zwischen den Personen?
- etc.

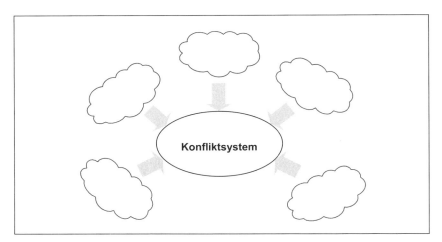

Abb. 69: „Konfliktumfeld" – Prozessschritt 2

Die Konfliktlandkarte ist eine bildhafte (grafische) Darstellung
der Situation. Durch das Einzeichnen der Konfliktlinien wird oftmals sichtbar, dass es sich um ein ganzes Konfliktsystem handelt
mit vielen kleinen „Brandherden". In der Lösungsarbeit ist es
dann wichtig zu priorisieren und eine Konfliktlinie nach der anderen zu bearbeiten.

Auch Hierarchien, Abhängigkeiten, schwierige Rollen können
über eine solche grafische Darstellung leichter „gesehen" werden.

Im Zuge der Erarbeitung der Konfliktlandkarte, in der alle Beteiligten und Betroffenen eingezeichnet werden, ist es auch sinnvoll deren unterschiedliche Sichtweisen zu beschreiben.

Tipps:

Wichtige Fragestellungen für die Erstellung der Konfliktlandkarte:
- Welche Abhängigkeiten gibt es?
- Wie wird das Problem aus unterschiedlicher Sicht beschrieben? (Sichtweise von …)
- Was sind die Ziele der einzelnen Beteiligten?
- Welche Unterschiede und Gemeinsamkeiten gibt es?
- etc.

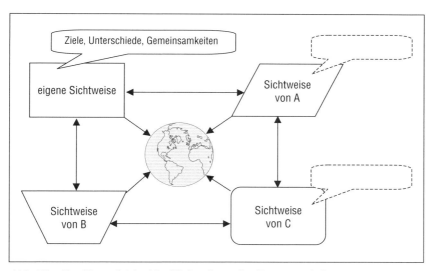

Abb. 70: „Konfliktumfeld – Konfliktlandkarte" – Prozessschritt 2

III. Konfliktdefinition

Bei der Konfliktdefinition geht es darum, wichtige Fragestellungen zu bearbeiten, die erlauben, die Situation mit anderen „Brillen" zu betrachten.

Tipps:

Mögliche Fragen dazu sind:

- **Wem nützt der aktuelle Konflikt?** (cui bono)

  Möglicherweise gibt es einen Dritten, der Nutznießer der Situation ist. Manchmal sind es auch diejenigen, die den Konflikt bewusst oder unbewusst anzünden.

- **Was ist mein eigener Beitrag?**

  Was leiste ich bzw. habe ich getan, damit die Situation so ist, wie sie ist. Was trage ich zur Aufrechterhaltung bei?

- **Wie hoch ist der Preis?**

  Angenommen der Konflikt ist gelöst, was wäre nicht mehr möglich? Worauf müsste ich verzichten? Welches Verhalten wäre nicht mehr angebracht? Hier wird nochmals die Ambivalenz bearbeitet, dass jede konflikthafte Situation etwas Negatives, aber auch etwas Positives hat.

- **Welche Kommunikationsmuster sind vorhanden?**

- **Welche Persönlichkeitsmerkmale/-unterschiede sind vertreten?**

- **Um welche Konfliktart/en handelt es sich?**

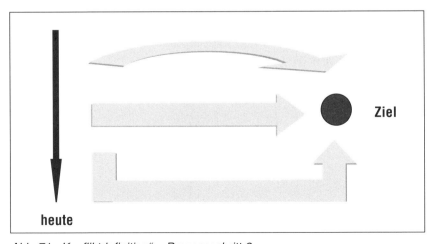

Abb. 71: „Konfliktdefinition" – Prozessschritt 3

Es ist immer wieder die Tendenz festzustellen, sofort bei Auftreten eines Konfliktes aktiv zu sein und in eine Lösung zu springen. Meist ist diese Art der Lösung diejenige, die man immer schon präferiert hat, mit der man mehr oder weniger alle Konflikte zu lösen versucht.

Die Empfehlung, wichtige Entscheidungen „doch noch einmal zu überschlafen", kommt aus derselben Überlegung, ein Problem von verschiedenen Blickwinkeln zu betrachten und nicht in der ersten emotionalen Aufgeregtheit zu entscheiden.

Konfliktbearbeitung

In der Phase 2 wird nun der Blick nach vorne gerichtet. Konfliktlösungen lassen sich auf einige Grundmodelle zurückführen. Unter Lösung verstehen wir, dass die Konfliktpartner einen Modus gefunden haben, in dem der Gegensatz soweit verschwunden ist bzw. unsichtbar gemacht wurde, dass die Handlungsfähigkeit von beiden wieder gegeben ist.

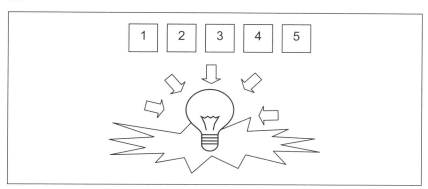

Abb. 72: „Konfliktlösungsalternativen" – Prozessschritt 4

Die zugrunde liegenden Muster für Konfliktbearbeitung sind:[14]

A. Flucht

B. Vernichtung (des Gegners)

C. Unterordnung des einen unter den anderen

D. Delegation an eine dritte Instanz

E. Kompromiss

F. Konsens

A. Flucht

Das ursprünglich-instinkthafteste Verhaltensmuster im Falle eines Konfliktes stellt die Flucht dar (z.B. Fahrerflucht, ignorieren, unter den Teppich kehren, verdrängen).

Vorteile	Nachteile
• Rasches Entkommen aus einer Konfliktsituation	• In Wirklichkeit ist der Konflikt nicht gelöst
• Es gibt keine Verlierer	• Konflikt kommt meist in schärferer Form wieder
• Meist einfach und schmerzlos, Geringes Risiko und „energiesparend"	• Ständiges „Flüchten" ist unbefriedigend und lässt keine Weiterentwicklung zu
• Lösung für eine gewisse Zeit (auf die lange Bank schieben, vertagen)	• Hinterlässt manchmal Depression (verdrängte oder verleugnete Konflikte)

Abb. 73: Vor- und Nachteile des Grundmusters Flucht

Hauptnachteil der „Lösung" eines Konfliktes durch Flucht ist der fehlende Lernprozess. Der Mensch zwingt sich dann dazu, dieses Verhalten zu verändern, wenn die Nachteile der versuchten „Lösung" die Vorteile zu überwiegen beginnen.

Ein Konflikt, der immer wieder unter den Teppich gekehrt wird, muss irgendwann doch einmal angepackt werden.

B. Vernichtung des Gegners

Die heutige Zivilisation hat Vernichtungsrituale durchaus beibehalten. So geht etwa jede Konkurrenz auf Monopol aus, das heißt der Versuch im wirtschaftlichen Konkurrenzkampf, den Gegner zu vernichten, um eine eigene Alleinstellung zu erhalten.

Die Ausrottung von Menschen oder Menschengruppen ist bis in die Gegenwart sehr oft Ziel geblieben.

Vorteile	Nachteile
• Der Gegner wird rasch und dauerhaft beseitigt	• Entwicklung wird in einem starken Ausmaß gefährdet, da eine Alternative (der Gegner) wegfällt.
• Der Sieger geht gestärkt aus der Auseinandersetzung hervor	• Fehler sind nicht korrigierbar
• Geistig anspruchslos	• Inhuman; verbreitet Schrecken

Abb. 74: Vor- und Nachteile des Grundmusters Vernichtung des Gegners

Wenn bis zur Vernichtung des Gegners gekämpft wird, muss man gewinnen, um zu überleben. Einmal in einem Konflikt, der nach diesem Muster „gelöst" wird, zu verlieren, bedeutet das Ende.

C. Unterordnung des einen unter den anderen

Konfliktlösung durch Unterwerfung oder Unterordnung ist in den Systemen der Hierarchie institutionalisiert worden. Hier ist von vornherein festgelegt, dass im Konfliktfall die Inhaber der jeweils höheren Position gegenüber den Unterstellten („Ober sticht Unter") im Recht bleiben. Dieses Verhaltensmuster der Unterwerfung ist überall dann als Konfliktlösung möglich, wenn von den zwei entgegengesetzten Positionen sich nur die eine als brauchbar erweist und die andere in irgendeiner Form – wenn auch gezwungenermaßen – dies anerkennt (Methoden sind z.B. überzeugen, überreden, nachgeben, bestechen, manipulieren, drohen, intrigieren).

Vorteile	Nachteile
• Der Unterworfene gewinnt Sicherheit („Tausche Freiheit und Selbstbestimmung gegen Sicherheit")	• Der Unterworfene verliert die Selbstbestimmung
• Keine Vernichtung des Gegners	• Der Stärkere siegt und nicht unbedingt der, der Recht hat
• Möglichkeit der längerfristigen Auseinandersetzung	• Siegen ist gleich Recht haben
• Arbeitsteiligkeit	• Starre Rollenverteilung

Abb. 75: Vor- und Nachteile des Grundmusters Unterordnung

D. Delegation an eine dritte Instanz

„Wenn sich zwei streiten, freut sich der Dritte", sagt ein altes Sprichwort. Der Dritte, der an diesem Konflikt nicht selber beteiligt sein darf, hat einige wichtige Funktionen:

Erstens vermittelt er im Konflikt und kann womöglich eine Lösung herbeiführen.

Zweitens sorgt er auf jeden Fall dafür, dass die beiden Konfliktparteien weiterhin koordiniert werden und über ihn kommunizieren.

Drittens versucht er meist das Problem, um das es geht, auf eine höhere Ebene zu heben. Dies allein schon deshalb, weil er nicht selber in den Konflikt integriert ist und diesen daher mehr oder weniger von außen betrachten kann.

Nimmt er diese Rolle öfters wahr, kann damit sogar Autorität entstehen (Bsp.: Geschwister, Nachbarn).

Der große Fortschritt, den dieses System der „Arbeitsteilung" bringt, wird aber mit einer Entfremdungssituation bezahlt. Wer an eine Autorität delegiert, will sein Problem von jemandem lösen lassen, der mit diesem Problem primär nichts zu tun hat („Unbefangenheit" des Richters).

Vorteile	Nachteile
• Die gemeinsame Verbindlichkeit der höheren „Ordnung"	• Die individuelle Identifikation mit der Lösung ist gering
• Das Schema von Sieg und Niederlage wird überwunden	• Die Konfliktkompetenz wurde den Konfliktparteien genommen
• Unparteilichkeit des „Dritten"	• Emotionalität fällt weg

Abb. 76 Vor- und Nachteile des Grundmusters Delegation an eine dritte Instanz

E. Kompromiss

„Wir werden keinen Richter brauchen!" sagt der Volksmund und deutet auf die Findung einer Lösung hin, die zwischen den bisherigen Standpunkten liegt.

Vorteile	Nachteile
• Teileinigung ist eine Einigung	• Teileinigung heißt auch Teilverlust
• Teilverantwortung der Betroffenen für die Lösung	• Konflikt kann nach einiger Zeit wieder auftauchen, weil nicht zur Zufriedenheit aller gelöst

Abb. 77: Vor- und Nachteile des Grundmusters Kompromiss

Man spricht von guten Kompromissen, wenn die Vereinbarung wichtige oder große Teile des kontroversen Inhaltes betrifft, von „faulen" Kompromissen, wenn die wichtigsten kontroversen Themen ausgeklammert wurden.

Eine Verhandlung hat oft einen Kompromiss zum Ziel. Um nicht mit einem „schlechten" Gefühl aus der Verhandlung heraus zu gehen, ist es sehr wichtig, eine solche Art der Konfliktlösung gut und genau vorzubereiten.

F.   Konsens

Die Suche nach Konsens macht erst dann Sinn, wenn die Kontroverse nicht nur emotional, sondern auch sachlich den Axiomen der Logik widerspricht (logische Ausweglosigkeit).

Diese logische Ausweglosigkeit ist durch drei Eigenschaften gekennzeichnet:

- zwei einander widersprechende Behauptungen oder Interessen,
- beide sind wahr beziehungsweise berechtigt,
- beide sind voneinander abhängig. Nur wenn die eine Behauptung wahr ist, kann es auch die andere sein und umgekehrt.

Beispiel:

Einerseits verlangt die komplexer werdende Organisations- und Entscheidungsstruktur der Unternehmen in der Gegenwart immer selbständigere Mitarbeiter. Weniger gefragt sind Mitarbeiter, denen man jeden Handgriff vorschreiben und womöglich auch noch vormachen muss. Mit der Aufnahme von selbständigen Mitarbeitern kommen aber die meisten Unternehmungen vom Regen in die Traufe. Denn selbständige Mitarbeiter halten sich viel weniger an Weisungen, ganz abgesehen davon, dass ihnen das Wort Gehorsam weitgehend fremd ist – sonst wären sie ja nicht selbständig. Nun verlangt die industrielle Produktionsweise mit sehr sensiblen, ineinander greifenden Strukturen eine immer feinere Abstimmung der einzelnen Entscheidungen aufeinander, was wiederum nur mit verstärkter Zentralisierung von Funktionen möglich ist. Beides widerspricht aber einander:

Fortschritt kann nur erzielt werden, wenn die Mitarbeiter immer selbständiger werden.

Fortschritt kann nur erzielt werden, wenn die Mitarbeiter immer unselbständiger den Apparat exekutieren.

Die Lösung eines solchen Konflikts ist mit den vorgenannten Modellen nicht durchzuführen. Es ist nicht sinnvoll, wenn eine der beiden Seiten gewinnt, da auch die andere wahr ist. Es ist nicht möglich, sich zwischen beiden Alternativen zu entscheiden, da beide voneinander abhängig sind.

Für eine Lösung ist es daher notwendig, sich von der gut/böse, falsch/richtig-Argumentation zu lösen. Dies bedeutet, dass die Konfliktparteien sich in einen kreativen Entwicklungsprozess begeben müssen, als dessen Resultat eine Lösung gefunden wird, die beiden Gegensätzen Rechnung trägt, ohne einen der beiden zu vernichten oder den anderen unterzuordnen.

Vorteile	Nachteile
• Hohe Qualität der Lösung	• Ein schwieriger Prozess
• Hohe Zufriedenheit bei den Konfliktparteien	• ist meist sehr anstrengend
• Der Konflikt ist tatsächlich gelöst	• dauert oft lange

Abb. 78: Vor- und Nachteile des Grundmusters Konsens

Dieser Entwicklungsprozess, der die Verflüssigung und Neuformierung der beiden Gegensätze auf eine gemeinsame Synthese beinhaltet, durchläuft mehrere Stadien, die im Folgenden systematisch beschrieben werden.

IV. Ideen für Lösungsalternativen

Bei der Suche nach Lösungsalternativen sollten Emotionen in konkrete Bedürfnisse und Erwartungen umformuliert werden, um den Sachverhalt als gemeinsames Problem darzustellen. Eine konstruktive Haltung bringt Lösungsorientierung und nicht Schuldorientierung (Zukunftsorientierung statt Vergangenheitsorientierung).

Tipps:

Fragen dazu sind:
- Welche Lösungsmöglichkeiten werden gesehen?
- Was wurde in anderen Situationen bereits versucht?
- Wie lassen sich die Alternativen beschreiben?

- **Methoden:**
  Brainstorming
  Brainwriting
  Mindmapping

Als Ergebnis liegt ein visualisierter Überblick aller relevanten Alternativen vor:

Alternative	1	2	3	4
Bezeichnung				
Beschreibung				

Abb. 79: Tabelle zur Sammlung von alternativen Lösungsmöglichkeiten

V. Bewertung und Auswahl

Für das Beurteilen sollten allgemein akzeptable Kriterien gesucht werden, anhand derer eine gemeinsame Lösung erarbeitet und ausgewählt werden kann.

Abb. 80: „Bewertung und Auswahl" – Prozessschritt 5

Tipps:

Fragen dazu sind:
- Welche Vorteile sind in jeder Alternative enthalten?
- Welche Nachteile sind damit verbunden?

Alternative	1	2	3
Vorteile (+) / Nachteile (–):			
Argumente, Vorschlag			

Abb. 81: Tabelle zur Bewertung von alternativen Lösungsmöglichkeiten

VI. Umsetzungsplanung

Es ist wichtig, die Umsetzung gemeinsam festzulegen, um jeden Beteiligten auch an seine Zugeständnisse zu binden.

Tipps:

Fragen dazu sind:

- Was ist nun zu tun?
- Bis wann sind welche Maßnahmen zu sehen?
- Wer erledigt die Aufgaben?
- Woran ist zu erkennen, dass der Konflikt „gelöst" wurde?

Die dargestellte Vorgehensweise empfiehlt sich auch als Leitfaden für Konfliktgespräche.

Verhandlungen erfolgreich durchführen

Die Lösung von Konfliktsituationen mündet häufig in Verhandlungen. Verhandlungen sind Aussprachen, die zu einem Interessenausgleich und Beschluss führen.

Verhandeln kann unter dem Gesichtspunkt des **Kampfes** und unter dem des **Gesprächs** gesehen werden. Wird in einer Verhandlung gekämpft, besteht das Ziel darin, den Gegner zu besiegen. Nach der Verhandlung gibt es einen Sieger und einen Verlierer. Dies geschieht mit allen Tricks der Gesprächsführung:

- mit falschen bzw. vorgetäuschten Informationen,
- mit persönlichen Angriffen (Ablenken von Sachargumenten),
- mit Tricks um den Gegner zu verwirren oder ihm das Wort zu entziehen
- etc.

Diese Form der Verhandlung tritt oft dann auf, wenn die Situation auch in der Öffentlichkeit oder in der direkten Umgebung als „Verhandlung" tituliert und auch so gesehen wird (z.B. Lohnverhandlungen, Friedensverhandlungen).

Probleme bei der Anwendung von Tricks (meist von beiden Seiten) sind in der Regel, dass diese Verhandlungen sehr lange dauern, wenig erfolgreich sind und selbst, wenn es einem Gegner gelingt zu gewinnen, die Perspektive für eine längerfristige gute Beziehung nicht bestehen bleibt.

Verhandeln als Gespräch bringt Nutzen für alle Beteiligte. Das Ziel einer guten Verhandlung ist

- die eigenen Interessen darzulegen,
- die fremden Interessen zu verstehen,
- jenes Ergebnis gemeinsam zu erreichen, bei dem beide Partner noch Vorteile haben,
- Streitpunkte fair zu behandeln und
- die Basis für eine weitere Zusammenarbeit zu erhalten.

Ein wesentliches Erfolgskriterium bei dieser Art zu verhandeln ist, für alle Beteiligten eine Situation herzustellen, in der es dem anderen möglich ist, vom ursprünglichen Standpunkt im Sinne einer neuen, konstruktiven Lösung abzuweichen. So wird einem Gesichtsverlust vorgebeugt, der weitere Verhandlungen behindert und sich negativ auf die Tragfähigkeit der Lösungen ausgewirkt hätte.

Verhandeln findet auf mehreren Ebenen statt

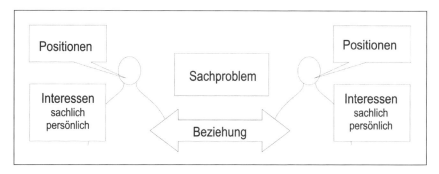

Abb. 82: Die Ebenen einer Verhandlung

Wie jedes Gespräch findet auch das Verhandeln auf zwei Ebenen, der Sach- und der Beziehungsebene statt. Während der Verhandlung werden Positionen eingenommen, die jedoch von den persönlichen und sachlichen Interessen der Verhandlungspartner abhängen. Manchmal verbergen sich hinter Sachargumenten auch persönliche Konflikte zwischen den Parteien.

> ## Beispiel:
>
> Das folgende Beispiel illustriert den Unterschied zwischen Positionen und Interessen:
>
> **Position des Auftraggebers:**
> - „Wir können kein zusätzliches Budget für das Projekt genehmigen."
>
> **Sachliche Interessen:**
> - „Die betriebswirtschaftliche Situation des Unternehmens ermöglicht keine weiteren Budgeterhöhungen."
> - „Andere Projektleiter könnten von der Budgeterhöhung erfahren und dann ebenfalls anfragen."
>
> **Persönliche Interessen:**
> - Das Image als erfolgreicher Verhandler soll nicht gefährdet werden.
> - Der beteiligte Auftraggeber fühlt sich unter Druck gesetzt und will „sein Gesicht" nicht verlieren.
>
> Durch das Erkennen und Verstehen der hinter der vorgebrachten Position liegenden Interessen hat der Projektleiter als Verhandlungspartner der Auftraggeberin andere, neue Lösungsmöglichkeiten vorgeschlagen, wie zum Beispiel:
>
> Durch die Budgeterhöhung wird auch der betriebswirtschaftliche Erfolg des Projekts erhöht. Dies ist ein Beitrag zur Entlastung des Unternehmens.
>
> Der Verhandlungserfolg der Auftraggeberin liegt dann in der verbesserten Ertragserwartung des Projekts.
>
> Im Hinblick auf die anderen Projektleiter ist festzuhalten, dass der Erfolg durch ein höheres Budget mindestens im gleichen Ausmaß gesteigert wird. Konzentration auf die Kennzahl „Ertrag" anstelle von „Budgeteinhaltung".

Für erfolgreiche Verhandlungen ist es wesentlich, herauszufinden, welche Interessen hinter den Positionen des Verhandlungspartners stehen.

4.5 Führung in der Projektabschlussphase

4.5.1 Besondere Merkmale der Abschlussphase

Ein Projekt abzuschließen beinhaltet einerseits das Abschiednehmen von etwas Vertrautem, andererseits auch Neubeginn. Dieser ist manchmal mit attraktiven Perspektiven, zumeist jedoch auch mit gewissen Unsicherheiten behaftet.

Der Projektleiter als Führungskraft achtet in dieser Phase darauf, dass das Projekt systematisch beendet wird, dass es daher einen klaren, gemeinsamen Schlusspunkt gibt, an dem das Team, der Auftraggeber und die wesentlichen Interessengruppen das Ergebnis des Projekts feststellen und bewerten, wechselseitiges Feedback über die Zusammenarbeit und die erreichten Ziele geben und die im Projekt entstandenen Lernchancen nutzen können.

Wenig motivierend für alle Beteiligten sind Projekte, die unkoordiniert auslaufen. Ohne gemeinsame Abschluss-Aktivitäten, meist sogar ohne klare Information des Projektleiters wird in solchen Fällen jedem Teammitglied und jedem Umfeldvertreter überlassen, das Projekt als beendet oder als noch in Fertigstellung zu definieren. Die diesbezüglichen Interpretationen über den Zeitpunkt sind häufig sehr divergent.

Ein systematischer Projektabschluss schafft Motivation und Lernchancen

Abhängig vom Projektverlauf, der Qualität der Teamarbeit und der zukünftigen Aufgaben einzelner Teammitglieder entstehen am Ende eines Projekts starke Kohäsions- oder Adhäsionskräfte, die vom Projektleiter auszugleichen sind.

Überzogener Zusammenhalt im Projektteam entsteht, wenn

- eine große Identität im Team entwickelt wurde,
- die gemeinsame Arbeit interessant und positiv erlebt wurde,
- das Projektergebnis noch nicht klar erkennbar oder sehr positiv ausgefallen ist,
- einzelne Teammitglieder noch keine herausfordernden Aufgaben für die Zeit nach dem Projekt vorfinden und
- größere Freiräume im Projekt verglichen mit der anstehenden Arbeit in der Linienorganisation gesehen werden.

Die genannten Kriterien können dazu führen, dass das Team versucht das Projekt über seinen natürlichen Schlusspunkt hinaus zu verlängern, indem es immer wieder neue, noch zu erledigende Aufgaben, Verbesserungen etc. erfindet. Es herrscht ein Perfektionsdrang, der auf die Fortführung des Projekts gerichtet ist. Diese Tendenz ist vom Projektleiter zu bremsen.

Überzogene Auflösungstendenzen im Projektteam entstehen, wenn

- im Team die Einzelinteressen im Vordergrund standen,
- die Zusammenarbeit als mühsam und hinderlich erlebt wurde,

- das Projektergebnis feststeht und nicht den ursprünglichen Zielen entspricht,
- einzelne Teammitglieder bereits herausfordernde Aufgaben für die Zeit nach dem Projekt haben und
- geringere Entwicklungschancen im Projekt verglichen mit der zukünftigen Arbeit in der Linienorganisation gesehen werden.

Aufgrund der genannten Merkmale versuchen meist einzelne Teammitglieder frühzeitig das Projekt zu verlassen und sich den neuen Aufgaben zuzuwenden. Dies trifft vor allem auch für abgebrochene, misslungene oder emotional unbefriedigend gelaufene Projekte zu. In diesem Fall ist der Projektleiter als Führungskraft gefordert darauf zu achten, dass ein gemeinsamer, systematischer Projektabschluss durchgeführt wird.

Findung des geeigneten Projektabschlusses Besonders herausfordernd ist es, den optimalen Zeitpunkt für die Beendigung des Projekts zu finden. Bei vielen Projekten sind die mit dem Projekt verknüpften strategischen Ziele zum Zeitpunkt des Abschlusses der Hauptaktivitäten noch nicht messbar.

Das folgende Beispiel soll diesen Umstand illustrieren:

Beispiel:

Projektkurzbeschreibung:

Ziel des Projekts:

Mit Hilfe eines automatischen IT-Systems sollen die Durchlaufzeiten in Lager und Versand um 20 % verkürzt und die Lagerkosten um 10 % verringert werden.

Im Pflichtenheft für das ausgewählte IT-System stehen all jene IT-technischen Funktionen, die eine derartige Lösung aufweisen sollte. Dazu gehören unter anderem die Ein- und Ausgabeinformationen, die Rechengeschwindigkeit und die Rechnerkapazität.

Das Projekt umfasst folgende Hauptaufgaben:

Istanalyse
Sollkonzept (Pflichtenheft)
Adaptierung der Software/Beschaffung Hardware
Schulungen und Pilotbetrieb
Abnahme des IT-Systems
Übergabe des IT-Systems an die Nutzer (Going Live)

Mit der Übergabe des IT-Systems, das alle im Pflichtenheft spezifizierten Leistungen erfüllt, beginnt der so genannte Echtbetrieb.

Obwohl das Projekt damit zu Ende zu sein scheint, sind noch nicht alle im Projekt formulierten Ziele auf ihre Erfüllung überprüfbar. Die Verringerung der durchschnittlichen Durchlaufzeit um 20 % und der Kosten um 10 % ist frühestens nach einem Jahr Echtbetrieb messbar. Daraus könnte man ableiten, dass das Projektende erst nach einem Jahr Echtbetrieb anzusetzen wäre.

Die Grafik stellt die eben beschriebene Problematik dar:

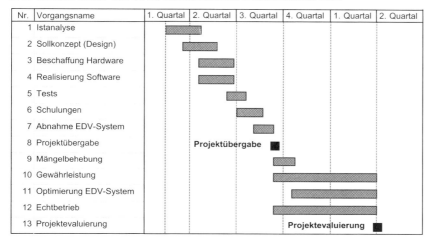

Nr.	Vorgangsname	1. Quartal	2. Quartal	3. Quartal	4. Quartal	1. Quartal	2. Quartal
1	Istanalyse						
2	Sollkonzept (Design)						
3	Beschaffung Hardware						
4	Realisierung Software						
5	Tests						
6	Schulungen						
7	Abnahme EDV-System						
8	Projektübergabe						
9	Mängelbehebung						
10	Gewährleistung						
11	Optimierung EDV-System						
12	Echtbetrieb						
13	Projektevaluierung						

Abb. 83: Ablaufphasen IT-Projekt

Die wesentliche Frage, zu welchem der beiden Ereignisse **Projektübergabe** oder **Projektevaluierung** das Projekt tatsächlich beendet werden soll, ist nicht so einfach zu beantworten, da mit beiden Varianten Vor- und Nachteile verbunden sind:

Für die Projektbeendigung zum Zeitpunkt der **Projektübergabe** spricht, dass in der nachfolgenden Phase kaum noch Aktivitäten des Projektteams notwendig sind. Aus der Sicht des Projektteams bietet sich daher der Projektabschluss im Rahmen der Projektübergabe an. Ohne derartigen formellen Schluss würde sonst der Eindruck des schleifendes Projekts entstehen.

Für einen Projektabschluss zum Zeitpunkt der **Projektevaluierung** spricht andererseits, dass erst zu diesem Zeitpunkt die Zielerfüllung endgültig überprüft werden kann. Auch die Enddokumentation, Mängelbehebungen, Garantieüberwachung, Restzahlung etc. sind erledigt und damit kann der gesamte Projektakt geschlossen werden.

Um die beschriebenen Vorteile beider Varianten nutzen zu können, würde folgende Vorgehensweise sinnvoll sein:

Zum Zeitpunkt der **Projektübergabe** wird ein so genannter vorläufiger, aber doch formaler Projektabschluss durchgeführt, der

- die Abhaltung der Projektabschluss-Sitzung mit dem Kunden,
- die Formulierung eines vorläufigen Projektabschluss-Berichts,

Unterscheidung vorläufiger und endgültiger Projektabschluss

241

- den Abschluss der wesentlichen Umfeldbeziehungen und
- die Auflösung des Projektteams, verbunden mit Feedback über ihre Projektarbeit

umfasst.

Im Rahmen der vorläufigen Projektabschluss-Sitzung werden Projektleiter und Projektteam entlastet und gleichzeitig wird der Projektleiter oder ein speziell dafür nominiertes Projektteammitglied mit der Veranlassung und Durchführung der Restaufgaben sowie mit der Überprüfung der Zielerfüllung bei der Projektevaluierung beauftragt.

Im Rahmen der **Projektevaluierung** wird das Projekt endgültig abgeschlossen, womit

- der formale Projektabschluss-Bericht,
- die Projektnachkalkulation,
- die dokumentierten Projekterfahrungen und
- die Entlastung des Projektleiters

verbunden sind.

Chancen des Projektabschlusses

Neben den aufgezählten Schwierigkeiten, die mit dem Projektende verbunden sind, bietet dieser letzte Meilenstein auch einige Chancen, die ein professioneller Projektleiter unbedingt nützt.

Der Projektabschluss ist eine günstige Gelegenheit, im Projekt entstandene, schwebende Konflikte anzusprechen und zu reflektieren. Die Auflösung von Spannungen zwischen Teammitgliedern bietet zwar keine Entlastung mehr für das gegenständliche Projekt, kann aber für die zukünftige Zusammenarbeit dieser Personen neue Möglichkeiten eröffnen.

... Konfliktauflösung,

Aufgrund der Erkenntnis, dass viele Konflikte und Widersprüche strukturell oder projektkulturell bedingt sind, ist mit dem Abschluss des Projekts auch der konflikterzeugende und -erhaltende Tatbestand nicht mehr aufrecht. Der Projektabschluss ist daher die letzte Chance, den strukturellen Anteil zu erkennen und die bisherigen Reibungspunkte nicht als persönlich bedingte Probleme zu sehen.

Der Projektleiter kann derartige Prozesse fördern, indem er dies in Einzelgesprächen mit den handelnden Personen thematisiert und im Zuge des Projektabschluss-Workshops entsprechend viel Zeit für Reflexion zwischen einzelnen Personen zulässt. Dies kann, als Lerntransfer betitelt, den Teammitgliedern die Chance geben ohne Stigma und Gesichtsverlust aufeinander zuzugehen.

... Erfolgsmessung,

Eine weitere Chance, die vor allem der Projektabschluss bietet, ist die Möglichkeit zur klaren Erfolgsmessung im Projekt. Während des Projekts ist die endgültige Erfolgsmessung oft auf unzulängliche Hilfsmittel, wie Meilensteine, Zwischenergebnisse, etc. angewiesen, die allesamt als Indikatoren, aber nicht als endgültige Messkriterien verwendbar sind.

Gleichzeitig bietet ein Projekt im Unterschied zur Routinearbeit meist sehr klare Erfolgskriterien an. Erreichte Ziele zu feiern ist ein hervorragender Aufhänger für den Projektleiter, „danke" zu sagen, Anerkennung zu zollen und positive Elemente der Zusammenarbeit zu reflektieren.

und Anerkennung

4.5.2 Nutzung von Lernchancen (speziell in der Abschlussphase)

Sicherstellung des erworbenen Wissens

Das im abzuschließenden Projekt erworbene Wissen, sowohl fachliche Erkenntnisse als auch Prozess-Erfahrungen, stellt einen meist unterbewerteten Teil des gesamten Projektgewinnes dar; andererseits werden oft Projekte allein mit dem Hauptziel der Wissensakkumulation durchgeführt, wie etwa Errichtung von Referenzanlagen, Fußfassen in einem neuen Marktsegment, Entwicklungsprojekte und Ähnliches. Diesen wesentlichen Teil des Gewinnes gilt es sicherzustellen.

organisatorisches Lernen über die Projektlaufzeit hinaus durch systematisches Wissensmanagement

Die zentrale Frage lautet daher: Wie können wir unsere Projekterfahrungen und Projektergebnisse für die Zukunft am besten nutzbar machen?

Im Einzelnen ist folgender **Fragenkatalog** durchzuarbeiten:

- Was hat jeder Teilnehmer für sich aus dem Projekt gelernt?
- Welche Ergebnisse sind für die Gesamtorganisation wichtig?
- Welche positiven Erfahrungen können bei anderen Projekten angewendet werden?
- Was soll bei künftigen Projekten anders gemacht werden?

Beispiele für die Nutzung von Projekterfahrungen sind:

- Ergebnisse der Projektarbeit werden in die **Stammorganisation** übernommen: Instrumente, die sich bei der Projektarbeit bewährt haben, werden auch im Routinebetrieb verwendet, z.B. eine genaue Rollenklärung in der Stammorganisation, Aufgabenstrukturpläne für die Routineaufgaben, Verhaltensweisen bei Teamarbeit, Moderation und Visualisierung, Verhandlungsstrategien mit Sponsoren etc.

- Projektergebnisse bilden die **Basis für Folgeprojekte**: Das im Projekt erstellte Konzept für die Reorganisation ist die Basis für das Projekt „Durchführung der Reorganisation" etc.
- Projekterfahrungen werden in **neuen Projekten** genutzt: Standard-Projekt-Pläne für ähnliche Vorhaben.
- Erfolgreiche **Projektmitarbeiter** werden mit der **Projektleiterfunktion** in neuen Projekten betraut.
- Projektmitarbeiter werden in der Stammorganisation mit Aufgaben betraut, bei denen das Know-how aus der Projektarbeit genutzt werden kann.

Eine systematische, durch organisatorische Regelungen gestützte Sicherung von Erfahrungen wäre unternehmensumfassend nach dem Konzept der **lernenden Organisation** einzurichten.

Hinter diesem Management-Ansatz steckt letztlich das Konzept, dass ein Unternehmen wie eine Einzelperson gesehen werden sollte, die sich durch Anpassung an veränderte Umwelten im ständigen Wandel befindet und die als Überlebensstrategie ständig **Wissen und Erfahrungen** abrufbereit abspeichert. Diese Wissensbestände hängen dabei nicht am einzelnen Mitarbeiter, sondern am **System Unternehmen**; man setzt auf die Lernfähigkeit der Organisation als Ganzes.

5 Kritische Erfolgsfaktoren bei der Führung von Projekten

In diesem Kapitel werden jene Aspekte der Führung hervorgehoben, die speziell in Projekten die Weichen zwischen Erfolg und Misserfolg stellen können. Im Besonderen werden dabei Modelle vorgestellt, die sich gerade innerhalb der spezifischen Rahmenbedingungen von Projekten bewährt haben.

Gegensätze, die in Projekten immer wieder auftauchen und meist zu besonderen Herausforderungen für die Projektleiter werden, können mit dem Ansatz **Management von Widersprüchen** wirkungsvoll bearbeitet werden.

Spannungsgeladene Führungssituationen, deren Ausgang maßgeblich den weiteren Verlauf des Projekts bestimmen, können als **Momente der Wahrheit** identifiziert und mit den dazugehörigen Instrumenten erfolgreich gelöst werden.

Projekte können kolossal erfolgreich sein, aber auch kläglich scheitern. Das Engagement und die Motivation der beteiligten Teammitglieder, der Projektleiterin und des Auftraggebers sind meist eine wesentliche Ursache für den Erfolg, ihr Fehlen genauso oft der Grund für Nichtgelingen. Der Frage, was die einzelnen Mitarbeiter zu Höchstleistungen antreibt, wird im Kapitel **Führung und Motivation in Projekten** auf den Grund gegangen, genauso wie den zugrundeliegenden Ansätzen und Gestaltungsprinzipien hinter der Motivation von Mitarbeitern.

Schnelle, einfache und kundenorientierte Lösungen zu entwickeln und in Betrieb zu nehmen sind Anforderungen, die oft an das Projektmanagement gestellt werden. Agile Projektmanagement-Ansätze, vermischt mit praxiserprobten Ideen des klassischen Projektmanagements, sind eine adäquate Antwort darauf. Die typischen Anwendungsfelder und die Spezifika der Agilen Ansätze werden im Kapitel **Führung von Agilen Projektteams** vorgestellt.

Um die Vorteile der Globalisierung und lokaler Lösungen zu vereinen, starten Unternehmen vermehrt Projekte, deren Teams aus unterschiedlichsten Standorten und Ländern besetzt sind. Dies bringt völlig neue Herausforderungen an die Teamarbeit und Führung mit sich. Praktikable Lösungsansätze werden im Kapitel **Führung virtueller Teams** vorgestellt.

5.1 Management von Widersprüchen

Führungskräfte sind vor allem in Projekten sehr häufig mit scheinbaren oder tatsächlichen Widersprüchen konfrontiert. Als Widersprüche sind in diesem Zusammenhang typische und sich wiederholende Situationen zu verstehen, in denen sich der Projektleiter als Führungskraft in einem Spannungsfeld zwischen divergierenden Interessen wiederfindet.

Diese Widersprüche ergeben sich meist aus explizit ausgesprochenen oder implizit erwarteten Wünschen und Forderungen wesentlicher Umfeldgruppen des Projekts. Solche Gegensätze sind in frühen Phasen nur von sehr aufmerksamen Projektleitern erkennbar, weil sie noch nicht ausdrücklich thematisiert wurden, und sobald sie für alle sichtbar geworden sind, nicht einfach zu lösen, weil sie meist ein sehr hohes Konfliktpotenzial enthalten. Nicht jede herausfordernde Situation und jeder

Konflikt sind als Widerspruch an die Rolle des Projektleiters zu sehen, sondern lediglich jene, die den Projektleiter in seiner Führungsrolle in scheinbar unauflösbar gegensätzlichen Erwartungshaltungen von Umfeldgruppen zu zerreißen drohen.

Aufgrund des zunehmenden Spannungsfeldes, einerseits die Effizienz in Projekten massiv zu erhöhen und andererseits eine Unternehmens- und Projektkultur der breiten Einbindung von Mitarbeitern, Beteiligten und Betroffenen zu ermöglichen, nehmen derartige widersprüchliche Situationen in Projekten rasant zu. Zusätzlich sind der stetige Wandel, dem sowohl die Unternehmen, als auch die Projekte unterliegen, zunehmend komplexere Umfeldkonstellationen und die immer schwierigere Einschätzbarkeit der Unternehmenszukunft weitere Ursachen für die auftretenden Gegensätze.

Typische Situationen, die ein professionelles Management von Gegensätzen erfordern, sind beispielsweise:

offizielle Projektziele *versus* versteckte Projektziele

Klare, offiziell ausgesprochene Projektziele, die alle im Team zur Mitarbeit motivieren, kommunizieren und verfolgen.

die nicht offizialisierten Erwartungen des Auftraggebers („Geheimprojekt", hidden agenda) im Projekt berücksichtigen.

Unsicherheit über Zukunft *versus* klare Zielorientierung

Vom **Auftraggeber** eines Projektes werden unklare Rahmenbedingungen und Projektgrenzen kommuniziert.

Vom **Projektleiter** wird erwartet, dass klare Ziele, Pläne und Verantwortlichkeiten definiert werden.

Bei externen Kundenprojekten stellt sich ein ähnlicher Widerspruch in der Pre-Sales oder Startphase wie folgt dar:

sehr kurze Angebotsphase *versus* **detaillierte Pläne**

Vom **Kunden** werden die Informationen und Zeiträume oft knapp gehalten, wegen des fehlenden Wissens oder um Vergleichbarkeit zwischen Mitbewerbern sicher zu stellen.

Vom **Projektleiter** wird erwartet, dass er bereits sehr konkrete und klare Vorgangsweisen und Pläne vorlegt.

Effizienz *versus* **Akzeptanz**

Der Auftraggeber und Kunde erwartet eine rasche, effiziente Projektabwicklung, ausgedrückt durch herausfordernde Termin-, Ressourcen- und Kostengrenzen.

Die volle Akzeptanz der Projektergebnisse bei den betroffenen Interessengruppen und Nutzern, die der Projektleiter nur mit Workshop, intensiver Kommunikation und aktivem Marketing erreichen kann.

kurzfristig erschöpfende Mehrarbeit *versus* **langfristiger Ressourcenverfügbarkeit**

Der **Auftraggeber/Kunde** erwartet, dass durch Mehrarbeit, Überstunden etc. knappe und herausfordernde Terminziele erreicht werden.

Vom **Projektleiter** wird erwartet, dass die Mitarbeiter langfristig motiviert zur Verfügung stehen und nicht durch Burn-out ausscheiden.

Projekt *versus* **Unternehmen**

In Entscheidungssituationen, die im Projekt definierten Prozesse einhalten, die Projektkultur leben.

Die Entscheidungen der Routineorganisation akzeptieren, die Spielregeln der Stammorganisation berücksichtigen.

Projektloyalität *versus* **Abteilungsloyalität**

Einheitliche, von allen Beteiligten mitgetragene Ziele und Vorgangsweisen im Projekt.

Von den in der Projektorganisation repräsentierten Abteilungen werden gegensätzliche Interessen vertreten, Lösungen subjektiv bewertet.

Unkonventionelle *versus* **Richtlinien-konforme**
Mitunternehmer **Mitarbeiter**

Auftraggeber wünschen von Gleichzeitig wird die Ein-
Projektleiter und Team unter- haltung von Standards und
nehmerisches Denken und Vorschriften, die für den Rou-
Handeln im Sinne der tinebetrieb des Unternehmens
Projektziele. geschaffen wurden, erwartet.

Ansprüche formulieren *versus* **Konsequenzen akzeptieren**

Auftraggeber erwarten Wenn **Projektleiter** Risiken,
rasche und klare Informatio- potentielle Schäden, Abwei-
nen über den Projektstatus, chungen etc. kommunizieren,
z.B. durch „(regelmäßiges) werden diese oder deren
Risikomanagement". Konsequenzen in manchen
Unternehmen verleugnet.

Kundenloyalität *versus* **Unternehmensloyalität**

In externen Projekten wird Vom Projektleiter wird erwar-
vom Projektleiter hohe Kun- tet, dass die kaufmännischen
denorientierung gefordert. Interessen des eigenen Unter-
Langfristige Kundenbindung nehmens durch aktives Claim
durch Zufriedenheit steht Management optimal genutzt
dabei im Vordergrund. werden.

Ein ähnlicher Widerspruch ist immer wieder bei der kurzfristigen
Preisoptimierung versus langfristige Lieferantenorientierung zu erkennen.

Erfolg *versus* **Lernen**

Der Projektleiter soll einen Das Projekt ist ein Hilfsmit-
möglichst großen wirtschaft- tel, um die Weiterentwicklung
lichen Erfolg im Projekt und das Lernen zu fördern.
erreichen.

Messbarkeit *versus* **Qualität**

Quantifizierte Erfolgs- Subjektive Erfolgsein-
messung mittels Kennzahlen schätzung durch Projektleiter,
oder Ähnlichem. Team, Betreiber.

Aus den oben genannten Umfeldkonstellationen ergeben sich widersprüchliche Erwartungen an die Rolle und das Verhalten des Projektleiters, wie die folgenden Dichotomien zeigen sollen:

Typische Widersprüche für den Projektleiter

umsetzen, durchsetzen	einbinden
schnelle Entscheidungen, Abläufe	Info und Abstimmung mit allen
pushen und ziehen	mit dem Team arbeiten
unternehmerische Projektleitung	Orientierung am Auftraggeber

Abb. 84: Typische Widersprüche für den Projektleiter

Diese Liste an Widersprüchen lässt sich beliebig fortsetzen.

Eine zentrale Herausforderung an jeden Projektleiter ist es, mit diesen scheinbaren und tatsächlichen Widersprüchen sinnvoll und professionell umzugehen. Dies bedeutet, im jeweiligen Projektkontext, das Umfeld zu analysieren, die Einflussfaktoren auf das Projekt zu berücksichtigen und davon abgeleitet eine Vorgehensweise (Prozess) vorzuschlagen, Entscheidungen zu treffen oder das rechtzeitige Entscheiden sicherzustellen.

professioneller Umgang mit Widersprüchen

Wesentlich ist vor allem, dass der Projektleiter das Existieren derartiger Widersprüche als immanenten Bestandteil von Projekten akzeptiert und dass das Auftreten von Spannungen, die aus derartigen Situationen resultieren, für den Projektleiter nicht das Anzeichen mangelnder Planung, Kontrolle oder eigener Schwäche bedeutet.

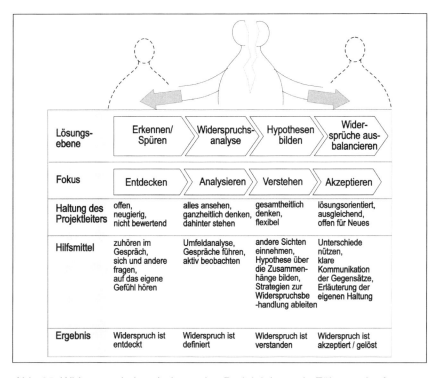

Abb. 85: Widerspruchsbearbeitung des Projektleiters als Führungskraft

Das rechtzeitige Erkennen oder Spüren dieser Widersprüche ist ein erster wichtiger Erfolgsfaktor für die professionelle Bearbeitung. Die Umfeldanalyse ist ein wesentliches Hilfsmittel, um die Zusammenhänge, die Erwartungen und Befürchtungen der unterschiedlichen Interessengruppen zu erkennen. Über die methodischen, systematischen Hilfsmittel hinaus haben Gespräche und die dabei beobachtbaren Verhaltensweisen sowie ein gutes Gespür des Projektleiters für soziale Zusammenhänge große Bedeutung.

Sobald ein tiefgehender Widerspruch im Projekt entdeckt wird, sind die gegensätzlichen Positionen sowie ihre Hintergründe in Bezug auf

- strukturelle Unterschiede,
- persönliche Unterschiede,
- geschichtliche, erfahrungsbasierte Unterschiede und
- unternehmenskulturelle Unterschiede,

aus denen die gegensätzlichen Positionen und Erwartungen entstehen, zu analysieren.

Strukturelle Widersprüche sind solche, die sich regelmäßig aus gegensätzlichen Organisationsprinzipien ergeben.

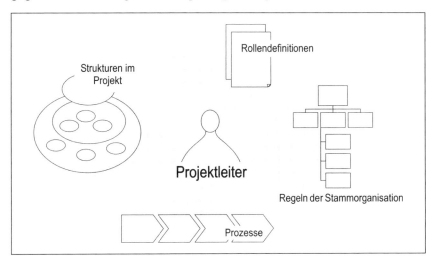

Abb. 86: Der Projektleiter im Spannungsfeld struktureller Widersprüche

Beispiel:

So ist der Projektleiter bei **Produktentwicklungsprojekten** immer wieder damit konfrontiert, dass der Vertrieb möglichst viele und anpassbare Produkte wünscht, wogegen die Produktion eine geringe Produktvielfalt und solche Neuentwicklungen wünscht, die mit den bestehenden Maschinen erzeugbar sind.

Bei externen **Auftragsabwicklungsprojekten** steht der Projektleiter meist vor einer Situation, dass der Vertrieb im Verkaufsprozess Zusagen gemacht hat, die nicht alle Risiken, Aufwände etc. inkludiert.

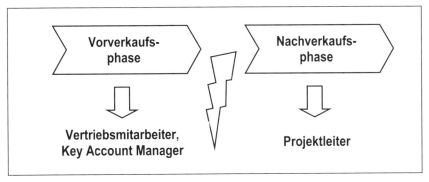

Abb. 87: Spannungsfeld zwischen Vertrieb und dem Projektleiter

> **Beispiel:**
>
> Bei **IT-Projekten** ergibt sich immer wieder die Situation, dass eine neue IT-Lösung individuelle Prozesse der Vergangenheit automatisiert und vereinheitlicht, um für das Unternehmen in Zukunft Geschwindigkeit und Deckungsbeiträge zu steigern. Die Benutzer der IT-Lösung sind jedoch an möglichst viel Flexibilität interessiert.

Unabhängig von den handelnden Personen entstehen strukturelle Widersprüche aus dem Aneinanderreiben unterschiedlicher Interessen von Organisationseinheiten. Sie sind daher organisationsimmanent und nicht personenbezogen.

Persönliche Widersprüche sind solche, die auf der Unterschiedlichkeit von Personen basieren.

Unterschiedliche Menschen differenzieren sich voneinander durch ihre individuellen Charaktereigenschaften. Manche Persönlichkeitsprofile passen sehr gut zueinander. Dies wird durch ähnliche Sprache, Verhaltensweisen, etc. sichtbar. Treffen allerdings Personen aufeinander, deren Ausprägungen gegensätzlich sind, erzeugt dies implizit oder explizit Widersprüche. An vielen alltäglichen Situationen sind die gegensätzlichen Denk- und Handlungsformen zu erkennen. Ein sehr genauer und ordnungsorientierter Projektleiter wird beispielsweise von Beginn eines Projekts an versuchen, alle Rahmenbedingungen des Vorhabens durch detaillierte Pläne festzuhalten. Viele Spielregeln und ein umfassendes Projekthandbuch können weitere Merkmale sein. Dieser Zugang wird Teammitglieder oder Projektauftraggeber, deren Charaktere stärker die spontane, kreative Seite betonen, ein Dorn im Auge sein. So wird sehr bald heftig über Ausmaß und Detaillierung von Planung diskutiert, über die Möglichkeiten und Grenzen den Projektablauf vorherzusehen und über die Notwendigkeit von Freiraum oder klaren Linien, die ein Projekt zum Erfolg führen.

Diese Widersprüche zeigen sich also, im Unterschied zu den strukturellen, zwischen konkreten Personen. Sie werden in jedem Kontext entstehen, in dem diese Personen aufeinandertreffen. Sie sind daher personenbezogen und nicht organisationsimmanent.

Zu den personenorientierten Widersprüchen zählen auch die **erfahrungsbasierten** Ereignisse, die vor allem während der Kindheit und Jugend Menschen zu Erkenntnissen führen, wie sie ihr eigenes Überleben und ihre Entwicklung sichern können. Diese Handlungs- und Verhaltensmuster werden gespeichert und sind zum Teil automatisiert bei ähnlichen Situationen abrufbar.

Diese Überlebenskonzepte können nun aufgrund der unterschiedlichen Erfahrungen und Persönlichkeitsmerkmale zu völlig verschiedenen Handlungsmustern führen, wodurch mögliche Widersprüche in der gemeinsamen Projektarbeit entstehen können.

Erfahrungsbasierte Überlebens-konzepte

So wird ein Projektleiter, der auf seinem Handlungsrekorder aufgezeichnet hat:

„Wenn es schwierig wird, zieh dich zurück, lass Zeit vergehen, dann lösen sich die meisten Probleme von selbst!"

bei auftauchenden Konflikten mit dem Kunden, weil dieser eine andere oder zusätzliche Leistung im Projekt erwartet, den Kunden nicht mehr anrufen, Meetings absagen oder maximal per E-Mail reagieren.

Flucht versus...

Im gleichen Projektteam wird ein Mitglied, das als Überlebenskonzept die aktive Konfrontation mit Schwierigkeiten eingespeichert hat, diese Vorgangsweise nicht verstehen und sofern es sich um ein selbstbewusstes Teammitglied handelt, auch nicht billigen. Diese Person würde gerade wenn es Probleme gibt, proaktiv auf den Kunden zugehen und dadurch proaktiv Lösungen erwirken sollen.

... aktive Konfrontation

Nun entsteht zusätzlich zum Problem mit dem Kunden auch noch ein Konflikt über die Vorgangsweise im Projektteam. Erst ein Erkennen und Akzeptieren der unterschiedlichen Persönlichkeitskonstrukte macht eine professionelle Lösung möglich.

Beim **kulturbedingten Widerspruch** entsteht der Konflikt aus gegensätzlichen Unternehmenskulturmerkmalen.

In einer Organisation, in der typischerweise lange Entscheidungswege vorherrschen, weil Themen in verschiedenen Gremien und Abteilungen diskutiert, bevor sie dann an eine höhere Stelle delegiert werden, führt ein Projekt mit klaren Zielen, ausreichenden Kompetenzen und direkten Kommunikationsflüssen des Projektleiters zu einem Widerspruch im Unternehmen. Der Projektleiter, der verantwortlich für ein rasches Entscheiden oder zumindest für das Sicherstellen von raschen Entscheidungen ist, steht im Widerspruch zur Unternehmenskultur.

Widerspruch zwischen Unternehmenskultur und Projektzielen

Das Herausfinden, um welchen Widerspruchstyp es sich handelt, ist die Voraussetzung, um den Gegensatz zu verstehen. Dies wiederum bildet die Basis für das Akzeptieren und die konstruktive Bearbeitung. Akzeptieren bedeutet in diesem Zusammenhang, die gegensätzlichen Erwartungen und Vorstellungen als vorhanden anzusehen und nicht einfach wegzureden („Das darf oder kann nicht so sein").

von Standpunkten zu Interessen Der nächste Schritt der Widerspruchsbearbeitung in Projekten ist die Transformierung von Standpunkten und Positionen in tieferliegende Interessen. Dieser Schritt beinhaltet in der überwiegenden Mehrzahl der Situationen neue und akzeptable Lösungsmöglichkeiten. Dies wird die Projektleiterin wenn möglich mit den beteiligten Personen durchführen.

Sollte dieser Schritt zu keiner konstruktiven Auflösung des Widerspruchs führen, geht es darum, die Gegensätzlichkeit als einen Teil dieses Projekts anzusehen. Sie sind regelmäßig auszubalancieren, indem zu einem Zeitpunkt eine Entscheidung für die eine Seite des Widerspruchs und ein anderes Mal für die andere Seite getroffen werden.

Eine zweite Möglichkeit den unauflösbaren Widerspruch zu bearbeiten ist es eine klare Entscheidung für die eine oder für die andere Seite zu treffen. Sofern diese Strategie gewählt wird, sollte die Projektleiterin als Führungskraft folgende Erfolgsfaktoren berücksichtigen:

- Abstimmung dieser strategischen Entscheidung mit dem Auftraggeber, um die ausreichende Rückendeckung für die Zukunft zu erhalten.
- Vorleben der getroffenen Entscheidung, indem die Projektleiterin durch ihr eigenes Verhalten zeigt, dass die entschiedene Richtung konsequent umgesetzt wird.
- Konsequente Umsetzung der Entscheidung mit allen beteiligten Personen.

Widersprüche finden in eigenen, inneren Unklarheiten ihre Quelle Widersprüche entstehen oft aus eigenen, inneren Unklarheiten der Führungskraft heraus. Die Reflexion des Zustandekommens und der Hintergründe für die Unsicherheit sind eine notwendige Basis für eine systematische Bearbeitung. Nachhaltige Klarheit nach außen entsteht immer dann, wenn die Führungskraft auch im Inneren klar ist.

Situationen, in denen eine Stimme in der Person für den einen Teil des Widerspruchs eintritt und eine andere für den zweiten Teil, sind allerdings sehr üblich. Einen der beiden Meinungsmacher nicht zu hören oder vorzeitig zu unterdrücken, weil diese Ansicht nicht opportun ist, weil sie nicht den Erwartungen des Umfelds entspricht oder weil man sie sich selbst nicht zugestehen will, ist mit einer Unterdrückung eines wichtigen Signals gleichzusetzen.

Abb. 88: Der Diskussionsprozess der inneren Stimmen

Die inneren Stimmen in einen bewussten Diskussionsprozess zu versetzen und erst nach Anhörung aller Argumente und Abwägen der Risiken und Chancen sich für eine Richtung zu entscheiden, ermöglicht eine nachhaltig akzeptierte und damit auch **authentische Entscheidung**.

Authentische Entscheidung nach Anhörung der „inneren Stimmen"

Dieser Diskussionsprozess kann als **innerer Dialog** bezeichnet werden, der es ermöglicht ungreifbare Gefühle und Stimmungen durch die „verbale" Auseinandersetzung sichtbar zu machen. Dadurch werden unausgesprochene Erwartungen und uneingestandene Befürchtungen konkretisiert und neue Sichtweisen ermöglicht. Häufig entstehen bereits durch eine neue – andere – Sichtweise Verständnis für die Situation des anderen und damit auch neue Lösungen für den inneren Widerspruch.

Die Grundlage für ein derartiges – **inneres** – **Widerspruchsmanagement** ist, dass den unterschiedlichen Interessen, die sich durch gegensätzliche Standpunkte und Meinungen zeigen wie unterschiedlichen physischen Personen bei einem Konflikt ausreichend Zeit und Aufmerksamkeit gewidmet wird.

Ein genaues Hinhören auf die widersprüchlichen Stimmen, ein sorgfältiges Hinterfragen der Interessen, die hinter den Standpunkten verborgen sein könnten und ein Beobachten der menschlichen Ursachen, wie Anerkennung, Herausforderung, Freiheit, Macht, etc., die oftmals in sachlichen Argumenten verpackt werden, erlauben es, aus diffusen Stimmungen klarere, wenn auch widersprüchliche Welten und Sichtweisen zu bilden.

Aktives und professionelles Widerspruchsmanagement umfasst folgende Schritte, sobald ein innerer Konflikt erkannt wurde:

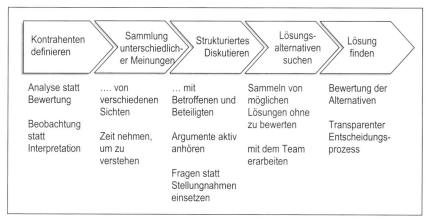

Abb. 89: Die Phasen des aktiven Widerspruchsmanagements

1. Definition der Kontrahenten:

Der diffuse Zustand, hervorgerufen durch die unterschiedlichen Stimmungen, die kaum entwirrbar wild durcheinander rufen, verbraucht sehr viel Kraft und Energie. Die Stimmen zu entwirren, sie klaren Positionsträgern zuzuordnen und auch als solche – bezeichnend – zu deklarieren führt das innere Chaos in eine Situation über, in der sich verschiedene Interessenträger an einem Tisch gegenübersitzen und nun geordnet eine Diskussion führen können. Dazu bedarf es allerdings auch eines Moderators und Diskussionsleiters.

2. Sammlung der unterschiedlichen Meinungen:

Erst durch eine geordnete Anhörung aller vertretenen Interessengruppen wird die Komplexität der Situation sichtbar. Gleichzeitig wird aus dem diffusen Unwohlsein ein klarer Dialog, der als solcher unterschiedliche Standpunkte und Meinungen zulässt. In dieser Phase sind keine Diskussionen und Widersprüche, sondern lediglich aufmerksames Zuhören und Verständnisfragen, die der Informationsbeschaffung dienen, erlaubt.

3. Strukturierte und moderierte Diskussion abwickeln:

Anschließend an die geordnete Anhörung erlaubt eine Diskussion über die neu aufgetretenen Sichtweisen schon erste Lösungsansätze, die nur durch diese Gesamtschau der vorhandenen Sichtweisen möglich wird. Fragen, wie: „Welche neuen Erkenntnisse gibt es nun?", „Was bedeuten die gehörten Aussagen für die eigenen, bisher vertretenen Standpunkte?", können einen derartigen Dialog strukturieren. Am Ende dieser Phase ist eine Zusammenfassung der Gesamtsituation, die allerdings darauf achtet, dass es zu keinen Be- und Entwertungen einzelner Stimmen kommt, ein wesentlicher Erfolgsfaktor für ein professionelles Widerspruchsmanagement.

4. Suche nach Lösungsalternativen:

Die konsequente Umsetzung der oben beschriebenen Schritte schafft ein hinreichendes Umfeld für Erkennen und Verstehen der tieferliegenden Interessen.

Die Suche alternativer Lösungsideen, die einen Beitrag zur Erfüllung der genannten Interessen leisten können, wird nun möglich. Wesentlich ist dabei, möglichst viele Ideen unbewertet zu sammeln und nicht gleichzeitig mit der Idee auch die Gründe für ein Nichtfunktionieren zu diskutieren. Dies passiert häufig und leitet die Konzentration von neuen kreativen Ideen weg in eine Argumentations- und Rechtfertigungsdiskussion über.

5. Finden einer Lösung:

Wenn die Quelle für neue Lösungsalternativen versiegt, sollte mit der Bewertung der vorhandenen Ideen begonnen werden. Bewertung bedeutet Vor- und Nachteile jeder Alternative zu sammeln, sowie ihren Beitrag zur Lösung des anstehenden Widerspruchs.

Überraschend oft reicht eine gut moderierte Sammlung von Vor- und Nachteilen bereits aus, um die im jeweiligen Kontext sinnvollste Lösung zu erkennen. Sollte dies nicht zutreffen, steht nun ein Auswahlprozess an, der mit einer Entscheidung für eine der Alternativen endet.

Beispiel:

Eine typische widersprüchliche Situation für einen Projektleiter ist:

In einer Projektcontrolling-Sitzung wird sichtbar, dass ein Teammitglied das ihm überantwortete Arbeitspaket nicht erledigt hat. Wie bereits bei der Projektbesprechung vor einem Monat erklärt das Teammitglied wortreich die ursprünglichen Ziele und gewünschten Ergebnisse der Aufgabe, die schriftliche Zusammenfassung, die eine systematische Erledigung nachvollziehbar machen würde und die gleichzeitig auch die Basis für den nächsten Umsetzungsschritt ist, fehlt allerdings.

Bei der vorangegangenen Besprechung wies der Projektleiter darauf hin, dass die systematische Bewertung von Alternativen und die schriftliche Zusammenfassung als Konzept für alle Beteiligten wichtig und nutzbringend sei. Nun ist zusätzlich noch hoher Zeitdruck

---

entstanden, da die weiteren Umsetzungsschritte in Verzug geraten. Der Projektleiter hört verschiedene Stimmen in sich selbst, die als Meinungsmacher Standpunkte beziehen.

Der **Konsequente** in ihm ruft zur Ordnung und sagt, dass das „Einreißenlassen" eines derartigen Musters die gesamte Projektkultur zunichte machen würde. Er fordert dringende Sanktionen für das Teammitglied.

Der **Verärgerte** fühlt sich ob seiner verständnisvollen Haltung bei der vorangegangenen Sitzung um den Finger gewickelt und würde am liebsten lauthals das Teammitglied zur Rede stellen.

Der **besonnene Moderator** erkennt die Nichterledigung des Teammitglieds als eine Ausprägung dessen Persönlichkeit, der also gerne und gut verbal auftritt, aber in der Systematik und Schriftlichkeit seine Schwächen hat. Er denkt daran, wie diese Aufgabe an jemand anderen verteilt werden kann, damit das Projektziel nicht als Ganzes gefährdet ist.

Der **Schuldbewusste** sieht die Nichterledigung als Zeichen für eine ungeeignete Aufgabenverteilung. Er als Projektleiter und Führungskraft hätte dies ja erkennen müssen und daher die Aufgabe an jemanden verteilen sollen, der für Systematik und Genauigkeit steht. Aus dieser Fehlentscheidung und dem Zeitdruck heraus sollte er selbst am besten das Arbeitspaket fertig stellen.

Solange diese Stimmen nur dumpf im Hintergrund mitreden, wird die explizite Kommunikation des Projektleiters nach außen ebenso unklar, diffus und verwirrend sein. Der Projektleiter braucht für sich selbst eine klare Haltung, die nach Absolvierung der Schritte 1-5 (siehe oben) zu erreichen ist.

Durch die Analyse der einzelnen Stimmen in seinem Inneren entstehen meistens neue, interessante Lösungen. Der Dringlichkeit im konkreten Fall würde folgende Vorgehensweise entsprechen: Dem Teammitglied klar kommunizieren, dass die Aufgabe nicht in der notwendigen Form erledigt wurde und ihm vorschlagen, für dieses eine Arbeitspaket ausnahmsweise eine Unterstützung zur Verfügung zu stellen. Aus Lerngründen sollte der Projektleiter dem Teammitglied klar machen, dass dies eine Ausnahme sei, die mit der Verpflichtung des Teammitglieds verbunden ist, das nächste Arbeitspaket eigenständig zu erledigen.

5.2 Führungsmomente der Wahrheit

5.2.1 Was ist ein Moment der Wahrheit im Projekt?

Auf einer Ski-Rennpiste, wie der Kitzbühler Streif, entscheiden ein paar wenige Schlüsselstellen über Sieg oder Niederlage. Für den Ski-Rennläufer ist z.B. die Steilhangausfahrt eine solche Schlüsselstelle, also ein Moment der Wahrheit. Diese Stelle verlangt eine besonders intensive Vorbereitung bei der Streckenbesichtigung und eine noch höhere Konzentration im Rennen. Denn diese Stelle bzw. der Moment ihrer Bewältigung hat einen maximalen Impact. Das bedeutet, die Bewältigung dieser Stelle kann sich überdimensional positiv oder negativ auf die verbleibende Fahrt auswirken.

In Projekten gibt es ebenso Schlüsselsituationen, also Momente der Wahrheit, die überproportional über Erfolg oder Misserfolg des weiteren Projektverlaufs entscheiden. Solche Führungssituationen sind z.B.:

- der Workshop zur Entwicklung einer gemeinsamen Vision im Projekt
- die Lösung einer schwierigen Situation im Team
- das Klärungsgespräch im Konfliktfall mit Kunden
- die Abklärung der Ziele mit dem Auftraggeber

In diesen Führungssituationen entscheiden Einfühlungsvermögen, besondere kommunikative Fähigkeiten und ein gezieltes Erwartungsmanagement über Unzufriedenheit, mäßige Zustimmung oder überraschte Begeisterung.

Momente der Wahrheit sind Tipping Points

Das Konzept „Momente der Wahrheit in Projekten" identifiziert und konzentriert sich auf jene Schlüsselsituationen in einem Projekt (Tipping Points), in denen die Führungskraft bei schlechter Bewältigung Enttäuschung und Unzufriedenheit, im besten Fall allerdings nachhaltige Bindungskraft, Vertrauen und Projektspirit erzeugen kann. Diese Situationen können als Tipping Points (deutsch etwa: Umkipp-Punkte) bezeichnet werden, weil in solchen Momenten der Wahrheit ein System kippen, seine Richtung ändern oder seine Geschwindigkeit massiv beschleunigen kann.

Momente der Wahrheit in Projekten sind gleichzeitig immer Kommunikationssituationen und haben das Potenzial, wesentliche Schübe im Projekt zu erzeugen – in die positive oder auch in die negative Richtung. Sie bestimmen die weitere Qualität des Projekts, Projektverlaufs und Projektmanagements maßgeblich mit.

5.2.2 Führung macht den Unterschied – vor allem an den Tipping Points

Auf ihrem Weg zum Projekterfolg hat die Projektleiterin unzählige Führungsherausforderungen zu bestehen. Doch nicht alle kennen die typischen Projekt-Schlüsselstellen, sind sich deren Bedeutung und der Auswirkungen ihres Handelns in diesen Situationen bewusst. Die Kenntnis der „Projekt-Tipping Points" zeichnet erfahrene Projektleiter aus. Sie sind vergleichbar mit einer Landkarte an immer wiederkehrenden, musterartigen Führungssituationen im Projektverlauf, die der Profi exakt zu nutzen weiß.

Charakteristisch für Tipping Points ist ihre Hebelwirkung. Nicht nur, dass die Art ihrer Bewältigung richtungsweisend über den Projektfortgang entscheidet, sondern der Projektleiter kann mit vergleichsweise geringem Aufwand und voller Konzentration *maximalen Impact* erzielen.

Hebelwirkung durch bewusste Vorbereitung nutzen Das Konzept „Momente der Wahrheit in Projekten" gibt der Projektleiterin im Wesentlichen folgende Empfehlungen:

- Konzentration auf wenige, aber entscheidende Situationen
- Professionelle Vorbereitung auf die jeweilige Situation
- Volle Aufmerksamkeit bei der Durchführung der Situation
- Gezielte kommunikative Nachbereitung

Die Auseinandersetzung mit den Momenten der Wahrheit rechnet sich im weiteren Projektverlauf meistens vielfach, weil – im positiven Fall – die weitere Zusammenarbeit einen Qualitätsschub erfahren hat und alle Beteiligten mit ganzer Energie in die gleiche Richtung arbeiten. Ein effizienter Zeit- und Energiehaushalt ist damit gewährleistet.

Worauf achtet nun eine bewusst agierende Projektleiterin im Sinne der Momente der Wahrheit?

An den Tipping Points geht es darum, die betroffenen Personen in einer positiven Art und Weise zu überraschen und zu begeistern.

Eine professionelle Führungskraft wird daher zuallererst jene Situationen in ihrem Projekt herausfiltern, an denen durch gezielte Interventionen ein Unterschied gemacht werden kann. Dabei sind auch jene Personen zu identifizieren, die in diesen Situationen betroffen und beteiligt sind. Deren Erwartungshaltungen, Erfahrungen und Befürchtungen in Bezug auf die Situation bedürfen einer eingehenden Analyse.

Da Momente der Wahrheit Kommunikationssituationen sind, muss vor allem auf die Art der Situation, die Qualität des Zuhörens und Nachfragens, die Wortwahl, die Positionierung von wichtigen Botschaften, den Umgang miteinander und mit auftauchenden Problemen geachtet werden.

Der Erfolg am Moment der Wahrheit kann aus der Zufriedenheit der Beteiligten abgeleitet werden, welche sich am Grad der Erwartungserfüllung zeigt. Erwartungen können in drei Gruppen unterteilt werden:

I. Basis-Erwartungen

Das sind jene Erwartungen, deren Erfüllung für die Beteiligten selbstverständlich ist, die in vergleichbaren Situationen auch bereits einmal erfüllt worden sind, die sozusagen eine Grundvoraussetzung darstellen. Diese sind in jedem Fall zu berücksichtigen und zu erfüllen, andernfalls droht massive Enttäuschung.

So würde zum Beispiel die rein verbale Präsentation von Bauplänen im Rahmen eines Architekturprojekts – ohne jedwede Visualisierung – sicher zu einer Enttäuschung bei den Beteiligten führen. Oder die Präsentation eines Projektfortschritts beim Kunden, die keinen Ist-Stand mit Zahlen und Daten enthält, würde für den Auftraggeber sicher zu einer Irritation führen.

Man bezeichnet diese Erwartungen auch als Basis-Anforderungen an dem jeweiligen Tipping Point, mit deren Erfüllung man zwar Enttäuschung verhindern, aber keine positive Überraschung oder gar Begeisterung erzeugen kann.

Die Basis-Erwartungen lassen sich in der Vorbereitung sehr gut mit Fragen abklären, wie:

- „Was sollte unbedingt passieren?"
- „Was darf auf keinen Fall geschehen?"

Sie können durch direktes Befragen der Beteiligten oder ein „Sich-Hinein-Versetzen in die Rolle des Betroffenen" erhoben werden.

II. Erwartungen, deren Erfüllung Zufriedenheit erzeugt

Jene Erwartungen, deren Erfüllung nicht automatisch vorausgesetzt wird, weil sie vielleicht nicht Teil der Kultur der spezifischen Branche, des Unternehmens oder des konkreten Projekts sind, bilden die zweite Kategorie an Erwartungen, die es am jeweiligen Tipping Point zu berücksichtigen gilt. Das können Erwartungen sein, von denen die Betroffenen zwar schon einmal gehört, deren Erfüllung sie aber selbst noch nie erlebt haben. Folgende Fragen können Erwartungen dieser Kategorie abfragen:

- „Was müsste passieren, damit Sie nach dem Meeting zufrieden sind?"
- „Welche Lösung würde das Projekt einen Schritt weiter bringen?"

III. Übertroffene Erwartungen, Überraschungen

Die dritte Kategorie, die es im Zuge des Moments der Wahrheit durch geschickte Führung zu erreichen gilt, beinhalten jene Erwartungen, deren Erfüllung bei den Beteiligten Überraschung, Begeisterung, Vertrauen und Verbindlichkeit erzeugt.

Aussagen, Angebote, Lösungsvorschläge oder Arbeitsformen, mit denen der Kunde oder Auftraggeber nicht gerechnet hätte, und die gleichzeitig das Projekt in seinen Augen einen großen Schritt weiterbringen oder die Beziehung im Sinne der Offenheit, des Vertrauens und des Commitments maßgeblich verbessern, gehören zu den Maßnahmen dieser Kategorie.

Wenn es gelingt, den jeweiligen Moment der Wahrheit so gut vorzubereiten und abzuwickeln, dass der Kunde/Auftraggeber positiv überrascht wird, ist eine Intervention mit maximalem Impact erreicht.

Momente der Wahrheit in einem Projekt führen oft zu richtungsweisenden Entscheidungen. Es geht also auch darum, die Kommunikation im internen und äußeren Projektumfeld zielgerichtet so zu steuern, dass Entscheidungen erleichtert werden. Dadurch werden Unsicherheiten, die als Ergebnis steigender Komplexität (technologisch, zeitlich, rechtlich, sozial etc.) in Projekten entstehen, erfolgreich reduziert.

Führungsmomente der Wahrheit sind jene Tipping Points, die aus der Sicht einer erstklassigen Führung für die Zusammenarbeit und Kultur im Projektteam maßgeblich sind. Sie können von der Vorphase eines Projekts beginnend bis zum Abschluss positioniert sein.

Führungsmomente in der Projektstartphase nutzen! Bemerkenswert ist allerdings die Erfahrung, dass die Tipping Points in frühen Projektphasen einen größeren Impact auf das Projekt haben, weil sie Muster setzen, die ihre Wirkung in der Folge im gesamten Projektablauf entfalten.

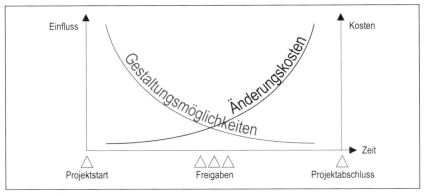

Abb. 90: Wirkung von Führungsimpulsen im Projektablauf

5.2.3 Typische Momente der Wahrheit in Projekten

Die im Folgenden beschriebenen häufigsten Momente der Wahrheit in Projekten fordern die Projektleiterin in ihrer Management- und/oder Führungskompetenz:

- Die **erste Projektpräsentation**

  Im Zuge der Vorprojektphase bei internen Projekten oder der Angebotspräsentation bei Akquisitionsprojekten tritt die Projektleiterin erstmals persönlich beim Auftraggeber bzw. Kunden auf. Der erste Eindruck ist ein wesentliches Gestaltungsmerkmal. Kunden und Auftraggeber erwarten in dieser Situation meist Erfahrung, Kompetenz und adäquates Auftreten, manchmal klare Ideen und Lösungen, manchmal Fragen, die zeigen, ob die Projektleiterin den Kontext und die Problemstellung richtig einschätzen kann. Wichtig ist in diesem Moment der Wahrheit einerseits, Sicherheit zu vermitteln, andererseits Offenheit und Bereitschaft zu zeigen, sich auf den Kunden einzulassen.

- Eine wichtige **Vertragsverhandlung**

  mit dem Kunden bzw. die Auftragsklärung bei internen Projekten. Es geht darum, die Sicht des Kunden/Auftraggebers zu verstehen und sich auf einen Vertrag/Projektauftrag zu einigen, der für beide Seiten interessant und motivierend ist. Hier muss die Projektleiterin ihre Anliegen und Bedenken gut vorbringen und argumentieren können.

- Das **Übergabe-, Kick-off-Meeting**

  Projektleiter und Team stellen sich hier möglicherweise erstmals vor (Übergang von Sales zu Abwicklung bzw. von Vorphase zur Projektrealisierung). Auftraggeber und Kunden wollen mit jenen Personen zusammenarbeiten, mit denen sie bereits positive Erfahrungen gesammelt haben oder sie verlangen nachvollziehbare Informationen (Nachweise über Kompetenzen, Ausbildung. Erfahrungen etc.), die sie als Basis für eine gute Zusammenarbeit werten können. Hier sind im Wesentlichen Vertrauensbildungsmaßnahmen zu setzen. Welche Maßnahmen dies im Einzelnen sind, hängt von der Projektart, der Vorgeschichte und den Persönlichkeitsmerkmalen des Kunden/Auftraggebers ab.

- Der **Projekt Start-up-Workshop**,

  bei dem die Projektvision und die Kooperationskultur geprägt sowie grobe Pläne ausgearbeitet werden. Aus Sicht der Führung geht es bei diesem Moment der Wahrheit vor allem darum, eine Projektvision zu entwickeln, die die Teammitglieder als motivierend, inspirierend und herausfordernd empfinden.

- Der **Planungsworkshop**,
  der die Art der Einbindung und den Umgang mit unterschiedlichen Zielen und Prioritäten zeigt. Spätestens in dieser Situation gilt es, etwaige unterschiedliche Einschätzungen von Prioritäten, Terminen, Aufwänden, Kosten und Risiken zu thematisieren und Lösungen zu entwickeln, die alle Beteiligten als machbar interpretieren. Dies ist auch der Tipping Point, an dem sich Gefolgschaft oder Selbstverantwortlichkeit, Abwickeln oder Mitgestalten, Leiden oder LEITEN als vorrangige Werte herauskristallisieren.

- Die **Ressourcenbeschaffung** für das Projekt
  Die Engpassressourcen im Projekt, wie insbesondere Teammitglieder, Experten oder Finanzen sind möglichst klar zu spezifizieren und mit dem Ressourcen-Owner zu vereinbaren. Auch an diesem Moment der Wahrheit sind die Qualität der Entscheidungsaufbereitung, die (Nutzen-)Argumente sowie die Klarheit und Verbindlichkeit der Entscheidung maßgeblich.

- **Arbeitspaketspezifikation, Aufgabenverteilung**
  Es geht hier aus der Sicht der Führung nicht nur um die sachliche Delegation von Aufgaben oder Arbeitspaketen, sondern um die Schaffung eines Vertrauensverhältnisses zu den Mitarbeitern. Die Ausgestaltung dieses Moments der Wahrheit hängt von der Erfahrung des jeweiligen Teammitglieds, der Art der zu übernehmenden Aufgabe und von der bisherigen Qualität der Beziehung zwischen Projektleiter und Teammitglied ab.
  Auch die individuelle Persönlichkeitsstruktur des Mitarbeiters ist hier maßgeblich zu berücksichtigen. Es soll das passende Ausmaß an Herausforderung gefunden, gegenseitiges Vertrauen aufgebaut sowie die Verbindlichkeit von Zusagen und die geforderte Qualität der Ergebnisse sichergestellt werden. Manchmal reichen mündliche Vereinbarungen aus, in anderen Beziehungen sind gemeinsame schriftliche Zusammenfassungen von Vorteil.

- Die **Freigabe** der **Planung** und der **Projekt-Zwischenergebnisse**
  durch den Auftraggeber/Kunden. Die wesentlichen Aspekte, die den Erfolg dieses Moments der Wahrheit bestimmen, umfassen folgende Fragen: Wie gut ist die Aufbereitung der Planung oder des Zwischenergebnisses? Was davon passt in die Zeitstruktur und Dokumentationsgewohnheiten des Auftraggebers/Kunden? Wie klar sind Entscheidungen?

- **Projektstatus-Meeting** in Anwesenheit des Auftraggebers/Kunden.
  Die Herausforderung an diesen Moment der Wahrheit ist die effiziente Führung des Teams und die gleichzeitige erfolgreiche Integration des Auftraggebers/Kunden. Dabei sind die unterschied-

lichen Persönlichkeiten, Motivationen und Beziehungsvorgeschichten zu beachten, die maßgeblich für den Erfolg des Meetings sind. Es handelt sich um einen sehr wichtigen Führungsmoment, weil das Kernteam einerseits sehr selten in dieser Konstellation zusammenkommt, andererseits hoher Bedarf an Information besteht und meist nur wenig Zeit zur Verfügung steht. Darüberhinaus ist der Projektleiter während des Meetings als Vorbild unter intensiver Beobachtung (bezüglich Entscheidungsfähigkeit, Moderationsqualität, Wertschätzung, Übersicht, Struktur, Selbstmotivation und Glaube ans Projekt). Je nach Erfolg entsteht danach eine stärkere oder abgeschwächte Motivation der Teammitglieder.

- **Konfliktlösungs-, Kritikgespräch**.
Dies ist ein offensichtlicher und bekannter Führungsmoment. Aufgrund aufgetretener Probleme oder Abweichungen kommt es zu einem Gespräch zwischen Projektleiterin und Mitarbeiter. Entscheidend in dieser Situation ist sowohl die Klarheit als auch die Wertschätzung. Gewaltfreie Kommunikation und Verständnis für die Situation des Mitarbeiters können dabei helfen, in derartigen Gesprächen nicht anklagend zu sein und trotzdem die eigene Position klar zu platzieren. Erfolgreiche Momente dieser Art stärken den Projektleiter in seiner Rolle als Führungskraft. Mögliche positive Auswirkungen können sein: gesteigerte Autorität des Projektleiters, gegenseitiger Respekt, Herstellung der notwendige Distanz bzw. Nähe, Rollenklarheit, tragfähige Vereinbarungen, Identifikation mit dem Projektleiter als Person und in der Folge mit dem Projekt.

- **Projektübergabe** an den Kunden/Betreiber
In diesem Moment der Wahrheit werden die Weichen für die Zukunft gestellt. Entweder sind es Folgeprojekte und in guter Erinnerung bleiben oder ein Auftragsstopp und Missstimmung die Richtung, in die der Zug sich hier bewegt.

- **Projektabschluss-Meeting**
Im Zuge dieses „letzten" Führungsmoments der Wahrheit im Projektablauf wird darüber entschieden, ob die Beteiligten das Projekt auch als Lernchance für die Zukunft nützen können und wollen oder ob sie nahtlos zur Tagesordnung oder zum nächsten Projekt übergehen.

5.3 Führung und Motivation in Projekten

5.3.1 Die Antriebsfeder des Menschen als Motivationsgrundlage

Der Antrieb kommt von innen

Motivation hängt mit dem Begriff Motiv zusammen. Motive sind Beweggründe im Menschen, die ihn dazu bringen, etwas zu tun oder zu unterlassen. Der Antrieb eines Menschen kommt von innen. Motivation im Sinne einer leidenschaftlichen, engagierten Lebensweise resultiert aus jedem Menschen selbst. Viele so genannte Motivationstheorien und -konzepte gehen davon aus, dass die Führungskräfte ihre Mitarbeiter motivieren sollten, um ihre Leistungsbereitschaft zu erhöhen. Motivation in diesem Verständnis, jedoch als zugrundeliegende Triebfeder gesehen, kann nur aus jedem Menschen selbst kommen.

Motivierte Mitarbeiter zeichnen sich dadurch aus, dass sie ihre Aufgaben mit Leidenschaft erledigen und dabei gleichzeitig unternehmerisch denken.

Wie werden Mitarbeiter zu motivierten Mitarbeitern?

Die eigenen Triebfedern erkennen

Die eigenen **Triebfedern** zu erkennen und zu nutzen ist die erste und wesentlichste Voraussetzung für motivierte Mitarbeiter.

Wie können die eigenen Triebfedern erkannt werden?

Wenn ein Mitarbeiter etwas gerne und mit Leidenschaft tut, sollte er sich selbst fragen, was ihn da antreibt. Typische Triebfedern sind:

- Zufriedenheit mit der eigenen Leistung
- Anerkennung durch das Umfeld
- besser zu sein als die anderen
- anders zu sein als die anderen
- Harmonie im Umfeld zu erzeugen
- jemanden zu erfreuen
- Entdecken von Neuem
- Beitrag zur eigenen Entwicklung
- Beitrag zur eigenen Bestimmung

Leistung und Erfolg als innerer Antrieb

Die aufgelisteten **Motivatoren** lassen sich zu drei Gruppen zusammenfassen.

Triebfedern, die auf Leistung oder Erfolg aufbauen. Dazu gehören:

- Zufriedenheit mit der eigenen Leistung
- Anerkennung durch das Umfeld
- besser zu sein als die anderen
- anders zu sein als die anderen

Personen, die durch diese Triebfeder angespornt werden, haben meist eine leistungsorientierte Erziehung genossen (die Eltern haben diesem Kind immer wieder mitgeteilt, dass sie es dann lieben, wenn es etwas Großartiges zu Wege bringe) oder sehr leistungsorientierte Vorbilder gehabt haben (der Chef hat immer gesagt: „Ohne Fleiß kein Preis").

Personen, die durch **Leistungsmotivatoren** angetrieben werden, zeichnen sich meist durch großen Ehrgeiz, Erfolgshunger und Zielstrebigkeit aus. Häufig ist damit auch eine gewisse Egozentrik verbunden. Diese Personen integrieren sich weniger leicht in Teams und sind meist nicht sehr beziehungsorientiert.

Die zweite Gruppe ist die der **Beziehungsmotivatoren**:

Zufriedenheit in Beziehungen als innerer Antrieb

- Harmonie im Umfeld zu erzeugen
- jemanden zu erfreuen

Personen, die ihre Leidenschaft durch die Verbesserung von Beziehungen ausleben können, eignen sich meist für soziale Aufgaben oder als Teammitglieder, indem sie wertvolle Beiträge im Team leisten und auf dessen Wohl achten.

Die dritte Gruppe umfasst die **Entwicklungsmotivatoren**, insbesondere:

Weiterentwicklung als innerer Antrieb

- Entdecken von Neuem
- Beitrag zur eigenen Entwicklung
- Beitrag zur eigenen Bestimmung

Jene Menschen, die Entwicklung als Triebfeder empfinden, erledigen ihre Aufgaben dann mit Begeisterung, wenn darin eine Lernchance enthalten ist, ein Beitrag zur eigenen Entwicklung oder ein Teil der eigenen Bestimmung erfüllbar ist. Die eigene Bestimmung ist die Summe an Lebensaufgaben, die an einen Menschen herangetragen werden. Diese Aufgaben beinhalten, sofern sie als Zeichen erkannt werden, jeweils eine besonders schwierige Herausforderung für diese Person. Sofern diese Herausforderung nicht erkannt oder geschafft wird, taucht sie in einer zukünftigen Lebenssituation abermals auf (Kommunikations- und Interaktionsschleifen im Leben). Die Herausforderung anzunehmen und zu bewältigen, trägt zur Weiterentwicklung der Person bei und bringt diese damit eine Stufe näher an den Platz, der ihr bestimmt ist.

Jeder Mensch baut für sich selbst ein in sich stabiles System zur Bewältigung der Lebenssituationen auf. Ein durch Leistungsmotivatoren angetriebener Mensch hat für sich Belohnungssysteme entwickelt, wie beispielsweise das Weiterkommen auf der Karriereleiter, die Steigerung des Verdienstes und damit verbunden die Möglichkeit, mehr

Wohlstand durch Statussymbole zeigen zu können (größeres Auto, noblere Wohnung, teurer Urlaub, etc.). Seine Handlungen sind darauf ausgerichtet, diese Belohnungssysteme zu konsumieren, weil sie das Ergebnis guter Leistung sind.

Situationen, in denen Misserfolg entsteht, werden mit zu geringer Leistung oder unfairen Wettbewerbsbedingungen erklärt, die ausschließlich durch noch mehr Leistung das nächste Mal zu bewältigen sind. Das System ist in sich geschlossen und selbst motivierend.

Ähnlich verhält es sich mit den anderen beiden Motivatoren. Ein durch Beziehungsmotivatoren getriebener Mensch definiert Erfolg, indem ein anderer zufrieden oder glücklich geworden ist. Entstehen in Projekten Konflikte und Schwierigkeiten, liegt das an der schlechten Teamarbeit und Kommunikation, die durch vermehrte Investitionen in die Beziehungen und in das Team behoben werden können.

Für die Entwicklungsorientierten bedeutet Leben Lernen. Sie definieren viele Lebenssituationen als Lernchancen und sind dann mit Leidenschaft bei der Sache, wenn sie für sich das Gefühl haben, aus der Situation etwas lernen zu können. Sowohl kognitive Inhalte als auch soziale Entwicklungen sind Bestandteil des Lernens.

Die für einen Menschen relevanten Triebfedern können im Laufe des Lebens wechseln. Ein derartiger Wechsel ist allerdings meist mit tiefgehenden Verunsicherungen verbunden, da die alten, bewährten Überlebensmuster, die zu Erfolg geführt haben, nicht mehr gültig sind. Voraussetzung für einen Wechsel von einem Motivator ist die intensive Auseinandersetzung mit den bisherigen Triebfedern und den dazugehörigen Verhaltensmustern.

Dadurch entsteht die Möglichkeit, mehr vom eigenen Leben zu verstehen und gleichzeitig eine Distanz zu den bisherigen Verhaltensmustern, die oft auch mit Schwierigkeiten und Leid verbunden waren, zu bekommen (Metaposition). Diese Distanz ermöglicht es, die bisherigen Verhaltensweisen bewusst in das eigene Leben, in die Wünsche und Träume zu integrieren. Bewusstes Integrieren bedeutet auch sich mit neuen Motivatoren auseinander zu setzen.

Neue Motivatoren zu akzeptieren lässt meist kein Zurückfallen in die „alten Zeiten" mehr zu.

Die Übergangsphase ist meist von großen Verunsicherungen geprägt. Lebenssituationen lassen sich nicht mehr mit den Verhaltensmustern der bisherigen Motivatoren bewältigen, weil man selbst nicht mehr dazu steht, gleichzeitig gibt es noch kein neues, gut funktionierendes System.

Zusammenfassend lässt sich der folgende Leitsatz formulieren:

„Erkenne deine eigene Antriebskraft und handle danach!"

!

5.3.2 Geeignete Rahmenbedingungen ermöglichen Motivation

Die Führungskraft trägt den zweiten wesentlichen Teil zur Motivation bei. Sie ermöglicht den Mitarbeitern, dass sie die Aufgaben mit Begeisterung durchführen können, indem sie

- das Erkennen der eigenen Triebfedern fördert (Mitarbeitergespräche),
- die Übereinstimmung der Mitarbeiterqualifikation mit den übertragenen Aufgaben sicherstellt,
- Rahmenbedingungen schafft, innerhalb derer der Mitarbeiter seine Energie voll den Zielen und Aufgaben widmen kann und
- Demotivationsursachen mit dem Mitarbeiter erkennt und soweit möglich aus dem Weg räumt.

Führungskräfte schaffen geeignete Rahmenbedingungen

Motivierte Mitarbeiter erkennt man am Leuchten der Augen, wenn sie ihre Aufgaben erledigen oder davon erzählen.

Motivierte Mitarbeiter erkennt man am Leuchten ihrer Augen

Motivierte Mitarbeiter sind solche, die in ihrer Arbeit einen gesunden Ausgleich zwischen Energiegewinnungsphasen und Energieeinsatzphasen finden.

Die oben genannten Motivatoren sind für den beruflichen Kontext einer Führungskraft deswegen von Bedeutung, weil es zu den wichtigsten Aufgaben zählt, die jeweiligen Antriebsfedern der Mitarbeiter und Teammitglieder zu erkennen und Rahmenbedingungen zu ermöglichen, die der jeweilige Mitarbeiter als motivierende Aufgaben definiert.

Für Projektleiter, Projektportfolio-/Programm-Manager und Führungskräfte der Linienorganisation bedeutet dies, die Teammitglieder hinsichtlich ihrer Triebfedern einzuschätzen. Eine dafür passende Situation ist ein persönliches Gespräch im Zuge der Projektzielvereinbarung.

Fragen, wie

- „Wie würdest du die Projektziele formulieren?"
- „Woran erkennst du, dass das Projekt erfolgreich beendet ist?"
- „Welchen Beitrag würdest und kannst du dazu leisten?"
- …

ermöglichen es der jeweiligen Führungskraft, die entsprechenden Motivatoren der Teammitglieder zu erkennen. Dies ist die Basis, um Aufgabenfelder und Funktionen im Team mit jedem Mitarbeiter zu besprechen.

Ein Leitsatz für die Führungskräfte könnte wie folgt lauten:

„Ermögliche den Mitarbeitern, dass sie ihre Aufgaben mit Begeisterung erledigen!"

5.3.3 Herausfordernde Aufgaben fördern Motivation

Als Herausforderung ist die Balance zwischen Unter- und Überforderung zu verstehen. Eine professionelle Führungskraft wird versuchen, im Zusammenwirken mit jedem individuellen Mitarbeiter diejenigen Aufgaben, Verantwortungen und Kompetenzen zu übertragen, die für den Mitarbeiter ein spannendes und interessantes Arbeitsumfeld ermöglichen.

Die folgende Abbildung zeigt den Zusammenhang zwischen Motivation und Anforderung.

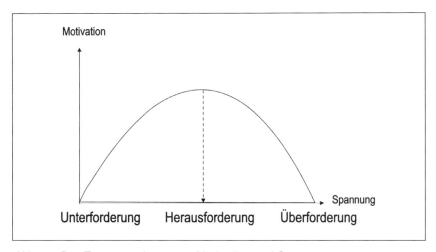

Abb. 91: Der Zusammenhang von Motivation und Spannung

- Bei geringer Spannung ist auch die Motivation des Mitarbeiters gering.
- Steigt die Spannung an, kommt es zu einem optimalen Niveau, der hochmotivierenden Herausforderung.
- Steigt der Spannungspegel noch weiter, kommt es zu einem Abfall der Motivation, zu Überforderung, Widerstand, Demotivation.

Abhängig von der Erfahrung des Mitarbeiters, von seinen Fähigkeiten und persönlichen Interessen sind die Aufgaben, Kompetenzen und Verantwortung anzupassen.

Die folgende Aufstellung gibt der Führungskraft Hinweise für das Finden geeigneter Rahmenbedingungen, die die Motivation in Projekten und projektorientierten Unternehmen fördern können:

Tipps:

Was trägt zur Unterforderung bei?

- Die Problemstellung ist zu einfach.
- Die Aufgabe erzeugt keine emotionale Identifikation.
- Hinsichtlich der Aufgabe existiert viel persönliche Erfahrung und sie ist daher als Routinejob einzustufen.

Wie kann Spannung erhöht werden?

Das kann je nach Kontext sehr unterschiedlich ausfallen:

- Aufgaben identifizieren, die den Talenten und Interessen des Mitarbeiters entsprechen
- ein umfangreicheres, komplexeres Arbeitspaket zuordnen
- das übertragene Arbeitspaket ausweiten
- mehr Gestaltungsspielraum mit der Erledigung der Aufgabe verknüpfen
- Situationen arrangieren, die dem Betroffenen emotional nahe gehen, die Identifikation ermöglichen

Wie kann Überforderung erkannt werden?

- Übernommene Aufgaben werden nicht (rechtzeitig) erledigt.
- Die Qualität der Aufgabenerledigung lässt zu wünschen übrig.
- Körperliche Signale sind erkennbar (Müdigkeit, Krankheit, schlechte Laune,…).
- Der Mitarbeiter gibt zu verstehen, dass er überlastet ist.

Konsequenzen von dauerhafter Überforderung sind:

- Demotivation,
- Ohnmachtsgefühle, Resignation, Burn-out und Angst,
- Resignation und Angst.

Welche Führungsimpulse reduzieren Überforderung?

Zuerst ist es wichtig, die Art der Überforderung zu verstehen.

- Reduktion der Aufgabenfülle

- Unterstützung anbieten
- Reduktion der Komplexität durch die Vereinbarung von Zwischen-Meilensteinen oder weniger komplexe Aufgaben

Was ist Motivation?

- Motivation ist ein optimales Spannungsniveau
- Ein unbewältigbares Problem erzeugt Angstzustände und Resignation
- Ein lösbares Problem erzeugt optimale Herausforderung
- Ohne Spannung keine Motivation
- Motivation ist ein (dynamischer) Prozess der Beteiligten
- Jemanden zu „motivieren" ist eine irreführende Formulierung. Es kann nur darum gehen, jemandem zu helfen, sich selbst zu motivieren

Wie kann der Prozess der Selbstmotivation unterstützt werden?

- Ein Gespräch führen, das die Situation und die emotionale Lage des Mitarbeiters klärt
- Den Spannungszustand (Unter- oder Überforderung) analysieren
- Vertrauen aufbauen
- Spannung und Angst abbauen
- Maßnahmen gemeinsam mit den Betroffenen überlegen
- Information und Gestaltungsmöglichkeiten zur Verfügung stellen
- Sicherheit und Orientierung geben

Was (be)hindert die Führungskraft bei der Motivation von Mitarbeitern?

- Fehlende Selbstmotivation
- Angst vor Konflikten, Tabuthemen anzusprechen
- Angst vor emotionaler Nähe
- Befürchtung, das „Boot zum Kentern zu bringen"
- Fehlendes Einfühlungsvermögen
- Fehlende Metaperspektive
- Fehlende Beobachtungsgabe
- Fehlende Selbstreflexionsfähigkeit

Grundhaltungen zur Förderung motivatorischer Rahmenbedingungen

- Der wichtigste Motivationsprozess ist die Haltung und die Einstellung zu Zielen, Aufgaben und zur aktuellen Unternehmenskultur.

- Der Respekt vor den Gefühlen des anderen und die Bereitschaft, auch über die eigenen Motive zu sprechen, ist eine gute Basis für einen Motivationsprozess.

- Selbstbewusstsein bedeutet in erster Linie, sich seiner selbst (Stärken und Schwächen) bewusst zu sein (= Fähigkeit zur Selbstreflexion).

5.3.4 Feedback als Führungsinstrument zur Motivation

Faires Feedback ist aktuell, kritisch wertschätzend und persönlich. Ein wichtiges Führungsinstrument im Zuge derartiger Rückmeldungen sind Fragen. In vielen Unternehmen ist häufig zu erleben, dass Feedback in Form von Feststellungen und damit verbundenen Schuldzuweisungen durch die Führungskraft gegeben wird. Wesentlich wichtiger wäre zu fragen, wie die Situation durch den Mitarbeiter erlebt wurde und daraufhin erst die eigene Wahrnehmung darzulegen.

So wird es möglich, die eventuellen Sichtweisen einander gegenüber zu stellen und zu diskutieren. Vorschnelle Aussagen der Führungskraft bringen den Mitarbeiter zumeist in die Defensive, so dass sich dieser nur noch gegen die so gehörten Schuldzuweisungen wehrt oder sich völlig verschließt.

Fragen anstelle vorschneller Aussagen fördern Feedback-Kultur

Feedback umfasst sowohl positive als auch negative Kritik. In unserem Kulturkreis ist es üblich, das Negative sehr spontan auszudrücken. Leider vergessen die Führungskräfte manchmal die positiven Erfolge bewusst zu sehen und zu würdigen. Dies ist jedoch, unabhängig von den obengenannten Motivatoren, eines der wirksamsten Mittel, um die Identität mit dem Projekt, die Freude an der Arbeit und die Bereitschaft, sich für das gemeinsame Ziel einzusetzen, zu erhöhen.

Positives und Negatives besprechen

Negative Rückmeldungen sind immer wertschätzend zu geben, indem die Führungskraft dem Mitarbeiter seine Sichtweise erklären lässt und die eigene Meinung begründet. Als Begründung reicht allerdings nicht, dass die Handlung des Teammitglieds nicht zu den persönlichen Sympathien und Prioritäten der Führungskraft passt. Wesentlich ist vielmehr, inwieweit das Verhalten oder die Situation der Erreichung des gemeinsam vereinbarten Projektziels abträglich ist.

Feedback sollte, wenn möglich, im direkten persönlichen Gespräch gegeben werden. Offenbarung negativer Kritik in Teamsitzungen erhöht die Angst der Teammitglieder, dass ihnen Ähnliches widerfahren könnte und behindert gleichzeitig ein Klima der Offenheit.

Wertschätzung auch bei negativen Rückmeldungen berücksichtigen

Feedback in Teamsitzungen an Personen, die nicht anwesend sind, ist für konfliktscheue Projektleiter ein verführerisches Mittel, da die „Stille Post" die Weitergabe schon sicherstellen wird, gleichzeitig wird sich jedes Teammitglied denken, was wohl passiert, wenn es selbst nicht anwesend ist. Auch damit wird eine indirekte, unselbständige Kultur gefördert.

5.3.5. Selbstbestimmung als Grundlage für Motivation

Edward Deci und Richard Ryan[15] haben die Selbstbestimmungstheorie geprägt. Sie sprechen von drei grundlegenden psychologischen Bedürfnissen, nämlich Autonomie, Kompetenz und soziale Eingebundenheit, die Menschen in ihrer Motivationslage prägen. Weiters unterscheiden sie zwischen **extrinsischer** und **intrinsischer Motivation**. Darauf aufbauende Autoren wie Tim Kasser[16] ergänzen die Selbstbestimmungstheorie um weitere Faktoren, wie beispielsweise Sicherheit, und integrieren damit die Ebenen der Bedürfnispyramide von Maslow[17].

Extrinsisch sind all jene Anreize, die von außen auf die Person, die es zu motivieren gilt, einwirken. Insbesondere Belohnungs- und Sanktionssysteme, aber auch gezielt ausgedrückte Anerkennung und Lob werden als solche definiert, weil sie von der Führungskraft ausgehend den Mitarbeiter zu bestimmten Leistungen bewegen oder ungewünschte Handlungen verhindern sollen.

Dagegen werden Beweggründe dann als intrinsisch bezeichnet, wenn eine Person aus sich selbst heraus motiviert ist. Intrinsische Motivation wird durch folgende Aspekte gefördert:

- **Innere Autonomie:**
  Der wesentliche Kern der inneren Autonomie eines Menschen ist die Freiheit zu wählen, sich freiwillig und bewusst für eine bestimmte Rolle oder Aufgabe zu entscheiden. Mitarbeiter, die sich nicht frei fühlen, einer Handlung zu- oder absagen zu können, die sich daher von außen gedrängt oder gezwungen fühlen, fehlt die innere Autonomie. Sie handeln in der Folge wenig selbstbestimmt.

- **Kompetenz und Weiterentwicklung:**
  Das Gefühl, die eigenen Fähigkeiten passend einsetzen und die eigene Weiterentwicklung steuern zu können, bedeutet Kompetenz im Sinne der intrinsischen Motivation.

- **Identifikation durch Sinn:**
  Wenn die Unternehmenskultur, die Vision des Projekts und die übernommenen Aufgaben für den einzelnen Mitarbeiter sinnvoll

erscheinen, steigt die Identifikation damit. Daraus folgen in aller Regel hohes Engagement und Freude, das übertragene Projekt voranzutreiben.

- **Sicherheit und soziales Netzwerk:**
  Mitarbeiter, die sich in ihrem Umfeld sicher fühlen, können ihre Talente und Fähigkeiten mit voller Kraft sowie ihre Erfahrungen und Meinungen ungefiltert zur Erreichung der Projektziele einbringen.

Projektauftraggeberinnen und Projektleiter können für ihr Team Rahmenbedingungen schaffen, die die intrinsischen Motivationsfaktoren begünstigen, wie insbesondere:

- Die Teammitglieder entsprechend ihrer Talente und Fähigkeiten einsetzen; Weiterentwicklungsmöglichkeiten im Projekt fördern.
- Eine Projektvision mit dem Team entwickeln; die Teambildung fördern; im Zuge der Aufgabenverteilung den Beitrag, den die jeweilige Aufgabe zum „Big Picture" leistet, erläutern.
- Ein Gesprächs- und Arbeitsklima aufbauen, das von Vertrauen, gegenseitiger Wertschätzung und Respekt geprägt ist, sodass Offenheit, kritische Reflexionen und „Fehler" genauso im Team behandelt werden können wie Erfolge.

5.3.6 Motivationsbedingungen, die Führungskräfte herstellen können

Die folgenden **Kulturelemente** unterstützen ein für alle Beteiligten **motivierendes Arbeitsklima**:

- Selbstachtung der Mitarbeiter ermöglichen
- aktiv zuhören und verständnisvoll reagieren
- Probleme soweit möglich von den Mitarbeitern selbst lösen lassen
- Hilfe anbieten, ohne Verantwortung wegzunehmen
- für realistische und akzeptierte Ziele sorgen
- Rückmeldung über die Zielerreichung (zeitaktuell) geben
- für die Mitarbeiterentwicklung sorgen
- Bildung von weitgehend autonomen Teams

5.4 Führung von Agilen Projektteams – schnell, selbstorganisiert, auf den Kunden ausgerichtet

5.4.1 Was zeichnet Agiles Projektmanagement aus?

Agile Projektmanagement-Ansätze zielen darauf ab, dem Kunden rasch Lösungen, die durch regelmäßige Abstimmungen exakt auf seine Bedürfnisse zugeschnitten sind, zu liefern. Die Kundenanforderungen werden in Form von User Storys beschrieben.

Agile Ansätze gehen vor allem von Situationen aus, in denen der Kunde oder Nutzer des zukünftigen Projektergebnisses zwar Wünsche und Anforderungen formulieren, aber zum Zeitpunkt des Projektstarts das Ergebnis noch nicht bis ins letzte Detail festlegen kann oder möchte.

Typisch für Projekte ist, dass die Kunden während der Projektdurchführung ihre Vorstellungen vom Ergebnis langsam konkretisieren oder auch weiterentwickeln. Dies wird in klassischen Projekten, die auf einer genauen Spezifikation mit Vertrag und Projektplan beruhen, mit Hilfe von Änderungs- oder Claimmanagement in oft mühsamen Verhandlungen zwischen Projektleiter und Auftraggeberin berücksichtigt. Bei Agilen Ansätzen dagegen ist das Schritt-für-Schritt-Mitlernen im Projektprozess ein integraler Bestandteil der Arbeit.

Im Vordergrund steht bei Agilem Projektmanagement daher die möglichst vollständige Erfüllung der User Storys aus der Sicht des Kunden, indem Ergebnisse so direkt wie möglich vom Projektteam vorgestellt und das Feedback des Kunden (Product Owner) darauf eingearbeitet wird. Angestrebt wird nicht die möglichst plankonforme Abwicklung eines Vertrages mit dokumentiertem Änderungs- und Claimmanagement, sondern die Erfüllung der Kundenwünsche durch intensive Absprachen und Präsentationen.

Die in der Praxis am häufigsten eingesetzten Agilen Ansätze sind Scrum, Kanban und Extreme Programming, wie eine Studie der Hochschule Koblenz ergeben hat.[20]

50% der Studienteilnehmer geben dabei an, dass Scrum eine zentrale Bedeutung in den aktuellen Projekten hat, für Kanban sind das immerhin noch knapp 20%.

Scrum als häufigster Ansatz Agilen Projektmanagements

Scrum, der von Ken Schwaber und Jeff Sutherland vorangetriebene Ansatz, bedeutet so viel wie „Gedränge" im Rugby und beschreibt damit einen zentralen internen Erfolgsfaktor dieser Methode. Mit Hilfe regelmäßiger Meetings werden hohe Identifikation, Autonomie und intensive Zusammenarbeit im Team forciert. Jede User Story wird einzeln, eine streng nach der anderen, umgesetzt. Jeder Umsetzungsdurchlauf (Sprint) dauert in etwa 2–4 Wochen. Neben Planungsmeetings für jeden Sprint gibt es tägliche Standup Meetings im Team, Übergabe- und Abstimmungsmeetings mit dem Kunden (Reviews) und interne Reflexionen zum Lernen (Teamretrospektiven) im Rhythmus von etwa 2–4 Wochen, je nach Dauer der Durchläufe (Sprints). Diese Meetings werden von einem sehr autonom agierenden Team unter Moderation des sogenannten Scrum Masters durchgeführt.

Vertrauen in die **Selbstorganisationskraft des Teams** ist der Wert, der im positiven Fall zu hoher Motivation und Identifikation der Beteiligten führt. Das Ergebnis verantwortet das Team und nicht ein Einzelner.

Anstelle von umfassenden Planungs- und Dokumentationstätigkeiten stehen die intensive, enge Zusammenarbeit und die häufigen face-to-face-Abstimmungen im Mittelpunkt des Managements.

Das „Manifest der Agilen Projektentwicklung"[21] (ursprünglich mit Fokus auf Softwareentwicklung) proklamiert folgende Werthaltungen:

- Individuen und Interaktionen vor Prozessen und Werkzeugen
- Funktionierende Ergebnisse vor umfassender Dokumentation
- Abstimmung, Zusammenarbeit mit dem Kunden vor langwierigen Verhandlungen über Verträge
- Änderungen als Chancen begreifen vor Plänen stur folgen

Der **Kanban Ansatz** kommt ursprünglich aus dem Qualitätsmanagement von Produktionsunternehmen und wurde in den letzten Jahren für die Abwicklung Agiler Projekte adaptiert.

Die wesentlichen Grundsätze dieses Ansatzes umfassen[22]

- die Sicherstellung eines **kontinuierlichen Arbeitsflusses.**
  Dazu gehört die Visualisierung von Engpässen und Arbeitsschritten genauso wie das Pull Prinzip anstelle des Push Prinzips, indem teilfertige Aufgaben vom nachfolgenden Team aktiv aufgegriffen werden,
- die **Begrenzung der gleichzeitigen Arbeitspakete** zu einem Zeitpunkt, um die Effizienz zu erhöhen. Dabei werden sogenannte WiP (Work in Progress) Limits definiert, also die Anzahl an Aufgaben, die im Team gleichzeitig aktiv bearbeitet werden können.

Der Kanban Ansatz konzentriert sich auf die Vermeidung von Engpässen

- die Vereinbarung von **Service Level Agreements** je Aufgabentyp und Serviceklasse, um Vertrauen und Zuverlässigkeit in der Zusammenarbeit zu etablieren.
- die **explizite Vereinbarung von Prozessregeln** und bei Bedarf deren Anpassung an neue Problemstellungen.
- die **Nutzung von bewährten Methoden** und wissenschaftlichen Modellen.

Über all den genannten Prinzipien stehen bei Kanban die maßgeschneiderten Lösungen, die das selbständig agierende Team entwickelt
und an die laufenden Veränderungen anpasst.

**Kundenerwartun-
gen und interne
Spielregeln im
Fokus** — Als Grundsätze des Agilen Projektmanagements können einige Prinzipien hervorgehoben werden, die sich in zwei Gruppen gliedern lassen:
Die einen, die die Kundenerwartung in den Mittelpunkt stellen und die
anderen, die die internen Werte und Spielregeln wiedergeben:

1. Fokussierung auf die **rasche Umsetzung von Kundenanforderungen**

   Die Kundenwünsche werden als User Storys formuliert und im
   Sinne der Kundenprioritäten einzeln und hintereinander bearbeitet. Daraus resultiert jeweils eine rasche Einzellösung, die sich
   auf genau eine formulierte Problemstellung ausrichtet.

2. **Intensive Involvierung des Kunden**

   Der Kundenvertreter wird in der Rolle des Product Owners regelmäßig einbezogen, um die User Storys zu formulieren, Prioritäten zwischen den einzelnen Anforderungen im sogenannten
   Backlog (Pool an User Storys) zu setzen und jede einzelne, umgesetzte Lösung möglichst rasch abzunehmen.

3. **Laufende Anpassung an Kundenwünsche**

   Termine und Kosten werden dem Kunden je User Story zugesagt.
   Änderungswünsche werden als Möglichkeit der weiteren Verbesserung aufgegriffen und umgesetzt („embrace the change").

4. **Detaillierte Objekt- und Ergebnisorientierung**

   Die priorisierten User Storys werden einzeln und hintereinander
   abgearbeitet. Sobald die User Story mit der höchsten Priorität gelöst ist, wird sie dem Product Owner als Repräsentant der Kun-
   denanforderung vorgestellt und etwaige Änderungen und Ergänzungen werden eingeholt. Die Fokussierung liegt daher immer
   auf der Lösung eines Teilproblems, das als Teilergebnis dem
   Kunden in der vereinbarten Zeit präsentiert wird.

5. **Regelmäßige, kurze Meetings** im Projekt

   Die Planung einer Objektumsetzung (Durchlauf, Sprint, Itera-
   tion, …) wird im sogenannten Planungsmeeting vorbereitet, die
   Steuerung erfolgt durch tägliche, knappe Abstimmungen (daily
   Standup Meetings), bei denen Aufgabenverteilungen, Fortschritt,
   nächste Maßnahmen und Prozessauffälligkeiten besprochen werden. Regelmäßig werden auch Team-Reviews abgehalten, die vor

allem auf den Prozess, die Zusammenarbeitsqualität und etwaige Learnings für das weitere Projekt achten. Mit Hilfe dieser häufigen und knapp gehaltenen Meetings können Anpassungen an neue Schwerpunkte und Erfahrungen aus dem bisherigen Projekt rasch und effizient umgesetzt werden.

6. **Verfügbarer Product Owner, moderierender Project Master und ein selbstorganisiertes Team** ermöglichen den Agilen Projekterfolg

Der Product Owner repräsentiert die Kundenerwartungen, das Team setzt die Anforderungen mit einem hohen Selbstorganisationsgrad um (Schätzung von Aufwänden, Zuteilung von Aufgaben, gegenseitige Unterstützung bei Schwierigkeiten,…). Der Project Master gestaltet die Verbindung zwischen dem operativ arbeitenden Team und den Kundenanforderungen durch Vorbereitung und Moderation der Meetings, durch die Entwicklung und Kommunikation weniger, aber nützlicher Spielregeln und Werte, durch Feedback über den Fortschritt in Form geeigneter Kennzahlen und Methoden sowie durch die Förderung des gemeinsamen Lernens und des Feierns von Erfolgen.

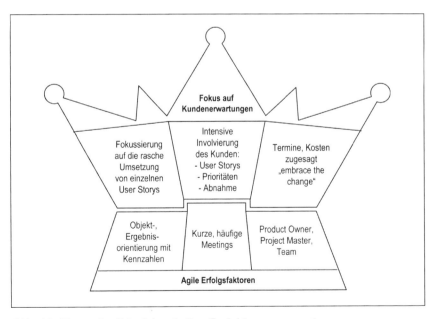

Abb. 92: Die sechs Prinzipien Agilen Projektmanagements

5.4.2 Neue Rollen in Agilen Projektorganisationen

Die in Agilen Projektorganisationen definierten Rollen bilden das Rückgrat der erfolgreichen Projektumsetzung. Als gemeinsamer Nenner Agiler Ansätze lassen sich

- der involvierte Product Owner,
- der moderierende Project Master und
- das selbstorganisierte Umsetzungsteam

herausfiltern. Dies führt zu einer Verschlankung der Projektorganisation und zu direkteren, intensiven Kommunikationsbeziehungen in der Projektdurchführung. Rollen wie Steering Committee und Projektkernteam, die für klassische Projekte sehr häufig eingesetzt werden, haben für Agile Projekte keine Bedeutung.

Im Folgenden werden die wichtigsten Rollen und ihr Unterschied zu klassischen Ansätzen beschrieben.

Der involvierte Product Owner

Der Product Owner vertritt die Kundeninteressen, indem er/sie mit Hilfe von User Storys die Problemstellungen und Situationen beschreibt, die einer Lösung bedürfen. Diese User Storys werden in einem gemeinsamen Pool (Backlog etc.) gesammelt und vom Product Owner priorisiert, so dass eine User Story nach der anderen abgearbeitet werden kann.

Der Product Owner wird nach erfolgreicher Umsetzung jeder User Story zur Vorstellung des Ergebnisses und anschließender Abnahme gebeten.

Aus dieser Beschreibung der Aufgaben des Product Owners ist bereits ersichtlich, dass ein sehr intensives, operatives Zusammenwirken mit dem Projektteam nötig ist, um einen effizienten Ablauf sicherzustellen.

Der Product Owner eines Agilen Projekts ist regelmäßiger und selbstverständlicher Bestandteil der operativen Projektarbeit, vor allem in den Planungs- und Abnahmemeetings, die in etwa alle 2–4 Wochen stattfinden.

Das Verständnis eines Product Owners unterscheidet sich daher deutlich in Bezug auf die Häufigkeit, den Detaillierungsgrad und die konkreten Aufgaben im Projekt von einem Projektauftraggeber eines klassischen Projekts.

Die folgende Tabelle zeigt die wesentlichen Unterschiede zwischen **Projektauftraggeber** und **Product Owner** im Projektablauf:

Phase / Aufgabe	Projektauftraggeber (klassische Projekte)	Product Owner (Agile Projekte)
Projektinitiierung, -start	• erklärt Vision, • definiert Ziele und finanziellen Rahmen • nimmt Ziele ab	• sammelt und beschreibt • Kundenwünsche in Form von User Storys • erstellt und wartet den Pool der User Storys
Projektplanung	• gibt Gesamtplan (Termine, Kostenrahmen) frei • teilt ausreichend Ressourcen zu • definiert Abstimmungsmeilensteine (oft 2–3 monatiger Abstand)	• entscheidet über Prioritäten in Bezug auf die User Storys • gibt Abgabetermin und Aufwände je User Story frei – im Rhythmus von 2–4 Wochen
Projektabwicklung, -steuerung	• erhält Projektfortschrittsberichte (alle 1–3 Monate) • steuert das Projekt strategisch über Termine und Kosten	• wird durch die Abnahmen regelmäßig in Projektergebnisse und -fortschritt eingebunden
Abnahme(n)	• einmal zu Projektende, Abnahme durch Gesamtprojektpräsentation • Änderungswünsche dazwischen gestalten sich oft schwierig, da sie den „ursprünglichen" Plan durcheinander bringen	• regelmäßig bei jeder erfüllten User Story (alle 2–4 Wochen) • gleichzeitig auch Chance, Prozessverbesserungen einzubringen • dabei neue Prioritäten möglich

Abb. 93: Vergleich Rolle Projektauftraggeber und Product Owner

Zusammenfassend lassen sich die wesentlichen Unterschiede des Projektauftraggebers im klassischen Ansatz und des Product Owners bei Agilen Projekten durch die Intensität und inhaltliche Involvierung beschreiben. Die detaillierte Mitarbeit bringt rasche Zwischenabnahmen und gegenseitiges Lernen im Prozess, das Gesamtbild des Vorhabens (Big Picture, Gesamtprojektplan) geht allerdings verloren. Damit verbunden bleiben auch die Risiko- und Umfeldbetrachtung sowie weitere Querschnittsfunktionen unberücksichtigt.

Der moderierende Project Master

Der Project Master konzentriert sich in seiner Arbeit auf die Führung eines selbständig agierenden Teams. Er/sie unterstützt den Teambildungsprozess. Dazu gehört, gemeinsam mit den Linienmanagern, die Auswahl von eher generalistisch einsetzbaren Teammitgliedern, die einander einerseits gut vertreten können und andererseits in ihren Fähigkeiten das nötige Spektrum an Anforderungen im Projekt abdecken. Die Sicherstellung einer guten Arbeitsfähigkeit ist eng damit verknüpft.

Zu den Hauptaufgaben eines Project Masters im Projektablauf gehören die Vorbereitung und Moderation der unterschiedlichen Meetings. Dabei ist vor allem darauf zu achten, dass die tägliche Aufgabenverteilung funktioniert und etwaige Probleme und Schwachstellen in der Zusammenarbeit oder im Projektablauf erkannt und bearbeitet werden. Neben den täglichen Standups werden auch regelmäßig Reviews mit dem Product Owner und interne Reflexionssitzungen moderiert, die sich auf die Überprüfung des Prozesses und das Entdecken und Ausmerzen struktureller Schwachstellen im Projekt konzentrieren. Lernen aus der bisherigen Arbeit hat daher einen großen Stellenwert.

Der Project Master ist im Unterschied zum Projektleiter nicht für das Projekt als Ganzes verantwortlich. Aufwandsschätzungen, Terminzusagen, Aufgabenzuteilung und die Qualität der Arbeitsergebnisse werden vom Team selbst gesteuert und verantwortet.

Die Zusammenschau und die Berücksichtigung von Abhängigkeiten der Teilkomponenten werden im klassischen Projektmanagement-Ansatz von der Projektleiterin wahrgenommen, indem Synergien und Abhängigkeiten bewusst gemanagt werden. Die hohe Konzentration auf die sukzessive Abarbeitung einzelner Teillösungen führt bei Agilen Projekten in der Praxis häufig dazu, dass die Abhängigkeiten zwischen einzelnen Anforderungen sowie das Risiko- und Umfeldmanagement leicht übersehen werden.

Die Fokussierung des Project Masters liegt auf der operativen Teamführung mit folgenden Aufgaben:

Phase / Aufgabe	Projektleiter (klassische Projekte)	Project Master (Agile Projekte)
Projektstart, Projektdefinition	• kommuniziert die Vision des Auftraggebers • formuliert Projektziele, Aufgaben, Ecktermine und Ressourcen (Projektdefinition) • nominiert das Team und fördert die Teambildung • stimmt Ziele im Team ab, erhebt Risiken, steckt das Umfeld mit dem Team ab	• nominiert Teammitglieder • unterstützt den Teambildungsprozess
Projektplanung	• sammelt Teilpläne und entwickelt Gesamtplan, moderiert Planungsworkshop • organisiert Aufgabenzuteilung im Team • vereinbart Kommunikations- und Berichtsstrukturen • stimmt Projektplan im Team und mit Auftraggeber ab	• kommuniziert den Arbeitsprozess und die Werkzeuge • vereinbart die Kommunikation • moderiert die iterativen Planungsmeetings
Projektabwicklung, -steuerung	• steuert das Projekt (Aufgaben, Termine, Ressourcen, Kosten, Risiken,…) • führt das Team • sammelt Infos, erstellt Fortschrittsberichte (alle 1–3 Monate) • moderiert Steuerungsmeetings	• moderiert die täglichen Meetings und die regelmäßigen Reviews zum Lernen und zur Prozessverbesserung • führt das Team • sammelt Infos für die Projektkennzahlen und -instrumente (auf täglicher Basis)

| Projektabschluss | • Vorbereitung und Durchführung der Projektübergabe
• Moderation Projektabschluss-Workshop
• Reflexion und Lernen aus dem Projekt
• Teamabschluss | • Reflexion der Zusammenarbeit
• Teamabschluss |

Abb. 94: Aufgaben Projektleiter und Project Master

Zusammenfassend lassen sich die wesentlichen Unterschiede des Agilen Project Masters zum gesamtverantwortlichen Projektleiter so beschreiben, dass der Project Master sich vor allem um die operative Teamführung kümmert, wohingegen der Projektleiter stärker die Koordination, die Verantwortung für das Gesamtprojekt und die Teamführung vor Augen hat.

Das selbstorganisierte Umsetzungsteam

Teams bei Agilen Projekten umfassen in der Regel 5–10 Mitglieder. Sie zeichnen sich durch ein hohes Maß an Selbstverantwortung für die operativen Projektergebnisse aus. Aufwände werden in den Planungsmeetings selbst geschätzt, bei der Abwicklung der Aufgaben stehen die gegenseitige Unterstützung und das Zusammenwirken im Sinne der zeit- und qualitätskonformen Leistungslieferung im Vordergrund.

Agile Projektteams weisen keine Hierarchie, aber große Heterogenität in Bezug auf die Fachkompetenzen auf, da alle Fachbereiche, die zur Lösungsfindung nötig sind, im Team abgedeckt sein sollen. Freiwilligkeit in der Auswahl der Projektmitarbeiter ist ein weiterer, wichtiger Grundsatz für Agile Projektteams.

Das Team als Ganzes ist für den Erfolg oder Misserfolg im Umsetzen einzelner (Teil-)Ergebnisse verantwortlich, nicht einzelne Teammitglieder. Dies führt in der Praxis oft dazu, dass einzelne Teammitglieder „mitgezogen" werden im positiven wie im negativen Sinne.

Phase / Aufgabe	Projektteam (klassische Projekte)	Umsetzungsteam (Agile Projekte)
Projektstart	• Teilnahme am Kick-off-Meeting zum Kennenlernen des Projekts und des Teams	• Kennenlernen nach Nominierung
Projektplanung	• Mitwirkung am Planungsworkshop • Übernahme der Aufgaben • Mitwirkung an Aufwandsschätzung	• Erarbeitet selbständig Pläne für die zu startende User Story • Aufgaben werden im Team selbständig verteilt, gegenseitige Unterstützung und gleichmäßige Verplanung stehen im Mittelpunkt
Projektabwicklung, -steuerung	• Umsetzung der übertragenen Aufgaben • Zur Verfügungstellung von Statusinformation für Projektberichte • Teilnahme an Abstimmungsmeetings	• Tägliche 15 Min. Standupmeetings zur Abstimmung von Fortschritt, aktueller Probleme und nächster Aufgaben • Regelmäßige Kundenübergaben durch Reviewmeetings • Lernen durch interne Meetings
Projektabschluss	• Close down Workshop zur Projektübergabe und -auswertung, Reflexion der Lernerfahrungen	• Voneinander lernen und feiern

Abb. 95: Aufgaben des Teams bei klassischen und Agilen Projekten

Die hohe Eigenverantwortung und die direkten Kommunikationsstrukturen sowohl projektintern als auch zum Kunden schaffen in der Regel eine hohe Identifikation mit dem Projekt. Projektteammitglieder in Agilen Projekten geben in hohem Maße an, dass die Zusammenarbeit im Projekt – verglichen mit klassischen Ansätzen – zu einer höheren Zufriedenheit geführt hat.[23]

Aus der Gegenüberstellung der ausgewählten Rollen in Agilen und klassischen Projektorganisationen wird ersichtlich, dass die bei klassischen Projekten häufig eingesetzten Rollen wie Steering Committee und Projektkernteam bei Agilen Projekten aufgrund der flachen und direkten Kommunikationsbeziehungen nicht benötigt werden.

Die Aufgaben des gesamtverantwortlichen Projektleiters bei klassischen Projekten werden für Agile Projekte auf den Product Owner und den Project Master aufgeteilt und im Falle des Project Masters vor allem in moderierende Aufgaben transferiert.

5.4.3 Herausforderung „Führung von Agilen Projektteams"

Die Führung von Agilen Projektteams erfordert einen spezifischen Führungsstil, andere Formen der Kommunikation und Zusammenarbeit sowie dafür passende Spielregeln.

Die Führungsarbeit des Project Masters ist grundsätzlich anders aufgesetzt als jene einer Projektleiterin bei klassischen Projekten. Er übernimmt vorrangig die Moderation der Meetings. Da diese zwar häufig stattfinden, aber in der Regel sehr knapp gehalten werden (15 Minuten Standup täglich), ist der Meetingablauf sehr ritualisiert. Die Teammitglieder beantworten der Reihe nach folgende Fragen:

- Welche Aufgaben habe ich seit dem letzten Meeting bearbeitet, abgeschlossen?
- Welche Probleme sind dabei aufgetaucht?
- Was ist die nächste / aktuelle Aufgabe heute?

Die Kunst des Project Masters liegt darin, diese täglichen Routinen interessant zu halten und genau hinzuhören, ob sich etwaige Probleme im Team oder mit dem Projektfortschritt anbahnen.

Die typischen Schwierigkeiten in Agilen Teams ranken sich meist um Themen wie

- Was tun, wenn sich das Team nicht gut organisiert hat, sodass nicht alle im Team ihre Leistung abrufen (können)?
- Was tun, wenn sich die Teammitglieder im Aufwand verschätzt haben oder bei einem bestimmten Problem nicht vorankommen?
- Was tun, wenn durch ein etwaiges Leistungsgefälle im Team die Stimmung zu kippen droht?

- Was tun, wenn einzelne Teammitglieder mit dem direkten Feedback innerhalb des Teams nicht zurecht kommen?

- Was tun, wenn die Motivation aufgrund der detaillierten Problemsicht und mangels Gesamtsicht absackt?

- Was tun, wenn mangelnde Berücksichtigung von Abhängigkeiten und der Gesamtsicht zu Ineffizienzen und Demotivation führt?

- Was tun, wenn sich eine Dynamik im Team entwickelt, die dem Projektfortschritt nicht dienlich ist (z.B. Dominanz durch einzelne Teammitglieder, Zurücklehnen anderer, …)?

- Wie werden Querschnittsaufgaben (Risiko-, Umfeldmanagement, Projektmarketing, Einschulungen, Weiterentwicklung der Teammitglieder, …) rechtzeitig und ausreichend berücksichtigt?

5.4.4 Führungsaufgaben bei Agilen Projekten

Die Rolle der Führungskraft bei Agilen Projekten wird vor allem vom Project Master (Scrum Master, …) wahrgenommen.

Der Product Owner übernimmt manche Führungsaufgaben, durch die Formulierung der Projektanforderungen, die Setzung von Prioritäten, durch regelmäßige Kommunikation im Zuge der Abnahmen.

Die Linienmanager sind in der Auswahl und Zuordnung von geeigneten Teammitgliedern und Werkzeugen als Führungskräfte gefragt.

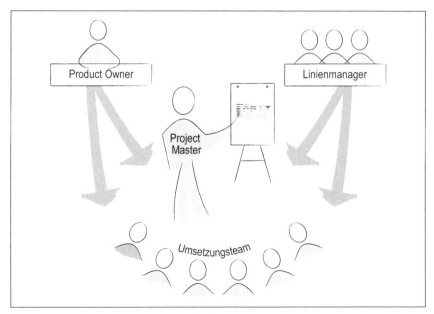

Abb. 96: Führungsrollen in Agilen Projekten

Verglichen mit einem klassischen Projektmanager konzentriert sich das Führungsverständnis des Project Masters in hohem Maße auf kommunikative, moderierende und vertrauensbildende Maßnahmen. Daneben ist Feingespür im Umgang mit einem selbständig agierenden Team und im Erkennen von Disbalancen in der Projektarbeit gefragt.

Die folgende Grafik zeigt im Überblick den Prozess und die darin eingebetteten Führungsaufgaben im Rahmen von Agilen Projekten:

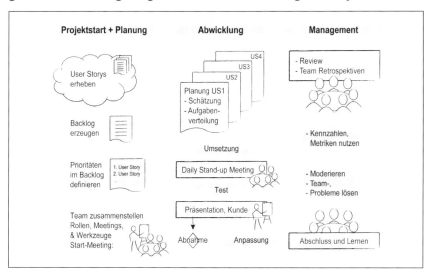

Abb. 97: Führungsprozess in Agilen Projekten

Zu den Kernaufgaben des Project Masters gehören in der **Start- und Planungsphase** von Projekten:

- die Zusammenstellung des Teams
- die Definition von Rollen, Meetingstrukturen, Kennzahlen und Hilfsmittel
- die Vorbereitung und Moderation eines Team-Start-Meetings

Die Zusammenstellung des Umsetzungsteams wird vom Project Master initiiert, vorbereitet und mit den betroffenen Linienmanagern, die die geeigneten Personen aus ihrem Bereich zur Verfügung stellen, durchgesprochen. Dabei achtet der Project Master einerseits darauf, dass alle fachlichen Anforderungen, die aus den User Storys sichtbar werden, im Team abgedeckt sind (Spezialistenprinzip) und dass die Teammitglieder einander auch vertreten können (Generalistenprinzip). Obwohl die leichte Vertretbarkeit untereinander die Arbeitseffizienz zu konterkarieren scheint, hat sich das Generalistenprinzip bewährt. Mehrere Personen mit ähnlichen fachlichen Kompetenzen können einander im

Engpassfall aushelfen oder bei scheinbar unlösbaren Problemen kreativ unterstützen (z.B. Pair Programming).

Die ideale Gruppengröße bei derartigen Teams liegt zwischen 3 und 7 Personen, manchmal können auch Teams von bis zu 10 Personen effizient miteinander arbeiten. Der Project Master achtet darauf, die optimale Balance zwischen Teamgröße und einem geeigneten Fachkompetenz- und Persönlichkeitsmix bei der Teamnominierung zu finden. Diese Aufgabe erfordert einige Erfahrung und Gespür beim Erkennen von Talenten und Persönlichkeitsmerkmalen.

Neben der Bereitstellung von Kennzahlen und unterstützenden Methoden für die Projektabwicklung, ist die Konzeption der geeigneten Meetingstrukturen eine weitere Aufgabe des Project Masters in der Start- und Planungsphase.

Dabei sind Häufigkeit, Dauer und genauer Ablauf im Sinne der Effizienz sowie des Erkennens von auftretenden Problemen bzw. Vorsehens von ausreichend Zeit für die Diskussion von **Querschnittsthemen** zu berücksichtigen. Da sich in der Regel das gesamte Team in der Umsetzungsphase täglich für nur ganz kurze Zeit trifft, bleibt wenig Zeit für die über die tägliche Arbeit hinausgehenden Themen wie **Projektrisiken**, **Abhängigkeiten zwischen User Storys** und diesbezügliche Auswirkungen auf eine **effiziente, synergieberücksichtigende Projektumsetzung**.

Ausreichend Zeit für Querschnittsthemen reservieren

Selbst das Erkennen von Teamproblemen erfordert bei den sehr knapp bemessenen Anwesenheitszeiten Erfahrung und Fingerspitzengefühl. Gerade die in Agilen Projekten besonders wichtigen demokratischen Prozesse im Team benötigen auch Zeit, damit einzelne Teammitglieder sich nicht „überfahren" vorkommen.

Gleichzeitig wäre eine zu extensive tägliche Besprechung mit einem überbordenden Zeitaufwand für das Standup Meeting verbunden, sodass zu wenig Ressourcen für die Umsetzungsarbeit verbleiben.

In der revolvierenden **Phase der Abwicklung** einzelner User Storys fallen folgende typische Führungsaufgaben an:

- die Vorbereitung und Moderation des Planungsmeetings (1x pro User Story)
- die Moderation von Standup Meetings (meist täglich)
- die Vorbereitung und Moderation der Review Meetings mit dem Product Owner
- die Vorbereitung und Moderation der Reflexionsmeetings im Team (Teamretrospektiven)
- die Steuerung mit Hilfe der Projektinstrumente
- das Erkennen und Lösen von Problemen im Team und im Projekt

Die Planungsmeetings je User Story, die täglichen Standup Meetings, die Abnahmemeetings mit dem Kunden (Review Meetings,…) und die teaminternen Reflexionsmeetings (Teamretrospektiven,…) werden vom Project Master vorbereitet und moderiert. Es gehört zu seinen Hauptaufgaben, diese Besprechungen effizient zu gestalten, sodass die knappen Dauern (z.B. 15 Minuten Standup Meeting) auch eingehalten werden können.

Hilfsmittel wie ein Taskboard, das durch die visuelle Darstellung der Projektaufgaben einen einfachen Überblick über Leistungs-Status und Fortschritt im Projekt widerspiegelt, oder ein **Burndown Chart**, das den Erledigungsgrad der Aufgaben innerhalb einer **User Story** anzeigt, gehören zu den häufigsten standardisierten Werkzeugen in der Projektarbeit. Daneben eignen sich projektspezifische Kennzahlen wie ausgemerzte Bugs, % der umgesetzten User Storys, erfolgreiche Testrate etc., um die Motivation und den Ehrgeiz im Team aufrecht zu halten.

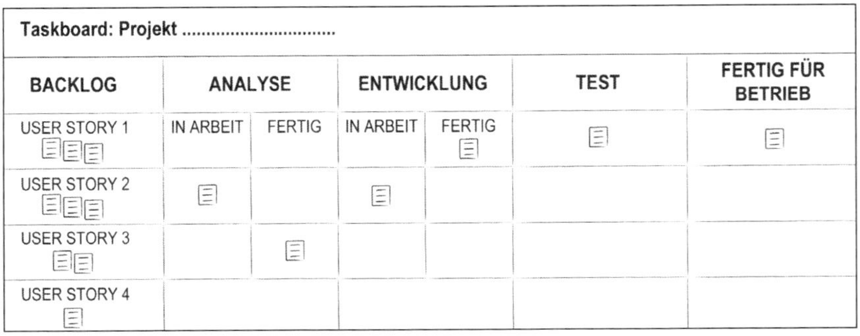

Taskboard: Projekt					
BACKLOG	**ANALYSE**		**ENTWICKLUNG**		**TEST**	**FERTIG FÜR BETRIEB**
USER STORY 1 🗐🗐🗐	IN ARBEIT	FERTIG	IN ARBEIT	FERTIG 🗐	🗐	🗐
USER STORY 2 🗐🗐🗐	🗐		🗐			
USER STORY 3 🗐🗐		🗐				
USER STORY 4 🗐						

Abb. 98: Taskboard

Bei Agilen Projekten werden bis dato kaum Querschnittsfunktionen zwischen den einzelnen User Storys bewusst gesteuert.

Das **Big Picture Diagramm** ist eine Methode, die die wichtigsten **Querschnittsfunktionen** eines Projekts übersichtlich in einer 4-Felder-Matrix darstellt. Dabei wird auf

- Umfeld- und Kontextaspekte,
- Risiken,
- Chancen und
- Abhängigkeiten zwischen den User Storys

Bezug genommen. Das Diagramm wird in jedem Meeting sichtbar im Raum dargestellt und adaptiert, wodurch sich eine stets aktuelle Abbildung der ganzheitlichen Projektparameter ergibt. Das folgende Diagramm leistet dafür eine wertvolle Hilfe.

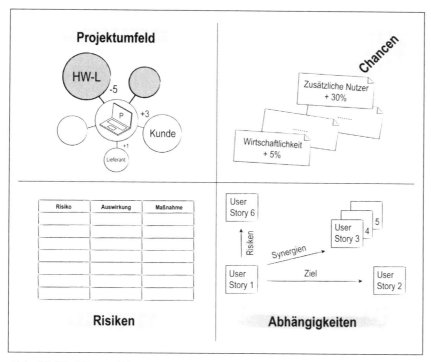

Abb. 99: Big Picture Diagramm

Eine zentrale Führungsaufgabe im Rahmen der Meetings ist das Erkennen von etwaigen Problemen im Team oder im Projektablauf. Intensives Beobachten, Zuhören und auch Nachfragen sind die diesbezüglichen Werkzeuge des Project Masters. Die Wahl der richtigen Worte und des geeigneten Tons im Ansprechen von heiklen Themen ist ein wichtiger Erfolgsfaktor in der Führung Agiler Projekte.

Erkenntnisse, Problemstellungen und Diskussionsergebnisse sind vom Project Master möglichst visuell unterstützt (Flipchart, Tablet mit Beamer,…) zu dokumentieren und dem Team nach dem Meeting zur Verfügung zu stellen.

Visualisieren fördert die Qualität der Zusammenarbeit

Im Zuge der Meetings werden jene Kennzahlen und Instrumente, die dazu dienen den Projektfortschritt begleitend zu messen und zu steuern, mit aktuellen Daten gefüttert und präsentiert.

Aufgaben wie Projektziele zu formulieren, Gesamtprojektpläne zu entwickeln und mit dem Team zu vereinbaren, Aufgaben zuzuteilen, Aufwandsschätzungen vorzunehmen, Aufgaben einzufordern etc. sind keine expliziten Führungsaufgaben in Agilen Projekten, weil sie mehrheitlich vom Team selbst wahrgenommen werden.

Aufgaben, die in typischen **Agilen Projekten gerne vergessen** werden, aber für einen umfassenden Projekterfolg von großer Bedeutung sein können, sind:

- Die passende Detaillierung von User Storys, so dass sie in kurzer Zeit umsetzbar sind
- Die gezielte Auswahl des Projektteams
- Ein umfassendes Umfeldmanagement
- Begleitendes Risiko- und Chancenmanagement auf Gesamtprojektebene
- Die Zusammenhänge im Projekt systematisch berücksichtigen, um Synergien zu nutzen
- Ein Big Picture des Gesamtprojekts (Vision) als Motivations- und Orientierungsmittel zu entwickeln und zu pflegen
- Gesamtprojektbezogene Kennzahlen (Endtermin, Gesamtkosten,…) mitzuführen

Hinsichtlich der Schnittstellen zwischen Stamm- und Projektorganisation nehmen zusätzlich zum Project Master die Linienmanager und der Product Owner einzelne Führungsaufgaben wahr.

Die **Linienmanager** sind gefordert, geeignete und ausreichende Ressourcen (Personal, Infrastruktur, Arbeitswerkzeuge, …) zur Verfügung zu stellen und die Menge und Qualität bei Bedarf im Projektablauf anzupassen. Die laufende Weiterentwicklung der Teammitglieder im Projekt ist eine zentrale Führungsaufgabe, die in Abstimmung zwischen Linienmanager, Project Master und Umsetzungsteam gewährleistet sein sollte.

Kooperativer Führungsstil Die Rolle der Linienmanager bei Agilen Projekten zeigt sich deutlich verändert. Durch den höheren Grad an Selbstorganisation im Team werden Entscheidungen und Machtverhältnisse verschoben. Damit Agile Teams ihre Stärken wirklich ausspielen können, ist ein neuer kooperativer Führungsstil und Vertrauen der Linienmanager in die Qualität der Teams Voraussetzung.

Erfahrungen in der Praxis zeigen, dass bei einer systematischen Umsetzung eines vertrauensvollen, kooperativen Zusammenarbeitsstils sowohl die Qualität und Effizienz der inhaltlichen Arbeit als auch die Zufriedenheit bei den Mitarbeitern steigt.

Der **Product Owner** übernimmt Führungsaufgaben durch die Vorgabe von Spezifikationen, Qualitätsanforderungen und terminliche, wie kostenmäßige Erwartungen. Im Projektablauf ist die Haltung in Bezug auf nachvollziehbare Änderungen, Feedbackqualität bei den Abnahmen und Klarheit bezüglich Kosten und qualitativen Erwartungen maßgeblich für Motivation oder Demotivation im Team. Das gemeinsame Feiern von (Zwischen-)erfolgen ermöglicht es, die emotionalen Bedürfnisse nach Anerkennung zu erfüllen.

Entscheidend für den Projekterfolg sind die Anzahl und der Detaillierungsgrad der User Storys. Bei zu grober Formulierung ist die Umsetzung jeder User Story zu komplex, um es in einem Durchlauf von 2–4 Wochen zu schaffen. Bei zu detaillierter Aufsplittung steigt die Gefahr, dass die Verbindungen und Zusammenhänge zwischen den einzelnen Anforderungen nicht ausreichend berücksichtigt werden und daher große Ineffizienzen in der Projektumsetzung entstehen, exorbitant an. Diese heikle Aufgabe der Findung der passenden Detaillierung ist im Zusammenwirken zwischen Product Owner, Project Master und eventuell unter Einbeziehung erfahrener Teammitglieder in der Startphase des Projekts und in jeder Planungsphase eines Durchlaufs neu zu berücksichtigen.

Erfolgsfaktor Detaillierungsgrad je User Story

5.4.5 Erwartungen an Führungskräfte Agiler Projekte

Der Rahmen für die Führung bei Agilen Projekten ist ein sich selbständig organisierendes Team, häufige, sehr kurze Abstimmungen und ein intensiv eingebundener Product Owner als Auftraggeber und Abnehmer der Ergebnisse.

Für die Führungskraft in der Rolle des Project Masters bedeutet das vor allem, dem Team jenen Freiraum zu ermöglichen, in dem die Teammitglieder sich selbst organisieren können. Damit verbunden ist oft ein Loslassenkönnen, Verantwortung für die operative Arbeit an das Team abzugeben und auch Entscheidungsprozesse zuzulassen, die nicht top down, sondern eher auf Basis wechselnder Mehrheiten im Team entstehen. Die Grundlage für das Zurücknehmen der Führungskraft ist **Vertrauen auf die Selbstorganisationskräfte** im Team und auf die Teammitglieder selbst. Vertrauen anstelle von Misstrauen entgegen zu bringen, ist einerseits eine Grundhaltung eines Menschen, die unabhängig vom konkreten Projekt vorhanden ist und kann aber andererseits auch systematisch entwickelt werden. Das Interesse an den Menschen hinter den beruflichen Rollen, das vorurteilsfreie Herangehen an die Zusammenarbeit und die Qualität der Kommunikation und Kooperation gerade am Beginn eines Projekts können Vertrauen fördern.

Vertrauen in Mitarbeiter ist bestimmendes Prinzip

Beim Auftreten von langwierigen Diskussions- und Entscheidungsprozessen und bei Ungereimtheiten im Team oder Ineffizienzen, die sich durch die spezifische Teamdynamik ergeben, ist die **Moderations- und Kommunikationsfähigkeit** des **Project Masters** als Führungskraft gefragt. Dabei kommt es darauf an, wie rasch und gut der Kern

**Mit Lösungs-
orientierung über-
zeugen statt
überreden**

der Diskussion erkannt und hervorgehoben wird sowie mögliche Lösungen überzeugend angeboten werden. **Überzeugen** statt **Über-die-Köpfe-hinweg-entscheiden**; **zusammenfassen** anstelle von **eigene Meinung durchsetzen**; **Angebote machen** anstelle von **selbst entscheiden** sind Haltungen der Führungskraft in Agilen Projekten.

Als wesentliche Teilaspekte sind die Fähigkeit zur Visualisierung und das präzise Zuhören und Nachfragen wertvolle Eigenschaften eines Project Masters. Mit Visualisierung ist die Transformation des Diskutierten in ein Bild oder eine Grafik, die Zusammenfassung in einer symbolhaften Darstellung gemeint, sodass sich die Teammitglieder in ihrem Dialog wiederfinden und auch später leicht darauf Bezug nehmen können.

**Art der Fragestel-
lung bestimmt
Qualität der
Kommunikation**

Die Fähigkeit zum **Zuhören** wird oft als Selbstverständlichkeit behandelt, obwohl es eine nicht zu unterschätzende Herausforderung darstellt, in manchen Situationen **geduldig genug** zu sein und den **kreativen Fluss** oder die **Lösungsentwicklung** im Gespräch **nicht vorzeitig zu stoppen**. Genauso wichtig und auch schwierig ist es, diejenigen Fragen zu stellen, die die Diskussion weiterbringen. Fast immer handelt es sich dabei um offene Fragen, die den Kontext und etwaige noch nicht behandelte Aspekte ausleuchten, oft sind es Fragen, die eine andere Perspektive ermöglichen, selten sind es Entscheidungsfragen und nie helfen Suggestivfragen, die als Behauptungen oder Meinungen getarnt sind.

Ein Project Master, der für sein selbstorganisiertes Team eine nutzbringende Führungskraft sein möchte, zeichnet sich durch ein Persönlichkeitsprofil mit folgenden Schwerpunkten aus:

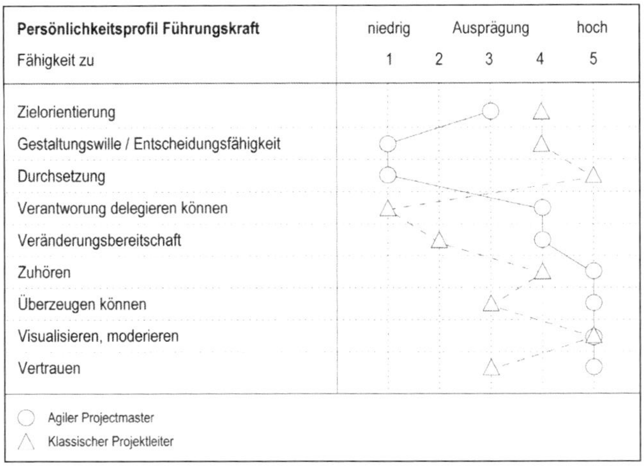

Abb. 100: Persönlichkeitsprofil einer Führungskraft Agiler Teams

5.4.6 Nutzen und Risiken Agiler Führung

Der augenscheinlichste Vorteil Agiler Führungsansätze ergibt sich in der höheren intrinsischen Motivation der Umsetzungsteams, weil

- Erfolge durch die Zwischenergebnisse rascher sichtbar werden
- Direktes Feedback zwischen Product Owner und Team zur üblichen Arbeitsform gehört
- Mehr Eigenverantwortung in Bezug auf Schätzungen, Aufgabenverteilung, Zusammenarbeit im Team existiert
- Direktere Möglichkeiten zur Abstimmung, Feedback und Steuerung durch die häufigen, knappen Meetings gegeben sind.

Durch die intensive Auseinandersetzung zwischen Product Owner und den Teammitgliedern entstehen neue Herausforderungen in Bezug auf Kommunikationsqualität, Nutzung von Kreativität und Problemlösungsfähigkeiten sowie Entscheidungsqualität und -geschwindigkeit. Insgesamt steigt die Kooperationsqualität im Unternehmen und schafft damit mittelfristig auch eine neue Kultur, wie mit Veränderungen und Entscheidungen umgegangen wird.

Was fördert die Umsetzung Agiler Führungsansätze?

Agiles Projektmanagement erfolgreich umzusetzen, kann nicht alleine mit ein paar neuen Methoden erreicht werden. Zuallererst erfordert es einen neuen Zugang zu **Verantwortungsaufteilung**, **Kommunikation**, **Kooperation** und **Führung**. Auf der Werteebene ausgedrückt bedeutet dies vor allem:

- Vertrauen vor Misstrauen und Kontrolle
- direkte, offene Kommunikation anstelle von Führung über Hierarchien
- Veränderungen als täglich zu nutzende Chancen zu sehen und nicht als Störfaktoren für die Umsetzung eines vor langem erdachten Plans
- echte Kundenorientierung, bei der Kundenwünsche und -prioritäten vor der Erfüllung von internen Plänen gehen

Operative Führungsmittel, Instrumente und Werkzeuge, speziell für Agile Projekte entwickelt, unterstützen die oben genannten Werte.

Partizipative und situative Führungsstile sind eine gute Basis für Agile Projekte.

Was behindert die Arbeit in Agilen Projekten?

Störfaktoren für eine erfolgreiche Projektarbeit mit Agilen Ansätzen sind:

- **Product Owner**, die **nicht aktiv** und regelmäßig im Projektprozess mitarbeiten
- **Product Owner**, die sich mit **Entscheidungen** über Prioritäten und Abnahmen oder klaren Änderungswünschen **schwer tun**
- Eine Unternehmenskultur, bei der zuerst ein **Endtermin** und **Gesamtbudget** klar sein müssen, um ein klares GO für das Projekt geben zu können
- Eine Unternehmenskultur, die von **hierarchischen Entscheidungsprozessen** und Kontrollmechanismen geprägt ist
- Auftraggeber und Kunden, die die einmal definierten **Rahmenbedingungen ungern abändern** möchten, sondern punktgenau realisiert haben wollen
- Projekte, bei denen die Teammitglieder nicht an einem Ort arbeiten, sodass die täglichen Standup Meetings nur schwer zu organisieren sind

Zusammenfassend lassen sich die Agilen Methoden mit den klassischen Projektmanagement-Ansätzen vor allem anhand folgender Aspekte vergleichen:

- Die Vision, das Ziel der Agilen Ansätze ist ein möglichst schnelles, direktes Umsetzen von einzelnen Kundenanforderungen (User Storys, Ergebnisse, Objekte).
- „No big design front-up" bei Agilen Ansätzen; bei klassisch geleiteten Projekten werden das „Big Picture" und eine komplette Gesamtplanung zu Beginn erstellt.
- Die in Agilen Projekten häufig definierten Rollen Product Owner, Project Master (Teamleader) und Umsetzungsteam treten an die Stelle eines Projektauftraggebers, Steering Committees, Projektmanagers, Kernteams und Subteams, die den definierten Projektplan klassischer Ansätze umsetzen.
- Meetings finden bei Agilen Projekten sehr häufig, aber auch in sehr knapper Form statt (z.B. daily Standup Meeting 15 Minuten).
- Direkte und häufigere Abstimmung zwischen Product Owner und Umsetzungsteam erfordert auch eine neue Qualität der Kommunikation.
- Veränderungen in Projekten sind nicht ein notwendiges Übel, das möglichst gering zu halten ist, sondern eine Möglichkeit, eine wirklich gute Lösung zu entwickeln.

- Die Mitwirkung des Product Owners als aktiver Bestandteil des Projekts führt zu völlig veränderten Arbeitsformen. Der Dialog zur Findung der besten Lösung steht im Vordergrund und nicht das Verhandeln um Termine, Ressourcen oder Kosten.

Aus der folgenden Tabelle können die jeweiligen **Anwendungsbereiche** für Agile und klassische Projekte abgeleitet werden:

Merkmale:	klassische Projekte	Agile Projekte
Komplexität	• Mittlere und große Komplexität • Pioniercharakter	• Projekte mit Wiederholungscharakter, nahe der Routine
Abhängigkeiten der Objekte / Ergebnisse voneinander	• Viele Abhängigkeiten zwischen den Teilobjekten der Gesamtlösung, daher laufende Betrachtung des Gesamtbildes nötig	• Einzelne User Storys (Anforderungen) können relativ unabhängig abgearbeitet werden
Neuartigkeit / Standard / Schwerpunkte der Führung	• Prozess (teilweise) neu • Ganzheitliche Aufgabenplanung (PSP) • Parallele Umsetzung von Aufgaben (Prozess) • Plankonforme Umsetzung	• Prozess ist klar und standardisiert • Schnelle, möglichst auf die Einzelanforderung abgestellte Lösungsentwicklung und Präsentation • Immer nur eine Aufgabe zu einer Zeit • Möglichst intensive Abstimmung mit Kunden – Änderungen sind Verbesserungen
Motivation	• Big Picture, Vision einer großen Veränderung, etwas Neues zu schaffen	• Rasches, direktes Feedback für Einzellösungen • Selbstverantwortung im Team

Verantwortung	• Kunde fordert End-termin und Budget-einhaltung für das gesamte Projekt, wünscht Gesamtver-antwortung • Ownership Projekt-leiter	• Kunde möchte rasche, maßgeschneiderte Einzellösungen für User Storys, ist mit Aufwands- und Ter-minzusagen je User Story zufrieden • Ownership Team
Ausrichtung	• Erfindermentalität	• Produktionsmentalität

Abb. 101: Kriterien klassischer und Agiler Projekte

5.4.7 Einsatzbereiche für Agile Ansätze

Agile Ansätze eignen sich vor allem für Projekte

- die ein bestehendes System Schritt für Schritt modifizieren,
- deren Ergebnis sich leicht und gut in Teilergebnisse aufsplitten lässt, die jeweils in kurzer Zeit realisierbar sind und keine zu großen Abhängigkeiten zueinander haben,
- die einen sehr aktiven Product Owner und ein selbstverantwortliches Team zur Umsetzung haben,
- deren Ergebnisse sich im Prozess und durch die Interaktion zwischen Projektteam und Product Owner (weiter-)entwickeln,
- mit relativ hohem Wiederholungscharakter (produktionsnahe Projekte), die von einem Team, das mit solchen Vorhaben bereits viel Erfahrung hat und eingespielt ist, abgewickelt werden können. Der Projektprozess ist klar definiert und wird mit fixen Teams abgewickelt.

In der Praxis zeigt sich, dass in etwa jedes fünfte Unternehmen ausschließlich Agile Projekte, jedes dritte Unternehmen nur mit klassischen Ansätzen und ca. 50% der Unternehmen entweder mit Hybridformen oder wechselweise mit Agilen und klassischen Ansätze arbeiten.[24]

5.5 Führung virtueller Teams

Für Unternehmen und Organisationen wird das Zusammenarbeiten über Standorte und Grenzen hinweg immer wichtiger, weil die für ein Projekt benötigten Personen über mehrere Standorte oder Länder verteilt sind.

effiziente Kommunikation als Basis für virtuelle Teamarbeit

Die virtuelle Teamarbeit nimmt auch aufgrund unterstützender Technologien rasant zu. Dieses Mehr an enger Kooperation auf verteilten Standorten bringt Vor- und Nachteile mit sich.

Folgende **Vorteile** ergeben sich durch die Arbeit in virtuellen Teams:

- Reisekosteneinsparung (Reisezeit und Spesen).
- Geschwindigkeit in Projekten steigt, weil Abstimmungen trotz örtlicher Distanz kurzfristig möglich sind.
- Rasche Einbindung von Spezialisten ist möglich.
- In verteilten Organisationen befinden sich Teammitglieder vor Ort (Akzeptanz vor Ort steigt), das Zusammenwachsen international verteilter Organisationsteile wird gefördert.
- weniger Zwang durch formale Termine (mehr Selbstorganisation).

Arbeit in virtuellen Teams birgt folgende **Probleme**:

- In virtuellen Teams gehen persönliche Kontakte verloren, da der Informationsaustausch über Telekommunikation und neue Medien geführt wird.
- In der direkten persönlichen Zusammenarbeit ergibt sich durch nonverbale Kommunikation direktes Feedback; dies **fehlt** bei virtuellen Projektteams, Eigenverantwortung ist daher stärker gefordert.
- Das Rekrutieren der Projektmitarbeiter ist schwierig.
- Bei virtuellen Teams muss es dem Projektleiter gelingen, über die Kanäle der elektronischen Kommunikation zu motivieren, Konflikte zu bearbeiten und Vertrauen zu bilden.

Verteilte Teams erfordern eine spezifische Art der Führung.

5.5.1 Definitionen, Begriffe, Klassifizierung

Ein virtuelles Team (verteiltes Team) ist eine Gruppe von Menschen, die über voneinander abhängige Aufgaben interagieren. Im Gegensatz zum konventionellen Team arbeitet ein virtuelles Team über **Raum**-, **Zeit**- und **Organisationsgrenzen** hinweg und benutzt dazu vor allem Kommunikationstechnologien[18].

Grundsätzlich ist es unrealistisch, dass Menschen zusammenarbeiten, die mehr als etwa 15 Meter voneinander entfernt sind. Diese Entfernung wird als „radius of collaborative colocation" (nach MIT Professor Tom Allen[19]) bezeichnet. Welchen Abstand Menschen für ihre zwischenmenschliche Interaktion brauchen, ist von Kultur zu Kultur verschieden.

Je weiter Menschen physisch voneinander entfernt sind, desto mehr Grenzen müssen sie überwinden, um zusammenzuarbeiten.

5.5.2 Erfolgsfaktoren virtueller Teams

Damit Menschen, die als virtuelles Team ein Ziel verfolgen, auch **effizient** zusammenarbeiten, sind einige Voraussetzungen zu erfüllen:

- **Teamfähigkeit der beteiligten Personen**
  - „Chemie" untereinander passt, die Personen arbeiten gerne miteinander und nicht gegeneinander
  - Selbstorganisation und Eigenverantwortlichkeit existiert in hohem Maße
  - Methoden- und psychosoziale Kompetenz sind vorhanden
  - Kommunikations- und Technologiekompetenz ist ausgeprägt

- **Definierter Zweck im Projekt**
  - gemeinsame Ziele
  - interdependente Aufgaben
  - konkrete Ergebnisdefinition
  - Klarheit, gemeinsames Verständnis, Identifikation mit Zielen

- **Entwickelte, gepflegte Verbindungen**
  - Vertrauensbeziehungen und persönlicher Kontakt existieren
  - Identifikation mit dem Team liegt vor
  - Kommunikation, Interaktion funktioniert
  - Technologien, Medien werden beherrscht

- **Geklärte Rollen**
  - Unabhängige Mitglieder
  - Geteilte Führung ist möglich
  - Rollendefinition der Beteiligten (Management, Projektleiter, Mitglieder) ist klar
  - Unterstützung durch das Management ist gegeben

5.5.3 Anforderungen an den Projektleiter virtueller Teams

Durch die Dezentralisierung bei virtuellen Projektteams wird vom Projektleiter eine spezifische **Führungskompetenz** erwartet. Er hat die Projektmitarbeiter zu **koordinieren** und Aufgaben richtig zu **delegieren**. Der Projektleiter stellt aktiv Kontakt zwischen Personen her, er nimmt Information auf und setzt sie in einen positiven Rahmen. Seine Aufgabe ist es weiters, die relevanten Informationen an das Team weiterzuleiten.

An Stelle einer häufig subjektiven, verhaltensorientierten Einschätzung der Mitarbeiter tritt eine objektive, **ergebnisorientierte** Steuerung durch den Projektleiter. Trotz der Ergebnisorientierung ist **Vertrauen in die Mitarbeiter** und Respekt für ihre Werte, Haltungen und Meinungen eine Voraussetzung für die Motivation. Die Aufgabe des Projektleiters ist es deshalb, die Autonomie der Beteiligten zu fördern, Ziele zu entwickeln, Aufgaben und Zeitrahmen festzulegen und vor diesem Hintergrund ein Team aus sich selbst organisierenden Teilnehmern aufzubauen.

Gute Leistungen müssen belohnt, schlechte angesprochen werden, da sonst die anderen Teammitglieder die Minderleistung als akzeptiert betrachten. Schlechte Leistungen einzelner Teammitglieder demotivieren die anderen Teammitglieder.

Im Folgenden werden die Kompetenzen des Projektleiters von virtuellen Teams detailliert beschrieben:

- **Projektmanagement-Kompetenz**

  Grundvoraussetzung ist ein Verständnis und Wissen über Projektmanagement-Methoden, Organisation und Führung.

- **Psychosoziale Kompetenz**

  Einer der wichtigsten Faktoren sozialer Kompetenz für die Zusammenarbeit in Projektteams ist die Bereitschaft zu offener und aufrichtiger Kommunikation. Basis dafür ist, dass die einzelnen Teammitglieder teamfähig und kooperativ sind. Konfliktlösungsfähigkeit, Motiviertheit, selbstverantwortliches Arbeiten und kulturelle Offenheit stellen weitere wesentliche Anforderungen dar.

- **Kommunikations- und Technologiekompetenz**

  Mit Hilfe moderner Informations- und Kommunikationstechnologien das Team effizient führen zu können, stellt eine Grundanforderung an den Projektleiter dar, aber auch das Wissen, welche Kommunikationsinstrumente sich für die verschiedenen Aufgaben am besten eignen. Außerdem sind der verantwortungsvolle Umgang mit Daten und die Einhaltung bestimmter Anwendungsregeln ein Erfolgsfaktor.

Die Kenntnis von Fremdsprachen ist in einem internationalen Kontext nahezu selbstverständlich.

Der Projektleiter muss sich zuständig fühlen für das Design des Prozesses der Projektabwicklung. Er muss Überlegungen anstellen, welche Instrumente des Projektmanagements in welchem Ausmaß benötigt werden. Zum Beispiel sollte ein Kommunikationsplan entwickelt werden, der berücksichtigt, dass jene räumliche Nähe fehlt, die sonst Verbindlichkeit erzeugt. Diese Nähe könnte zum Beispiel durch eine Projekt-Plattform kompensiert werden, die so etwas wie Heimat bietet, auf der Lebensläufe der einzelnen Projektmitglieder hinterlegt werden und die auch gegebenenfalls private Informationen enthalten kann.

Beispiel:

Eine erfolgreiche Projektleiterin eines rein virtuellen Teams hatte sich als Regel auferlegt, jede erhaltene E-Mail binnen 10 Minuten zu beantworten. Dabei wollte sie zumindest ein kurzes Feedback geben wie: „Ich kümmere mich darum und Sie hören von mir bis spätestens…". Sie wollte damit ihren Projektmitgliedern Nähe und Wachsamkeit signalisieren. Das Zeichen sollte sein: „Ich bin da und für meine Teammitglieder verfügbar." Um ein Funktionieren dieser Regel sicherzustellen, waren ein paar organisatorische Maßnahmen, wie eine Stellvertretung für die Zeit von Meetings oder Pausen, notwendig.

Ein Projektleiter eines virtuellen Teams sollte sich überlegen, wie er zu Informationen kommt und wie sie aufbereitet werden müssen, damit sie für die anderen Projektmitglieder leicht zu nutzen sind.

Projektleiter als Integrationsfigur — Ein Projektleiter muss eine ausgeprägte Kommunikationsfähigkeit und Menschenkenntnis besitzen sowie die Fähigkeit, auch aus nonverbaler Kommunikation Rückschlüsse zu ziehen. Weitere wichtige Anforderungen sind: Kulturelle Offenheit, Durchsetzungsvermögen, aber auch diplomatisches Geschick, Entscheidungen treffen können und Präsenz zeigen. Kurz gefasst, sollte die Person eine Integrationsfigur darstellen.

5.5.4 Persönliche Werte, Grundhaltungen der einzelnen Mitglieder

Die sogenannten „virtuellen Werte" sind für die Zusammenarbeit in virtuellen Teams ein sehr wichtiger Faktor. Virtuelle Beziehungen erfordern aufgrund ihrer Fragilität ein weit höheres Maß an Vertrauen als dies in konventionellen Projektteams der Fall ist. Ohne Informationen, die sich aus dem täglichen persönlichen Kontakt ergeben, ist Vertrauen gleichzeitig schwerer zu gewinnen und leichter zu verlieren. Die Bedeutung des Vertrauens – **Vertrauen in die Menschen**, **Vertrauen in den Zweck des Projekts**, **Vertrauen in die Verbindungen** – zieht sich quer durch den Lebenszyklus eines Teams:

- Ein neues Team braucht Vertrauen, um mit seiner Arbeit beginnen zu können.
- Vertrauen ist die Basis für eine kontinuierliche Arbeit des Teams.
- Wenn ein Projektteam seine Arbeit beendet, hinterlässt es der organisatorischen Umgebung, aus der heraus es entstanden ist, zumeist ein Vertrauensvermächtnis.

Teams mit einem höheren Maß an Vertrauen wachsen schneller zusammen, organisieren ihre Arbeit rascher und kommen insgesamt besser zurecht. Wenn der Vertrauenspegel niedrig ist, wird es schwierig, erfolgreiche organisationsübergreifende und distanzüberwindende Teams zu schaffen und aufrecht zu erhalten. Vertrauen stellt eine unverzichtbare Voraussetzung für produktive Beziehungen dar. Ohne Vertrauen wird jeder Teil seine eigenen, unmittelbaren Interessen zu schützen trachten – zu seinem eigenen langfristigen Nachteil und zum Nachteil des gesamten Systems.

Vertrauen als zentraler Wert bei virtuellen Teams

Kompetenz über eine Entfernung hinweg (virtuell) zu überprüfen, ist wesentlich schwieriger als im direkten Kontakt (z.B. nonverbale Elemente der Kommunikation). Was sich auf Papier gut liest, bestätigt sich womöglich bei einem persönlichen Kennenlernen nicht.

Die Hauptgefahr bei der Einführung virtueller Unternehmens- und Projektformen ist, dass diese Neuerung **lediglich als technisches Problem** gesehen wird. Neue Technik und neue Strukturen alleine werden scheitern, wenn sich nicht gleichzeitig die Einstellungen und Verhaltensweisen aller Beteiligten ändern. Erfolgreich wird letztlich nur der sein, der sich noch stärker als bisher an den beteiligten Menschen ausrichtet.

Tipps:

Vertrauensbildende Maßnahmen:

- Informationen aktiv zur Verfügung stellen
- Eigene Ziele offen darstellen und im Auge behalten, Absichten und Interessen aufzeigen, gemeinsame Interessen herausarbeiten
- Zugeständnisse machen/einhalten
- Überprüfbare Handlungen setzen, Sicherheiten bieten, Kontrollmöglichkeiten zulassen
- Auf das Ganze statt auf Teilbereiche konzentrieren und trotzdem für wesentliche Details sensibel sein
- Augenmerk auf die Lösungen in der Zukunft richten (statt auf die Rechtfertigung der Vergangenheit)
- Auf Ausgeglichenheit achten (keine Gewinner und Verlierer)
- Interpretationen vermeiden, besser nachfragen. Nur auf Beobachtetes beziehen, nicht vorschnell bewerten und interpretieren
- Sich in die Situation des anderen versetzen, Fehler eingestehen bzw. nicht nachtragen
- Den anderen das Gesicht wahren lassen („Goldene Brücke" bauen), Kontakt-, Gesprächsbereitschaft aufrechterhalten (nicht abbrechen), nach Vorschlägen bzw. Rat fragen
- Stärken des Gesprächspartners ansprechen/rückmelden
- Verzicht auf Drohungen, positive Grundhaltung zeigen/beim Gegenüber annehmen
- Mit gutem Beispiel vorangehen, Unterstützung anbieten
- Toleranz in schwieriger Situation/schwierigen Partnern gegenüber

5.5.5 Unterschiedliche Kulturen, Sprachen

In Projekten, die unternehmens- und landesgrenzenübergreifend durchgeführt werden, kann ein Aufeinanderprallen von unterschiedlichen Unternehmens- und Landeskulturen schwerwiegende negative Folgen für die Projektarbeit haben. Nur eine stark ausgeprägte Projektkultur kann in solchen Projekten den Zusammenhalt für das Team bieten und dadurch den Projekterfolg positiv beeinflussen.

Folgende Probleme finden sich in virtuellen, multikulturellen Teams:

- Es fehlt die Sensibilität für kulturelle Unterschiede und die Bereitschaft, darauf einzugehen,

- es wird keine Zeit für die Klärung der Kulturunterschiede investiert,
- die Bildung einer eigenen Projektkultur ist nicht möglich, die Kultur der Muttergesellschaft wird als bestimmende Kultur angenommen.

Bei internationalen Projekten finden sich in allen Projektphasen Probleme, von der **Missinterpretation der Projektziele** über **Unterschiede der Mentalitäten,** in der Zeit- und Aufwandsplanung bis zum **Verhalten in Konfliktsituationen**. Dies sollte bereits bei der Auswahl des Projektteams berücksichtigt werden: Die Teambesetzung ist ein kritischer Erfolgsfaktor bei internationalen Projekten.

Außerdem sind Faktoren wie Sprachkompetenz, emotionale Kompetenz und Kulturkompetenz besonders wichtig, die Fachkompetenz tritt eher in den Hintergrund. So muss bereits in der Startphase eines internationalen Projekts im Rahmen der **Umfeldanalyse** auch eine **Ist-Analyse der beteiligten Kulturen** durchgeführt und auf Basis dieser Ergebnisse eine entsprechende Projektkultur etabliert werden. Dabei darf nicht eine der beteiligten Kulturen dominieren, sondern die Entstehung einer neuen „Mischkultur" muss gefördert werden, mit der sich alle Projektteam-Mitglieder identifizieren können.

Bei interkulturellen Teams ist oft die Unkenntnis nationaler Symbole, Rituale und Werte eine Ursache für Probleme. Projektmitglieder solcher Teams sollten die unterschiedlichen verbalen und nonverbalen Kommunikationsverhaltensweisen der am Projekt beteiligten Kulturen kennen, um diese richtig interpretieren zu können. Erreicht wird das beispielsweise mit Techniken des interkulturellen Trainings, denen in der Projektstartphase genügend Beachtung geschenkt werden sollte.

5.5.6 Virtuelle Teamarbeit in den Projektphasen

Virtuelle Teamarbeit in der Startphase

Die Projektstartphase ist sowohl in traditionellen als auch in virtuellen Projektteams kritisch, denn der Erfolg oder Misserfolg eines Projekts hängt wesentlich von seinem Start ab. Um effizient arbeiten zu können, müssen virtuelle Teams möglichst klare Strukturen finden. Die Herausforderung in der Startphase liegt vor allem darin, optimale Rahmenbedingungen für ein Arbeiten in virtuellen Projektteams zu schaffen.

Die speziellen Aufgaben und Schwerpunkte in der Startphase umfassen insbesondere:

- Personenauswahl, Teamzusammensetzung, Persönlichkeitstypen
- Kennenlernen (z.B. Familie) des Umfelds, Einstellungen, Erwartungen
- Bildung von Vertrauen ins Verhalten der anderen
- Information über die Aufgabe
- Identifikation des Teams mit der Aufgabe, mit dem Projekt (Verbindlichkeit)
- Spielregeln für den Austausch von Information

Um obige Punkte in der virtuellen Projektarbeit zu ermöglichen, ist es unbedingt **anzuraten**, am Beginn des Projekts ein gemeinsames, **nichtvirtuelles Treffen** zu organisieren, in dessen Rahmen auch die persönlichen Kontakte aufgebaut werden sollten. Zeit und Ort sind vom Projektleiter einzuplanen.

Ganz wichtig ist es bei diesem Kick-Off-Meeting, wesentliche Planungsschritte gemeinsam zu machen. Der Vorteil dieser Vorgangsweise ist, dass man den anderen beim Arbeiten zusehen und beobachten kann, wie sich jemand einbringt, wie jemand formuliert, wie jemand in einer bestimmten Situation agiert etc. Dadurch kann man später bestimmte Reaktionen besser einordnen.

Fähigkeiten und Defizite von Teammitgliedern werden so viel stärker sichtbar und können in der Folge leichter akzeptiert werden.

Wenn ein gemeinsames Kick-Off-Meeting nicht zustande kommt, können in der Folge zum Beispiel Telefonkonferenzen bei größeren Teams wesentlich schwieriger und ineffizienter sein.

Bei größeren verteilten Teams empfiehlt es sich, diese in Subteams einzuteilen. Dadurch entstehen kleinere, leichter koordinierbare Teams.

Virtuelle Teamarbeit in der Planungs- und Ausführungsphase

Emotionale Bindung durch Rituale fördern Emotionale Bindung ist bei virtuellen Teams aufgrund des fehlenden persönlichen Kontakts naheliegenderweise schwächer ausgeprägt als bei traditionellen Teams. Gleichzeitig ist die emotionale Verbundenheit ein wichtiger Erfolgsfaktor und lässt sich durch Riten stärken: Gelegenheiten wie das Feiern des Geburtstags eines Teammitglieds schaffen und fördern die aktive und konstruktive Beteiligung und letztlich das so notwendige Vertrauen.

Virtuelle Teamarbeit in der Koordinationsphase

Für die Kompensation der fehlenden physischen Nähe von virtuellen Teams empfiehlt es sich, auf verschiedene Ebenen zu achten.

Einerseits muss dem Austausch persönlicher Informationen Raum gewährt werden. Das lockere Gespräch am Gang oder vor und nach Sitzungen, das dem informellen Austausch dient, könnte hier über Foren oder Chats kompensiert werden.

Andererseits muss die Projektleiterin versuchen, trotz der fehlenden Nähe Präsenz zu zeigen. Dazu wäre zum Beispiel die Regel denkbar, dass E-Mails binnen kürzester Frist persönlich beantwortet werden, zumindest mit dem Inhalt, dass das Anliegen gemäß definierter Prioritäten behandelt wird.

Für Konflikte gilt, dass diese in Projektteams wesentlich schwieriger erkannt werden als in „normalen" Teams. Indizien für vorhandene Konflikte könnten lange Antwortzeiten bei E-Mails, Abwesenheiten bei allen Arten von Konferenzen, unpünktliche und mangelhafte Lieferung von Ergebnissen sein.

Die Projektleitung muss es als ihre Aufgabe wahrnehmen, dafür zu sorgen, dass ein Team Spielregeln bzw. Regeln aufstellt. Es muss dann konkret auch angesprochen werden, was passiert, wenn es Konflikte gibt und wie die Konflikte im Team angesprochen werden können. Beispielsweise können Indikatoren vereinbart werden, auf die man reagieren kann. Solche Indikatoren wären: Jemand liefert seinen Bericht zu spät ab, reagiert zu langsam, schreibt keinen Fortschritt mehr in den Projektstatusbericht hinein etc.

Virtuelle Teamarbeit in der Abschlussphase

Der bewusste Abschluss eines Projekts ist gerade bei virtuellen Teams besonders zu beachten. Durch die fehlende Nähe läuft das Team Gefahr, sich zu verlieren und Restaufgaben werden nicht mehr erledigt. Ein bewusster Abschluss, sei es durch eine Telefon-, Videokonferenz oder durch einen Chat, ermöglicht eine adäquate Form der Erfolgsanalyse und des Abschiednehmens. Spätestens hier sollte auch ausgetauscht werden, welche Tools, Regeln und Vorgehensweisen hilfreich für die Projektarbeit waren.

Grundsätzlich gelten für virtuelle Teams die gleichen Regeln wie für physische Teams, mit dem Unterschied, dass virtuelle Teams „mehr vom selben" benötigen, also mehr Augenmerk auf die Unterstützung von Kommunikation und Zusammenarbeit gelegt werden muss.

6 Führung von Projektportfolios und Programmen

6.1 Definition von Projektportfolios, Programmen

Unter Projektportfolio ist eine Gruppe von Projekten zu verstehen, die **Projektportfolio**
gemeinsam koordiniert für das Unternehmen einen größeren Nutzen
stiften, als würden sie unabhängig voneinander gesteuert werden.

Es hat sich bewährt jene Projekte eines Unternehmens zu einem Projektportfolio zu bündeln, die

- aufgrund ihrer Projektart vergleichbar sind,
- in vielfältigen Abhängigkeiten zueinander stehen (Verfolgung
  gleicher oder ähnlicher Zielsetzungen, Zugriff auf die selben
  Ressourcen, gleiche Auftraggeber),
- gemeinsam betrachtet Synergien und Potenziale ergeben.

Daraus lässt sich die Zusammenstellung der Projektportfolios nach folgenden Kriterien ableiten:

- Vorhaben derselben Projektart, wie zum Beispiel alle Auftrags-
  abwicklungsprojekte oder alle Forschungsprojekte oder alle IT-
  Projekte, weil daraus Kennzahlen ableitbar sind und der Ressour-
  ceneinsatz optimiert werden kann.
- Vorhaben unterschiedlicher Projektart, die zur Erfüllung eines
  strategischen Gesamtzieles nötig sind. Wenn beispielsweise die
  Qualität im Unternehmen umfassend verbessert werden soll, dann
  sind dazu möglicherweise
  – Umbauprojekte,
  – Investitionsprojekte,
  – Reorganisationsprojekte, Zertifizierungsprojekte,
  – Personalentwicklungsprojekte etc.
  notwendig.

Portfolio-Management umfasst daher alle Aufgaben, die dazu dienen, **Projektportfolio-**
die Abhängigkeiten zwischen Projekten zu erkennen, die knappen **Management**
Ressourcen effizient zu verteilen und Erfahrungen aus einzelnen Projekten systematisch zu nutzen.

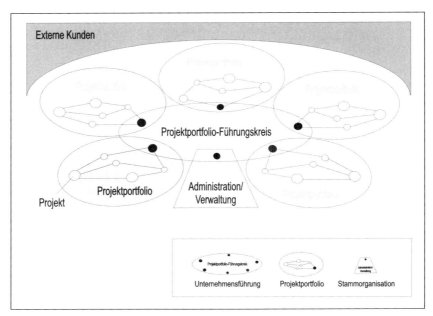

Abb. 102: Projektportfolios im projektorientierten Unternehmen

Programm Ein Programm ist die Summe all jener Projekte und Einzelaufgaben, die zur Erfüllung eines strategischen Unternehmenszieles nötig sind. Im Unterschied zu einem Projektportfolio werden in einem Programm auch Aufgaben, die zwar zur Erfüllung des strategischen Zieles notwendig, aber gleichzeitig nicht projektwürdig sind, berücksichtigt.

Führungskräfte im Projektportfolio Führungsaufgaben im Zusammenhang mit Projektportfolios und Programmen werden von den Projektportfolio-Koordinatoren oder den **Projektprogramm** Programm-Managern wahrgenommen. Zielgruppe ihrer Führungsarbeit sind die Projektleiter der einzelnen Projekte.

Im Folgenden werden nur jene Führungsaufgaben detailliert beschrieben, die sich von denen im Kapitel Führung von Einzelprojekten unterscheiden. Drei Phasen sind hinsichtlich der Führung von Projektprogrammen/Projektportfolios von Bedeutung:

- Aufbau eines Programmes/Projektportfolios
- Steuerung eines aktuellen Programmes/Projektportfolios
- Abschluss eines aktuellen Programmes/Projektportfolios

6.2 Führungsaufgaben beim Aufbau eines Projektportfolios/Programmes

6.2.1 Auswahl der richtigen Projekte

Die speziellen Führungsaufgaben beim Aufbau eines Projektportfolios/Programms liegen darin, den Mehrwert einer gesamtheitlichen Projektportfolio-Betrachtung im Unterschied zu einer Einzelprojektsicht herauszuarbeiten. Jeder Projektleiter ist bestrebt, seine Energien auf die Erfüllung der eigenen Projektziele zu richten. Sich mit anderen Projektleitern abzustimmen und deren Interesse im Sinne eines nächsthöheren Projektportfolio-Zieles mitzuberücksichtigen, erleichtert die ohnehin schon schwierige Aufgabe eines Projektleiters nicht. Zusätzlich kommt noch hinzu, dass die Ziele der anderen Projekte nur zum Teil die eigenen unterstützen, zum Teil aber die Erreichung dieser auch verlangsamen oder behindern.

Für den Projektportfolio-Manager ist die Berücksichtigung aller Projekte eine Voraussetzung für seinen Erfolg.

Zum Beispiel stehen die einzelnen Projektleiter eines IT-Projektportfolios in direktem Wettbewerb um die knappen finanziellen und personellen Ressourcen. Es bedarf daher viel Einfühlungsvermögen, Führungserfahrung und Geschick, diese Konkurrenzsituation im Sinne einer professionellen Zusammenarbeit zwischen den Projektleitern aufzulösen.

Prioritätensetzung als Führungsaufgabe

Die Festlegung von nachvollziehbaren Kriterien, die die Basis für die Auswahl der aktuellen Projekte und für die Aufteilung der vorhandenen, meist zu knappen Ressourcen sind, ist daher eine wesentliche Führungsaufgabe.

Es bedarf darüber hinaus einer gut überlegten Vorgangsweise (Grobdesign), wie der Prozess der Projektauswahl, Ressourcenzuordnung und Projektleiterzuordnung durchgeführt wird, um am Ende der Aufbauphase ein gut abgestimmtes und motiviertes Projektleiterteam vorzufinden.

Die folgenden Beispiele zeigen, welche Faktoren die Entwicklung einer professionellen Zusammenarbeitskultur beeinflussen können.

> **Beispiel:**
>
> In einem internationalen Versicherungsunternehmen werden die anstehenden IT-Projekte einmal jährlich im Zuge einer Projektportfolio-

Konferenz gesammelt, strukturiert und mit Prioritäten für das kommende Jahr versehen.

An diesem zweitägigen Workshop nehmen alle Abteilungsleiter und Projektleiter teil. Die bereits vorab gesammelten und nach einem einheitlichen Standard dokumentierten Projektideen werden nun den Auswahlkriterien gegenübergestellt. Dieser Prozess wird vom Projektportfolio-Manager moderiert. Als Rahmenbedingungen existieren die strategischen Ziele des Unternehmens, das für das nächste Jahr verfügbare IT-Projektbudget und die IT-Personalressourcen. Die Rahmenbedingungen werden am Beginn des Workshops präsentiert.

Am Ende dieser Gegenüberstellung steht eine Liste von A-, B-, C-Projekten, wobei die Buchstaben die jeweilige Priorität ausdrücken.

Nun wird von allen gemeinsam geprüft, inwieweit die Abteilungsziele mit den ausgewählten A-Projekten erfüllbar sind, inwieweit die strategischen Unternehmensziele erreichbar sind und inwieweit die knappen Ressourcen für die vorgesehenen Aufgaben ausreichen. Diesem Thema wird viel Zeit im Workshop gewidmet. Am Ende dieser sehr heiklen Diskussion steht nicht nur eine Projektliste für das folgende Jahr, sondern auch Verständnis für die Auswahl und Akzeptanz der getroffenen Entscheidung bei allen Beteiligten.

Die wesentlichen Erfolgsfaktoren sind dabei die professionelle Vorbereitung, die Prioritätensetzung im Zuge eines gemeinsamen Workshops, der ausreichend Zeit für Diskussion zulässt, und die direkte Konfrontation von Meinungen und Sichtweisen, aus der für alle Beteiligten die Bedeutung einzelner Vorhaben zu erkennen ist.

Ein weiteres Beispiel aus einem Programm zur strategischen Veränderung eines Konzerns, das mehrere Projekte und einige Aufgaben enthielt, zeigt den Einfluss, den die Personalzuordnung auf die Führungskultur in einem Projektportfolio hat.

Beispiel:

Das gegenständliche Unternehmen stand vor einer massiven Reorganisation, die sehr unterschiedliche Projekte umfasste, wie Markenaufbau, Aufbau von Vertriebssystemen, Rationalisierung von Kosten im Produktionsbereich, etc. Ziel des Programms war es, ein bisher sehr produktionsorientiertes Unternehmen zukünftig auf Serviceorientierung auszurichten.

Die in Frage kommenden Projektleiter waren an einigen Projekten sehr interessiert, da diese eher auf das neu zu Gestaltende gerichtet waren, an anderen, die auf die Reduktion oder Schließung von Altem konzentriert waren, eher nicht.

Darüber hinaus bedeutete in diesem Programm die Nominierung für das eine oder andere Projekt auch möglicherweise ein Präjudiz für die zukünftige Angehörigkeit in der Organisation und die Vorbestimmung einer bestimmten Position.

Der Programm-Manager, der diesen Zusammenhang rechtzeitig erkannte, entwickelte ein Programm-Start-Design, das alle betroffenen Projektleiter zu einem Workshop zusammenholte.

Am Beginn stand die Sammlung von Projektideen, mit denen das Programm verwirklichbar schien. Danach wurden in kleinen Gruppen für alle Projektideen, die in die gemeinsame engere Wahl kamen, Projektziele und -definitionen erarbeitet. Dies bildete die Basis für die Prioritätensetzung. Am Ende dieses Prozesses existierte eine gemeinsam akzeptierte Liste der Priorität-A-Projekte als jener Projekte, die den Programmzielen am besten entsprachen.

Für jedes A-Projekt wurden anschließend Anforderungen und Qualifikationsvoraussetzungen im Hinblick auf einen geeigneten Projektleiter definiert. Die projektbezogenen Kriterien bildeten die Grundlage für die Auswahl und Zuordnung der Projektleiter. Unter diesen sehr strukturierten Rahmenbedingungen war es einfach, die potenziellen Projektleiter zu Projekten zuzuordnen. Die Entscheidung fand hohe Akzeptanz bei den Betroffenen.

Sehr häufig wird die Nominierung von Projektleitern als erster Schritt zum Aufbau eines Projektportfolios gesetzt. Als Konsequenz entsteht ein aus persönlichen Gründen vorangetriebener Machtkampf um die Durchsetzung der Projekte. Projektleiter und Abteilungsleiterinnen versuchen, die Projekte zu fördern, deren nominierte Projektleiter ihnen nahe stehen. Die sachorientierten Entscheidungskriterien treten dabei in den Hintergrund.

Die hier beschriebene Vorgehensweise ermöglicht eine rationale Entscheidung, weil die Zuordnung der Projektleiter erst nach dem Festlegen eines Anforderungsprofils durchgeführt wird.

6.2.2 Entwicklung eines Projektportfolio/ Programm-Denkens

Programme sind temporär geschaffene Organisationssysteme, die als solche weder eingespielte Strukturen, noch Bekanntheit besitzen. Sie unterscheiden sich von Abteilungen eines Unternehmens, weil diese in jeder Unternehmensdarstellung dokumentiert werden und weil deren Mitarbeiter und Führungskräfte ihre eigene Identität über die Zuordnung ihrer Arbeitskraft zu einem dieser kontinuierlichen Subsysteme bilden.

Eine Person über ihre Arbeitsaufgaben in einem Unternehmen zu befragen, führt fast immer zu Antworten wie:

„Ich arbeite in der Abteilung Rechnungswesen, Produktion, …" oder „ich arbeite im Marketing, im Vertrieb", weil diese Systeme der Stammorganisation schon durch ihre Begrifflichkeit ausreichende Orientierung geben.

Identifikation im Projektportfolio Projektportfolios oder Programme bilden im Unterschied dazu keine Identität per se, weswegen die Etablierung und Pflege einer entsprechenden Bekanntheit eine wesentliche Führungsaufgabe einer Projektportfolio-/Programm-Managerin ist.

Nominierte Projektleiter werden vorrangig an die Erreichung der eigenen Projektziele denken. Mitarbeiter aus der Linie, die in den Projekten mitwirken, verstehen sich als Vertreter ihrer Abteilungsinteressen oder nach einiger Zeit in der Projektarbeit als Vertreter der Einzelprojektziele.

Gleichzeitig liefert die temporäre Schaffung der Systemebene Projektportfolio/Programm zusätzlichen Nutzen für das Gesamtunternehmen. Dieser Nutzen und die dementsprechenden Synergien bilden die Grundlage für die Projektportfolio-Identität.

Der Projektportfolio-/Programm-Manager, der als Führungskraft dieses Systems agiert, kann eine diesbezügliche Identität nur schaffen, wenn folgende Maßnahmen gesetzt werden:

- **gemeinsame Erarbeitung der Projektportfolio-/Programmziele**
- **aktive Kommunikation der Synergien**
- **Sicherstellung, dass das Top-Management dem Projektportfolio/Programm Bedeutung zumisst**
- **regelmäßige Abstimmung auf Projektportfolio-/Programm-Ebene**

Im Folgenden werden die Maßnahmen zur Identitätsbildung beschrieben:

- **gemeinsame Erarbeitung der Projektportfolio-/Programm-Ziele**

    Der erste wesentliche Schritt zur bewussten Etablierung des Projektportfolios/Programms ist das Erkennen der Gesamtzusammenhänge für die nominierten Projektleiter. Ein Projektportfolio/Programm ist die Umsetzung eines strategischen Unternehmenszieles, welches wiederum durch einzelne Projekt(ziele) und Arbeitspaket(ziele) weiter konkretisiert wird. Daher ist das Erkennen der Projektportfolio-/-programmziele eine notwendige Basis für alle

Projektleiterinnen, um den größeren Kontext, in dem ihr Projekt einen Beitrag leisten soll, zu erkennen. Die Top-down-Abfolge, die in den meisten Unternehmen diesem Schritt zu Grunde liegt, beinhaltet folgende Schritte:

Top-down-Ziel-findungsprozess in projektorientierten Unternehmen

1. Das Top-Management formuliert im Zuge der Unternehmensplanung strategische Ziele, die das gesamte Unternehmen für die Zukunft ausrichten sollen. Einzelne Strategien werden als Programme oder Projektportfolios umgesetzt. Die Auswahl und Benennung erfolgt im Zuge der Strategieentwicklung.

2. Der Projektportfolio-/Programm-Manager unterteilt die Unternehmensstrategie in Ziele, die in Form von Projekten oder Maßnahmen umsetzbar sind. Projektleiter werden nominiert und gemeinsam die Projektportfolio-/Programm-Ziele abgestimmt.

3. Die Projektleiter formulieren Detailprojektziele und Arbeitspakete, die die Erfüllung des jeweils übernommenen Auftrages ermöglichen.

Unternehmen	Projektportfolio/ Programm	Projekt/ Maßnahme
Unternehmensstrategie, -ziele	Projektportfolio-/ Programm-Ziele	Projektziele
Vorstand, Geschäftsführer	Projektportfolio-/ Programm-Manager	Projektleiter

Abb. 103: Zuständige Führungskräfte je Systemebene

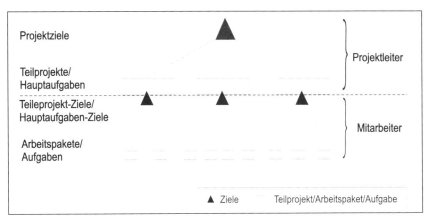

Abb. 104: Der Zusammenhang von Zielen und Aufgaben am Beispielsystem: Projekt

Im Falle des Top-down-Prozesses entstehen die Projektziele aus dem übergeordneten Projektportfolio-/Programm-Ziel, sodass die Identifizierung der Projektleiter mit dem Projektportfolio durch Aufzeigen der hier beschriebenen Zusammenhänge und durch eine Abstimmung (Kick-off des Projektportfolios/Programms) entsteht.

Bottom-up Integration Etwas schwieriger stellt sich die Situation dar, wenn die Projekte bereits benannt, Projektleiter nominiert und Projektarbeit gestartet wurde und erst danach die Integration zu einem Projektportfolio/Programm durchgeführt wird. Projektleiter und Teams haben sich in diesem Fall mit ihrem System Projekt identifiziert und sind nun mit einem nächsthöheren System Projektportfolio/Programm konfrontiert, das im ersten Augenblick vor allem Abstimmungen und Änderungen im eigenen Projekt verursacht.

In diesem Fall ist das Aufzeigen der Synergien des Projektportfolios/ Programms von besonderer Bedeutung. Projektleiter werden sich erst dann identifizieren, wenn der Nutzen des größeren Ganzen so klar ist, dass sie die Mühsal der Änderungen im eigenen Projekt auf sich nehmen.

In einer derartigen Bottom-up-Situation hat es sich bewährt, einen Projektportfolio-Start-Workshop mit allen Projektleitern durchzuführen. Ziel dieser Veranstaltung ist die Darstellung des Nutzens und der Synergien des Projektportfolios/Programms und die gemeinsame Adaptierung der dazugehörigen Projekte.

- **Aktive Kommunikation der Synergien**

  Die Synergien des Projektportfolios im Unterschied zur Einzelprojektbetrachtung herauszuarbeiten ist von eminenter Bedeutung für die Identifizierung. Damit ist es allerdings nicht getan. Ein Programm ist ein temporär geschaffenes System ohne kontinuierliche Strukturen (Abteilungen, Bereiche, …), weshalb die regelmäßige, aktive Kommunikation der Vorteile und Nutzen notwendig ist. Diese Information muss Synergien für das Unternehmen und auch für die einzelnen Projekte und deren Vertreter beinhalten.

- **Regelmäßige Abstimmung auf Projektportfolio-/Programm-Ebene**

  Eine weitere Maßnahme, die die Projektportfolio-/Programm-Sicht fördern soll, ist die Etablierung einer Informations- und Abstimmungssitzung. Vergleichbar mit den Projektsitzungen auf Projektebene, die einen Informationsaustausch zwischen den Teilprojektteams und Teammitgliedern ermöglichen sollen, um rechtzeitig Verbindungen und Sackgassen zu erkennen, sind zumindest ein- bis zweimonatlich Projektportfolio-/Programm-Sitzungen einzuberu-fen, deren hauptsächliche Aufgabe es ist, eine Informations- und Abstimmungsplattform für die Projektleiter herzustellen.

Projektportfolio-Sitzungen

Fortschritte können dabei ausgetauscht, Probleme artikuliert, Ab-stimmungen durchgeführt und notwendige Änderungen bei einzel-nen Projekten erkannt werden. Sehr häufig wird im Zuge derartiger Sitzungen sichtbar, dass zwei Projekte mit der Erledigung des glei-chen Arbeitspaketes, bloß mit unterschiedlicher Bezeichnung be-schäftigt sind. Die darauffolgende Zuordnung zu einem Projekt reduziert die Arbeitslast für das andere Projekt und macht unter Umständen Ressourcen für neue Aufgaben frei.

In derartigen Abstimmungssitzungen wird häufig auch sichtbar, dass in mehreren Projekten Wege eingeschlagen wurden, die trotz vorheriger Zielabstimmung im Widerspruch zueinander stehen. In diesem Fall ist eine Entscheidung für den zukünftigen Weg auf Pro-jektportfolio/Programm-Ebene zu treffen, um Doppelgleisigkeiten oder nichtzusammenpassende Ergebnisse zu verhindern.

Verhinderung von Doppelgleisig-keiten

Dies ist allerdings gleichzeitig eine sehr heikle Führungssituation, weil die Aufgabe eines bisher eingeschlagenen Weges und die Än-derung von Arbeitspaketen als ineffiziente Projektarbeit verstanden werden kann. Die betroffenen Projektleiter, die sich mit der bisheri-gen Projektarbeit identifiziert haben, könnten um ihr Projektleiter-Image Sorge haben oder zumindest als Führungskraft ihres Projekt-teams in der schwierigen Lage sein, dies nun zu kommunizieren und verkaufen zu müssen.

heikle Führungs-situation

Derartige Entscheidungen auf Projektportfolio/Programm-Ebene sind darüber hinaus nicht immer objektiv belegbare Ineffizienzen, sondern oft Endpunkt von Richtungsdiskussionen, die verbunden mit dem subjektiven Glauben an die eine oder andere Methode und Vorgehensweise sind.

Nun ist der Projektleiter der Delegierte des Projektteams, der aus der Projektportfolio-Sitzung zurückkommt und dem Team berichtet, dass nicht die Vorgehensweise, die das Team bisher für „richtig" empfunden hat, sondern eine davon abweichende weiter zu verfol-gen ist.

Die Abstimmungsprozesse werden daher nur dann funktionieren, wenn dem Projektleiter der Mehrwert des Projektportfo-lios/Programmes klar ist, sodass er dem Team die Richtungsände-rung mit den dadurch entstehenden Synergien erklären kann. Dies zeigt wieder wie wichtig die in der Startphase des Projektportfo-lios/Programmes gewidmete Identitätsarbeit ist.

- **Sicherstellung, dass das Top Management dem Projektport-folio/Programm Bedeutung zumisst**

  Die Bedeutung, die das Top Management dem Projektportfolio/ Programm zumisst, ist auch ausschlaggebend für die Energie, die die einzelnen Projektleiter dem Integrationsthema widmen. Geschäftsführer und Vorstände können relativ einfach gestaltend eingreifen, indem sie bei passenden Gelegenheiten das Projektportfolio namentlich erwähnen, selbst die Nutzen und Synergien erkennen und vorstellen, sowie zumindest in der Startphase, als auch bei wesentlichen Phasenübergängen an Projektportfolio/Programm-Sitzungen teilnehmen.

  Darüber hinaus können Top-Manager dem Projektportfolio/Programm die entsprechende Bedeutung zuordnen, indem sie individuelle Interventionen von Projektleitern oder Linienführungskräften, die sich auf Teilaspekte beziehen, nicht zulassen, sondern an den Projektportfolio/Programm-Manager zur Entscheidung weiterreichen.

6.2.3 Schaffung einer Entscheidungskultur als Führungsaufgabe im Projektportfolio

Entscheidungen systematisch vorzubereiten und so rechtzeitig zu treffen, dass die getroffene Entscheidung für alle Beteiligten nachvollziehbar ist und diese sich mit der Entscheidung identifizieren können, ist ein zentraler Bestandteil der Arbeit des Projektportfolio/Programm-Managers.

Entscheidungen fallen in den drei Ebenen (einzelnes Projekt, Projektportfolio/Programm und projektorientiertes Unternehmen) gleichermaßen an. Wesentlich ist es, die tatsächliche Entscheidung auf der Ebene zu treffen, auf der Entscheidungstragweite und betroffenes System zusammenpassen.

Einbindung bei Entscheidungen im Projektportfolio Prinzipiell sollten Entscheidungen dezentral getroffen werden. Dies stärkt die Identifikation und das unternehmerische Denken. Sobald allerdings die Konsequenzen einer Entscheidung über das System, in dem die Entscheidung getroffen wird, hinausragt, sind die benachbarten oder übergeordneten Systeme einzubinden oder die Entscheidung ist im Rahmen der nächsthöheren Ebene zu treffen.

Projektleiter können mit ihren Teams Entscheidungen treffen, die zur Umsetzung ihrer Projektziele dienen. Sollte eine Situation allerdings eine Entscheidung nötig machen, die sich auch auf die benachbarten Projekte oder das Projektportfolio/Programm/Unternehmen auswirken, so sind die Führungskräfte der betroffenen Systeme einzubinden.

Sofern zum Beispiel in einem Forschungsprogramm in einem einzelnen Projekt eine langfristige Richtungsentscheidung getroffen werden muss, die dann meist auch mit entsprechenden Investitionen verbunden ist, so sind die Programm-Manager einzubinden oder die Entscheidung rechtzeitig an die dem Projekt übergeordnete Stelle weiterzuleiten.

Diese Regel darf allerdings nicht dazu führen, dass die Projektportfolio/Programm-Manager in den einzelnen Projekten immer mitreden und damit den Projektleitern und ihren Teams die Entscheidungskompetenz aus der Hand nehmen.

Eine professionelle Entscheidungskultur erfordert daher ein gutes Fingerspitzengefühl und vor allem klare Spielregeln, die am Beginn zwischen dem Projektportfolio/Programm-Manager und den einzelnen Projektleitern vereinbart werden.

Fingerspitzengefühl und klare Spielregeln

Diese Spielregeln sollten Folgendes beinhalten:

Tipps aus der Praxis:

Entscheidungsvorbereitung:
- Wer erarbeitet Unterlagen?
- In welcher Qualität sind diese Unterlagen zu erstellen?
- Welchen Vorlauf benötigen diese Unterlagen?
- Welche Form der Präsentation soll eingesetzt werden?

Entscheidungskompetenz je Situation:
- Wer entscheidet in welchem Normal-/Krisenfall?
- Wie rasch sind Entscheidungen zu fällen?
- Werden Entscheidungen von der Führungskraft alleine oder in einem Gremium/Team getroffen?

Entscheidungsdokumentation:
- Wie werden Entscheidungen festgehalten?
- Wer dokumentiert die Entscheidung und die weiteren Umsetzungsschritte?

Entscheidungsnachbereitung:
- Wer kommuniziert die Entscheidung an wen?

Detaillierte Hilfsmittel für eine systematische Aufbereitung und bestmögliche Entscheidungsfindung wurden bereits im Kapitel 4.4.5 beschrieben.

6.2.4 Schaffung geeigneter Organisationsstrukturen im Projektportfolio/Programm

Die Bedeutung von Organisationsstrukturen bezüglich des Projektportfolios ist vergleichbar mit der klaren Definition von Rollen und Verantwortlichkeiten bei Einzelprojekten. Dadurch sollen Entscheidungswege beschleunigt, Ansprechpartner geklärt und Kompetenzen zugeteilt werden. Weiters werden damit Kommunikationsbeziehungen vereinbart und somit der Informationsfluss optimiert.

Die bezüglich des Projektportfolios/Programms wesentlichen Rollen sind:

- Projektportfolio-Führungskreis, Programm-Managerin
- Projektportfolio-Controller

Der **Projektportfolio-/Programm-Manager** ist jene Führungskraft, die die wesentlichen Entscheidungen und Maßnahmen im Rahmen des Portfolio-Managements trifft.

In manchen Unternehmen werden auch die Repräsentanten der Projektsteuerungs-Ausschüsse in diese Führungsfunktion entsandt, wodurch sich ein Führungsgremium, der so genannte Projektportfolio-Führungskreis ergibt.

Die **Aufgaben** des **Projektportfolio-/Programm-Managers** umfassen wie folgt:

- die Kommunikation und Abstimmung der Projektportfolio-/Programm-Ziele
- die Auswahl und Beauftragung von Projekten
- die Genehmigung risikoreicher Projekte
- die Auswahl der Projektleiter
- die Prioritätensetzung zwischen Projekten
- das Aufzeigen von Schnittstellen zwischen Projekten
- den Abschluss von Projekten eines Projektportfolio-/Programms
- die Nutzung von Synergien und Lernchancen sicherzustellen

Der Projektportfolio-Controller sorgt für die einheitliche und übersichtliche Darstellung der Projekte und setzt die Instrumente und Methoden des Portfolio-Managements so ein, dass Entscheidungen im Projektportfolio-Führungskreis rasch und effizient getroffen werden können.

6.3 Führungsaufgaben in einem aktuellen Projektportfolio/Programm

In einem bestehenden Projektportfolio/Programm umfassen die Führungsaufgaben folgende Maßnahmen:

- Sicherstellung eines adäquaten Informationsflusses im Projektportfolio/Programm
- Etablierung von Koordinations-Sitzungen, die eine Gesamtprogramm-Sicht und Identifikation aller beteiligten Projektleiter ermöglicht.
- rechtzeitiges Erkennen und Sichtbarmachen von Abweichungen und Konflikten
- Entwicklung von Prozessen, die es ermöglichen die Einzelprojekt-Interessen und die Programm-Interessen auszubalancieren.

Die meisten Projektportfolios/Programme benötigen eine Führungskraft, die die Koordination dieses Systems als wichtige Aufgabe sieht, auch wenn keine Full-time-Auslastung daraus resultiert. Daher übernehmen häufig Linienführungskräfte oder Stabstellen (Controlling) zusätzlich zur bisherigen Funktion diese Aufgabe.

7 Führung von projektorientierten Unternehmen

7.1 Begrifflichkeiten

Da das Umfeld von Unternehmen heute keineswegs mehr stabil, sondern äußerst dynamisch ist, entsteht die strategische Anforderung an Unternehmen, verstärkt Organisationsformen einzusetzen, die flexibles, rasches Handeln unter solchen Voraussetzungen erlauben. Daher werden vermehrt Projektorganisationen und -teams als Ad-hoc-Organisationseinheiten, die auf die speziellen Bedürfnisse einer Situation und Problemstellung angepasst sind, etabliert. Darüber hinaus bieten Projekte den entsprechenden Freiraum zur Entfaltung der Mitarbeiter (Instrument der Personalentwicklung), vor allem zur Förderung des **unternehmerischen Denkens**.

Die Anzahl der Aufgaben, die in Projektform durchgeführt werden, steigt daher rapide an. Parallel dazu wird auch der Einsatz von Methoden und Strukturen erforderlich, die nicht ausschließlich zur effizienten Durchführung einzelner Projekte und Großvorhaben, sondern darüber hinaus zur Koordination vieler mittlerer und kleinerer Projekte geeignet sind.

Üblicherweise versteht man unter projektorientierten Unternehmen solche, deren Hauptgeschäft in der Abwicklung von Projekten besteht. Dazu zählen:

- Anlagenbauunternehmen
- Bauunternehmen
- Unternehmen der Einzelfertigung
- Software-Entwicklungsunternehmen
- Architekten, Ingenieurbüros
- Beratungsunternehmen
- Forschungsinstitute

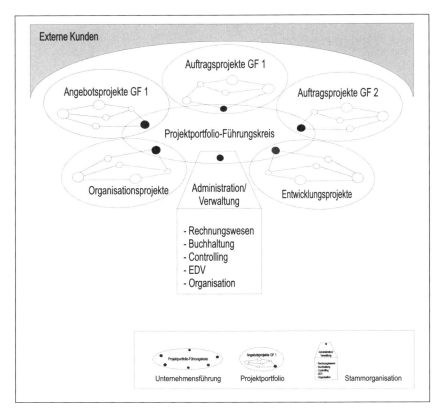

Abb. 105: Projektorientierte Organisation

Neben diesen traditionellen Wirtschaftszweigen steigt heute die Bedeutung von Projektmanagement auch in Unternehmen, die in der Vergangenheit vor allem aufgrund einer ausgeprägten Linienorganisation erfolgreich waren (Produzenten von Serienprodukten, Handelsunternehmen etc.).

Für derartige Unternehmen verändern sich Märkte, Lieferanten und das gesamte Umfeld ebenso rasch, so dass die erfolgreiche und effiziente Abwicklung von Projekten zwar nicht den kurzfristigen, aber den mittel- bis langfristigen Unternehmenserfolg sichert, weshalb auch hier in immer stärkerem Ausmaß Projektorientierung entsteht.

Das betriebliche Rechnungswesen solcher Unternehmen weist ebenso deutliche Projektorientierung auf. Das bedeutet, dass sowohl die Budgetplanung als auch die Abrechnung auf Basis von Projekten erfolgt. **Auf Projekte abgestimmte Organisationsstrukturen** Darüber hinaus existieren eine Reihe von Organisations- und Sitzungsstrukturen, die speziell auf Projekte abgestellt sind. **Führungs-**

kreismeetings werden regelmäßig zum Thema **„Stand der Projekte"** abgehalten.

Projektorientierte Unternehmen zeichnen sich weiters dadurch aus, dass zwar Abteilungen im traditionellen Sinne vorhanden, aber nicht vorrangig für den Geschäftserfolg verantwortlich sind. Sie stellen eher Dienstleistungspools dar, das heißt sie sind für die Bereitstellung von möglichst qualifiziertem und für die Projektabwicklung notwendigem Personal verantwortlich. Dieses Personal wird von den einzelnen Projekten angefordert.

Abteilungen arbeiten wie Dienstleistungspools

Führungsaufgaben in projektorientierten Unternehmen sind:
- Schaffung einer projektorientierten Vision und Kultur
- Entwicklung von projektorientierten Strukturen
- Schaffung von motivationsfördernden Rahmenbedingungen (unternehmerische Rahmenbedingungen)
- Einführung und Weiterentwicklung moderner Projektmanagement-Ansätze (Karrieresystem, Projektmanagement-Office)

Führungsaufgaben in projektorientierten Unternehmen

Diese Führungsaufgaben werden im Folgenden detailliert beschrieben.

7.2 Schaffung einer projektorientierten Vision und Kultur

Führungskräfte projektorientierter Unternehmen fördern in ihren Organisationen Kulturelemente, die die effiziente Nutzung aller Vorteile projektorientierter Organisationen sicherstellen, wie insbesondere:

- **Höhere Flexibilität und Effizienz**

  In traditionellen Unternehmen ist jede Person fix einer Abteilung zugeordnet und aus diesem Grund gestaltet sich die Zurverfügungstellung für Aufgaben in anderen Bereichen oder Projekten oft schwierig, obwohl diese Person für die Aufgabe bestens geeignet wäre. Im Unterschied dazu werden in projektorientierten Organisationen die Teams für jede aktuelle Aufgabenstellung, die als Projekt oder Projektportfolio/-Programm durchgeführt wird, speziell aus den Pools zusammengesucht und für diesen Zeitraum im benötigten Ausmaß zugeordnet. Diese Personen entstammen Qualifikationspools, die im Gegensatz zum traditionellen Verständnis von Abteilungen ihre Bedeutung nicht über die Anzahl an Personen definieren, die zur Abteilung gehören, sondern aufgrund eines Profit-Center-Denkens wirtschaftlich profitieren, sobald die Mitarbeiter in Projekten sind.

- **Rasche und unbürokratische Lösung von abteilungsübergreifenden Problemstellungen im Unternehmen** durch die Definition eines Projekts.

- **Sachliche Zielorientierung anstelle von Statusorientierung**

  Orientierung an interessanten Sachzielen

  Projekte wirken motivationsfördernd, weil die Ziele und Aufgaben interessant und neuartig sind. Daher sind Personen, die in Projekten arbeiten, meist in hohem Maße an der Sache und deren zielgerechter Erfüllung interessiert.

- **Effiziente Ressourcennutzung,**

  flexible Beschäftigungsformen

  weil projektorientierte Unternehmen lediglich die unbedingt notwendigen Ressourcen vorhalten. Zusätzliches Personal wird in diversen flexiblen Beschäftigungsformen (Werkvertrag, Teilzeitbeschäftigungen, Subunternehmer,...) bei Bedarf zugekauft, wodurch sich ein minimaler Fixkostenbetrag ergibt.

- **Vielfältige Lernchancen**

  neue Karrieremodelle

  aufgrund der abwechslungsreichen Aufgabenfelder und der Beschäftigung mit neuen, den Ist-Zustand verändernden Zielen. Projektarbeit wird mehr und mehr als Möglichkeit zur Personal- und Führungskräfteentwicklung gesehen. Auch aus der Tatsache heraus, dass nicht allen Mitarbeitern die traditionelle Karriere durch Aufsteigen im Organigramm angeboten werden kann, werden in projektorientierten Unternehmen verstärkt neue Karrieremodelle etabliert, wie insbesondere ein Projektmanagement-bezogenes Weiterentwicklungsmodell, die so genannte Projektleiterlaufbahn. Im Unternehmen werden Entwicklungsstufen definiert, die von Projektleiter-Assistent über Junior-Projektleiter, Projektleiter bis zum Senior-Projektleiter reichen. Jede Karrierestufe ist mit Ausbildungs-, Erfahrungs- und Qualifikationserfordernissen verknüpft. Damit kann ein projektorientiertes Unternehmen ihren Mitarbeitern sehr interessante, langfristige Entwicklungswege anbieten.

Typische **Strategien** und **Werthaltungen projektorientierter Unternehmen:**

Projektorientierte Unternehmen bearbeiten alle komplexen, neuartigen und teamorientierten Aufgabenstellungen in Form von Projekten. Daraus resultiert, dass gleichzeitig mehrere große, mittlere und kleinere Projekte im Unternehmen gestartet und durchgeführt werden.

Mit der Abarbeitung von Problemstellungen in ad hoc gebildeten Projektteams entstehen zahlreiche unterschiedliche, unternehmerisch denkende und handelnde Systeme (Projekte). Diese dezentralen Strukturen werden durch Führungsinstrumente wie intensiver Informationsfluss, gemeinsame Identitätsarbeit, regelmäßige Sitzungen von Führungskräfteteams und Erfahrungsaustausch integriert.

unternehmerische Projekte

Die Organisationsstrukturen projektorientierter Unternehmen beinhalten weniger Hierarchiestufen als traditionelle Unternehmen. Dadurch können der Informationsfluss und die Entscheidungsgeschwindigkeit erhöht werden. Daraus entstehen eine größere Kontrollspanne der Führungskräfte, die mehr Selbständigkeit von den Führungskräften und Mitarbeitern fordert.

intensiver Informationsfluss und rasche Entscheidungen

Vor allem in projektorientierten Unternehmen zeigt sich als wesentliches Führungsprinzip die Selbstorganisation. Selbstorganisierende Systeme bauen darauf auf, dass eine gemeinsame Unternehmensidentität und -vision die Basis für erfolgreiches Handeln ist. Diese Identität zu entwickeln und daraus einige wenige Spielregeln für den Umgang miteinander abzuleiten, ist der Hauptfokus der Führungsarbeit in selbstorganisierenden Systemen. Die Mitarbeiter identifizieren sich mit der Vision, weil sie sie selber mitgestaltet haben und richten daher ihr Denken und Handeln im Sinne des Unternehmens aus.

Selbstorganisation auf Basis einer gemeinsamen Unternehmensidentität

Selbstorganisierende Systeme benötigen daher keine detaillierten Kontroll- und Steuermechanismen, um ein erfolgreich aufeinander abgestimmtes Handeln sicherzustellen.

Dies erfordert ein Führungsverständnis, das auf einigen wesentlichen Werthaltungen aufbaut, wie insbesondere:

- Respekt und Wertschätzung füreinander
- aktives Zuhören anstelle von bewertenden Annahmen und Voreinstellungen
- Unterschiede als Chance wahrnehmen
- kreative Lösungen für Widersprüche suchen
- herausfordernde Aufgaben und die dazugehörige Verantwortung delegieren (Arbeitspakete, Teilprojekte, Projekte, …)
- eigenständige Lösungswege erlauben und fördern, sofern sie mit der gemeinsamen Vision und den Spielregeln übereinstimmen

Die genannten Werte als Führungskraft zu erleben und in der Zusammenarbeit mit Kollegen und Mitarbeitern vorzuleben, fördert ein Klima des vertrauensvollen Miteinanders. Daraus kann bei entsprechender Förderung die Selbstorganisationskraft des Unternehmens stetig wachsen.

Ein wesentlicher Prüfstein für eine Kultur der Selbstorganisation ist der Einsatz von Spielregeln. Keine Spielregeln zu vereinbaren, führt erfahrungsgemäß zu wenig Identifikation mit der Organisation, weil die Mitarbeiter ihre Energie in hohem Maße für die Beseitigung von Missverständnissen verbrauchen. Zu viele und zu detaillierte Spielregeln wiederum erzeugen ein sehr enges Korsett, in dem unterschiedliche Persönlichkeiten und Talente nicht mehr effizient eingesetzt werden können. Sie verkümmern daher oder werden in Demotivationsenergie umgewandelt.

Neben der Entwicklung und Vereinbarung von Spielregeln ist die konsequente Verfolgung von Abweichungen das zentrale Kulturelement, das sicherstellt, dass Spielregeln überhaupt ernst genommen werden. Spielregeln aufzustellen und diese dann bei Nichteinhaltung unberücksichtigt zu lassen, fördert eine Symbolik zu Tage, die vermittelt, es würde keinen Unterschied machen, ob die Spielregel eingehalten wird oder nicht.

Nur die konsequente Verfolgung, der Hinweis auf die Abweichung und die Realisierung von entsprechenden Konsequenzen gibt der Spielregel auch eine Bedeutung.

Selbstorganisation ist als Grundprinzip projektorientierter Organisationen gleichzeitig auch eine wesentliche Basis, um unternehmerisches Denken und Handeln als oberste Prämisse zu ermöglichen.

Folgende weitere typische Werthaltungen zeichnen projektorientierte Unternehmen aus:

- **Kundenorientierung**

  Die Sicherstellung einer professionellen Kundenorientierung gehört zu den wichtigsten Schwerpunkten des projektorientierten Unternehmens. Um diese zu gewährleisten, werden die Kundenanforderungen und Umfeldanforderungen in entsprechenden kundenorientierten Geschäftsprozessen dargestellt. Mitarbeiter und Führungskräfte arbeiten regelmäßig an der Reflexion und Verbesserung der eigenen Kundenorientierung. In projektorientierten Unternehmen kann die Kundenorientierung anhand von

  Kundenorientierte Geschäftsprozesse im Mittelpunkt

  - vorgelebten Werthaltungen der Führungskräfte (wie wird über Kunden gesprochen, wie rasch werden Kundenanfragen und -beschwerden behandelt, …),
  - Geschichten und Haltungen gegenüber Kunden,
  - Kommunikationsformen, die den Kunden gewidmet sind (Kundenworkshops, Einbindung von Kunden in interne Prozesse, …),
  - Zeit für kundenbezogene Reflexionen,
  - …

  erkannt werden.

Führungskräfte können durch spezifische Schwerpunkte, die sie setzen, durch Tagesordnungspunkte, die sie in Projektsitzungen einbringen, durch Projekte zur Verbesserung der Kundenorientierung, die sie ins Leben rufen und vor allem durch ihre tagtäglichen Führungsimpulse der Kundenorientierung eine zusätzliche Betonung geben.

- **Prozessorientierung**

Ein kundenorientierter Geschäftsprozess ist die zielorientierte Abwicklung eines Vorhabens von der ersten Kundenidee, Anfrage, Problemstellung bis zur zufriedenstellenden Übergabe der Problemlösung. Dieser Prozess wird durch die Definition eines Projekts samt dem dazugehörigen Projektteam ganzheitlich betrachtet, so dass die Schnittstellen innerhalb des Unternehmens im Unterschied zu traditionell bereichs- und abteilungsorientiert gegliederten Unternehmen relativ gering sind. Daher ist es auch eine zentrale Strategie des projektorientierten Unternehmens, die Organisationsstrukturen im Hintergrund (durch das Hilfsmittel Projekt) so aufzubauen, dass die Problemlösung möglichst gesamtheitlich (d.h. kundenorientiert) erfolgt.

Führungskräfte projektorientierter Unternehmen achten im Speziellen auf die Hervorhebung von Prozessen in der Zusammenarbeit, da diese die gesamte Problemlösung für den Kunden in den Vordergrund stellen. Die Hervorhebung von Prozessen bedeutet, in gleichem Maße die aufbauorganisatorischen Elemente (Hierarchien, Abteilungen, Bereiche,…), die in traditionellen Unternehmen der primäre Fokus sind, in den Hintergrund zu stellen.

Prozesse stehen im Vordergrund

Dies fällt vielen Mitarbeitern und vor allem den meisten Führungskräften sehr schwer, weil sie ihren Selbstwert häufig über die hierarchische Einbettung in ihrer Organisation definieren. Abteilungsleiter, Bereichsleiter oder Vorstand zu sein bedeutet, einem gewissen Image des erfolgreichen Managers zu entsprechen.

Hierarchie im Hintergrund

In projektorientierten Organisationen liegt der Erfolg in der inhaltlichen Lösung und damit in der Zufriedenheit, die beim Kunden geschaffen wird. Projektorientierte Mitarbeiter definieren ihr Selbstwertgefühl daher stärker aus dem Gefühl, etwas Besonderes für einen Kunden geschaffen zu haben, vergleichbar mit einer Bergsteiger-Gruppe, die gemeinsam den Gipfelsieg feiert.

Zufriedenheit bei den Mitarbeitern entsteht durch die erreichte Leistung für den Kunden

Führungskräfte projektorientierter Unternehmen achten daher bei ihren Führungsimpulsen auf die Betonung der kundenorientierten Prozesse, arbeiten im Team mit, wenn es das Ergebnis fördert und feiern mit den Mitarbeitern einen gemeinsamen Erfolg in Form von wahrgenommener Kundenzufriedenheit. Die Förderung der Prozessorientierung anstelle des sehr weit verbreiteten Hierarchiedenkens bedarf vielfältiger Führungsimpulse, wie insbesondere auch die Flexibilität und das gesamtheitliche Denken zu forcieren. Flexibilität bedeutet in diesem Zusammenhang, dass Mitarbeiter gewöhnt sind, in unterschiedlichen Rollen und Jobs gleichzeitig zu agieren. Dies erfordert ein hohes Organisationsverständnis und Selbständigkeit im Denken und Handeln, weil mit einer derartigen flexiblen Organisationsform auch die Auflösung des traditionellen, eindimensionalen Über- und Unterordnungsverhältnisses zwischen Mitarbeiter und Führungskraft erfolgt.

Auflösung der eindimensionalen Über- und Unterordnungen in Richtung eines selbständigen Rollenmodells

Ganzheitliches Problemverständnis kann durch bewusste „job rotation" gefördert werden. Erfahrungsgemäß steigt das Verständnis für die „andere Seite" durch die zeitweise Übernahme ihrer Aufgaben. Eine typische Schnittstelle ist der Übergang vom Verkauf zur Projektabwicklung. Kunden- und Prozessorientierung entsteht, wenn der gesamte Prozess von der Kundenanfrage bis zur fertigen Lösung als Ganzes betrachtet wird. Viele Unternehmen, die nach klassischen Funktionen strukturiert sind, besitzen eine Verkaufsabteilung, die sich um den Kunden bis zum Vertragsabschluss kümmert und eine Projektabwicklung, die anschließend den Kunden bis zum Projektende betreut. Der häufig auftauchende Vorwurf der Projektabwickler an den Verkauf, bei Projekten, die Zeit- und Kostenbudgets überschreiten, ist, dass der Vertrieb die Risiken nicht kalkuliert und daher das Projekt zu billig verkauft hätte. Der Vertrieb hingegen argumentiert, dass das frühzeitige Betonen aller Risiken den Kunden kopfscheu machen könnte und dieser daher beim Mitbewerb einkauft.

Abteilungsübergreifendes Verständnis mit Rollen- und Perspektivenwechsel unterstützen

Ein Führungsimpuls ist es, durch explizite gegenseitige Aufklärung die Sichtweise der jeweils anderen Seite aufzuzeigen, um dadurch Verständnis zu erzeugen. Wirksamer ist es häufig, die Projektabwickler eine gewisse Zeit auch im Vertrieb mitarbeiten zu lassen und die Verkaufsmitarbeiter im Gegenzug in die Projektabwicklung einzubinden.

- **Mitarbeiterorientierung**

Die Managementverantwortung wird an die Projektleiter delegiert. Die daraus entstehende vielfältige Arbeit in interdisziplinären und fachübergreifenden Teams sichert eine ganzheitliche, unternehmerische Problemsicht statt abteilungsorientierte Teilsichten.

ganzheitliche, unternehmerische anstelle abteilungsorientierter Teilsichten

Mitarbeiter projektorientierter Unternehmen zeichnen sich durch hohes Verantwortungsbewusstsein, Selbständigkeit und vielfältige Initiativen zur Weiterentwicklung des Unternehmens aus. Es herrscht kreative Unruhe. Ideen, Konzepte und bereits umgesetzte Veränderungen runden den Routinebetrieb ab.

Projektorientierte Unternehmen benötigen wie alle anderen Organisationen eine heterogene Zusammensetzung von Persönlichkeiten. Analytische, ordnungsorientierte, beziehungsorientierte und kreativ, visionär denkende Kollegen ergeben ein abgerundetes Team. Projektorientierte Organisationen zeichnet ein besonders hohes Ausmaß an selbständig, unternehmerisch denkenden Persönlichkeiten aus, weil die traditionellen Führungsstrukturen fehlen und die immer wieder neuen Projekte wie Unternehmen auf Zeit zu behandeln sind.

7.3 Entwicklung projektorientierter Strukturen

Durch effiziente Organisationsstrukturen sollen Entscheidungswege verkürzt und Ansprechpartner sowie Kompetenzen klar geregelt werden. Durch die Vereinfachung von Kommunikationsbeziehungen wird der Informationsfluss optimiert.

Die Organisationsstrukturen projektorientierter Unternehmen sind in der Regel flacher, was sich an der Anzahl der Hierarchieebenen und an den erweiterten Kontrollspannen feststellen lässt.

wenige Hierarchieebenen in projektorientierten Organisationen

Wesentliche Organisationsstrukturen im projektorientierten Unternehmen sind:

- Projektportfolio-/Programm-Manager,   Projektportfolio-Führungskreis,
- Fachbereichspools,
- einzelne Projekte,
- Routinetätigkeiten im Unternehmen (Administration, Verwaltung, Produktion etc.).

Projektportfolio-/Programm-Manager, Projektportfolio-Führungskreis

Das Gremium bildet das strategische Zentrum des projektorientierten Unternehmens, in dem die langfristige Unternehmenssicht wahrgenommen wird. Die einzelnen Projekte werden vom Projektportfolio-/Programm-Manager initiiert und freigegeben. Die zuständige Projektleiterin startet, koordiniert und beendet diese wiederum. Des Weiteren werden die über die einzelnen Projekte hinausgehenden strategischen Maßnahmen und Kontakte zum Unternehmensumfeld wahrgenommen. Der Projektportfolio-Führungskreis ist allerdings keine zentralistische, übergeordnete Stelle, sondern gibt den relativ autonomen Einzelprojekten den strategischen Rahmen vor.

Fachbereichspools

Die Fachbereichspools im projektorientierten Unternehmen stellen eine Weiterentwicklung der Fachabteilungen traditioneller Unternehmen dar. Obwohl die Benennung relativ ähnlich ist, ist das Selbstverständnis der Fachbereichspools ein völlig anderes als das der Fachabteilungen.

Sind Fachabteilungen dafür verantwortlich, einzelne Aufträge zu akquirieren, durchzuführen und abzurechnen und die Fachabteilungsleiter daher auch die sachlichen und disziplinären Vorgesetzten der einzelnen Mitarbeiter, so entwickeln sich diese in projektorientierten Unternehmen zu so genannten Fachbereichspools, die für

- die Zurverfügungstellung von ausreichenden und qualifizierten Ressourcen,
- die Sicherung des fachspezifischen Know-hows,
- die Personalentwicklung und Weiterqualifizierung des Fachpersonals,
- den Aufbau von entsprechenden Organisationsstrukturen, die ein flexibles und rasches Reagieren auf projektbezogene Anforderungen ermöglichen,

zuständig sind.

Die Mitarbeiter aus den Fachbereichspools sind die Teammitglieder in den einzelnen Projekten.

Einzelne Projekte

Die eigentlichen Geschäftstätigkeiten des Unternehmens werden in Form von externen Projekten, die den kurzfristigen Erfolg des Unternehmens sichern, durchgeführt. Den mittel- und langfristigen Erfolg des Unternehmens sichern die so genannten internen Projekte, wie Forschungsprojekte, Produktentwicklungen, Marketingprojekte, Personal- und Organisationsentwicklungsprojekte. Der innerhalb des strategischen Projektrahmens entstehende Freiraum wird vom Projektteam zusammen mit der Projektleiterin wahrgenommen.

7.4 Karriere in projektorientierten Unternehmen

Erfolgreiche Unternehmen zeichnen sich durch flache Hierarchien, abteilungsübergreifende, interdisziplinäre Teams und flexible Ad-hoc-Organisationen aus. Typische Konsequenzen sind der Wegfall von Managementebenen und eine stärkere Dezentralisierung verbunden mit der Schaffung möglichst unabhängiger Einheiten. Dies wiederum verlangt nach neuen Integrationssystemen, um trotz Autonomie eine Kompatibilität mit den Gesamtzielen herzustellen. Gesucht ist ein Ensemble kreativer, unternehmerisch agierender Köpfe, die trotz individueller Differenzierung derselben Strategie folgen.

Diese Ausprägung projektorientierter Unternehmen wirkt sich auch auf die Personalentwicklungs-Instrumente und die notwendigen Laufbahnmodelle zur organisatorischen Festigung der individuellen Karriere aus. Um eine effiziente Personalentwicklung in projektorientierten Unternehmen zu ermöglichen, ist die Definition der Anforderungen an Mitarbeiter und Managerinnen projektorientierter Unternehmen eine erste Grundlage. Die folgenden Aspekte sind in den meisten Qualifikationsbeschreibungen für Führungskräfte und Mitarbeiter projektorientierter Unternehmen zu finden:

- Projektmanagement-Wissen,
- Erfahrung in der Projektarbeit,
- hohe soziale Fähigkeiten zur Führung von und Arbeit in fachübergreifenden Teams,
- Kunden- und Umfeldorientierung,
- Bereitschaft, Verantwortung zu übernehmen und unternehmerisch zu agieren.

Erst die konsequente Umsetzung dieser Anforderungen ermöglicht die Entwicklung einer Unternehmenskultur, die den Anforderungen an projektorientierte Unternehmen entspricht.

Die für den Einzelnen möglichen Laufbahnen unterscheiden projektorientierte Unternehmen ebenfalls von traditionellen. Durch die geringere Anzahl an Hierarchiestufen und Vielzahl an gleichzeitigen Projekten werden die üblichen Karriereschritte, das Erklimmen der Hierarchiestufen in der Linienorganisation teilweise wirkungslos.

Laufbahn in projektorientierten Organisationen

In projektorientierten Unternehmen wird daher zusätzlich zu den üblichen Laufbahnmodellen auch eine für „Projektmanagement" angeboten. Klar definierte Karriereschritte mit dazugehörigen Anforderungen, Qualifikations- und Erfahrungsnachweisen sind die wichtigste Grundlage für ein projektbezogenes Laufbahn-Modell, das Projektleitern in einem Unternehmen auch mittel- und langfristig Perspektiven anbieten kann.

Beispiel:

In einem internationalen Industrie-Unternehmen wurde dies folgendermaßen gelöst: Ein mehrstufiges Laufbahnmodell „Projektmanagement" wurde etabliert. Der Pfad enthält folgende Stufen:

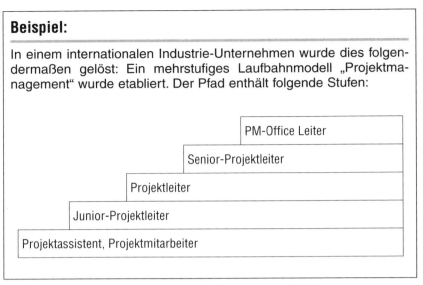

PM-Office Leiter

Senior-Projektleiter

Projektleiter

Junior-Projektleiter

Projektassistent, Projektmitarbeiter

Abb. 106: Beispiel von Projektmanagement-Laufbahn-Stufen

Die definierten Stufen wurden mit Anforderungen hinterlegt, wie im Folgenden beispielhaft beschrieben:

	Aufgaben	Qualifikation
Senior Projektleiter	Leiter von Pionier- oder Schlüsselprojekten Gesamtverantwortung Führung von mehreren Teil-Projektleitern Steuerung von Programmen	ist Management-Leitfigur Schwerpunkt liegt in der Persönlichkeitskompetenz & Sozialkompetenz hat ausreichende Erfahrung als Projektleiter
Projektleiter	Leiter von mittleren bis großen Projekten Inhaltliche und wirtschaftliche Verantwortung Rekrutierung und Führung der Projektmitarbeiter Aktive Mitarbeiterführung	ist Projektleitfigur Schwerpunkt liegt in der Persönlichkeitskompetenz & Methodenkompetenz hat ausreichende Erfahrung als Junior-Projektleiter Auslands- und umfangreiche Projekterfahrung sind von Vorteil

Junior-Projekt-leiter	Leiter von Kleinprojekten, Teilprojekten oder Projektteams Sicherstellen des wirtschaftlichen Erfolgs, inhaltliche Verantwortung auch fachliche Mitarbeit	ist fachtechnische „Leitfigur" Schwerpunkt liegt in der Fachkompetenz ist primär lösungs- und aufgabenorientiert hat bereits in mehreren Projekten mitgearbeitet zeigt Potenzial zur Teamführung

Abb. 107: Aufgaben und Qualifikation je Laufbahnstufe

Im Folgenden werden beispielhaft Entwicklungswege (Projektmanagement-Curriculum) dargestellt:

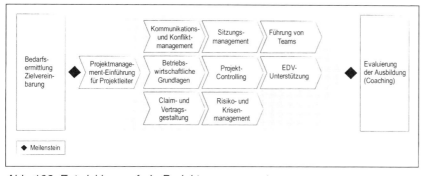

Abb. 108: Entwicklungspfade Projektmanagement

Durch die Übertragung unterschiedlich komplexer Projekte wird die projektorientierte Laufbahn mit zusätzlichen Anreizen verknüpft.

Beispiel:

In einem internationalen Konzern der IT-Branche wird dies dadurch erreicht, indem man als zukünftige Führungskraft zuerst in Projekten mitarbeitet, dann Projektleiterstellvertretungs-Funktion übernimmt und nach erfolgreicher Durchführung kleinerer bis mittlerer Projekte die Stufe Projektleiter II erreicht.

In dieser Funktion werden bereits mittlere bis größere Projekte zugeordnet. Nach einigen Jahren Erfahrung als Projektleiter II und einer Reihe von Aus- und Weiterbildungsschritten kann man zum Projektmanager der Stufe I ernannt werden. Dann werden die großen, internationalen Projekte zugeordnet. Ist man auch in dieser Funktion sehr erfolgreich, gibt es noch einen weiteren Karriereschritt, den Projektmanagement-Consultant. Als Projektmanagement-Consultant wird man europaweit zu heiklen Projekten und Programmen als unternehmensinterner Berater und Coach beigezogen. Diese Funktion bekleiden nur sehr wenige Mitarbeiter, weshalb sie auch mit hohem Ansehen verbunden ist und als Karriereziel angestrebt wird.

Das Unternehmen besitzt also ein mehrfaches Karrieresystem:

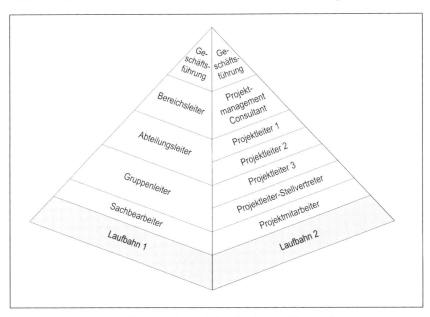

Abb. 109: Multiple Laufbahnen in projektorientierten Unternehmen

Projektleitungs-
erfahrung als
Qualitätsmaßstab

Das Laufbahnmodell wird noch weiter verfeinert, indem in diesem Unternehmen für die Geschäftsführungs-Funktionen Absolventen der Projektmanagement-Laufbahn genauso wie solche der Führungslaufbahn herangezogen werden. Im Zweifelsfalle werden sogar Nachwuchsführungskräfte des projektorientierten Karrierewegs vorgezogen.

Die etwas ungewöhnliche Prioritätensetzung basiert auf der realistischen Annahme, dass Projektleiter in all den Stufen immer mit relativ geringer formaler Kompetenz ausgestattet sind und, sofern sie aufgestiegen sind, trotzdem erfolgreich waren, wogegen der über die traditionelle Laufbahn aufgestiegene Mitarbeiter immer schon das formale Anweisungsrecht hatte.

Darüber hinaus wird das erfolgreiche Starten, Durchführen und Beenden eines komplexen Projekts als ein Unternehmen auf Zeit gesehen, in dem alle Aufgaben, die üblicherweise die Geschäftsführung für ein Unternehmen zu erfüllen hat, zeitlich und inhaltlich begrenzt durch den Projektleiter wahrzunehmen sind.

Projekte als Unternehmen auf Zeit

Von wesentlicher Bedeutung ist in diesem Zusammenhang auch die Entwicklung eines systematischen **Projektmanagement Aus- und Weiterbildungsprogramms**. In einem projektorientierten Unternehmen existieren daher auch Vorschläge für Aus- und Weiterbildungsmaßnahmen der Mitarbeiter, angepasst an die jeweilige Rolle und Karrierestufe, die sie im Augenblick bekleiden. Neben dieser allgemeinen Ausbildungsschiene sind Qualifizierungsschritte, die die einzelne Person in ihrer Individualität bestärken und weiterentwickeln, von großer Bedeutung. Die dabei geförderte soziale Kompetenz ist gerade in projektorientierten Unternehmen eine wesentliche Grundlage für Führungspositionen.

systematische Ausbildungswege

Sozialkompetenz bedeutet in diesem Sinne, dass die Mitarbeiterin in die Lage versetzt wird einen aktiven Beitrag zur Teamarbeit zu leisten, die notwendigen Voraussetzungen für Teamführung zu erlernen, die wesentlichen Prinzipien erfolgreicher Kommunikation zu kennen und sich flexibel auf die Veränderung von Umfeldbeziehungen sowie auf heikle Situationen einzustellen.

Die Personalentwicklungsaufgaben werden in projektorientierten Unternehmen einerseits von einer zentralen Personalentwicklungsstelle und andererseits von den einzelnen Poolmanagern und Bereichsleitern wahrgenommen. Die zentrale Personalentwicklungsstelle sorgt dafür, dass ein prinzipiell effizientes Laufbahnmodell mit allen dazugehörigen generellen Aus- und Weiterbildungsschritten und -maßnahmen vorhanden ist. Weiters sorgt sie dafür, dass Möglichkeiten, die über das kognitive schulische Lernen hinausgehen, existieren (wie z.B. Trainingsprojekte, learning on the project, Erfahrungsaustausch).

7.5 Entlohnungssystem in projektorientierten Unternehmen

Die von den Mitarbeitern und Führungskräften geforderte Flexibilität und Bereitschaft zum unternehmerischen Handeln sollte sich auch im Entlohnungs- und Anreizsystem widerspiegeln. Das wichtigste Kriterium zur Beurteilung der Mitarbeiter und Führungskräfte ist deren Leistung und der erwirkte Erfolg. Da projektorientierte Unternehmen in hohem Ausmaß von erfolgreicher Teamarbeit und Zielerreichung le-

Leistung und Erfolg als Beurteilungskriterium

ben, sind die Entlohnungs- und Anreizsysteme auf diese beiden Komponenten auszurichten. Mitarbeiter werden im Rahmen von Zielvereinbarungsgesprächen am Erfolg im Team und an der Erfüllung oder Übererfüllung der Projektziele gemessen. Eine mögliche Konsequenz daraus ist auch, dass die Beurteilungsergebnisse in den variablen Entlohnungsanteil (Prämien etc.) einfließen.

Führung heißt für geeignete Entlohnungssysteme sorgen

Wirkungsvolle Führungsarbeit im projektorientierten Unternehmen umfasst daher ebenso, derartige Entlohnungssysteme zu entwickeln und einzuführen, als auch diese hinsichtlich der eigenen Mitarbeiter umzusetzen.

Chancen und erfolgsorientierte Anreizsysteme

In dem Zusammenhang ist auf die Chancen, aber auch die möglichen Risiken hinzuweisen. Die Fokussierung der Arbeit auf jene Kriterien, die den Erfolg von Projekten und projektorientierten Unternehmen ausmachen, nämlich vordergründig die Erreichung von quantitativen Termin- oder Kostenzielen, ist als klarer Vorteil in projektorientierten Unternehmen zu sehen. In traditionellen Unternehmen ist es oft viel schwieriger, klare, in einem gewissen Zeitraum auch nachweisbare Ziele zu definieren, deren Erfüllung nicht der Willkür der Führungskraft unterliegen.

Durch die (zeitlichen) Grenzen eines Projekts sowie durch die (hoffentlich) unmissverständlichen Projektziele ist die Verknüpfung des Projekterfolges mit variablen Gehaltsanteilen einfacher.

mangelnde Beeinflussbarkeit als Risiko

Die darin versteckten Risiken sind unter anderem, dass die Projektleiterin, deren individuelle Ziele zum Beispiel mit dem Projekterfolg gekoppelt sind, diese nur zum Teil beeinflussen kann. Auch Umfeldbedingungen, Kunden, Auftraggeber, etc. können einen mindestens so großen Einfluss darauf ausüben.

Die Wahrscheinlichkeit, kritisch die Schwächen und Fehler als Lernchancen zu analysieren, ist sehr eingeschränkt, wenn die monetäre Bezahlung vom Projekterfolg abhängt. Reflexionen und organisatorisches Lernen sind dadurch jedenfalls gefährdet.

Aus den genannten Gründen ist die Verknüpfung von variablen Entlohnungsanteilen mit dem Projekterfolg sehr sorgfältig und im Bewusstsein der daraus entstehenden Konsequenzen zu gestalten. Professionelle Führungsarbeit zeichnet sich durch ein wohldosiertes Zielvereinbarungssystem aus, das auf die individuellen Fähigkeiten und Anreizmechanismen (persönliche Motive) der einzelnen Mitarbeiter eingeht und durch regelmäßige Gespräche und Reflexionen sicherstellt, dass ein Anreiz zur Hochleistung besteht und gleichzeitig auch Lernen möglich wird.

7.6 Einführung und Weiterentwicklung moderner Projektmanagement-Ansätze

Heute existieren in vielen Unternehmen bereits Ansätze für Projektmanagement. Die Vermittlung von Projektmanagement-Grundlagenwissen in Form von Schulungen für Projektleiter ist weit verbreitet. Darüber hinaus wurden Standards für die Projektabwicklung erarbeitet, die als Projektmanagement- Handbücher den Projektleitern zur Verfügung stehen.

Dies reicht allerdings nicht aus, um eine projektorientierte Kultur nachhaltig zu etablieren und damit die Vorteile und Effizienz einer projektorientierten Organisation zu erreichen.

Im Folgenden werden Projektmanagement-Ansätze hervorgehoben, die im Besonderen jene Unternehmen umgesetzt haben, die als sehr projektorientierte Organisationen erfolgreich sind. Dazu gehören im Wesentlichen:

- die Etablierung eines Project Excellence Programs,
- die Beurteilung der Projektmanagement-Kultur anhand eines Reifegrad-Modells und
- die Nutzung eines Projektmanagement-Offices.

7.6.1 Das Project Excellence Program

Das Project Excellence Program umfasst neun Aspekte, die im Sinne einer ganzheitlichen Projektmanagement-Kultur in einem Unternehmen zu berücksichtigen sind.

Ein Unternehmen kann zu jedem Zeitpunkt den aktuellen Projektmanagement-Reifegrad anhand dieser neun zentralen Arbeitsfelder analysieren. Eine entsprechende Vision und Strategie des Unternehmens liefert die Grundlage, um die Weiterentwicklungsziele zu definieren.

Für manche Unternehmen wird es in Zukunft überlebenswichtig sein, überall den höchsten Reifegrad zu erlangen, was mit der Professionalisierung aller neun Felder des Project Excellence Programs verbunden ist. Dies gilt für all jene Unternehmen, deren Wettbewerbsvorteil sich aus Flexibilität, Schnelligkeit sowie unternehmerischem Agieren zusammensetzt.

Andere Organisationen haben Weiterentwicklungspotenzial in dem einen oder anderen Excellence-Feld, sind allerdings nicht gefordert, 100 % Excellence im Projektmanagement zu erlangen.

Daher ist ein sehr wesentlicher Schritt nach Durchführung der Analyse die Erarbeitung derjenigen Ansatzpunkte, die passend für die zu betrachtende Organisation weiterzuentwickeln sind.

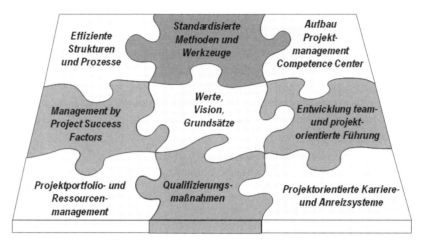

Abb. 110: Project Excellence Program

Die Darstellung der neun Elemente als ineinandergreifende Puzzlesteine ist sinnbildlich für die Notwendigkeit einer gesamtheitlichen Betrachtung. Erst die Sicht des Ganzen inklusive der vernetzten Teile ermöglicht eine erfolgreiche Entwicklung hin zu einer projektorientierten Organisation.

Folgende Elemente sind für ein projektorientiertes Unternehmen unumgänglich:

- Werte, Visionen, Grundsätze zu entwickeln, in denen Projekte und Routineaufgaben professionell durchgeführt werden, die den Managern einen Handlungsrahmen vorgeben und die das Unternehmen im Umfeld unverkennbar machen.

- Effiziente Strukturen und Prozesse zu entwickeln, die Projekte mit kurzen Durchlaufzeiten, ein reibungsloses, konstruktives Zusammenwirken zwischen Linie und Projekten und klare Zuständigkeiten erlauben.

- Standardisierte Methoden und Werkzeuge zu entwickeln, die den Projektleitern und Teammitgliedern ermöglichen, mit wenig Aufwand ihre Projekte professionell zu planen und zu steuern.

- Die team- und projektorientierte Führung zu verstärken, damit Projekte und Linienaufgaben nebeneinander effizient durchgeführt werden können und die abteilungsübergreifende Kommunikation und Zusammenarbeit gefördert wird.

- Projektorientierte Karriere- und Anreizsysteme zu etablieren, um eine langfristige Basis für das Funktionieren von Projekten und Linienorganisation nebeneinander sicherzustellen. Nur durch eine attraktive Projektarbeit werden die Mitarbeiter motiviert, sich in derartigen Aufgaben zu engagieren.

- Qualifizierungsmaßnahmen durchzuführen, die die Projektleiter und -mitarbeiter ermächtigen, anhand der definierten Werte, Methoden und Prozesse ihre Projekte selbstverantwortlich zu steuern.

- Projektportfolio- und Ressourcenmanagement zu entwickeln, um eine systematische Gesamtsicht über alle Projekte und die vorhandenen Ressourcen zu ermöglichen.

- Ein „Management by success factors" zu implementieren, Projekte und projektorientierte Unternehmen mit Hilfe von wenigen Kennzahlen zu führen.

- Ein Projektmanagement Competence Center (Project Office) zu etablieren, damit es einen erfahrenen und umfassend ausgebildeten Ansprechpartner für alle Belange des Projektmanagements gibt (Projektmanagement Champion), der für Coachings, für die Weiterentwicklung von Standards und für die Initiierung des Erfahrungsaustausches zwischen den Projektleitern sorgt (lernende Organisation).

Die Berücksichtigung der neun Felder des Project Excellence Programs erlaubt eine ganzheitliche Analyse der aktuellen Projektmanagement-Kultur eines Unternehmens und bildet damit auch die Basis für die Formulierung eines gewünschten Sollzustandes. Die Maßnahmen, um den gewünschten Sollzustand zu erreichen, sind als Organisationsentwicklungsprozesse und Veränderungsprojekte zu definieren.

Führungsimpulse im projektorientierten Unternehmen zielen darauf ab, dass das für das jeweilige Unternehmen notwendige Ausmaß an Project-Excellence entwickelt und laufend gewartet wird.

Vor allem diejenigen Initiativen, die im Hinblick auf die Veränderung hin zu einem professionellen projektorientierten Unternehmen zu setzen sind, umfassen die Führungsverantwortung.

7.6.2 Projektmanagement-Reifegrad

Eng mit dem Project Excellence Program verbunden ist die Analyse und Bewertung des Projektmanagement-Reifegrads eines Unternehmens. Der Projektmanagement-Reifegrad sagt aus, auf welcher Stufe der Entwicklung im Projektmanagement eine Organisation steht.

Entwicklungsstufe eines Unternehmens in Bezug auf Projektmanagement

Es existieren unterschiedliche Modelle zur Feststellung des unternehmensspezifischen Entwicklungsgrades einer Organisation. Vor allem in den Vereinigten Staaten von Amerika ist die Unternehmensentwicklung anhand eines Reifegradmodells (maturity-model) weitverbreitet.

Von den in der Praxis häufig verwendeten Systemen wird im Folgenden ein Reifegrad-Modell vorgestellt, das speziell auch auf die Führungskultur in Europa zugeschnitten ist.

Dieses Modell setzt bei jenen Feldern an, die für die Weiterentwicklung von projektorientierten Unternehmen erfahrungsgemäß zu bearbeiten sind. Dabei haben sich folgende neun Schwerpunkte bewährt (siehe dazu auch „PEP-Project Excellence Program"):

- Werte, Visionen, Grundsätze projektorientierter Unternehmen
- Effiziente Strukturen und Prozesse
- Standardisierte Methoden und Werkzeuge
- Systematische Qualifizierungsmaßnahmen für Projektmanagement
- Eine team- und projektorientierte Führungskultur
- Projektorientierte Karriere- und Anreizsysteme
- Projektportfolio- und Ressourcenmanagement
- Ein „Management by Success Factors" Kennzahlen-System
- Ein Projektmanagement Competence Center (Project Office)

Die oben angeführten Schwerpunktbereiche können in unterschiedlichen Ausprägungsstufen in einem Unternehmen existieren. Im vorliegenden Modell sind vier Intensitätsstufen beschrieben:

- **Stufe 1: Projektmanagement – spontan**

  Diese Stufe beschreibt eine Qualität, die sich vor allem durch individuelles, je Projekt immer wieder neu entwickeltes Projektmanagement auszeichnet. Projektmanagement existiert in wenigen Köpfen erfahrener Projektmanager. Erfahrungen aus einzelnen Projekten werden nicht explizit dokumentiert oder weitergegeben, so dass organisatorisches Lernen nicht möglich ist.

- **Stufe 2: Projektmanagement – definiert**

  Welche Aufgaben im Unternehmen als Projekte durchzuführen sind, welche Projektmanagement-Methoden üblicherweise eingesetzt werden und wie die wesentlichen Rollen zusammenwirken, ist definiert. Projektleiter sind meistens in den wesentlichen Instrumenten geschult. Dieser Reifegrad ermöglicht bereits das systematische Anwenden einzelner leicht nutzbarer Projektmanagement-Ansätze. Durch die beginnende Projektdokumentation können Erfahrungen auch für spätere Projekte verwendet werden. Allerdings können die Vorteile eines integrierten Projektmanagement-Ansatzes bei weitem noch nicht umfassend genutzt werden, weil zum Beispiel projektbezogene Anreiz- und Karriere-Systeme fehlen, weil keine integrierten Methoden eingesetzt werden und es keine systematische Koordination über das Einzelprojekt hinaus (Projektportfolio-Management, Programm-Management) gibt. Die für eine intensive Projektorientierung nötigen Strategien, Strukturen und Kulturelemente sind nicht durchgängig im Unternehmen etabliert.

- **Stufe 3: Projektmanagement – integriert**

  Projekte werden nicht mehr auf Basis einzelner Methoden, sondern mit Hilfe eines für das Unternehmen maßgeschneiderten Werkzeugkoffers, der einheitlich verwendet wird, um Synergien und Erfahrungen optimal nutzen zu können, durchgeführt.

  Projekte sind als natürlicher Bestandteil der Organisation im Unternehmen integriert. Die Zusammenarbeit zwischen Linie und Projekt funktioniert auf Basis von klaren und allgemein akzeptierten Rollenbeschreibungen und Prozessen.

  Projekte werden durchgängig vom Kundenbedarf bis zur Erreichung der definierten Ziele als ein Prozess gestaltet und gesteuert. Gleichartige Projekte werden als Projektportfolio oder als Programm gesehen und anhand von einigen wesentlichen Kennzahlen gesteuert.

  Projektmanagement wird als zentrale Dienstleistung im Projektmanagement-Office des Unternehmens gepflegt und systematisch weiterentwickelt. Dadurch wird eine einheitliche Sprache und Qualität, die unabhängig von den jeweiligen Individuen entsteht, in Projekten ermöglicht.

  Die Mitarbeiter sind Teil der Stammorganisation und übernehmen gleichzeitig Aufgaben in Projekten. Orientierung in dieser Vielfalt entsteht durch eine gemeinsame Vision, eine flexible Kultur und Spielregeln.

  Das Unternehmen ist weitgehend als projektorientierte Organisation definiert. Allerdings werden einige Synergien, Effizienzen und Flexibilität nicht genutzt, weil die Integration noch nicht umfassend umgesetzt ist.

- **Stufe 4: Projektmanagement – Orientierung gelebt**

  Die höchste Stufe im Projektmanagement-Reifegrad erreicht eine Organisation, wenn sie die in der Stufe 3 definierten Konzepte ganzheitlich umsetzt.

  Dazu ist es häufig nötig, langfristig wirkende Kulturelemente, Strukturen und Anreizsysteme zu etablieren.

  Ein wesentliches Beispiel ist das im Unternehmen existierende Projektmanagement-Laufbahnmodell. Mitarbeiter wünschen sich Perspektiven in einer Organisation. Perspektiven, die ihnen aufzeigen, in welchen Schritten und Zeiträumen sie sich sowohl inhaltlich als auch rollenorientiert weiterentwickeln können.

Erfahrungsgemäß kann mit Hilfe eines klaren und interessanten projektbezogenen Laufbahnmodells (siehe dazu auch Kapitel 7.4) die Bedeutung der Projektarbeit im Unternehmen wesentlich angehoben werden.

Ebenso wichtig ist die Integration der Projektarbeit in die Zielvereinbarung und -beurteilung aller Mitarbeiter. Erst durch diese Maßnahme sehen die Mitarbeiter den umfassenden Nutzen, sich in der Projektarbeit, die andernfalls oft als Zusatzarbeit und Nebenbeschäftigung erlebt wird, zu engagieren.

Selbstorganisation und unternehmerisch agierende Mitarbeiter sind breit im Unternehmen verteilt.

Ein durchgängiges Qualifizierungssystem für Mitarbeiter, die in Projekten arbeiten, das als Ergebnis klare Anforderungen, Ausbildungsmaßnahmen und Arbeitsmöglichkeiten je Karrierestufe anbietet, ist vorhanden. Allgemein anerkannte Zertifizierungssysteme in diese Entwicklungsstufen zu integrieren, verleihen dem Projektmanagement-Weg noch zusätzlichen Wert.

Die Projektmanagement-Weiterentwicklung ist als kontinuierlicher Verbesserungsprozess im Unternehmen etabliert.

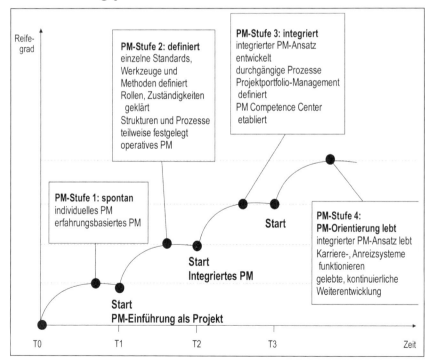

Abb. 111: Entwicklung des Reifegrads im Zeitablauf

Unternehmen befinden sich trotz eines ähnlichen Gesamtstatus in den jeweiligen Schwerpunktbereichen auf sehr unterschiedlichem Niveau. Der Gesamttreifegrad kann daher nur über eine Transformation in ein Punktesystem dargestellt werden. Allerdings ist das Erkennen der Fortschritte je Entwicklungsthemenbereich wesentlich aussagekräftiger als ein Gesamtpunktestand. Die detaillierten Entwicklungsstände sind eine professionelle Basis, um im Unternehmen mit Betroffenen und Führungskräften die weiteren Schritte systematisch vorzubereiten. Die Bewertung eines Unternehmens hinsichtlich des Projektmanagement-Reifegrads kann entweder durch Selbsteinschätzung der Projektleiter, Führungskräfte, Projektmitarbeiter und Auftraggeber oder mit Hilfe eines externen Audits erfolgen.

Konkrete Messung des Reifegrads je Unternehmen

Unabhängig von der bewertenden Stelle werden je Entwicklungsthema Fragen angeboten, die zu Punkten führen (Scoring-Modell).

Unternehmen, die ein derartiges Reifegrad-Modell einsetzen, haben damit die Möglichkeit, ihren eigenen Entwicklungsstand festzustellen. Dabei geht es um das Zurverfügungstellen einer Diskussionsgrundlage, anhand derer die beteiligten Führungskräfte die Zielerreichung und weiteren Entwicklungsschritte festhalten können.

7.6.3 Projektmanagement-Office als Dienstleister im Unternehmen

Die Erfahrung zeigt, dass Projekte in vielen Unternehmen mangels ausreichender Kapazitäten oder auch zu wenig qualifizierter Projektleiter ohne professionelles Projektmanagement durchgeführt werden. Der Betrachtungsschwerpunkt liegt dann meist auf den Projektinhalten und der detaillierten „technischen" Projektausführung. Termine, Ressourcen, Kosten und oft auch die Kundenzufriedenheit werden dabei aus den Augen verloren.

Ein weiteres Phänomen ist, dass Projektteams entsprechend den individuellen Vorstellungen der jeweiligen Projektleiter geführt werden. Projektmanagement-Erfahrungen werden immer wieder neu gemacht, Projektmanagement-Hilfsmittel von Projekt zu Projekt neu erfunden. Dadurch ist der Aufwand für Projektmanagement sehr hoch.

Um die oben genannten Probleme zu beheben, haben viele Organisationen in den letzten Jahren ihr Projektmanagement-Know-how gesammelt, strukturiert und bieten es immer häufiger als zentrale interne Dienstleistung den projektdurchführenden Abteilungen an. Diese Aufgaben werden gesammelt als Projektmanagement-Office bezeichnet.

Im Folgenden wird die Etablierung eines Projektmanagement-Offices und dessen Auswirkung auf die Führung beschrieben. Ein Projektmanagement-Office ist jene organisatorische Einheit, die zentral alle Projektmanagement-relevanten Aktivitäten koordiniert.

Die Etablierung eines professionellen Projektmanagement-Offices bringt einige Vorteile mit sich:

Für das Projektmanagement im Unternehmen:

- Die einheitliche Anwendung der Projektmanagement-Instrumente/ Standards und der -Prozesse wird sichergestellt.
- Ein systematischer Erfahrungsaustausch zwischen den Projektleitern wird etabliert, ein Wir-Gefühl entsteht.
- Erfahrungen aus Vorprojekten können von allen Projektleitern positiv genutzt werden

Für das Management:

- Durchlaufzeiten werden aufgrund der unternehmensweit dokumentierten Erfahrungen verkürzt, Termine werden eingehalten.
- Kosten- und Ressourcenziele werden erreicht.
- Die Zahl erfolgreich abgeschlossener Projekte steigt.
- Entscheidungsprozesse in Bezug auf das Projektportfolio werden transparenter.
- Abteilungs- und bereichsübergreifende Problemstellungen werden rascher sichtbar und auch objektiver behandelbar.
- Die Kundenzufriedenheit steigt aufgrund der wahrnehmbaren Professionalität.
- Durch die Unterstützung des Projektmanagement-Offices können mehr Projekte mit vergleichbarem Aufwand durchgeführt werden.

Für die Projektleiter:

- Es bleibt mehr Zeit für Führungsaufgaben und Kundenbetreuung.
- Den Projektleitern bleibt mehr Zeit für die inhaltlichen Aufgaben im Projekt. Die Projektadministration wird durch die Nutzung von Standards und einfachen Hilfsmitteln auf ein Minimum beschränkt.

Die Aufgaben eines Projektmanagement-Offices können Folgendes umfassen:

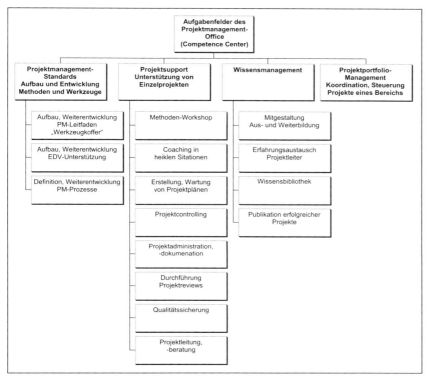

Abb. 112: Aufgabenfelder des Projektmanagement-Office

Im Folgenden werden die einzelnen Aufgaben des Projekt-Management-Offices detaillierter beschrieben:

Projektmanagement-Standards

Durch die Entwicklung und Wartung von Projektmanagement-Standards

* wird den Projektleitern ein klarer, handhabbarer Leitfaden für die Auswahl, Abwicklung und den Abschluss der Projekte zur Verfügung gestellt. Die Projektadministration, die -dokumentation und das Informationswesen im Projekt werden dadurch wesentlich erleichtert;
* werden passende Hilfsmittel (Formulare, Checklisten, IT-Tools) je Projektart, basierend auf kundenorientierten Prozessen und Strukturen, nutzbar;
* werden die Projektmanagement-Aufwände durch eine passende IT-Unterstützung reduziert.

Die spezielle Herausforderung an die Führung des Projektmanagement-Offices ist, bei der Entwicklung von Projektmanagement-

Standardisierung versus Freiraum

Standards den Widerspruch zwischen Einheitlichkeit und Freiheit auszubalancieren.

Vor allem die erfahrenen Projektleiter befürchten oft, dass durch die Standardisierung von Projektmanagement ihre individuelle Vorgehensweise, ihre selbsterzeugten Formulare und Hilfsmittel in Zukunft durch andere Standards ersetzt werden. Die erfahrenen Projektleiter werden diese Veränderung als Mehraufwand für sich und als Einschränkung ihrer individuellen Freiheit empfinden.

Dieser Zielgruppe ist daher im Standardisierungsprozess besondere Achtsamkeit zu schenken. Sie ins Projektteam „Projektmanagement – Weiterentwicklung" als Experten zu integrieren und ihre bisherigen Erfahrungen ernstzunehmen hat sich als Führungsgrundsatz bewährt.

Für weniger erfahrene Projektleiter überwiegt meist der Nutzen der Projektmanagement-Methoden, weil sie damit nicht alle (negativen und mit Aufwand verbundenen) Erfahrungen selbst machen müssen.

Projektsupport

Unterstützung einzelner Projekte

Zu den Aufgaben eines Projektmanagement-Offices (PMO) gehört die Unterstützung der einzelnen Projekte vor dem Hintergrund, einheitliche Vorgehensweisen und Standards beim Projektmanagement zu verwirklichen. Man spricht dabei von Projekt-Support. Wenn es zu den Aufgaben eines PMO im Unternehmen zählt, Projekt-Support zu leisten, kann dies unter dem Aspekt der Beratung und des Coachings hauptsächlich auf zweierlei Arten geschehen.

- **Projektberatung:** Dem verantwortlichen Projektleiter wird punktuell und gezielt Know-how und Expertise von Seiten des PMO zur Verfügung gestellt, z.B. indem ein PMO-Mitarbeiter die Moderation eines Start-Workshops oder eines Lessons-Learned-Workshops übernimmt.

Unterstützung, um selbstständig und eigenverantwortlich zu agieren.

- **Projektcoaching:** Ein erfahrener Projektleiter wird dem verantwortlichen Projektleiter zur Seite gestellt, um diesen zu unterstützen und dessen Projektmanagement-Kompetenzen zu entwickeln.

Projektberatung

Wie oben erwähnt ist das Ziel der Fachberatung, Know-how bereit zu stellen, um eine konkrete Problemstellung einer Lösung zuzuführen. Bei der Projektberatung durch ein PMO übernimmt das PMO die Rolle desjenigen, der das Projekt als projektexterner Experte punktuell mit Wissen und Erfahrung unterstützt. Daneben ist das PMO im Allgemeinen dazu angehalten, die im Unternehmen etablierten Projektmanagementstandards zur Anwendung zu bringen und eine einheitliche Vorgangsweise – je nach Verbindlichkeitsgrad des Standards – anzubieten bzw. durchzusetzen. Für die Projektleitung gibt es verschiedene Möglichkeiten, entlang des Projektlebenszyklus die Expertise des PMO einzuholen, z.B. im Rahmen von Unterstützungsleistungen bei

- der Vorbereitung und Moderation von Kick-Off-Veranstaltungen (Start-Workshops) und/oder wichtigen Sitzungen,
- der Erstellung von Plänen und Verwendung von Vorlagen,
- dem Einsatz von IT-Systemen und Softwaretools (z.B. durch Schulungen),
- der Sammlung und Aufbereitung von Controlling-relevanten Daten und Informationen sowie
- dem systematischen Abschluss des Projekts zur Wissenssicherung.

Besonders zu erwähnen ist hier die **Doppelrolle des PMO** als Unterstützung einerseits und Hüter der Projektmanagementstandards andererseits. Da das PMO die Aufgabe hat, eine einheitliche Vorgehensweise bezüglich des Projektmanagements zu etablieren und darauf zu achten, dass diese auch eingehalten wird, ergibt sich möglicherweise ein Interessenskonflikt zwischen der Beraterrolle und der Aufsichtsrolle. Ein PMO-Mitglied, das Projektsupport leistet, sollte sich dieser Doppelrolle bewusst sein und achtsam damit umgehen. So wird es von Seiten der Projektleitung unter Umständen Begehrlichkeiten geben, unliebsame Administrationstätigkeiten abzugeben oder eigene Vorgehensweisen unter Umgehung des Standards als unumgänglich zu argumentieren. Als Leitlinie des Verhaltens des PMO mag dabei dienen, dass die Selbstständigkeit der Projektleitung als oberste Prämisse gelten sollte. Den Projektleitern sollte genügend Verantwortung und Gestaltungsspielraum zur Verfügung gestellt werden, damit diese ihre Projektmanagementaufgabe möglichst selbstständig ausführen können

Am häufigsten wird **Projektsupport** zur Unterstützung der **Startphase** besonders komplexer Projekte eingesetzt und umfasst dabei folgende Leistungen:

- Hilfestellung für den Projektleiter, den „roten Faden" für sein Projekt zu finden
- Unterstützung bei der Auswahl und Zusammensetzung des Projektteams
- Mitwirkung bei der Entwicklung der Projektteammitglieder zu einem arbeitsfähigen Team
- Unterstützung bei der Erstellung des Projekthandbuches
- Konzeption, Moderation des Start-Workshops
- Anwendungsunterstützung bei den Projektmanagement-Tools

In den **Ausführungs- und Koordinationsphasen** ermöglicht Projektsupport, dass

- die Projektplanung gewartet wird,
- Projektcontrolling durchgeführt wird,
- Workshops und Sitzungen professionell vorbereitet und moderiert werden,
- Projekt-Reviews und Audits bei Bedarf moderiert werden und
- die Projektkennzahlen gewartet werden.

In der **Projektabschlussphase** stellt Projektsupport sicher, dass

- das Projekt systematisch abgeschlossen und ausgewertet wird,
- die Erfahrungen im Projekt reflektiert werden und
- die Lernerkenntnisse auch für weitere Projekte zur Verfügung gestellt werden.

Der Projektsupport kann dabei in unterschiedlichem Ausmaß durchgeführt werden, wie die folgende Auflistung zeigt:

- Punktuelles oder begleitendes Projekt-Coaching für Projektleiter
- Durchgehende (Fach-)Beratung von Projekten
- Bereitstellung hochqualifizierter Projektleiter

Projektcoaching

Damit ist die Situation gemeint, dass einem (zumeist jüngeren) weniger erfahrenen Projektleiter ein (meist älterer) erfahrener Projektleiter als Projektcoach zur Seite gestellt wird. Die Zielsetzungen eines solchen Coachings sind typischerweise:

- Weiterentwicklung der methodischen Projektmanagementkompetenzen
- Stärkung der persönlichen Kompetenzen (z.B. höhere Durchsetzungsfähigkeit, klarere Kommunikation)
- Steigerung der Selbstsicherheit und Eigenverantwortlichkeit
- Förderung des unternehmerischen Geists („Projekt als Unternehmen auf Zeit")

Dieser naheliegende Fall von Coachingsituation birgt eine besondere Gefahr, mit der der Coach (der erfahrenere der beiden) sehr sorgsam umgehen muss. Der schmale Grat, auf dem sich der Coach hier bewegt, ist der zwischen Coaching und Beratung. Coaching hat zum obersten Ziel, die Entwicklung des Coachee zu fördern, während Beratung (insbesondere ist hier fachliche Beratung gemeint) den Fokus auf Lösungsfindung für klare Problemstellungen legt.

Beispiel:

Frau X – eine sehr erfahrene IT-Projektmanagerin – soll ihre jüngere Kollegin Frau Y aus einem anderen Konzernbereich coachen, um deren Projekt möglichst effizient zu starten und deren Projektmanagementkompetenzen zu erweitern. Bei der Vorbereitung zum Kick-Off-Meeting des von Frau Y geleiteten Projekts stellt diese folgende Frage an Frau X: „Wie soll ich das Kick-Off-Meeting moderieren?" Frau X hat sofort zwei Antwortmöglichkeiten im Kopf:

- Antwort A: „Am besten wird sein: Ich gebe Ihnen meine Standard-Agenda, die ich bei allen meinen Projekten sehr erfolgreich einsetze. Gehen Sie die Punkte einzeln durch, dann läuft das Kick-Off sehr effizient ab!"

- Antwort B: „Ich teile gerne meine Erfahrungen mit Ihnen. Bevor ich das tue, möchte ich gerne wissen, wie Sie Kick-Offs bisher geleitet haben und was dabei besonders gut funktioniert hat. Vielleicht habe ich dann ein paar zusätzliche Ideen, die Sie als Ergänzung einbauen können."

Die Grundhaltung hinter Antwort A ist die einer (Fach-)Beraterin, die ihre Erfahrung einbringt und weiß, wie eine gute Lösung aussieht. Die Grundhaltung hinter Antwort B ist die eines Coach, der die Bewusstmachung der bereits vorhandenen Stärken einsetzt, um dem Coachee seine eigenen Ressourcen klar zu machen und darauf basierend seine Entwicklung anzuregen.

Die feine Unterscheidung zwischen Coaching und (Fach-)Beratung ist hier nicht als Wertung zu verstehen, sondern im oben angeführten Beispiel geht es schlicht darum, dass sich der Coach bzw. Berater entscheiden muss, in welcher Rolle er dem Coachee begegnet. Der Fachberater wird aus seiner Grundhaltung heraus schnell und effizient seine Lösungen zur Verfügung stellen, allerdings besteht die Möglichkeit, dass sich der Coachee nicht ganz mit der Lösung identifiziert, weil sie ja nicht von ihm kam. Der Coach hingegen wird versuchen, die im Coachee vorhandenen Ressourcen zu beleuchten, um ihm zu ermöglichen, eine eigenständige Lösung zu finden. Andererseits geht diese Nachhaltigkeit manchmal auf Kosten von Effizienz und Zeitersparnis. Der erfahrenere Projektleiter (Coach) muss sich der Verführung bewusst sein, die mit der besonderen Rolle als „Wissendem" einhergeht. Leicht geschieht es, dem jüngeren Kollegen – bildlich gesprochen – die Hand auf die Schulter zu legen und zu beraten, wo Coaching eher nützlich wäre.

Im Unterschied zu den oben genannten Formen der Beratungsunterstützung durch Projektsupport bedeutet die Übernahme des gesamten Projektmanagements durch Mitarbeiter des Projektmanagement-

**Projektmanage-
ment auf Zeit** Offices auch die Übertragung der Gesamtprojektverantwortung. In diesem Zusammenhang wird von einer „Management-auf-Zeit-Funktion" gesprochen. Dies bedarf in jedem Fall klarer Spielregeln hinsichtlich Kompetenzen und Entscheidungen. Andernfalls werden die Vorteile und Nutzen, die eine derartige professionelle Dienstleistung durch das Projektmanagement-Office bringen kann, durch Missverständnisse geschmälert.

Vorteile eines Projektmanagers-auf-Zeit, sofern in der projektdurchführenden Abteilung nicht ähnliche Qualifikationen existieren, sind:

- Ein professioneller, erfahrener Projektmanager kann mit geringerem Aufwand das Projekt erfolgreich durchführen, als ein weniger Erfahrener.
- Im Projektmanagement-Office existieren die modernsten Projektmanagement-Methoden und Hilfsmittel, die ohne Zusatzaufwand und -kosten genutzt werden können.
- In der projektdurchführenden Organisationseinheit müssen keine diesbezüglichen Ressourcen aufgebaut werden. Dies ist vor allem dann von Nutzen, wenn das aktuelle Projekt lediglich temporär Ressourcen erfordert und nicht nach Abschluss durch ein ähnliches abgelöst wird.

**heikle Führungs-
aufgabe** Das Projektmanagement-Office übernimmt mit diesen Dienstleistungen eine organisatorisch heikle Führungsaufgabe. Projektdurchführende Organisationseinheiten befürchten häufig, dass durch die Mitwirkung der zentralen Stelle Projektmanagement-Office auch Informationen und Interessen eines anderen Bereiches miteinfließen. Eine klare Rollenklärung und die Vereinbarung von Spielregeln, welche Art von Mitwirkung durch das Projektmanagement-Office gewünscht wird, sind besonders wichtige Führungsimpulse am Beginn der Zusammenarbeit.

Die Klärung der Verantwortungsverteilung zwischen dem Dienstleister aus dem Projektmanagement-Office und der projektdurchführenden Stelle ist ebenfalls von großer Bedeutung für eine erfolgreiche Zusammenarbeit. Damit ist gemeint, dass je nach Dienstleistungsart ein unterschiedliches Ausmaß an Verantwortung von der projektdurchführenden Organisationseinheit auf das Projektmanagement-Office übergeht. Im Falle der Projektleitungsübernahme wird die gesamte Verantwortung auf den Projektleiter aus dem Projektmanagement-Office übertragen.

Wissensmanagement

Eine wesentliche Aufgabe des Projektmanagement-Offices ist die Pflege und Weiterentwicklung des Projektmanagement-Know-hows. Dies ist sowohl auf personeller, als auch auf organisatorischer Ebene relevant.

Die Projektmitarbeiter, Projektleiter und auch die Führungskräfte, die als Auftraggeber oder Linienmanager Aufgaben in Bezug auf Projekte übernehmen, sind entsprechend ihren Qualifikationen auszubilden.

Ausbildung

Projektmanagement Offices übernehmen meist die Konzeption eines zielgruppenspezifischen Ausbildungs-Curriculums und die Organisation der entsprechenden Schulungsmaßnahmen. Damit wird auch sichergestellt, dass die aktuellsten Hilfsmittel und Methoden aus den Projektmanagement-Standards in die Ausbildung einfließen.

Initiiert vom Projektmanagement-Office werden Erfahrungsaustausch-Workshops zwischen den Projektleitern organisiert, aktuelle Vorträge zu neuen Trends und Erkenntnissen vorbereitet und die Ergebnisse all dieser Maßnahmen in einer Wissensbibliothek gesammelt, so dass die Projektleiter jederzeit auf dieses Organisations-Know-how zugreifen können. Wissensmanagement wird erfahrungsgemäß erst durch ein aktives Projektmanagement-Office lebbar.

Erfahrungs-austausch

Die im Zusammenhang mit Wissensmanagement relevanten Führungsimpulse beziehen sich auf einen in der Praxis sehr häufig wiedergefundenen Widerspruch. Alle freuen sich auf eine Wissensbibliothek, in der für möglichst viele undurchschaubare Situationen Ideen, Lösungen und bereits gemachte Erfahrungen dokumentiert sind. Damit können die gerade in Projekten häufig auftretenden Unsicherheiten in Bezug auf „Neues" reduziert werden.

Wissensbibliothek

Allerdings steht diesem klaren Nutzen die häufig beobachtete Situation gegenüber, dass einzelne Mitarbeiter zwar gerne etwas aus der Wissensbibliothek nehmen möchten, ihre eigenen Erfahrungen aber nicht zur Verfügung stellen, da dies Aufwand erzeugt und der Informationsvorsprung, der für manche Menschen auch ein Machtmittel ist und das Selbstbewusstsein stärkt, verloren geht. Wenn diese Haltung im Unternehmen verbreitet ist, kann ein Wissensmanagement auf Basis dokumentierter Erfahrungen nicht funktionieren.

Die Projektmanagement-Office-Führung ist daher gefordert, den Nutzen und die Wirkungsweisen des Wissensmanagements im Sinne des Projektmanagement-Marketings immer wieder zu kommunizieren. Erfahrungsgemäß wird das Funktionieren des Wissensaustausches erleichtert, wenn es klare Spielregeln gibt, wie mit dem Wissen umgegangen wird und wenn die Wissensgeber auch entsprechend ihren Erfahrungen wertgeschätzt werden. Aktive Kommunikation der Knowhow-Träger in Präsentationen, Vorträgen, Beiträgen in Zeitschriften und Darstellung der Urheber gegenüber dem Management können in derartigen Situationen fördernde Impulse sein.

Projektportfolio-Management

Das Projektmanagement-Office bietet sich aufgrund der zentralen Position und der Gesamtsicht über alle Projektmanagement-relevanten Themen an, über das Einzelprojekt hinaus auch das unternehmensweite Projektportfoliomanagement zu unterstützen oder durchzuführen.

In Bezug auf Projektportfolios oder Projektprogramme können folgende Leistungen vom Projektmanagement-Office übernommen werden:

- Entwicklung und Pflege von Projektportfolio-Kennzahlen und Berichten
- Erstellung von Berichten
- Erarbeitung von Entscheidungsunterlagen für das Management

7.7 Herausforderungen an die Führung in projektorientierten Unternehmen

Mit den anfallenden Führungsaufgaben sind auch einige zentrale Herausforderungen verbunden. Davon werden insbesondere die Widersprüche zwischen Selbständigkeit und Mitarbeit (Führung von Unternehmern im Unternehmen) einerseits und zwischen Flexibilität und Kontinuität andererseits hervorgehoben.

Die beschriebenen modernen Ansätze projektorientierter Unternehmen erfordern speziell von den Führungskräften aktive Impulse, indem sie den Veränderungsbedarf in der Organisation rechtzeitig erkennen, sinnvolle Entwicklungsmaßnahmen vereinbaren und dessen Umsetzung initiieren.

Dies bedeutet, dass vor allem die vorgestellten Modelle „Project Excellence Program", „Reifegrad-Modell" und „Projektmanagement-Office Werkzeuge" sein können, mit denen Führungskräfte Weiterentwicklung möglich machen.

Veränderungsbedarf rechtzeitig zu erkennen, diesen mit den Mitarbeitern zu diskutieren, um die unterschiedlichen Wahrnehmungen auszutauschen und darauf aufbauend Impulse zu setzen, wird mehr und mehr zentraler Bestandteil moderner Führungsarbeit sein.

Veränderungen erfolgreich zu starten und zu beenden, bedeutet gleichzeitig, einige Gegensätze auszubalancieren:

- **Veränderungsbedarf erkennen** versus **bekannte Muster fortsetzen**

  Jede Organisation entwickelt Handlungs- und Kulturmuster, die vor allem in heiklen Situationen, wenn also Gefahr droht, eingesetzt werden. Abweichungen und Probleme werden folglich meist so interpretiert, dass bisher zu wenig der überlebenssichernden, bekannten Handlungsmuster eingesetzt wurden. Die logische Konsequenz daraus ist, mehr vom selben zu tun, anstelle zu erkennen, dass die Zeit, das Umfeld, die Mitarbeiter oder die Kunden andersartige Handlungsmuster erfordern.

  Die neuen Wege zu gehen, ist meist mit hohem Risiko verbunden, da es keine Erfahrungen hinsichtlich des Ausgangs gibt (und es könnte ja noch schlimmer kommen, als es schon bisher ist).

  Diese Beharrungstendenzen zu erkennen, die Muster aufzuzeigen, wertschätzend zu diskutieren und Schritte sowie neue Wege gemeinsam zu wagen, ist die heikle Führungsaufgabe in dieser Phase.

- **Veränderungsmanagement als Führungsaufgabe** versus **Selbstorganisation**

  Sobald erkannt wird, dass ein Veränderungsbedarf besteht und dass die altbekannten Muster zu hinterfragen sind, entsteht der nächste, spannungsgeladene Gegensatz. Sollen die Veränderungen selbstorganisierend entstehen oder ist gerade in Krisenphasen eine straffe Führung von Nöten?

  Selbstorganisation bedeutet, die vorhandenen Kräfte im Unternehmen zu fördern und zu nutzen, um die Veränderungen zu etablieren. Gezieltes Veränderungsmanagement durch die Führungskräfte beinhaltet dagegen meist klare Ziele und Rahmenbedingungen, die von oben vorgegeben werden. Die unternehmerische Haltung der Mitarbeiter wird maßgeblich gefördert, wenn ihre Meinungen und Ideen aktiv gesammelt, gehört und als ebenso wichtige Beiträge in den Entwicklungsprozess eingebunden werden.

  Die Aufgabe der Führungskräfte ist in dieser Phase die Einbringung der eigenen Sichtweisen und die faire Integration aller Sichtweisen. Aus diesem Prozess sind die Ziele und Schwerpunkte der Veränderung herauszukristallisieren.

- **Breite Information und Einbindung** versus **geheime Strategie**

  Massive Veränderungen haben meist auch mit Effizienzsteigerungen, personellen Maßnahmen und neuen Ausrichtungen zu tun. Viele Führungskräfte befürchten, dass durch eine frühzeitige Information Schaden entstehen könnte, weil Mitarbeiter das Unternehmen verlassen, Machtkämpfe um zukünftige Positionen führen, etc.

Aus diesem Grund werden Veränderungen oftmals als Geheimprojekt mit externen Beratern umgesetzt. Die nur partiell mögliche Geheimhaltung führt zu Gerüchten und schürt die Ängste der Mitarbeiter, die als Folge einen Großteil ihrer Energien für Diskussionen, Phantasien und zur Angstbewältigung anstelle der ihnen zugeordneten Aufgaben verwenden.

Diese Verunsicherungsenergien sind dem möglichen Schaden einer klaren, frühzeitigen Information gegenüberzustellen.

Wie die oben aufgelisteten Gegensätze zeigen, ist gerade in Veränderungsphasen eine sensible und aktive Führung nötig.

Erfolgreiche Führung projektorientierter Organisationen setzt spezifische Werthaltungen, Verhaltensweisen und Ansätze voraus, die an dieser Stelle noch einmal zusammenfassend dargestellt werden:

Die Authentisch-wirksame Führungskraft

Die erfolgreiche Führungskraft agiert auf der Grundlage weniger und klarer Werthaltungen, derer sie sich bewusst ist, wie insbesondere

- Akzeptanz und Respekt
- Vertrauen
- Toleranz
- Offenheit für Neues

Das Modell des authentisch-wirksamen Führungsstils basiert auf der Hypothese, dass Führungskräfte dann erfolgreich sind, wenn die Aussagen und Verhaltensweisen zu den zugrundeliegenden Werthaltungen der handelnden Person passen.

Die derart Geführten spüren keine Misstöne oder Widersprüche in der Persönlichkeit der Führungskraft und reagieren auf die glaubwürdigen Botschaften meist mit hohem Engagement. Dadurch wird authentische Führung wirksam.

Der authentisch-wirksame Führungsstil definiert sich über drei Komponenten:

- Ein Projektleiter ist erfolgreich, wenn seine Führungsarbeit die gewünschten ökonomischen Ergebnisse bringt, also wirksam ist.
- Ein Projektleiter ist erfolgreich, wenn seine Kunden, sein Team und das restliche Umfeld zufrieden sind.
- Ein Projektleiter ist erfolgreich, wenn er sich mit seinem eigenen Verhalten identifizieren kann und so handelt, dass er selbst auch zufrieden ist.

Rollen- versus **Personenkonzept**

Führung kann heute weniger denn je als ein personenorientiertes Konzept verstanden werden, sondern muss rollen- oder funktionsorientiert gesehen werden. Die vielfältigen Über- und Unterordnungen erfordern ein völlig neues Verständnis von Organisation und vor allem von Führung.

Traditionelle Unternehmenskonzepte, die die Personen in den Mittelpunkt stellen, sind in Zukunft nicht mehr in der Lage, den aktuellen Anforderungen zu genügen. Das bedeutet, dass jede Person automatisch verknüpft wird mit Führungskraft oder Mitarbeiter, Vorstand, Bereichsleiter, Abteilungsleiter oder Projektleiter.

Im projektorientierten Kontext wird diese Person allerdings unterschiedliche Aufgaben und folglich andere Funktionen oder Rollen übernehmen. Sie wird einmal als Bereichsleiter, ein andermal als Projektleiter tätig sein und gleichzeitig zu einem weiteren Projekt als Teammitglied Fach-Know-how beisteuern.

Moderne und erfolgreiche Führungskräfte zeichnen sich erfahrungsgemäß durch hohe Flexibilität in Bezug auf unterschiedliche Rollen und Funktionen aus. Sie sind in der Lage, am Morgen als Bereichsleiter in der Abteilungssitzung zu agieren und am Nachmittag als Teammitglied ihr Fach-Know-how einzubringen, ohne gleichzeitig dem dort anwesenden Projektleiter die Führungsaufgaben und -entscheidungen aus der Hand zu nehmen.

Eigenständige Projektkultur versus **Fortführung der Unternehmenskultur**

In Projekten entstehen häufig eigenständige Subkulturen, die für das Team und das Umfeld sinnstiftend sind. Der Projektleiter kann die Entwicklung einer eigenständigen Projektkultur aktiv fördern.

Es ist im Speziellen die Aufgabe des Projektauftraggebers, darauf zu achten, dass die für den Erfolg des Projekts und des Unternehmens nötigen kulturellen Brücken aufgebaut und gepflegt werden.

Erfolgreiche Projektkulturen zeichnen sich unter anderem dadurch aus, dass sich die Teammitglieder anhand der inhaltlichen Herausforderung (Aufgabe), die das Projekt bietet und nicht aufgrund von hierarchischen oder karriereorientierten Anreizen motivieren.

Selbstorganisation: erfolgreiche Projektteams bei der Arbeit

Ein selbstorganisierendes Projektteam zeichnet sich durch die vorrangige Orientierung an den Zielen und den damit verbundenen Aufgaben aus. Die Teammitglieder verstehen sich als selbständige, unternehmerisch denkende Personen, die mit all ihren Fähigkeiten die erfolgreiche

Fertigstellung des Projekts anstreben. Ihre persönlichen Interessen decken sich mit den Projektinteressen oder treten für die Projektlaufzeit in den Hintergrund.

Die einzelnen Teammitglieder lehnen sich nicht zurück und warten, bis sie vom Projektleiter Aufgaben zur Erledigung übertragen bekommen, sondern ergreifen Initiativen, stimmen sich selbständig im Team ab und unterstützen einander gegenseitig im Sinne der zu erreichenden Projektziele.

Der Projektleiter gleicht in einem selbstorganisierenden Team eher einem Moderator oder Orchesterdirigenten, der die individuellen Fähigkeiten seiner Mitglieder kennend vor allem mithilft einen gemeinsamen Rhythmus zu finden, als einer Führungskraft, die mit der Gesamtverantwortung auf dem Rücken die Teammitglieder hinter sich herziehen muss.

Struktur versus **Freiraum in der Projektarbeit**

Führung bedeutet, eine Kultur im Projekt zu entwickeln und zu pflegen, die eine zielgerichtete und effiziente Projektarbeit bei größtmöglicher Zufriedenheit aller Beteiligten erlaubt.

Effizienz und damit verbunden direkte Entscheidungen von Führungskräften scheinen der Zufriedenheit der Mitarbeiter entgegenzustehen, weil sie sich möglichst viel Freiraum wünschen.

Führung versteht sich als ein mit viel Fingerspitzengefühl begangener Balanceakt, der je nach Situation, Persönlichkeit des Mitarbeiters und Art des Projekts nützliche Strukturen und gleichzeitig diejenigen Freiräume identifiziert, die für jeden Mitarbeiter ein Umfeld schaffen, in dem er die übernommenen Aufgaben mit Begeisterung umsetzen kann. Diese Freiräume können so unterschiedlich sein, wie Menschen individuell sind.

Lernen versus **Leistungsanreiz als Führungsgrundsatz**

Ein wesentlicher Anspruch an eine professionelle Führung ist es, ein Umfeld zu schaffen, in dem Lernen ermöglicht wird.

Lernen bedeutet, dass die einzelnen Mitarbeiter auch Aufgaben übernehmen, hinsichtlich deren sie einen noch geringen Erfahrungsstand haben. Gleichzeitig steigt jedoch damit die Wahrscheinlichkeit, dass Fehler gemacht werden, die in weiteren Schleifen wieder zu korrigieren sind. Außerdem beanspruchen Schleifen und die Unterstützung durch die erfahrenen Personen mehr Zeit und personelle Ressourcen. Dieser Anspruch steht ebenso in einem scheinbaren Widerspruch zu der oft in Projekten vorgefundenen Drucksituation, die Projektergebnisse rasch und kostengünstig zu erreichen.

Aus der Projektsicht wäre es daher oftmals effizienter und einfacher, das Team schlank zu halten und die erfahrensten Mitarbeiter ins Team zu holen. Aus Unternehmenssicht hingegen würde dies zu einer Überlastung einzelner Personen führen. Die Projektprofis bilden sehr rasch einen Engpass, an dem wichtige Unternehmensentwicklungen oder -wachstum verhindert werden.

Der Projektleiter steht vor der Herausforderung, widersprüchliche Anforderungen auszugleichen und eine Kultur im Projekt zu entwickeln, die es möglich macht, effizient zu arbeiten und trotzdem Neues ausprobieren zu können.

Widerspruchsmanagement als zentrale Führungsaufgabe in Projekten

Eine zentrale Herausforderung an jeden Projektleiter ist es, mit scheinbaren und tatsächlichen Widersprüchen sinnvoll und professionell umzugehen. Dies bedeutet, im jeweiligen Projektkontext, das Umfeld zu analysieren, die Einflussfaktoren auf das Projekt zu berücksichtigen und davon abgeleitet eine Vorgehensweise (Prozess) vorzuschlagen, Entscheidungen zu treffen oder das rechtzeitige Entscheiden sicherzustellen.

Über die methodischen, systematischen Hilfsmittel hinaus haben Gespräche und die dabei beobachtbaren Verhaltensweisen sowie ein gutes Gespür des Projektleiters für soziale Zusammenhänge große Bedeutung.

Sobald ein tiefgehender Widerspruch im Projekt entdeckt wird, sind die gegensätzlichen Positionen sowie ihre Hintergründe in Bezug auf

- strukturelle Unterschiede,
- persönliche Unterschiede,
- geschichtliche, erfahrungsbasierte Unterschiede und
- unternehmenskulturelle Unterschiede,

aus denen die gegensätzlichen Positionen und Erwartungen entstehen, zu analysieren.

Wesentlich ist vor allem, dass der Projektleiter das Existieren von Widersprüchen als immanenten Bestandteil von Projekten ansieht und dass das Auftreten von Spannungen, die aus derartigen Situationen resultieren, für den Projektleiter nicht das Anzeichen mangelnder Planung, Kontrolle oder eigener Schwäche bedeutet.

Führen ohne Macht

Projektleiter verfügen in den allermeisten Fällen nicht über disziplinäre Weisungsbefugnis. Doch haben Projektleiter unter Umständen Zugänge zu anderen Formen der Macht, die sie im Sinne der Erreichung der Projektziele nutzen können. Diese anderen Machtformen werden oft unterschätzt und können dennoch große Wirkung entfalten: Expertenmacht, Informationsmacht, Identifikationsmacht oder informelle Macht.

Eine sinnvolle Herangehensweise dabei ist es, sich die Frage zu stellen: „Was kann ich aktiv gestalten?" anstatt sich zu darin zu bestätigen: „Dieses und jenes kann ich nicht beeinflussen." Situative Macht hat, wer sich als Akteur versteht und jederzeit die Möglichkeiten sieht, Einfluss zu nehmen.

Neben den Ansatzpunkten, Projektmitarbeiter zu motivieren oder mit anderen Arten von Macht zu agieren, besteht auch die Möglichkeit, Menschen zur Mitgestaltung am Projekt zu überzeugen. Eine ausführliche Umfeldanalyse dient dazu, zu eruieren, wer im Projektumfeld welche Einstellung gegenüber dem Projekt hat. Vor allem dient sie jedoch dazu, sich darüber klar zu werden, welche konkreten Interessen hinter den Einstellungen der Stakeholder stehen. Basierend auf einer umfassenden und ständig aktualisierten Umfeldanalyse kann eine Projektleiterin entscheiden, wie sie auf die jeweiligen Umfeldgruppen zugehen und versuchen kann, sie für das Projekt zu gewinnen.

Förderung projektorientierter Werte im Unternehmen

Führungskräfte projektorientierter Unternehmen fördern in ihren Organisationen Kulturelemente, die die effiziente Nutzung aller Vorteile projektorientierter gegenüber herkömmlicher Organisationen sicherstellen, wie insbesondere:

- **höhere Flexibilität** und **Effizienz**
- **rasche** und **unbürokratische Lösung** von abteilungsübergreifenden Problemstellungen im Unternehmen
- **sachliche Zielorientierung** anstelle von Statusorientierung
- **effiziente Ressourcennutzung**
- **vielfältige Lernchancen**

Typische Strategien und Werthaltungen projektorientierter Unternehmen umfassen folgende Aspekte:

Projektorientierte Unternehmen bearbeiten alle komplexen, neuartigen und teamorientierten Aufgabenstellungen in Form von Projekten.

Mit der Abarbeitung von Problemstellungen in ad hoc gebildeten Projektteams entstehen zahlreiche unterschiedliche, unternehmerisch denkende und handelnde Systeme (Projekte). Diese dezentralen Strukturen werden durch Führungsinstrumente wie intensiver Informationsfluss,

gemeinsame Identitätsarbeit, regelmäßige Sitzungen von Führungskräfteteams und Erfahrungsaustausch integriert.

Die Organisationsstrukturen projektorientierter Unternehmen beinhalten weniger Hierarchiestufen als traditionelle Unternehmen. Dadurch
können der Informationsfluss und die Entscheidungsgeschwindigkeit
erhöht werden. Die daraus entstehende größere Kontrollspanne der
Führungskräfte fordert mehr Selbständigkeit von den Führungskräften
und Mitarbeitern.

Vor allem in projektorientierten Unternehmen zeigt sich als wesentliches Führungsprinzip die Selbstorganisation. Selbstorganisierende
Systeme bauen darauf auf, dass eine gemeinsame Unternehmensidentität und -vision die Basis für erfolgreiches Handeln ist. Diese Identität
zu entwickeln und daraus einige wenige Spielregeln für den Umgang
miteinander abzuleiten, ist der Hauptfokus der Führungsarbeit in selbstorganisierenden Systemen. Die Mitarbeiter identifizieren sich mit der
Vision, weil sie sie selbst mitgestaltet haben und richten daher ihr Denken und Handeln im Sinne des Unternehmens aus.

Selbstorganisierende Systeme benötigen keine detaillierten Kontroll-
und Steuermechanismen, um ein erfolgreich aufeinander abgestimmtes
Handeln sicherzustellen.

Dies erfordert ein Führungsverständnis, das auf einigen wesentlichen
Werthaltungen aufbaut, wie insbesondere:

- Respekt und Wertschätzung füreinander
- aktives Zuhören anstelle von bewertenden Annahmen und Voreinstellungen
- Unterschiede als Chance wahrnehmen
- kreative Lösungen für Widersprüche und Paradoxe suchen
- herausfordernde Aufgaben und die dazugehörige Verantwortung
delegieren (Arbeitspakete, Teilprojekte, Projekte, …)
- eigenständige Lösungswege erlauben und fördern, sofern sie mit
der gemeinsamen Vision und den Spielregeln übereinstimmen

Die genannten Werte als Führungskraft zu erleben und in der Zusammenarbeit mit Kollegen und Mitarbeitern vorzuleben, fördert ein
Klima des vertrauensvollen Miteinanders. Daraus können bei entsprechender Förderung die Selbstorganisationskraft und der Erfolg der Organisation stetig wachsen.

8   Abbildungsverzeichnis

9 Literaturverzeichnis

AGILE, A. (Hrsg.):
Manifesto for Agile Software Development, http://www.agilemanifesto.org, 2001

ATTEMS, R., HEIMEL, F:
Typologie des Managers. Wie Manager Wirklichkeit wahrnehmen und Entscheidungen treffen, 2. Aufl., Wien, 2000

BARTSCH-BEUERLEIN, S., KLEE, O.:
Projektmanagement mit dem Internet. Konzepte und Lösungen für virtuelle Teams, München/Wien, 2001

BAY, R. H.:
Teams effizient führen. Teamarbeit – Teamentwicklung – TQM im Team, München, 2002

COX, E., BACHKIROVA, T., CLUTTERBUCK, D. (Hrsg.):
The Complete Handbook of Coaching, London, 2011

CSIKSZENTMIHALYI, M.:
Flow, Das Geheimnis des Glücks, Stuttgart, 1992

CZERMAK, A.:
Agiles Projektmanagement – eine neue Erfahrung, http://www.arvato-infoscore.de/fileadmin/Jobs_Karriere/IT/pay_0312_Agiles_PM.pdf, 3.2012

DECI, E.L., FLASTE, R.:
Why we do what we do: Understanding Self-Motivation, New York, 1996

DeMARCO, T.:
Der Termin. Ein Roman über Projektmanagement, München/Wien, 1998

DRUCKER, P.F.:
Management. Tasks, Responsibilities, Practices, Toronto, 1985

DYE, L.D., PENNYPACKER, J.S.:
Project Portfolio Management. Selecting and Prioritizing Projects for Competitive Advantage, 1999

FISHER, R., URY, W., PATTON, B.:
Das Harvard-Konzept, Sachgerecht verhandeln – erfolgreich verhandeln, 21. Aufl., Frankfurt, 2000

FLEIG, J.:
Agiles Projektmanagement, Projekte mit Scrum flexibel zum Erfolg führen, http://www.business-wissen.de/organisation/agiles-projektmanagement-projekte-managen-und-produkte-entwickeln-mit-scrum/, 11.8.2010

GAREIS, R.:
Management by Projects, Wien, 1990

GERBER, M., GRUNER, H.:
FlowTeams – Selbstorganisation in Arbeitsgruppen, In: Schriftenreihe „Orientierung" der Credit-Suisse, Goldach, 1999

GLASL, F.:
Konfliktmanagement. Ein Handbuch für Führungskräfte, Beraterinnen und Berater, 10. Aufl., Bern, 2011

HABERLEITNER E., DEISTLER E., UNGVARI R.:
Führen Fördern Coachen. So entwickeln Sie die Potentiale Ihrer Mitarbeiter, 4. Aufl., München, 2009

HANSEL, J., LOMNITZ, G.:
Projektleiter-Praxis. Erfolgreiche Projektabwicklung durch verbesserte Kommunikation und Kooperation, 3. Aufl., Berlin/Heidelberg, 1999

HEINTEL, P., KRAINZ, E.E.:
Projektmanagement. Eine Antwort auf die Hierarchiekrise?, Wiesbaden, 2000

HERRMANN, N.:
Kreativität und Kompetenz, Das einmalige Gehirn, Fulda, 1991

HERRMANN, N.:
Das Ganzhirn-Konzept für Führungskräfte, Welcher Quadrant dominiert Sie und Ihre Organisation?, Wien, 1997

HERZBERG, F.:
Was Mitarbeiter wirklich in Schwung bringt, In: Harvardmanager, Führung und Organisation, Bd. 3, Hamburg, 1988

JETTER, F., SKROTZKI, R.:
Management-Wissen. Lernimpulse für Führungskräfte, Düsseldorf, 2001

KASSER, T., RYAN, R.:
A dark side oft he American dream: Correlates of financial success as a central life aspiration, In: Journal of Personality and Social Psychology, Vol. 65, No. 2, 1993

KÖNIGSWIESER, R., LUTZ, C.:
Das systemisch-evolutionäre Management. Der Horizont für Unternehmer, 2. überarb. Aufl., Wien, 1992

KOMUS, A.:
Studie Status Quo Agile, http://www.status-quo-agile.de, Juli 2012

LANG, K.:
Personalführung. Nicht nur reden, sondern leben! Methoden für eine erfolgreiche Kompetenz- und Potenzialentwicklung – mit praxiserprobten Instrumenten und Umsetzungsbeispielen, 2. überarb. und erweiterte Aufl., Wien, 2004

LANG, K., RATTAY, G.:
>   Leben in Projekten. Projektorientierte Karriere- und Laufbahnmodelle, Wien, 2005

LEOPOLD K., KALTENECKER S.:
>   Kanban in der IT, Eine Kultur der kontinuierlichen Verbesserung schaffen, München, 2012, S.17 ff

LIPNACK, J., STAMPS, J.:
>   Virtuelle Teams – Projekte ohne Grenzen, Teambildung – Vertrauen in Teams, Wien, 2002

MALIK, F.:
>   Führen, Leisten, Leben. Wirksames Management für eine neue Zeit, Stuttgart, 2000

MASLOW, A.H.:
>   A Theory of Human Motivation, In: Psychological Review, 1943, Vol. 50, No. 4, Online-Ausgabe bei der York University, http://psychclassics.yorku.ca/Maslow/motivation.htm

McCLEELAND, D.C.:
>   Human motivation, Reprint, Cambridge, 2009

McKEE, R.K., CARLSON, B.:
>   Mut zum Wandel. Das Grid-Führungsmodell, München, 2000

MYERS, B.I.:
>   MBTI manual – a guide to the development and use of the Myers-Briggs type indicator, 3. ed., Palo Alto, California, 1999

PATZAK, G., RATTAY, G.:
>   Projektmanagement. Leitfaden zum Management von Projekten, Projektportfolios und projektorientierten Unternehmen, 5. Aufl., Wien, 2009

PESCHANEL, F.:
>   Sind Linkshänder besser?, München, 1990

RATTAY, G.:
>   Global Projectmanagement Handbook, (Hrsg.) Cleland, D.I., Gareis, R., Pittsburgh, Pennsylvania, 1994

RATTAY, G.:
>   Integration of Projects into the Company Organization, (Hrsg.) IMPA, International Project Management Association, Zürich, 1989

RATTAY, G.:
>   Managers and their teams: Selection, Education, Careers, (Hrsg.) IMPA, International Project Management Association, Zürich, 1990

RATTAY, G., DOUJAK, A.:
    Phasenbezogenes Personalmanagement in Projekten, In: Projekte und Personal, (Hrsg.) Gareis, R., Wien, 1990

RATTAY, G.:
    Projekt-Controlling, In: Handbuch Controlling, (Hrsg.) Eschenbach, R., Wien, 1995

RATTAY, G.:
    Rollen in Projekten und projektorientierten Unternehmen, Wien, 1991

RIEMANN, F.:
    Grundformen der Angst. Eine tiefenpsychologische Studie, München/Basel, 1992

ROHR, R., EBERT, A.:
    Das Enneagramm, Die 9 Gesichter der Seele, 38. Aufl., München, 2002

SCHULZ, V., THUN, F.:
    Miteinander reden, Das „Innere Team" und situationsgerechte Kommunikation, Bd. 3. Reinbeck bei Hamburg, 1998

SCHULZ, V., THUN, F.:
    Miteinander reden, Stile, Werte und Persönlichkeitsentwicklung, Bd. 2, Reinbeck bei Hamburg, 1992

SCHULZ, V., THUN, F.:
    Miteinander reden, Störungen und Klärungen, Bd. 1, Reinbeck bei Hamburg, 1992

SCHWARZ, G.:
    Konfliktmanagement. 6 Grundmodelle der Konfliktlösung, 3. Aufl., Wiesbaden, 1999

SPRENGER, R.K.:
    Aufstand des Individuums. Warum wir Führung komplett neu denken müssen, Frankfurt/Main, 2000

SPRENGER, R.K.:
    Radikal führen, Frankfurt/Main, 2012

STROEBE, R. W.:
    Grundlagen der Führung. Mit Führungsmodellen, Frankfurt/Main, 2006

WAGNER, H. (Hrsg.):
    Das DISG Persönlichkeits-Profil, 9. Aufl., Giengen/Offenbach, 2003

10 Quellennachweis

[1] Vgl. PATZAK, G., RATTAY, G.: Projektmanagement. Leitfaden zum Management von Projekten, Projektportfolios und projektorientierten Unternehmen, 5. Aufl., Wien, 2009

[2] Vgl. HERRMANN, N.: Das Ganzhirn-Konzept für Führungskräfte, Welcher Quadrant dominiert Sie und Ihre Organisation?, Wien, 1997

[3] Vgl. RIEMANN, F.: Grundformen der Angst. Eine tiefenpsychologische Studie, München/Basel, 1992

[4] Vgl. ROHR, R., EBERT, A.: Das Enneagramm, Die 9 Gesichter der Seele, 38. Aufl., München, 2002

[5] Vgl. ATTEMS, R.: Typologie des Managers. Wie Manager Wirklichkeit wahrnehmen und Entscheidungen treffen, 2. Aufl., Wien, 1994

[6] Vgl. WAGNER, H. (Hrsg.): DISG Persönlichkeits-Profil, 6. Aufl., Giengen/Offenbach, 1995
Vgl. PESCHANEL, F.: Sind Linkshänder besser?, München, 1990
Vgl. RIEMANN, F.: Grundformen der Angst. Eine tiefenpsychologische Studie, München/Basel, 1992
Vgl. KROPP, P.: www.key-4-you.de

[7] Vgl. McKEE, R.K., CARLSON, B.: Mut zum Wandel, Das Grid-Führungsmodell, München, 2000

[8] Vgl. JETTER, F., SKROTZKI, R.: Management-Wissen. Lernimpulse für Führungskräfte, Düsseldorf, 2001, S. 46

[9] Vgl. MALIK, F.: Führen, Leisten, Leben. Wirksames Management für eine neue Zeit, Stuttgart, 2000, S. 73 ff.

[10] Vgl. CSIKSZENTMIHALYI, M.: Flow – Das Geheimnis des Glücks, Stuttgart, 1992

[12] Vgl. HERZBERG, F.: Was Mitarbeiter wirklich in Schwung bringt, In: Harvardmanager, Führung und Organisation, Bd. 3, Hamburg, 1988

[14] Vgl. GLASL, F.: Konfliktmanagement. Ein Handbuch für Führungskräfte, Beraterinnen und Berater, Bern, 1997

[15] Vgl. DECI, E.L., FLASTE, R.: Why we do what we do: Understanding Self-Motivation, New York, 1996

[16] Vgl. KASSER, T., RYAN, R.: A dark side oft he American dream: Correlates of financial success as a central life aspiration, In: Journal of Personality and Social Psychology, Vol. 65, No. 2, 1993, S. 410-422

[17] Vgl. MASLOW, A.H.: A Theory of Human Motivation, In: Psychological Review, 1943, Vol. 50, No. 4, S. 370-396, Online-Ausgabe bei der York University, http://psychclassics.yorku.ca/Maslow/motivation.htm

[18] LIPNACK, J., STAMPS, J.: Virtuelle Teams – Projekte ohne Grenzen,Teambildung – Vertrauen in Teams, Wien, 2002

[19] Ebd.

[20] Vgl. KOMUS, A.: Studie Status Quo Agile, http://www.status-quo-agile.de, Juli 2012

[21] Vgl. AGILE, A. (Hrsg.): Manifesto for Agile Software Development, http://www.agilemanifesto.org, 2001

[22] Vgl. LEOPOLD K., KALTENECKER S.: Kanban in der IT, Eine Kultur der kontinuierlichen Verbesserung schaffen, München, 2012, S. 17 ff.

[23] Vgl. KOMUS, A.: Studie Status Quo Agile, http://www.status-quo-agile.de, Juli 2012

[24] Ebd.

11 Stichwortverzeichnis

12 Autor

Dr. Günter Rattay

Trainer, Berater, Geschäftsführer, Unternehmer

- Studium der Betriebswirtschaft an der Wirtschaftsuniversität Wien mit Schwerpunkt Unternehmensführung, Controlling und Führung von Industriebetrieben
- Leitung und Beratung von Bau-, IT-, Produktentwicklungs-, Veranstaltungs-, Strategie-, Organisationsentwicklungs- und Beteiligungsprojekten
- Gestaltung und Begleitung umfassender Organisationsentwicklungsprozesse
- Lehrbeauftragter an mehreren österreichischen Universitäten und Fachhochschulen
- Autor zahlreicher Publikationen
- Gründer und geschäftsführender Gesellschafter der Primas CONSULTING Unternehmensberatung GmbH

Primas CONSULTING steht für ganzheitliche, praxisorientierte Lösungen und eine Symbiose aus Sozial- und Fachkompetenz in folgenden Bereichen:

Projektmanagement
- Leitung und Begleitung von Projekten und Programmen
- Beratung zur Einführung und Weiterentwicklung von Projektmanagement
- Umfassendes Aus- und Weiterbildungsangebot im Bereich Projektmanagement

Organisationsberatung
- Praxiserprobte Organisationsentwicklung
- Prozessmanagement
- Reorganisation von Unternehmen
- Change Management

Die Primas Consulting hat mehr als 500 Kunden aus 12 Branchen seit 1993 aufgebaut und ist in 25 Ländern tätig.

Primas Consulting Unternehmensberatung GmbH
Börseplatz 6/28, A-1010 Wien
Tel.: (+43 1) 533 23 34
Email: guenter.rattay@primas.at
www.primas.at